校企双元合作开发中高职一体化贯通教育教材
职业教育交通运输类技能型人才培养实用教材

交通运输概论

(第2版)

主　编　陈　灿　孙晶晶　刘亚娟

副主编　刘亚飞　赵　伟　李　锐　李金明

西南交通大学出版社

·成都·

图书在版编目（CIP）数据

交通运输概论 / 陈灿，孙晶晶，刘亚娟主编.
2 版. -- 成都：西南交通大学出版社，2025.8.
ISBN 978-7-5774-0633-6

I . U

中国国家版本馆 CIP 数据核字第 202529EC73 号

Jiaotong Yunshu Gailun (Di 2 Ban)
交通运输概论（第 2 版）

主　编／陈　灿　孙晶晶　刘亚娟	策划编辑／罗在伟
	责任编辑／罗在伟
	封面设计／GT 工作室

西南交通大学出版社出版发行
（四川省成都市金牛区二环路北一段 111 号西南交通大学创新大厦 21 楼　610031）
营销部电话：028-87600564　　028-87600533
网址：https://www.xnjdcbs.com
印刷：四川森林印务有限责任公司

成品尺寸　　185 mm × 260 mm
印张　18　　字数　484 千
版次　2021 年 8 月第 1 版　2025 年 8 月第 2 版
印次　2025 年 8 月第 1 次　（累计印刷 11 次）

书号　ISBN 978-7-5774-0633-6
定价　48.00 元

课件咨询电话：028-81435775
图书如有印装质量问题　本社负责退换
版权所有　盗版必究　举报电话：028-87600562

第2版前言

编写背景

在当前全球化和技术革新的浪潮中，交通运输行业正经历着前所未有的变革。作为连接生产与消费、促进区域经济发展的纽带，交通运输的发展水平和效率直接关系到国家的经济命脉和社会进步。同时，党的二十大报告指出，推动经济社会发展绿色化、低碳化是实现高质量发展的关键环节。加快推动产业结构、能源结构、交通运输结构等调整优化。建设现代化产业体系，坚持把发展经济的着力点放在实体经济上，推进新型工业化，加快建设制造强国、质量强国、航天强国、交通强国、网络强国、数字中国。本书是在职业院校交通运输类专业积极践行和创新先进职业教育理念，深化推进"校企合作、产教融合"的人才培养模式，落实"立德树人"根本任务，坚定走好人才自主培养之路，着力培养引领未来社会发展、堪当民族复兴重任的创新技术型人才的大背景下组织编写的。

编写目的

本教材编写的目的是使交通运输大类专业的初学者了解交通运输的基本内容、历史现状和发展情况，了解交通运输的基本理论知识，提高学生对专业的兴趣，为后续学习专业课知识奠定基础。本书注重引导学生认识和了解交通运输大类专业，激发学生热爱交通运输类专业，培养学生具有自主学习的能力和爱岗敬业的职业情操。

学时安排

本书教材遵循"育培一体"的原则和以学生为中心的理念，课程内容设计注重实用性、系统性和创新性。本教材共七个模块，每个模块又分为若干个单元，各个模块推荐学时安排如下：

模块	内容	建议学时
一	运输基础	2
二	铁路运输	14
三	公路运输	8
四	航空运输	6
五	水路运输	8
六	管道运输	4
七	联合运输	6

 **教材特色**

本教材具有以下几个特点：

1. 融合政策导向，与行业发展步伐同步

编写时，充分考虑国家交通运输发展战略，将政策导向与专业教育相结合，确保教学内容与国家交通运输行业发展同步，为学生提供符合时代需求的知识体系。

2. 深化校企合作，实现理论与实践并行

编写过程中，我们与多家交通运输企业深化校企合作，联合开发，实现了教育资源与企业需求的紧密对接。这种双元开发模式不仅丰富了教材内容，也提升了学生的实践能力。

3. 衔接不同教育层次，推动中高职教育一体化发展

本书针对中高职教育的特点，进行了贯通设计，确保教学内容既能满足中职学生的基础学习需求，又能适满足高职学生的深度学习和发展需要。

4. 紧跟技术更新，把握行业趋势前瞻

本书紧跟交通运输领域的技术更新和趋势变化，编写过程中参考了最新修订的《公路工程技术标准》《城市道路工程设计规范》《城市道路交通设施设计规范》《道路旅客运输及客运站管理规定》等相关国家标准，《智能交通发展行动计划》《绿色交通发展规划》等规范性文件，将智能交通、绿色交通、低空经济等新兴领域的新知识、新标准及时纳入教学内容，力求内容全面、详实、新颖。

5. 积极落实"立德树人"根本任务，强化思政教育与专业素养融合

本书积极落实"立德树人"根本任务，将思政育人贯穿于教学全过程，积极响应国家关于加强和改进新形势下思想政治工作的要求，通过心育、劳育、德技等多维度协同教育，培养学生牢固树立社会主义核心价值观，提升学生的综合职业素养。

 **分工致谢**

本书由重庆能源职业学院陈灿、孙晶晶、刘亚娟担任主编，重庆能源职业学院刘亚飞、赵伟、乐山市知行综合高中李锐、重庆轨道交通集团李金明担任副主编。具体编写分工如下：陈灿编写铁路运输前五个单元、公路运输和联合运输；孙晶晶编写水路运输、航空运输和管道运输；刘亚娟编写模块一，负责全书审校；李金明编写铁路运输城市轨道交通部分；刘亚飞负责思政案例资料收集整理；赵伟负责数据、案例的收集整理；李锐负责重点复习内容、题库的撰写整理以及数据的校核。

本书在编写过程中，参考了国内外同类教材和相关资料，在此表示诚挚的谢意！同时，对为本书付出辛勤劳动的编辑同志们表示衷心的感谢！感谢学校、相关企业对我们工作的支持！

由于时间仓促，编者水平有限，书中内容难免存在不足与疏漏之处，敬请广大读者批评指正。

编 者

扫一扫：课件

扫一扫：教案

第1版前言

在当前全球化和技术革新的浪潮中,交通运输行业正经历着前所未有的变革。作为连接生产与消费、促进区域经济发展的纽带,交通运输的发展水平和效率直接关系到国家的经济命脉和社会进步。本书是在职业院校交通运输类专业积极践行和创新先进职业教育理念,深化推进"校企合作、产教融合"的人才培养模式,落实"立德树人"根本任务,坚定走好人才自主培养之路,着力培养引领未来社会发展、堪当民族复兴重任的创新技术型人才的大背景下组织编写的。

本书是针对具有交通运输行业背景的院校相关专业学生编写的通识教材,也可供交通运输行业的管理人员、工程技术人员和研究人员参考。教材编写的目的是使交通运输大类专业的初学者了解交通运输的基本内容、历史现状和发展情况,了解交通运输的基本理论知识,提高学生对专业的兴趣,为后续学习专业课知识奠定基础。本书注重引导学生认识和了解交通运输大类专业,激发学生热爱交通运输类专业,培养学生自主学习的能力和爱岗敬业的职业情操。

本书参考了最新修订的《公路工程技术标准》《城市道路工程设计规范》《城市道路交通设施设计规范》《道路旅客运输及客运站管理规定》等相关国家标准进行编写,内容力求全面、充实、新颖,符合当前交通运输的有关法律、法规和行政性规章制度的要求。

本书内容包括:绪论和铁路运输、公路运输、水路运输、航空运输、管道运输、联合运输6个模块。

本书由重庆能源职业学院孙晶晶、陈灿担任主编,重庆能源职业学院朱科、刘亚飞,重庆轨道交通集团李金明、重庆能源职业学院刘亚娟担任副主编。具体编写分工如下:孙晶晶编写公路运输、水路运输、航空运输和管道运输;陈灿编写部分铁路运输、联合运输;李金明编写铁路运输城市轨道交通部分;此外,朱科和刘亚飞负责部分资料收集整理,刘亚娟编写绪论及负责全书审校。

本书在编写过程中,参考了国内外同类教材和相关资料,在此表示诚挚的谢意!同时,对为本书付出辛勤劳动的编辑同志们表示衷心的感谢!感谢学校、相关企业对我们工作的支持!

由于时间仓促,编者水平有限,书中内容难免存在不足与疏漏之处,诚挚地希望广大读者批评指正。

编 者

目 录

1 模块一　运输基础 ……………………………………………001

单元一　交通运输认知 ……………………………………002
单元二　交通运输方式 ……………………………………004
单元三　影响交通运输的因素 ……………………………005
单元四　交通运输的发展趋势 ……………………………009
巩固测练 …………………………………………………013

2 模块二　铁路运输 ……………………………………………017

单元一　铁路运输概述 ……………………………………018
单元二　铁路运输设施与设备 ……………………………026
单元三　铁路运输组织 ……………………………………052
单元四　高速铁路 …………………………………………057
单元五　重载运输 …………………………………………065
单元六　城市轨道交通 ……………………………………070
巩固测练 …………………………………………………088

3 模块三　公路运输 ……………………………………………099

单元一　公路运输概述 ……………………………………100
单元二　公路运输线路与载运工具 ………………………106
单元三　道路运输行政管理 ………………………………120
单元四　城市道路交通 ……………………………………132
巩固测练 …………………………………………………145

4 模块四　航空运输 ……………………………………………153

单元一　航空运输概述 ……………………………………154
单元二　航空运输载运工具与站场 ………………………163

　　　　单元三　航空运输组织管理 …………………… 172
　　　　单元四　低空经济 …………………………………… 177
　　　　巩固测练 …………………………………………… 185

模块五　水路运输 …………………………………… 191

　　　　单元一　水路运输概述 …………………………… 192
　　　　单元二　水路运输线路与站场 …………………… 198
　　　　单元三　水路运输载运工具 ……………………… 208
　　　　单元四　水路运输组织管理 ……………………… 217
　　　　巩固测练 …………………………………………… 223

模块六　管道运输 …………………………………… 227

　　　　单元一　管道运输概述 …………………………… 228
　　　　单元二　管道运输设备 …………………………… 230
　　　　单元三　管道运输的管理工作 …………………… 235
　　　　巩固测练 …………………………………………… 237

模块七　联合运输 …………………………………… 241

　　　　单元一　综合运输体系 …………………………… 242
　　　　单元二　综合交通枢纽 …………………………… 245
　　　　单元三　多式联运 ………………………………… 249
　　　　巩固测练 …………………………………………… 264

附　录　重点复习内容 …………………………………… 268

参考文献 …………………………………………………… 280

模块一 运输基础

 学习目标

【知识目标】

1. 熟悉交通、运输的概念及其关系;
2. 掌握交通运输的影响因素;
3. 掌握现代运输方式及其特点和适用场景;
4. 了解交通运输发展的趋势。

【能力目标】

1. 能分析不同因素对交通运输的影响;
2. 能根据实际运输的特点,选择合适的运输方式。

【素养目标】

1. 培养学生的爱党爱国之情,增强其交通强国之情;
2. 培养学生对本专业的兴趣和热爱,从而形成行业自豪感。

思政领航

通衢天下　智绘蓝图——中国运输业的跃升、创新与引领

交通运输业作为国民经济的动脉系统，连接着生产与消费，支撑着经济社会的发展。新中国成立初期，我国交通运输业基础薄弱，技术落后。公路总里程短，路况差；铁路技术落后，运力严重不足；水运受制于自然条件，发展缓慢；民航更是处于起步阶段。面对如此困境，中国共产党带领全国人民自力更生、艰苦奋斗，掀起了一轮又一轮的交通基础设施建设、技术攻关的高潮，跃升为全球第二大航空市场。高速公路里程跃居世界第一，高速铁路运营里程超过全球总量的 2/3，"复兴号"动车组实现 350 km/h 商业运营，C919 大型客机成功首飞并投入运营，全球第二大航空市场，北斗卫星导航系统实现全球组网，港口吞吐量连续多年位居世界第一，西气东输、中俄原油管道等重大能源通道建成投运，多式联运蓬勃发展，物流效率大幅提升。从落后到引领，每一步都凝聚着中国人民的智慧和汗水。

站在新的历史起点上，我们要继续发扬优良传统，坚持创新驱动发展，推动我国运输业向更加安全、高效、智能、绿色的方向发展，为实现中华民族伟大复兴的中国梦，为构建人类命运共同体贡献力量！

想一想：

1. 运输业在国民经济中发挥着怎样的作用？如何理解"交通先行"的战略意义？
2. 如何看待人工智能、大数据等技术在提升运输效率和安全方面的作用？
3. 如何理解"人民交通为人民"的宗旨？
4. 作为新时代的青年，你如何将个人理想与国家发展、运输业进步紧密结合？

单元一　交通运输认知

一、交通运输的概念、关系

交通是各种运输和邮电通信的总称，即人和物的转运、运送，语言、文字、符号、图像等的传播递送。狭义通常是指连接通达的方式和设施。因此，常见的交通活动有：人的各种出行活动；物资流通活动；各种基础设施与辅助设施；各种组织活动，如交指挥等；各种法律规范、方针政策以及相应的道德规范。

运输是指借助公共交通网络及其设施和运载工具，通过一定的组织管理技术，实现人和物空间位移的一种经济活动和社会活动。因此，常见的运输活动有：为满足"人的出行"而进行的客运经营活动；为满足"物资流通"而进行的货运经营活动；利用各种基础设施与辅助设施，合理地使用载运工具；为保证获得经济与社会利益，而进行的各种组织活动；遵守国家制定的各种法律规范。

我们这里所说的交通运输主要是指是人和物借助交通工具的载运，产生有目的的空间位移。因此，交通运输指通过某种交通运输方式组织实现在该交通运输线网范围内完成客、货运输过程的经济活动和社会活动。

运输与交通是两个密切相关但有所区别的概念，它们共同构成了现代社会物流和人流移动的基础。运输与交通的关系，可从以下两个方面理解：

（1）反应的是同一过程（载运工具在交通网上的流动）的两个方面。

交通通常指的是人员和物品从一个地方移动到另一个地方的路径、方式和方法。它侧重于移动的过程和基础设施，如移动过程中流量的大小和拥挤程度，道路、铁路、航道等基础设施等。

运输则是指利用交通工具将人或货物从一个地点运送到另一个地点的实际活动。它侧重于移动的目的和实现，如旅客运送的多少、货物配送的距离、运输服务成本和效率等。实现运输活动所必需的四个基本要素，称为运输的四要素，分别是运输主体、运输对象、运输工具和运输线路。

在实际情况中，交通是运输发生时的表现形式，而运输则是通过交通来实现的目的。因此，交通与运输是相互依存的。没有交通，运输就无法进行；而没有运输的需求，交通也就失去了存在的意义。两者在时间和空间上是同步发生的，共同构成了现代社会中不可或缺的物流和人流移动系统。

（2）习惯上将"交通"和"运输"二词合并使用。

将"交通"和"运输"二词合并使用，通常可以形成"交通运输"这个词汇。这个词组用来指代交通和运输的整体活动，包括各种运输方式（如公路、铁路、航空、水运等）以及与之相关的交通行为和基础设施。交通运输是现代社会和经济活动的重要组成部分，涉及人员和货物的移动以及相关服务和管理的各个方面。

二、交通运输的特点及作用

1. 交通运输的特点

交通运输作为运输业不同于其他的产业，运输生产作为一种特殊的物质生产，有其自身的特点。

（1）交通运输不生产有形的产品。运输生产是一种特殊的物质生产，它不同于普通的工农业生产。作为货物运输的抽象劳动，其创造的新价值是追加到它所运输的货物原有的使用价值，即它的劳动对象当中去。

（2）交通运输对自然条件的依赖性很大。交通运输不同于工业生产。它不能摆脱对自然条件的依赖。大部分的交通运输都是露天进行的，因此风险性较大，安全问题十分重要。交通运输的场所，运输设备及工作人员分散性很大，流动性很强，点多、线长、面广，因此交通运输的管理也不同于其他部门。

（3）交通运输是具有一定的垄断性的资本密集型产业。由于交通运输不产生有形的物质，它无须为自己的劳动对象预付一个原始的价值，所以其资本与其他产业不同，只包括垫付在劳动资料和劳动者方面的资本这两部分，这就造成交通运输成本中固定资本所占的比例异常巨大，需要大量的投资，因而交通运输是资本密集型的产业。

2. 交通运输的作用

交通运输是国民经济的重要组成部分和先行官，是联系工业和农业、城市和乡村、生产和消费的纽带。交通运输业在国家政治、经济、军事、文化建设中具有重要作用，也是现代社会的生存基础和文明标注。

（1）促进资源流通。交通运输业通过连接不同的生产地和消费地，使得资源得以高效流通，促进了资源的合理配置和利用。

（2）加强区域联系。交通运输业加强了城乡之间、不同地区之间的联系，有助于平衡区域发展，推动经济一体化。

（3）支撑产业升级。便捷的交通能够降低企业的运输成本，提高市场响应速度，对工业和农业的现代化转型具有重要作用。

（4）扩大市场规模。交通运输业的发展扩大了市场规模，使得产品能够更广泛地进入国内外市场，增强经济的开放性。

（5）保障社会稳定。在自然灾害和突发事件中，交通运输是救援物资运输的重要保障，对维护社会稳定具有重要作用。

（6）推动技术创新。交通运输业的发展需求推动了相关技术的进步，如智能交通系统、新能源汽车、智慧物流等。

（7）促进就业。交通运输业作为一个劳动密集型行业，交通运输业为社会提供了大量就业机会。

单元二　交通运输方式

现代化交通运输方式有五种，即铁路、水路、公路、航空、管道。交通运输的诞生和发展，经历了极其漫长的历史过程。五种运输方式的产生和发展，为社会经济发展提供了强有力的基础保证。

现代常见的几种交通运输方式主要特征如下：

铁路运输作为传统的陆上运输方式，相比起另一种陆上运输方式——公路运输，成本和能耗都比较低。从技术性能上看，铁路运行速度高，高速铁路客车最高速度可达 350 km/h，货车最高速度可达 120 km/h；运输能力大，目前我国单线铁路单方向最大运输能力达到 1 800 万吨，双线可达 5 500 万吨；铁路的通用性较好，既可运客，也能运货，可以运送几乎任何不同性能的货物，其运输过程的连续性强，安全性和客、货到发的准确性也都较好，且可保证全年运行，受自然条件的限制较少。铁路运输的缺点是投资大，建设周期长。因此，铁路运输适合大宗、笨重的中远程运输；要求准时到达的远程客货运输；容易死亡、变质的鲜货的中远程运输。

水路运输的经济指标在各种运输方式中是比较好的，建设投资省，运输成本低，且运输能力大。在通常情况下，我国一支大型内河拖驳船队载重量超过几万吨，美国最大的顶推船载重量7～8万吨；水上航道的通过能力大，水运的通用性也较好，船舶货舱容量大、运费低，运距长，可达全世界任何一个港口等优点。水运的缺点是受自然条件限制较大，连续性较差，速度慢。因此，水路运输适合大宗、笨重、远程、不急需的货物。

公路运输的经济指标虽然比其他运输方式差，但它的投资少、机动灵活，可以实现"门到门"运输，汽车的适应性强，适应多方面的多种需求；公路运输速度较快，且可以为其他运输方式作集散客、货运。公路运输主要缺点是能耗和运输成本较高，一般不适合运输大宗且长距离的货运，安全性和客运舒适性较差。因此，公路运输适合少量货物的短途运输；短途客运；容易死亡、变质的鲜货的短途运输。

航空运输具有速度快，两点间运输距离最短，基本建设周期短，投资较少、灵活性较大、可跨越各种天然障碍等特点，它在长途和国际旅客运输中占特殊地位。民航运输的缺点是，机舱容积和载重都比较小，成本高，运价也比地面运输高，受气象限制也较多，从而影响运输的准确性和连续性。因此，航空运输适合贵重、急需、数量不大的货物；大城市和国际的快速客运；报刊、邮件运输等；尤其是国际贸易中的贵重物品、鲜活货物和精密仪器运输所不可缺。

管道运输目前已成为世界各国陆上油、气运输的主要方式。管道运输的主要优势是工程量小，占地少，运输量大，能耗小、运输成本低等。另外，管道运输可以实现密闭输送，损耗小。但管道运输是一种专门运输方式，只能运送特定货物，而且管道始建投资大，金属消耗也大。因此，管道运输适合大宗流体货物运输，主要是石油的运输；其次也适合运输矿石、煤炭、建材、化学品和粮食等。

现代交通运输方式及特点见表 1-1。

表 1-1 现代交通运输方式及特点

类型	优点	缺点	定位
铁路	运输量大，连续性强，速度较快，受天气影响小，运费较低	投资多，建设周期长短途运输成本高	大批量、长距离、较低运费、低风险客货运
公路	速度较快，比较灵活，受自然条件限制较小	投资较多，运输量小，运费高	小批量、多批次、中短距离（<500 km）、灵活性较高货运
水运	运量大，运费低，投资少	速度较慢，连续性差，受自然条件限制大	远洋：长或超长距离、最低运费、定期货物运输。沿海：各种距离、最低运费、定期客货运
航空	速度快，机动灵活	运输量小，运费高，受天气影响较大	小批量、超长距离、时效性强、高运费客货运输
管道	运输量大，运费低，连续性强	投资较多，运货种类少	固定货种、固定路线、持续性好的货物运输

单元三　影响交通运输的因素

交通运输网发展规模的影响因素较为复杂，既有社会经济发展对交通需求的影响，又有经济实力、国土资源等客观因素的限制。各种因素错综复杂、相互交织，再加上各个地区发展历史的特殊性以及未来发展的不确定性，更增强了影响因素的复杂性。概括起来，影响交通运输网发展规模的主要因素有以下几点。

一、自然环境

自然环境是人类生活、生产及其发展的基础，同样也是交通建设与发展的必要条件。交通运输的基本设施，如交通线路、车站、港口和机场等，都修建在一定的自然环境中。各种交通工具，如火车、汽车、轮船和飞机等，也都在一定的地域空间行驶或飞行，所以自然环境状况如何，必然影响到交通运输的发展和分布，只是其影响的性质和程度，随着人类社会的进步与生产力的发展而不断发生变化。就中国自然环境而言，其对交通运输的影响主要有以下几方面：

1. 运输范围

中国幅员辽阔，既是一个陆上大国，也是一个海洋大国，是世界上国土面积较大的国家之一。陆地面积约 960 万平方千米，大陆海岸线 1.8 万多千米，岛屿岸线 1.4 万多千米，内海和边海的水域面积约 470 多万平方千米，这为我国交通运输业的发展提供了巨大的潜在条件。我国应尽量发展各具特色与相应范围的各种运输方式，建立起统一的综合运输体系，才能适应各种类型地区和各个方面的交通运输要求。

2. 地理位置

我国位于欧亚大陆东部，太平洋西岸。我国东部和东南部，可通过海上交通方便地与世界各主要国家相联系，因此这里也成为我国对外经济联系与交往的主要门户和通道，现已有 90% 左右的外贸货物经这里外运。此外，我国领土东西经度跨度达 60 多度，西部的新疆已深入欧亚大陆腹地，可同中亚、南亚和欧洲各国相通，因此，我国又是建立欧亚大陆桥的理想通道。随着上述对外主要通道的开拓与逐步发展，在客观上也已经或将要对我国交通干线的分布格局产生明显影响。例如：我国东部地区的许多交通干线就是由于以往沿海各港口与对外海运航线的发展相配合而逐步形成与发展起来的；在西部地区也将随着我国对周边地区的不断开放而得到逐渐发展。

3. 自然条件

自然条件包括地形、地貌、水文和工程地质等自然要素。它们对交通运输的影响是多方面的。首先，对交通网构成的影响：海运的发展在一定程度上受到海岸线形态、沿岸水深、附近泥沙移动与工程地质等条件的影响；河运的发展及其规模与等级标准，也需根据水深、流量及季节分配、流速、含沙量与冰况等情况而定。而这些因素在我国各地的差别很大，因此也就影响到交通网的构成。此外，陆上各种运输方式对线路技术标准的要求是不同的，则各运输方式在山区修建线路比一般地区所需增加的相对工程量和综合建设费用要大，因此也对交通网构成产生不同程度的影响。其次，对线路走向与径路的影响：线路建设的大致走向，一般是由产品产销地理分布及其相应的运输联系所决定。但它们的具体走向和径路，又经常受到各地自然条件的影响。如不同地形单元（平原、丘陵、山地等）具有不同的高程差，于是在这些地形单元上修建同样技术标准的铁路，其线路的弯曲程度和相应的总长度必然不同。然后，对线网密度和分布格局的影响：一般在没有特殊要求的情况下，线路往往都选建在自然条件较好的地形单元或部位，而这些地方大多也是较适于人们的生活和从事各种生产活动之处，人口较为密集，经济发展水平相对较高，对交通运输的需求也较多。可见自然条件在不同程度上直接或间接地对交通网的分布与密度产生影响。

二、自然资源

自然资源是社会生产发展的物质基础，它对交通运输的影响是潜在的，但一经开发利用，除部分就地加工消耗外，其余均形成外运量，从而也对交通运输提出需求，甚至还对交通线路的兴建与布局产生影响。自然资源种类很多，对交通运输具有重要意义的是那些可形成大运量或较大运量的自然资源，如煤、石油、天然气、铁矿、磷矿、铝土矿、钾盐矿、硫铁矿和森林等。

1. 资源保证程度对外贸运量和对外交通发展的影响

资源保证程度是资源满足经济发展的需要程度，它的余缺，通常都将影响到外贸的进出运量，以及对外交通线的相应建设布局，因此两者之间存在着某种潜在的内在关系。例如，我国的煤、石油储存量比较大，都有出口的余地；而铁矿、硫铁矿虽有较多的探明储量，但平均品位低，分布散等，难以进行充分开发和利用，因此，今后可需进口某些富铁矿和硫铁矿。至于森林资源，我国比较有限，进口木材是一种趋势。

2. 资源的分布特点对运量和交通干线网分布格局的影响

我国自然资源的分布一般都具有明显的相对集中性。例如，铁矿约有50%储存量分布在河北、辽宁、四川三省；煤炭有近70%储存量分布在山西、陕西、内蒙古三省区；磷矿有80%储存量集中在云南、贵州、四川、湖南和湖北等省；石油已探明储存量多在东北、渤海及其周围，以及新疆等地；森林资源主要分布在东北大小兴安岭与长白山、西南的横断山脉与藏东南，以及东南丘陵等地；而钾盐矿则更集中在青海的察尔汗等地。它们绝大多数都处在我国北部和西部。而其消费或加工地的地理分布却相当广泛，但又相对集中在我国东部和南部沿海一带。因而，必然形成潜在的大量货运，随着它们的开发，会给交通运输造成很大的影响，而这些资源产品的流向，对我国交通干线网的分布格局也会产生重大影响。例如，我国交通网中货流密度大或较大的交通干线，有很大部分的走向都同这些资源产品的流向一致或相似。

三、人口和城市

人口是客运形成的基本条件，人口的数量对客运量来说，是一个最基本的因素。另外人口既是消费者，又是生产者，从而也必将产生一定的货运量。所以人口同交通运输业的发展，客观上存在着一定的内在关系。人口的多少及年龄和职业的构成等特征，也将影响交通运输的发展水平和结构。客运量和货运量的变化曲线和人口的变化曲线特征相似，人口多的地区，客货运量也较大。

城市是非农业人口为主的居民点，第二、三产业发达，人口密度也大，同时又是一定地域范围内政治、经济与文化的中心，同所影响的地区联系紧密，因而它对交通运输的影响远大于非城市地区。而且，城市越大，影响也越大。再从路网上看，城市往往又是多条交通线路的交会处，为不同层次交通结点或枢纽的所在地，同时不少城市还是各种交通航班或运输车次线路的起讫点，所以城市在整个交通运输网络中也起着相当重要的连接与沟通作用。

四、工业发展与布局

现代的各种运输方式，是随着近代西方工业革命和蒸汽机的出现才逐渐形成与发展起来的，现代工业生产是机器大生产，规模大，商品率高，则工业的原料、燃料和产品的运量都很大。在我国，这部分运量已占到全国货运总运量的85%左右，从而工业成为我国交通运输发展与布局的主要基础和依据。工业对交通运输的影响是多方面的，主要有以下几方面：

1. 工业发展的规模对交通运输总体发展水平的影响

由于工业品货运量占全国货运量的绝大部分，因此工业发展规模对交通运输的总体发展水平影响也较大。

2. 工业分布及其产品的产销联系对交通网分布格局的影响

我国各地工业的发展条件互不相同，工业的发展水平和结构也有很大的差别，所以工业在各地分布也不均衡。我国能源与原材料工业，多集中在北部和西部；而我国加工业，特别是轻纺工业、机械和电子工业，又大分布在我国的东部和南部。于是能源与原材料工业产品便大量地从西部流向东部和由北流向南部，而加工业产品的主要流向，则大体相反。在这种情况下，则需要修建走向和运输能力相适应的交通线路，如我国的大庆到大连、大庆到秦皇岛和鲁宁等输油管线，哈大、京沪、京广等南北向铁路，以及长江干流内河航线，京沈、京秦、大秦等东西向铁路，均属此类。由于这些线路货物流量大，建设技术标准和等级也高，从而构成了我国主要交通干线和整个交通网骨架的重要组成部分。

3. 工业结构与生产形成对交通运输规模及其部门结构的影响

一定工业产值所形成的货运量，是随着工业部门和工业产品的不同而有很大的差别，因此工业部门结构不同的地区，对交通运输的影响也不一样。像以煤与重化工为主的山西省，2005年工业产值不过 4 851 亿元，但其货运量达到 6.7 亿吨，而以轻纺工业为主的浙江省，同年工业产值虽已高达 23 107 亿元，是山西省工业产值的 5 倍多，然而其货运量只有 12.69 亿吨，仅为山西省货运量的 2 倍左右。可见工业结构不同的地区，对交通运输需求规模是不一样的，从而对主要运输方式的选择与要求也不尽相同。如大运量工业比重较大的地区，对运输能力大的铁路，必然提出更多的建设要求，而以轻纺与电子工业为主体的地区，除对铁路的一般需求外，对那些运输速度和质量有较大保证的运输方式，肯定比前者的要求更迫切些。工业生产的组织形式，对交通运输的影响同样很明显。一般来讲，工业生产的专业化程度越高的企业或地区，需要外运的产品数量相对也越多，工业生产联合和综合发展程度越高的企业和地区，需要外运的产品数量则相对要少。

五、区域发展政策

区域政策是中央和地方政府为了调整地区间发展状态、差异和分布而制定的对社会经济发展过程施加影响的政策和措施。1973—1978 年间是中国区域发展政策的第一次调整时期，即是中国经济建设布局的战略重点由沿海地区向中西部地区推进转而由中西部地区向东部沿海地区推进的过渡时期。大型项目重点建设在东部地带，所以基础设施建设的重点也逐步东移。如 20 世纪 70 年代的中后期新建日照、北仑等港口；交通建设布局重点也开始东移，以铁路干线建设为例，如通坨、沙通、通霍、京秦、南防等线，几乎都集中布局在中、东部地区。

中国区域发展政策的第二次调整是 1992 年后，政府确定了全方位的对外开放方针，也加大了中西部地区优势资源开发，基础设施工程、大型建设项目等规模。这期间，交通运输在发展规模、设施现代化水平、部门结构调整和合理布局方面，均获得了明显成就。首先，交通运输各部门都有了相当规模的发展，特别是原先较薄弱的民航、管道、港口和海运的发展更快；设施与装备的等级水平也显著提高；交通网布局进一步东移，并向渐趋合理的方向迈进，运输部门结构也逐渐改善。

进入 21 世纪，国家提出了区域协调发展战略，即继续推进西部大开发，振兴东北地区等老工业基地，促进中部地区崛起，鼓励东部地区率先发展，形成分工合理、特色明显、优势互补的区域产业结构，推动各地区共同发展。根据我国地区协调发展战略以及各地区的具体情况分析，我国交通运输发展战略应当是一种基于区域协调发展的非平衡增长战略，即在东部和中部实行交通运输与经济发展"同步型"的发展战略，在西部实行交通运输"适度超前"的发展战略，以促进西部区域经济的发展，提高我国整体交通运输发展水平。

单元四　交通运输的发展趋势

随着信息技术的快速发展，特别是大数据、云计算、物联网和人工智能技术的应用，加上交通工具和基础设施的技术创新，交通运输行业产生了革命性的变革，朝着智能化与自动化发展。此外，人口结构的变化、人们生活方式的多元化等社会因素，影响了交通需求的结构和模式，改变了人们的出行习惯和资源利用方式。

一、智能化与自动化

1. 智能交通系统

智能交通系统是利用大数据、云计算、物联网等技术，将多种技术和系统整合在一起，实现数据共享和协同工作；利用人工智能和机器学习技术，实现交通预测、决策支持和自动控制；实时收集和分析交通数据，快速响应交通状况变化；通过优化交通流，减少拥堵，提高道路使用效率；通过先进的监控系统和技术，减少交通事故，提高应急响应能力；通过优化交通流，减少车辆碳排放，降低对环境的影响。

2. 自动驾驶技术

自动驾驶技术是利用计算机系统来实现车辆的自主控制，使车辆能够在没有人类司机干预的情况下安全行驶的技术。自动驾驶汽车和无人配送车辆的发展，将改变传统的运输模式，提高安全性，减少交通拥堵。自动驾驶技术按照美国汽车工程师协会（SAE）的定义，分为 5 级：L0 级（无自动化）、L1 级（驾驶员辅助）、L2 级（部分自动化）、L3 级（有条件自动化）、L4 级（高度自动化）、L5 级（完全自动化）。2023 年，中国的工业和信息化部、公安部、交通运输部以及市场监督管理总局等四大部门联合发布了一项重要通知，宣布 L3 和 L4 级别的自动驾驶汽车可以合法上路，这标志着中国汽车产业正式进入了 L3 时代。

二、环保节能

1. 新能源车辆

电动汽车、氢燃料电池车辆等新能源交通工具的普及，减少污染排放。2024 年，中国的新能源汽车市场取得了显著成就。2024 年中国新能源汽车的产销量均超过了 1 200 万辆，同比增长 35.5%，连续 10 年位居全球第一。新能源汽车的市场销量占新车总销量的 40.9%，较 2023 年提高了 9.3%。随着电池技术、电动机和驱动系统、智能化和自动驾驶技术的进一步发展，新能源汽车的车辆性能和能效将会进一步提升。

2. 绿色物流

绿色物流也称为环保物流或可持续物流，是指在物流活动过程中，通过采用环保技术、优化物流流程、提高资源利用效率等措施；减少能源消耗和碳排放，从而减少物流活动对环境的负面影响，实现物流与环境的和谐共生。

三、综合立体化

1. 多式联运

多式联运指在一次货物运输过程中，通过两种或两种以上的运输方式（如铁路、公路、水路、航空等）联合完成货物的运输。这种运输方式能够充分利用各种运输工具的优势，提高运输效率，降低成本，同时也能够减少对环境的影响。如从中国上海到欧洲的货物，若采用集装箱多式联运，可能会先通过公路运输到港口，然后通过海运到达欧洲港口，最后通过铁路或公路运输到达目的地。集装箱标准化便于在不同运输方式间快速转换。

2. 立体交通网络

立体交通网络指在一个城市或区域内，通过不同层面的交通系统相互交织、相互连接形成的多层次、多功能的交通体系。这种网络通常包括地面交通、地下交通和高架交通，目的是提高交通效率，缓解交通拥堵，优化城市空间布局。国家综合立体交通网是中国交通基础设施的最高层次空间网络，《国家综合立体交通网规划纲要》是中国关于综合立体交通网的中长期规划纲要，其核心内容是建设"六轴、七廊、八通道"。

六轴指的是连接中国主要经济区和城市群的主轴线，是支撑国家经济发展的骨架，因此具有最高的优先级。六轴包括：京沪轴、京广轴、沿海轴、京九轴、包昆轴和兰西银轴。七廊的优先级低于六轴，连接的是次一级的重要城市群和经济区域，对于加强区域协调发展、促进次级城市群与主要经济区的联系仍具有重要作用。

七廊包括：京哈-京港澳交通走廊、京沪交通走廊、京九交通走廊、西部陆海新通道、长三角—成渝交通走廊、长江经济带交通走廊和粤港澳-大湾区交通走廊。八通道的优先级排在轴线之后，但在完善区域交通网络、促进地方经济发展方面同样重要。它们更多地关注于连接较小规模的城市群和经济区域，或者是连接"组群"与"组团"之间的交通，对于实现全国交通网络的均衡发展和提高网络覆盖面至关重要。

八通道主要是指东西向的运输通道，用于加强中国东西部地区的联系，包括：绥满通道、京兰通道、青银通道、唐包通道、京沪通道（同时是六轴之一）、京广通道（同时是六轴之一）、二连浩特通道和西部陆海新通道。

目前，"六轴七廊八通道"的主骨架，已建成的路线里程超过了 26 万千米，其建成率约为 90%，这一成就标志着我国在交通强国建设方面迈出了新的步伐。

四、网络化与平台化

1. 共享经济

共享出行，作为共享经济的重要组成部分，涵盖了通过共享平台提供的交通工具资源，如单车、电动摩托车、汽车等。这些服务通过互联网技术和移动应用实现车辆的租赁、调度和管理，用户可以根据需求随时租用并归还交通工具。共享出行的核心在于通过资源的共享和优化配置，提高出行效率、提高资源利用率，减少环境影响，同时降低个人出行成本。近年来，共享出行人次总体趋稳，发展质量不断提升，共享出行政策法规体系也在持续完善中。受到主流业态的稳定发展和新业态与智能化技术突破的影响，共享出行未来还将有更高的资源配置效率和用户体验，以及更细分的市场。

2. 物流平台

物流信息平台的建设，实现了货物流、信息流、资金流的集成，提升了物流服务水平。在数字物流、电商物流、货运O2O、物流供应链、即时物流、仓储物流、大宗物流、跨境物流以及第三方快递等多个领域，众多杰出代表脱颖而出，如京东物流、货运宝、滴滴货运、美团配送、中通快递、申通快递、顺丰同城、安能以及跨境好运等知名企业均位列其中。这些企业通过将数字化技术深度融入物流行业，不仅提高了服务品质和客户满意度，还推动了整个行业的数字化转型。

五、安全与效率

1. 智慧交通管理系统

智慧交通管理系统是一个综合的交通管理和服务系统，涉及交通的各个方面，包括交通感知、数据分析、控制管理和信息发布等。通过先进的智慧交通管理系统，提高交通安全性，减少事故发生。在智慧交通管理这一领域，人工智能技术正深刻地改变着交通行业，提升交通效率和安全性。例如，通过分析交通流量、事故数据和道路状况，AI能够实时调整交通信号灯，优化交通流，并减缓拥堵。同时，在数字化转型的背景下，高速公路的建设和管理也在经历着重大变革。例如，新一代国家交通控制网和智慧公路试点的推进，基础设施的数字化、路运一体化车路协同、北斗高精度定位综合应用、路网大数据综合管理等方面都取得了显著成果。

2. 运输效率提升

一是政府实施了降低全社会物流成本的专项行动，二是铁路货运和国际航空货运的增长为物流业注入了新的活力，三是多式联运的实施显著提升了物流效率，四是人工智能和物联网技术的应用也推动了网络货运模式的发展。通过以上技术创新和流程优化等措施，提高了运输效率，降低了成本。

六、区域一体化

1. 城际交通网络

城际交通网络是中国综合交通体系的重要组成部分，它主要侧重于城市之间的交通连接。主要包括市域（郊）铁路和城际铁路两个部分。这些项目在京津冀、长三角、粤港澳大湾区、成渝等地区得到了重点发展。

2. 国际物流网络

构建国际物流网络，推动国际贸易和跨境电商的发展。在"十三五"期间，中国积极扩大开放，持续优化口岸营商环境，不断培育外贸发展新优势。中欧班列在"十三五"期间凭借其横跨欧亚大陆的独特优势，开行量和货物发送量快速增长，成为服务国内国际双循环、畅通中欧贸易以及连接"一带一路"国家的重要运输大通道。"十四五"期间，我国致力于构建国际国内物流大通道，包括建设"四横五纵"9条国内物流大通道和"两沿十廊"国际物流大通道。国内物流大通道将串接东中西部的沿黄、陆桥、长江、广昆等物流通道，以及连接南北方的京沪、京哈—京港澳（台）、二连浩特至北部湾、西部陆海新通道、进出藏等物流通道。国际物流大通道将包括沿海、沿边物流走廊以及10条国际物流通道，对接区域全面经济伙伴关系协定（RCEP）等，强化服务共建"一带一路"的多元化国际物流通道辐射能力。

七、个性化与定制化

1. 个性化服务

根据用户需求提供个性化的交通服务，如定制公交、专车服务、低空飞行等。2024年12月，交通运输部办公厅发布了《关于加快推动班车客运定制服务创新发展的通知》，旨在推动班车客运定制服务的创新发展，这将进一步推动定制客运进火车站、机场和港口客运站；鼓励旅游、就医、通勤、商务等多场景定制客运线路，并探索定制客运与传统农村班线客运相结合的运营模式。这些举措将更好地满足人民群众的多样化、便捷化、个性化出行需求。

2. 物流解决方案

为不同行业和企业提供定制化的物流解决方案，包括为特定行业提供专业的包装、仓储和运输服务，或者为跨境电商提供一站式的物流解决方案。此外，还提供多样化的服务选项，如不同的运输方式（海运、空运、陆运）、不同的配送速度（标准、加急、特快）以及不同的支付方式（预付款、到付、月结）等。个性化和定制化的物流解决方案通过深入了解客户需求、制定个性化方案、强化信息化建设和利用先进技术，帮助企业优化物流流程、降低成本、提高运营效率，并增强市场竞争力。同时，这些服务还能帮助企业更好地满足客户的需求，提升客户满意度，从而维护现有客户并吸引潜在客户，增强企业的市场竞争力。

八、政策法规的完善

1. 法规更新

随着道路安全局势的变化，相应的法律法规也需要更新。在过去的20年中，中国的道路交通安全法律法规体系不断发展和完善。如《中华人民共和国道路交通安全法》自2004年5月1日正式实施以来，经历了多次修订，特别是在醉驾入刑、驾驶资格考试管理等方面的更新。2011年5月1日，《中华人民共和国刑法修正案（八）》和修改后的《中华人民共和国道路交通安全法》实施，为打击和治理酒驾醉驾提供了重要的法律保障。新技术方面，如针对电动自行车的一些安全问题，如车速过快、电池安全性等，中国发布了《电动自行车安全技术规范》（GB 17761—2024）。这一规范对电动自行车的最高设计车速、防火阻燃要求、塑料件使用比例以及电动机性能等方面做出了明确规定，以减少交通事故和提高车辆安全性。随着自动驾驶技术在国内的发展，部分驾驶员可能会过度依赖这些技术，忽视了作为驾驶员的基本职责，从而埋下安全隐患。但国内目前缺乏相应的道路交通运输规定，有待相关法律的出台，以适应智能驾驶技术的发展。

2. 政策支持

针对出现的新技术，政府可通过政策引导和支持，推动交通运输行业的健康可持续发展。如为了促进新能源汽车产业的发展，推动能源消耗的减少和环境质量的提升。我国出台了一系列政策，如购置税减免政策、充电基础设施建设政策、新能源汽车下乡和乡村全面振兴支持政策和全面绿色转型措施指导意见等。

交通运输行业在技术革新、环境保护、服务提升等方面的持续进步，旨在构建更加高效、安全、环保、便捷的现代交通体系。

巩固测练

一、判断题

1. 交通作为一项社会活动和经济活动，包括以下几个方面的因素：交通网络及设施、载运工具、组织管理技术和运输对象（人和物）。（　　）
2. 交通关注载运工具的流动情况，包括流量大小和拥挤程度等。（　　）
3. 交通与运输反映的是同一事物的两个方面。（　　）
4. 个人驾驶游艇进行休闲活动时，虽然产生了交通行为，但可能没有涉及实际的运输活动。（　　）
5. 交通运输业是国民经济的重要比例部门，属于第三产业。（　　）
6. 铁路运输只能实现门到门的运输服务。（　　）
7. 交通是指人与物在空间上的移动，运输是指人与物在空间上的移动和位置上的变化。（　　）
8. 航空运输不受地形、气候等自然条件的影响。（　　）
9. 现代交通运输方式中，高速铁路和城际轨道交通已成为我国城市间客运的主要方式。（　　）
10. 无人驾驶技术在交通运输领域的应用将大大提高运输安全性。（　　）

二、单项选择题

1. 关于交通运输方式的叙述，正确的是（　　）。
    A. 公路运输机动灵活，但运量小，成本较低
    B. 铁路运输连续性好，但运费高，占地面积广
    C. 航空运输最为快捷，但运营成本高，对技术和安全的要求也高
    D. 水路运输历史最悠久，但投资大，运输速度慢
2. 我国主要的交通运输方式是（　　）。
    A. 公路　　　　　　B. 铁路　　　　　　C. 管道　　　　　　D. 河运
3. 下列几种运输方式，运量由大到小排列正确的是（　　）。
    A. 铁路、河运、海运、公路、航空　　　B. 河运、海运、公路、航空、铁路
    C. 海运、铁路、河运、公路、航空　　　D. 航空、公路、河运、铁路、海运
4. 在各种交通运输方式中，对环境破坏最大的是（　　）。
    A. 铁路运输　　　B. 海运　　　　　　C. 管道　　　　　　D. 公路

5. 实现"门对门"运送的交通运输方式是（　　）。
   A. 铁路运输　　　　B. 水路运输　　　　C. 航空运输　　　　D. 公路运输
6. 以下哪个选项最准确地描述了"交通"与"运输"的区别？（　　）
   A. 交通是指人和物的移动，运输是指货物的移动
   B. 交通是指人和物的空间位置移动，运输是指人和物的空间位置移动和位置变化
   C. 交通是指运输工具的使用，运输是指运输路线的规划
   D. 交通和运输是完全相同的概念，没有区别
7. 以下哪项技术被认为是未来交通运输领域的重要发展方向？（　　）
   A. 燃油效率提升　　B. 电动汽车　　　　C. 高速铁路　　　　D. 超级高铁
8. 以下哪种交通方式在未来城市交通中可能成为主流？
   A. 私家车　　　　　B. 公共自行车　　　C. 地铁　　　　　　D. 共享电动摩托车

三、多项选择题

1. 根据各种运输方式的特点、适用范围，下列运输方式选择恰当的是（　　）。
   A. 急救药品：重庆—拉萨，公路运输
   B. 1吨活鱼：渝北新华水库—重庆龙头寺，水路运输
   C. 100 t钢材：鞍山—哈尔滨，铁路运输
   D. 5 000 t海盐：天津—深圳，海运运输
   E. 10万吨大米：武汉—上海，河运运输
2. 交通运输系统由载运工具、（　　）、交通控制和管理系统等几个方面的内容组成。
   A. 站场　　　　　　B. 线路　　　　　　C. 人员　　　　　　D. 设施管理系统
3. 现代化的交通运输方式主要有铁路运输和（　　）。
   A. 航空运输　　　　B. 水路运输　　　　C. 公路运输　　　　D. 管道运输
4. 关于各种运输方式特点的叙述，正确的是（　　）。
   A. 公路——发展最快、应用最广的运输方式
   B. 铁路——历史最悠久的运输方式
   C. 航空——当代最主要的运输方式
   D. 管道——连续性最好的运输方式
5. 以下有关各种运输方式适用范围的说法，正确的是（　　）。
   A. 国际货物、长途大宗货物的运输，适合水运
   B. 长距离、大宗货物的运输，特别是长距离的货物运输，适合铁路运输
   C. 短途客、货运输任务，适合道路运输
   D. 长距离、对时间性要求高的客货和贵重货物的运输，以及抢险救灾物资的运输，适合航空运输
6. 以下哪些是未来交通运输领域可能的发展趋势？（　　）
   A. 车联网技术的广泛应用
   B. 交通系统的完全自动化
   C. 空中出租车的普及
   D. 高速磁悬浮列车的推广
   E. 个性化交通服务的兴起

四、简答题

1. 什么是交通运输？
2. 简述影响交通运输的因素。
3. 简述现代交通运输的方式、适用范围及其优缺点。

五、材料分析题

第一题

背景材料：中国交通运输业经过多年的快速发展，已经形成了以高速公路、高速铁路、航空、水运和管道运输为主的现代综合交通运输体系。截至 2024 年 12 月，中国高速公路总里程已超过 18.5 万千米；铁路营业里程达到 16.2 万千米，其中高铁 4.8 万千米；民用航空机场数量达到 280 多个，内河航道通航里程超过 18.2 万千米，油气管道总里程超过 124 万千米。中国的交通运输业在支撑经济发展、促进区域协调、提高人民生活水平等方面发挥了重要作用。

问题：

1. 【判断】铁路运输在快递、物流领域应用广泛。（　　）
2. 【判断】水运是最经济的长途运输方式。（　　）
3. 【单选】中国交通运输业中，以下哪种运输方式的总里程最长？（　　）
   A. 高速公路　　　　B. 高速铁路　　　C. 内河航道　　　D. 油气管道
4. 【单选】以下哪项不是中国交通运输业发展的特点？
   A. 运输网络化　　　B. 运输高速化　　C. 运输成本高　　D. 运输方式多元化
5. 【单选】中国高速铁路的发展对以下哪方面的影响最为显著？
   A. 提高了货物运输效率　　　　　　B. 促进了旅游业的发展
   C. 减少了城市交通拥堵　　　　　　D. 提升了国际物流能力
6. 【单选】以下哪种交通运输方式受自然条件影响最小？
   A. 公路运输　　　　B. 铁路运输　　　C. 航空运输　　　D. 水运
7. 【简答】简要说明中国交通运输业的发展现状及其在国民经济中的作用。

第二题

背景材料一：随着科技的快速发展，交通运输行业正面临着深刻的变革。新能源汽车、自动驾驶、共享出行等新兴技术逐渐成为行业发展的新动力。以下是关于交通运输发展趋势的一些数据和信息：

1. 新能源汽车销量逐年增长，预计 2025 年，新能源汽车销量将占我国汽车总销量的 20% 以上。
2. 自动驾驶技术不断突破，到 2030 年，部分城市的自动驾驶出租车将投入商业化运营。
3. 共享出行模式逐渐普及，越来越多的人选择共享单车、共享汽车等出行方式。

背景材料二：为应对交通运输行业变革，我国政府提出了"交通强国"战略，旨在构建安全、便捷、高效、绿色的现代综合交通运输体系。以下是战略实施过程中的一些关键措施：

1. 优化交通运输结构，提高公共交通出行比例。
2. 推广新能源汽车，加快充电基础设施建设。
3. 发展智能交通系统，推动自动驾驶技术的研究与应用。
4. 加强交通基础设施互联互通，提升国际竞争力。

问题：
1. 【单选】根据材料一，以下哪项是交通运输行业发展的新动力？（   ）
   A. 新能源汽车　　　　　　　　　　B. 自动驾驶技术
   C. 共享出行　　　　　　　　　　　D. 所有以上选项
2. 【单选】根据材料一，预计2025年，新能源汽车销量占比将达到多少？（   ）
   A. 10%　　　　B. 15%　　　　C. 20%　　　　D. 25%
3. 【单选】根据材料一，以下哪个时间点有可能是自动驾驶出租车投入商业化运营的时间？（   ）
   A. 2022年　　　B. 2025年　　　C. 2030年　　　D. 2035年
4. 【单选】根据材料二，以下哪项不是"交通强国"战略的关键措施？（   ）
   A. 优化交通运输结构　　　　　　　B. 推广新能源汽车
   C. 发展智能交通系统　　　　　　　D. 限制私家车发展
5. 【单选】根据材料二，发展智能交通系统的目的是什么？（   ）
   A. 提高公共交通出行比例　　　　　B. 推动自动驾驶技术的研究与应用
   C. 加强交通基础设施互联互通　　　D. 提升国际竞争力
6. 【简答】根据材料二，你认为我国在实施"交通强国"战略过程中，应如何平衡经济发展与环境保护的关系？

扫一扫：参考答案

模块二 铁路运输

🎯 学习目标

【知识目标】

1. 了解铁路运输的发展历史、城市轨道交通的发展历史；
2. 熟悉铁路运输的特点、高速铁路和重载运输的概念及特点；
3. 掌握铁路运输的基础设施、设备和载运工具；
4. 了解铁路客运、货运的特点及组织特点；
5. 掌握城市轨道交通系统的类型及其特点；
6. 了解铁路发展趋势、城市轨道交通的发展趋势。

【能力目标】

1. 能识别铁路线路上部建筑、下部基础的各组成部分，并熟读其结构示意图、实物图；
2. 能看懂不同类型线路、车站的示意图，并能分析不同类型线路、车站的特点；
3. 能识别车辆的各组成部分，并分析其工作原理、特点和作用；
4. 能识别不同类型的车辆类型，并根据运输对象的特点，选用相应的车辆类型；
5. 能看懂铁路客运、货运组织的基础文件；
6. 能从国家宏观规划的角度，结合本地的地理位置，分析其在国家铁路规划中的地位和作用。

【素养目标】

1. 培养学生对铁路运输、城市轨道交通运输的兴趣和热爱，从而形成行业自豪感；
2. 引导学生树立"爱护设备，勤于劳动"的岗位初心意识；
3. 引导学生树立"敬业专注，规范操作"的工作匠心意识；
4. 引导学生树立"追求卓越，交通强国"的专业信心意识。

思政领航

钢铁长龙　经纬华夏——中国铁路运输的崛起、创新与民族自豪

2025年春运，全国铁路发送旅客5.13亿人次，超过欧盟人口总和。16.2万千米铁路线、4.8万千米高铁网、4 800多标准组动车组列车，5.13亿人次，这是2025年春运中国铁路的成绩单。从0到16.2万千米，透过"铁路成绩单"见证中国铁路奋进的历程。新中国成立之时，我国铁路总里程不足2.2万千米。在党的领导下，中国铁路奋起直追，1950年，成渝铁路全线开工；1952年，宝成铁路、兰新铁路动工修建；1955年，鹰厦铁路正式开工……。从此，我国铁路里程不断攀升。1978年，5.2万千米；2003年，7.3万千米；2012年，9.8万千米；2024年，16.2万千米……。铁路梦、强国梦、复兴梦，百年奋斗，今朝圆梦！今日中国，拥有世界上最现代化的铁路网和最发达的高铁网。从CR400到CR450，透过"铁路成绩单"看中国，创新引领、数智赋能，一个科技焕新、交通便捷、循环通畅，流动的中国蕴含发展的潜力。开放的中国魅力无限，"走出去"的高铁在深刻改变着世界，成为亮丽的名片。印尼雅万高铁、中老铁路、匈塞铁路、蒙内铁路，再加上刚刚动工的中吉乌铁路……一条条铁路，铺就了经济发展的"快速路"，架起了合作共赢的"连心桥"。和合共生，互利共赢，时代的列车上，透过每扇车窗，都能看见一幅幅铁道纵横、蓬勃发展的画面。

? 想一想：

1. 为什么说中国铁路的快速发展是社会主义制度优越性的体现？
2. 中国高铁技术是如何实现从引进到自主创新，再到领先世界的跨越的？
3. 铁路人在抗击疫情、抢险救灾等突发事件中发挥了怎样的作用？体现了怎样的精神？
4. 中国铁路"走出去"在国际上面临哪些机遇和挑战？

单元一　铁路运输概述

铁路货物运输是现代运输主要方式之一，也是构成陆上货物运输的两个基本运输方式之一。它在整个运输领域中占有重要的地位，在我国国民经济发展中起着举足轻重的作用，是国民经济大动脉和大众化交通的重要工具。

《辞海》对于铁路的解释是：使用机车牵引车辆组成列车（或以自身有动力装置的车辆）、循规行驶的交通线路。铁路运输是一种陆上运输方式，以机车牵引列车车辆在两条平行的铁轨上行驶。铁轨能提供极光滑及坚硬的媒介让列车车轮在上面以最小的摩擦力滚动，从而支撑并引导火车前进。

一、世界铁路发展史

世界铁路有200多年的历史，它的发展可分为四个时期。

（一）萌芽期（1825—1900 年）

17 世纪末，马车在欧洲已被大量用于公共事业，成为当时陆地上最重要的大众化交通工具。1775 年，英国人约翰·乌特兰发明了有轨马车，这种在轨道上行驶的马车缓解了颠簸现象，乘坐相对较为舒适，如图 2-1 所示。同一时期，蒸汽机车也在发展。1804 年，英国人理查德·特里维西克设计制造的蒸汽机车"新城堡号"在轨道上试车成功，如图 2-2 所示。

图 2-1　有轨马车

图 2-2　"新城堡号"蒸汽机车

1825 年 9 月 27 日，世界上第一条行驶蒸汽机车的永久性公用运输设施，英国斯托克顿-达灵顿的铁路正式通车了。在盛况空前的通车典礼上，由机车、煤水车、32 辆货车和 1 辆客车组成的载重量约 90 t 的"旅行"号列车，由设计者斯蒂芬森亲自驾驶，上午 9：00 从伊库拉因车站出发，下午 15：47 到达斯托克顿，共运行 31.8 km。斯蒂芬森将机车不断改进，于 1829 年创造了"火箭"号蒸汽机车，该机车拖带一节载有 30 位乘客的车厢，速度达 46 km/h，引起了各国的重视，开创了铁路时代。铁路以其迅速、便利、经济等优点，深受人们的重视，慢慢普及到欧洲、亚洲、美洲各国。部分国家修建第一条铁路的时间见表 2-1。

表 2-1　部分国家修建第一条铁路的时间表

序号	国家	修建时间（年）	序号	国家	修建时间（年）
1	英国	1825	10	意大利	1839
2	美国	1830	11	瑞士	1844
3	法国	1832	12	西班牙	1848
4	比利时	1835	13	秘鲁	1851
5	德国	1835	14	印度	1852
6	加拿大	1836	15	澳大利亚	1854
7	俄国	1837	16	南非	1860
8	奥地利	1838	17	日本	1872
9	荷兰	1839	18	中国	1876

（二）蓬勃发展期（1900—1945 年）

在资本主义国家，铁路是资本家赚钱牟利的工具，因而形成了盲目修建、激烈竞争的局面。在这一时期，又有 28 个国家和地区相继建成铁路并开始运营，已经开通铁路线路的国家也加大建设力度。其中，以美国作为典型代表。美国自 1830 年 5 月 24 日第一条铁路建成通车，到1916年，美国铁路营业里程达到历史上的最高峰，共408 745 km。

在这一时期中，铁路技术的进步主要是围绕机车技术的进步和钢轨断面的改进两个方面进行的。首先是电力机车的出现，为铁路的发展提供了较环保的动力。

（三）衰退期（1946—1964年）

受第一次、第二次世界大战的影响，资本主义国家的铁路拆除较多，发展中国家虽然在修建，但发展不快，世界铁路的里程总数增加不多，甚至一度出现了停滞现象。再者，这一时期主要资本主义国家因铁路与水运、公路、航空间的激烈竞争，铁路基本停止发展，以英、美为首的国家，甚至纷纷拆除多条铁路。

（四）复苏期（1965年至今）

20世纪70年代中期，世界石油产生危机后，因为铁路的能源消耗较飞机、汽车低，噪声污染小，运输能力大，安全可靠，从而铁路又作为主要的运输手段为人们提供经济、快捷的服务。截至2024年底，世界铁路通车里程排名前十见表2-2。

表2-2　世界铁路通车里程排名前十

排名	国家	通车里程（万千米）	排名	国家	通车里程（万千米）
1	美国	25.00	6	德国	3.34
2	中国	16.20	7	巴西	3.26
3	俄罗斯	8.75	8	法国	2.77
4	印度	6.81	9	乌克兰	2.16
5	加拿大	4.94	10	南非	2.10

这一时期，是高技术铁路的飞跃发展时期，特别是1964年10月1日，世界上第一条高速铁路——日本东海道新干线的问世，向世人展示了高技术铁路的发展前景，使古老的铁路又焕发出了新的生机。从20世纪60年代到现在，高技术铁路以其高速度、高运输效率、低运行成本和其特有的安全舒适性，在陆海空运输中独占鳌头。

二、中国铁路发展史

19世纪的清朝，铁路被视为破坏风水的"奇技淫巧"。而如今，作为国民经济命脉的铁路已历经史无前例的跨越式发展。从0.5 km的"展示铁路"到"八纵八横"的铁路交通网构建完毕，从"龙号"机车到商业运行速度高达350 km/h的CR400A/B高速动车组列车，中国铁路发展史，见证了一个国家百年的巨变。

（一）清朝时期

19世纪，中国继日本、印度之后成为第三个修建铁路的亚洲国家。1875年，英国在上海铺设了14.5 km长的吴淞铁路，成为中国第一条营运铁路。第一次见到火车的中国人对这一新兴事物充满疑虑。尽管如此，受"师夷长技以治夷"思想影响的清政府"洋务派"官员还是决定修建铁路，清政府于1881年建造了第一条官办铁路——唐胥铁路。

中国第一辆火车是当时唐胥铁路总工程师的夫人仿照英国著名的蒸汽机车"火箭号"而设

计造成的,并把它命名为"中国火箭号"。因在机车两侧各刻有一条龙,于是又把它叫作"龙号"机车。

八国联军侵华之后,国内要求保卫路权、自修铁路的呼声越来越大,清政府终于决定自行兴建第一条完全由中国人自行设计施工的铁路——京张铁路。该铁路由铁路工程专家詹天佑主持设计建造。作为京张铁路总工程师,詹天佑创造性地运用了"人"字形铁路,使火车能在山区陡坡通行。

1911年5月,清政府宣布"铁路国有"政策,将已经私有化的川汉、粤汉铁路收归国有。此举招致了四川各阶层的反对,由此掀起了声势浩大的保路运动。

(二)民国时期

1912年,中华民国宣告成立。中华民国临时大总统孙中山提出了宏伟全面的铁路建设计划,设计了连通全国的3条主要干线,总长20万千米。在此后的《实业计划》"第四计划"中,孙中山又进一步周密化,设计了5条贯通全国的铁路大干线,细分为中央铁路系统、东南铁路系统、扩张西北铁路系统等。

民国时期,中日苏三国在东北围绕中东铁路的权益争夺,也从另一面显现了中国铁路发展的曲折。中东铁路原是由沙俄在中国东北境内修筑的一段铁路,该铁路最早由沙俄控制,1922年苏联成立后改为中苏共管。1929年张学良试图用武力强行收回中东铁路,结果以失败告终。20世纪30年代,苏联又就将该铁路卖给了伪满洲国。1945年后,苏联重新获得了该铁路的控制权,最终在1952年将其移交给了中国政府。

1937年,我国自行设计、建造的第一座双层铁路、公路两用桥——钱塘江大桥落成。钱塘江大桥横跨钱塘江,是连接沪杭甬、浙赣铁路的交通要道。该桥由当代桥梁专家茅以升博士设计建造,然而竣工不到2个月,杭州城被日军攻陷。为了切断交通枢纽,茅以升不得不亲自炸毁这座耗时3年完工的大桥。因为民国时期频繁的战乱和外部势力影响,中国铁路在这一时期一直发展缓慢。

(三)中华人民共和国时期

中华人民共和国成立后加大了铁路建设力度,覆盖全国绝大部分地区的铁路网络在20世纪末期终告建成。

20世纪50年代初,中国政府决定填补西部地区的铁路空白,开始建设成都到重庆的成渝铁路,1950年6月开工建设,1952年6月通车,成为中华人民共和国成立后修建的第一条铁路。

宝成铁路北起陕西宝鸡市,南行达四川成都市,与成渝、成昆两线衔接,全长669 km,是沟通西北与西南的第一条铁路干线,也是突破"蜀道难"的第一条铁路。宝成铁路于1952年7月1日在成都动工,1958年建成通车,1975年7月完成铁路电气化工程改造,成为我国第一条电气化铁路。

成昆铁路自四川成都市至云南昆明市,全长1 100 km,原为国防"三线"建设的重点工程,1958年7月动工,在修了61 km后停建。1964年8月复工,1966年又一度停工,1970年7月1日全程贯通。成昆铁路工程艰巨浩大,举世罕见。全线桥隧总延长占线路长度41.6%。有些地段找不到地方设置车站,不得不将站线建在桥梁上或隧道内,在全线122个车站中,这类车站有41个。这个艰巨宏伟的工程,荣获国家颁发的"科学技术进步特等奖"。

大秦铁路建于1985—1997年,既是一条煤炭运输专线铁路,也是中国第一条重载单元铁路。铁路自山西大同市至河北秦皇岛市,纵贯山西、河北、北京、天津,全长653 km,平均不到15 min

就有一列运煤列车呼啸而过，将上万吨煤炭运至数百千米之外的秦皇岛港装船南运。

京九铁路，又称京九线，是一条从北京通往深圳的铁路，起于北京西站，至深圳站，再经香港境内的东铁线，终至九龙站。1994年京九铁路各段开始动工，1996年9月1日京九铁路提前竣工，实现全线开通。

2003年10月12日，秦沈铁路作为中国第一条客运专线铁路正式投入运行。专线铁路设计速度为250 km/h，最高速度为300 km/h。

青藏铁路是青海省西宁市至西藏自治区拉萨市的铁路，全长1 956 km，是世界上海拔最高、线路最长的高原铁路。中国在施工中克服了青藏高原冻土层的世界难题，2006年7月1日，青藏铁路全线正式通车，该线路的开通打破了多项世界纪录。

自1997年以来，中国铁路经历了六次大提速，配合高速铁路的迅速发展，列车速度普遍有了很大的提高。同时，电气化率、复线率均达到50%以上。2009年7月1日，随着洛湛铁路永州至玉林段正式开通，标志着中国实现了"八纵八横"的铁路网主骨架布局。

建设中的庞大高铁网络延续了中国迟来的铁路扩张态势，里程不断增长、速度不断加快、标准不断提高。

三、我国铁路发展现状

"十四五"期间，我国铁路不断在高峰中再攀新高，科技取得新进步，发展迈上新台阶。

1. 路网建设快速发展

"四纵四横"高速铁路主骨架全面建成，"八纵八横"高速铁路主通道和普速干线铁路加快建设，重点区域城际铁路快速推进。智能京张高铁、北煤南运重载通道浩吉铁路等一大批新线开通运营。全国路网布局持续优化，路网质量显著提高，中西部地区铁路网不断完善，枢纽及配套设施不断强化。截至2024年末，全国铁路营业里程16.2万千米（见图2-3），继续领跑世界，覆盖我国99%的20万以上人口的城市；其中高铁营业里程4.8万千米（占全球近70%），覆盖我国95%的100万人口及以上的城市，基本形成"全国123高铁出行圈"。2024年，投产新线3 113千米，其中高铁2 457千米。铁路复线率为60.8%，电化率为76.2%。全国铁路路网密度168.5千米/万平方千米。基本形成布局合理、覆盖广泛、层次分明、安全高效的铁路网络。

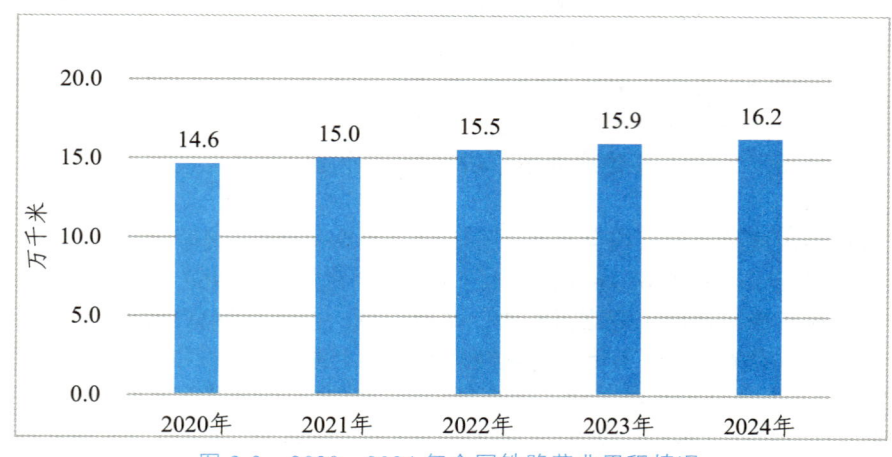

图2-3　2020—2024年全国铁路营业里程情况

2. 运输质量显著提高

铁路行业着眼满足人民群众不断增长的铁路运输需求，大力实施铁路供给侧结构性改革，运输供给能力、服务品质、安全水平持续提升。2024年全国铁路旅客发送量43.12亿人（其中动车组列车承担铁路客运量约70%，动车组已成铁路旅客运输主力军），较2023年同比增长11.9%，如图2-4、图2-5所示。2024年全国铁路货物发送量超51.75亿吨（其中，国家铁路货运总发送量完成39.85亿吨），铁路货运量和货运周转量双双位居世界第一，如图2-6、图2-7所示。铁路货运量占全社会货运量的比例由2016年的7.7%提高到2024年的9.1%。客货运输能力大幅提升，旅客出行更加便捷，能源、资源等重点物资运输得到有力保障。铁路运输服务水平显著提高，旅客客票和货运票据实现了"电子化"，2024年，网络售票比例超过90%。应急保障能力显著增强，运输安全持续稳定，特别是高铁运营安全世界领先。

3. 装备水平全面提升

形成了具有独立自主知识产权的高铁建设和装备制造技术体系。复兴号中国标准动车组实现了时速350 km商业运营，系列化产品谱系基本形成，截至2024年年底，全国拥有铁路机车2.25万台，比上年末增加0.01万台，其中内燃机车0.78万台、电力机车1.47万台。拥有铁路客车8.11万辆、增加0.31万辆，其中动车组4 806标准组、38 448万辆，分别增加379标准组、3 032辆。拥有铁路货车101.9万辆、增加1.2万辆。复兴号高速列车项目荣获国家科学技术进步奖特等奖，高铁技术树起国际标杆。铁路大功率机车、重载车辆、通信信号、牵引供电、养护维修检测设备以及施工机械装备水平大幅提升，智能化新技术应用不断创新。

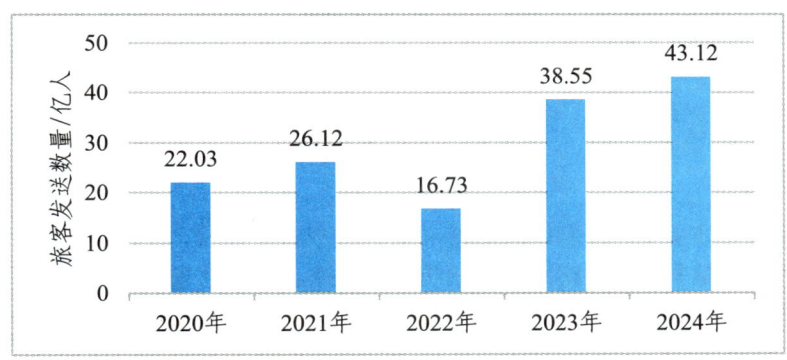

图 2-4 2020—2024年全国铁路旅客发送量统计

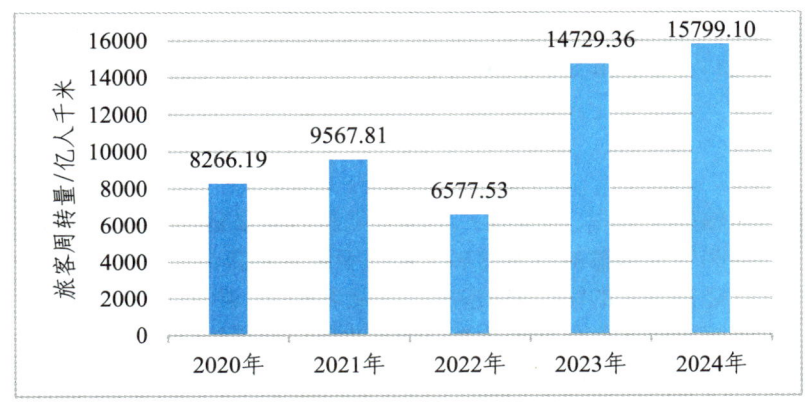

图 2-5 2020—2024年全国铁路旅客周转量统计

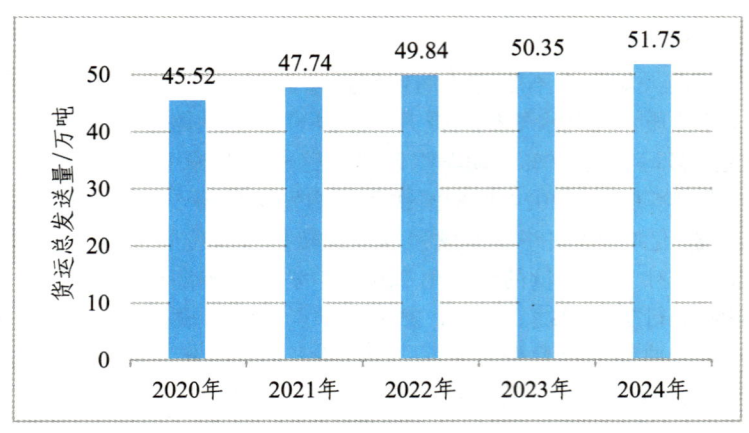

图 2-6　2020—2024 年全国铁路货运总发送量统计

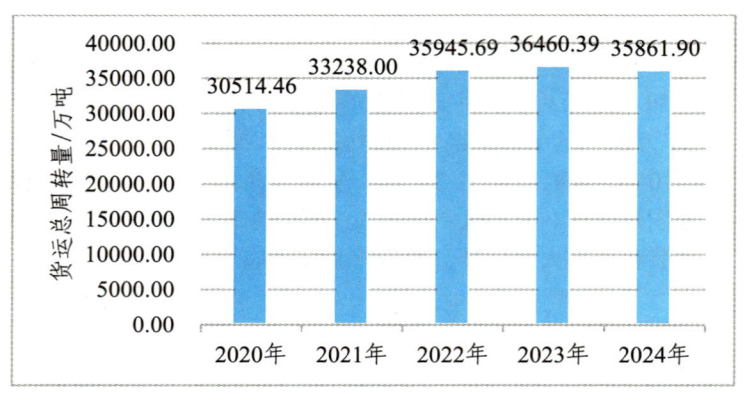

图 2-7　2020—2024 年全国铁路货运总周转量统计

4. 铁路改革逐步深化

行业监管体系逐步完善，政府职能转变和简政放权成效明显。铁路投融资体制改革不断深化，地方政府、社会资本投资铁路比例大幅提升。国铁企业建立现代企业制度，京沪高铁公司等成功上市。铁路运输法治化、市场化改革进一步深化，营商环境进一步改善。

5. 国际合作成果丰硕

服务"一带一路"建设，中国铁路标准国际化取得积极成效，铁路互联互通取得新突破。中老铁路标志性工程和雅万高铁标志性项目有序推进，亚吉铁路、蒙内铁路等一批项目建成投产。铁路技术装备出口全球 100 多个国家和地区。

四、铁路发展趋势

铁路作为陆上运输的主力军，在长达一个多世纪的时间里处于垄断地位。但是自本世纪以来，随着汽车、航空和管道运输的迅速发展，铁路不断受到新的浪潮的冲击。

为了适应社会和经济发展的需要，适应货主和旅客安全、准确、快速、方便、舒适的要求。各国铁路纷纷进行大规模的现代化技术改造，同时改革运输组织工作，积极采用高新技术，在重载、高速运输和信息技术方面取得了新的突破，再加之现代管理和优质服务以及铁路的区域联网、洲际联网，使铁路增添了新的活力，在陆上运输中仍继续发挥着骨干作用，在现代化运输方式中占着重要的地位。

各国铁路客运发展的共同趋势是高速、大密度、扩编或采用双层客车。采用动车组和电力机车牵引旅客列车是实现客运高速化的重要条件。轻轨交通将备受青睐，因为它是改善城市交通环境、最富有生命力的一种交通工具；市郊铁路与地下铁道、轻轨铁路紧密合作，共线、共站，共同组成大城市的快速运输系统，这是各国解决人口密度较大地区客运繁忙的有效措施。在未来的铁路发展中，大城市快速运输系统将与全国铁路网连接，紧密配合，形成客运统一运输网。

在货物运输方面，集中化、单元化和大宗货物运输重载化是各国铁路发展的共同趋势。重载单元列车是用同型车辆、固定编组、定点定线循环运转，最开始用于煤炭运输，后来扩展到其他散装货物，对提高运能，减少燃油消耗，节省运营车、会让站、乘务人员等都有显著效果，经济上受益很大，如美国铁路货运量有60%是由单元列车这种方式完成的。2011年，由美国通用电气公司与澳大利亚必和必拓铁矿石公司共同打造的重载列车，开始运行于澳大利亚西部的皮尔巴拉地区，主要用于运送这里的铁矿石。该重载列车一共有682节车厢，总长度为7 353 m，由8台电力机车牵引，可装载铁矿石8.2万多吨。

铁路现代化是为了快速而准确地运送旅客和货物。安全、迅速、节省包装，简化手续，明显的经济效益，促进了各国集装箱运输的发展，发展的趋势是大型化、标准化。

现代铁路的列车性能已趋于能源和维护费用的极限。旅客列车的速度受到安全的约束，货物列车的质量也已达到桥梁和线路的活载极限。铁路的软件革命即改进管理与控制，可使铁路的技术设备发挥更高效能。由电子计算机、光导纤维、数字技术构成的信息系统，将改变传统的通信、信号两个领域的关系。发展的趋势是以计算机联锁，取代目前的电气-机械联锁。另外，自动排列进路，可使密集列车运行作业最优化，并使调度员摆脱人脑速度和能力的限制。

在电气化铁路上，采用最高用电量控制技术，即在峰值时，可自动地暂时切断采暖等用电，以保证正常牵引用电。目前，日本及西欧各国大部分电气化铁路都采用了远动系统。这种系统的发展过程是：从有接点的继电系统，到无接点的半导体电子系统，直至电子计算机控制系统。

在硬件方面，各国都在加强铁路机车车辆的技术改造。随着内燃机车代用燃料的出现，对传统内燃机车发动机重新优化已成必然，目前，大部分电力机车采用直流串励电动机，这种电机尽管有良好的牵引特性，但易发生空转。采用交流电力机车已是发展方向。

对于货物车辆来说，除采用大型货车外，在降低货车自重，提高轴重或增加轴数等方面下功夫。对于客车来说，为了达到高速化的目的，重在发展轻型化车辆。转向架的结构、车体的结构都在向轻量化发展。

随着新材料的不断涌现，耐大气腐蚀的耐候钢、热镀锌钢板等金属材料，玻璃钢、泡沫聚氨酯、合成纤维布等聚合材料以及精密陶瓷材料，还有光导纤维、超导材料都逐步在铁路机车车辆、集装箱、线路、隧道、桥梁、通信以及接触网等各方面被普遍采用。

可以预见，随着高新技术的发展和应用，铁路将重新焕发青春。

五、铁路运输的特点

（一）铁路运输的优点

（1）铁路运输的运输量巨大。铁路运输牵引力大，输送能力强。铁路一列货物列车一般能运送3 000~5 000 t货物，远远高于航空运输和汽车运输。除了单车装载量大外，火车有多种类型的车辆，使它几乎能承运任何商品。

（2）铁路运输的经常性和持续性强。铁路运输较少受天气、季节等自然条件的影响，可保障一年四季不分昼夜地进行定期的、有规律的、准确的运转，具有高度的经常性和持续性。

（3）铁路运输速度比较快。铁路货运的速度每昼夜可达几百千米，一般货车速度也可达100 km/h 左右，平均车速在几种基本运输方式中仅次于航空运输。

（4）铁路运输能耗低、成本较低。铁路运输耗油约是汽车运输的 1/20；运输费用仅为汽车运输费用的几分之一到十几分之一。尤其在廉价的大宗运输上优势明显。

（5）铁路运输计划性强。中国国家铁路集团有限公司对国家铁路实行高度集中、统一指挥的运输管理体制，全国实行统一统筹安排、统一领导，能保证较强的准确性和连贯性，运输能力可靠、安全。

（6）可以方便地实现驼背运输、集装运输及多式联运。

（二）铁路运输的缺点

（1）铁路线路是专用的，固定成本很高，初期投资大，建设周期长。铁路运输需要铺设轨道、建造桥梁和隧道，建路工程艰巨复杂；需要消耗大量钢材、木材，其初期投资大大超过其他运输方式，这也导致铁路运输总成本中固定费用所占的比重大（一般占 60%）。铁路运输建设周期长，例如一条干线建设周期一般为 5~10 年。

（2）铁路运输按列车组织运行，在运输过程中需要有列车的编组、解体和中转改编等作业环节，用时较长，因而增加了货物在途中的时间。

（3）铁路运输中的货损率较高，而且由于装卸次数多，货物损毁或丢失事故通常比其他运输方式多。

（4）铁路运输始发与终到作业时间长，不利于运距较短的运输业务。

（5）铁路运输受轨道线路限制，灵活性较差难以实现"门对门"的运输，通常要依靠其他运输方式的配合，才能完成运输任务，除非托运人和收货人均有铁路支线。

（6）铁路运输由运输、机务、车辆、工务、电务等业务部门组成，要具备较强的准确性和连贯性，各业务部门之间必须协调一致，这就要求在运输指挥方面实行统筹安排，统一领导。

单元二　铁路运输设施与设备

一、铁路运输线路——铁路

铁路是供火车等交通工具行驶的轨道线路，由线路、路基、线路上部建筑三部分构成。此外，属于铁路工程的还有桥梁、涵洞、隧道、车站设施、机务设备、电力供应等。铁路横断剖面如图 2-8 所示。

（一）铁路线路

铁路线路是为了进行铁路运输所修建的固定线路，是铁路固定基础设施的主体。根据使用需求的不同，可对铁路线路进行不同分类。

1. 按照线型类型分

按照线型的不同，铁路线路一般分为平面线型线路和纵断面线型线路。平面线型线路包括直线线路、圆曲线线路、缓和曲线线路。纵断面线型线路包括上坡、下坡、平道。

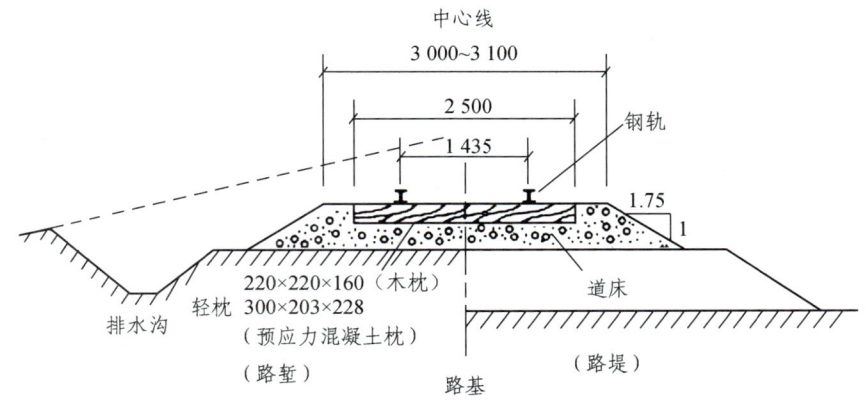

图 2-8　铁路横断剖面示意图

2. 按照在车站中发挥作用的不同分

按照线路在车站中发挥的作用,铁路线路又分为正线、站线、段管线、岔线及特别用途线。

正线是指连接车站并贯穿或直股伸入车站的线路。正线在通过型车站比较好辨认,其一,由于它贯穿车站,通过列车多,所以通常很光亮,磨损也很大。其二,它直接与站外区间线路连接,一般不用道岔。

站线是指站内除正线以外的到发线、调车线、牵出线、货物线及站内指定用途的其他线路。到发线用于接发客车和货车。调车线用于车列解体和编组并存放车辆。牵出线用于调车作业时将车辆牵引出去。货物线用于货物装卸作业的货车停留。站内指定用途的其他线路包括机车走行线、车辆站修线、驼峰迂回线及驼峰禁溜线等。

段管线是指机务、车辆、工务、电务等段专用并由其管理的线路。

岔线是指在区间或站内接轨,通向路内外单位的专用线路。

特别用途线是指安全线和避难线。为防止列车或机车、车辆进入另一列车运行线,防止进站停车的列车驶过警冲标进入区间,在支线与正线或到发线衔接处铺设的有效长度不小于 50 m 的尽头线叫作安全线。为防止在陡长的坡道上失去控制的列车发生冲突或颠覆,根据线路情况,计算确定在区间或站内设置避难线,避难线一般设计为有较大的上升坡度(见图 2-9),以减缓失控列车的速度。

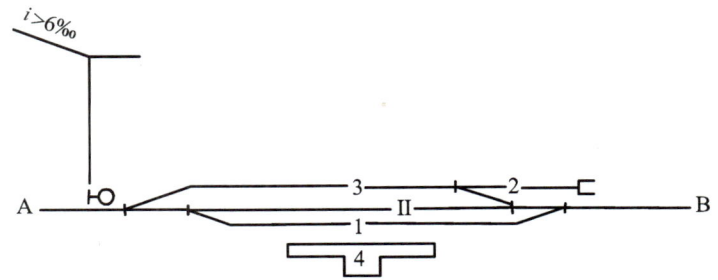

Ⅱ—正线;1、3—到发线;2—安全线;4—站房;i—进站方向的线路坡度。

图 2-9　铁路线路示意图

3. 按照线路意义及其在整个铁路网中所起作用的不同分

根据线路意义及其在整个铁路网中的作用,划分为以下 3 个等级:

Ⅰ级铁路：保证全国运输联系，具有重要政治、经济、国防意义和在铁路网中起骨干作用的铁路，远期国家要求的年输送能力>800万吨。

Ⅱ级铁路：具有一定的政治、经济、国防意义，在铁路网中起联络、辅助作用的铁路，远期国家要求的年输送能力≥500万吨。

Ⅲ级铁路：为某一地区服务，具有地方意义的铁路，远期国家要求的年输送能力<500万吨。

（二）铁路路基

铁路路基，顾名思义就是铁路线路的基础，是为了满足轨道铺设和运营条件而修建的土工构筑物。它承受并传递来自轨道、机车车辆及其荷载的压力，所以必须填筑坚实，经常保持干燥、稳固和完好状态，并尽可能保证路基面的平顺，使列车能在允许的弹性变形范围内，平稳安全运行。所谓"坚实"，是指路基土石方要有足够的密实度；而"稳固"则指路基边坡、基床和基底要长期保持固定。

路基的状态直接影响线路的质量。我国铁路正在实施客运提速、货运重载的战略，影响这个战略实施的首要因素就是线路路基的状态。

根据地形的不同，其横断面形式有路堤、半路堤、路堑、半路堑、不填不挖等，如图2-10所示，其中以路堤和路堑式居多。

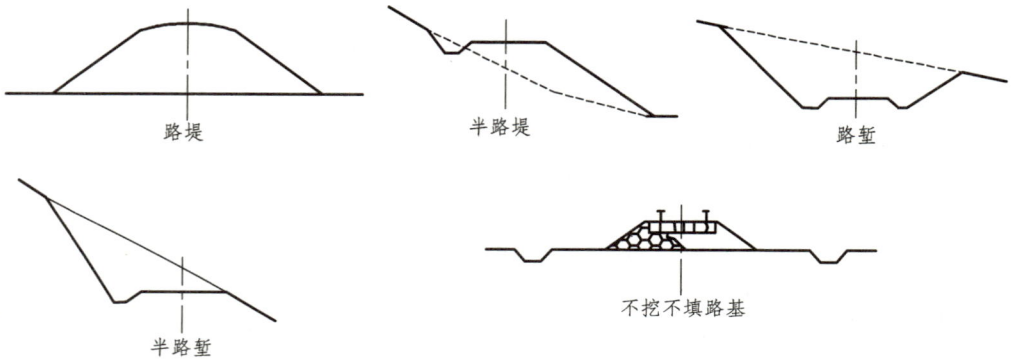

图 2-10　铁路路基横断面形式示意图

当铺设轨道的路基面高于天然地面时，路基以填筑的方式构成，这种路基称为路堤。路堤通常由路基面、边坡、护道、排水沟等几部分组成。当铺设轨道的路基面低于天然地面时，路基以开挖的方式构成，这种路基称为路堑。路堑通常由路基面、侧沟、边坡、截水沟等几部分组成。

在可能的情况下，路基应避免高堤深堑，以减少施工难度和施工量，也便于提高路基质量。最好的路基应该是不挖不填的路基。

路基大多数为土质，水的侵害是路基难以保持坚固、稳定的主要原因。所以在修筑路基时，必须考虑排水问题。除了修挖纵向排水沟、侧沟、截水沟外，还可以利用取土坑排泄地面水。为了拦截地下水和降低地下水位，可修建渗沟、渗管等地下排水设备。

路基边坡可采用种草、铺草皮、植树、抹面、灌浆、砌石护坡以及设置挡土墙等方法来保持路基稳定。

（三）铁路线路上部建筑

铁路线路上部建筑，即铁路轨道，是位于铁路路基上，承受车轮传来的荷载，传递给路基，并引导机车车辆按一定方向运转，包括与列车直接接触的钢轨、轨枕、道床、道岔和防爬设备、附件等部件，如图 2-11 所示。

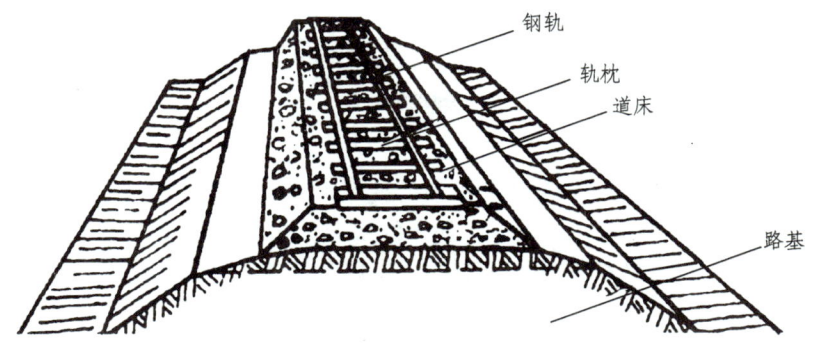

图 2-11　铁路线路上部建筑示意图

1. 钢　　轨

钢轨是铁路轨道的主要组成部件。它的功用在于引导机车车辆的车轮前进，承受车轮的巨大压力，并传递到轨枕上。钢轨必须为车轮提供连续、平顺和阻力最小的滚动表面。在电气化铁道或自动闭塞区段，钢轨还可兼作轨道电路。

（1）钢轨的类型

钢轨的类型（或强度）是以每米长的钢轨质量千克数（kg/m）来表示的。我国现行的标准钢轨类型有：75 kg/m、60 kg/m、50 kg/m、43 kg/m 和 38 kg/m 等几种。以上各种类型钢轨中，38 kg/m 钢轨现已停止生产，60 kg/m、50 kg/m 钢轨在主要干线上铺设，站线及专用线一般铺设 43 kg/m 钢轨。对于重载铁路和特别繁忙区段铁路，则铺设 75 kg/m 钢轨。

钢轨的断面形状采用具有最佳抗弯性能的"工"字形断面，由轨头、轨腰以及轨底三部分组成，如图 2-12 所示。为使钢轨更好地承受来自各方面的力，保证必要的强度条件，钢轨应有足够的高度，其头部和底部应有足够的面积和高度，腰部和底部不宜太薄。

此外，为了适应道岔、特大桥和无缝线路等结构的需要，我国铁路还采用了特种断面（与中轴线不对称"工"字形）钢轨。现采用较多的是矮特种断面钢轨，简称 AT 轨。

我国钢轨的标准长度为 12.5 m 和 25.0 m 两种。特重型、重型轨采用 25.0 m 的标准长度钢轨，其他类型轨道可采用 12.5 m、25.0 m 标准长度钢轨。曲线缩短轨长度有比 12.5 m 标准轨短 40 mm、80 mm、120 mm 的三种，以及比 25.0m 标准轨短 40 mm、80 mm、160 mm 的三种。

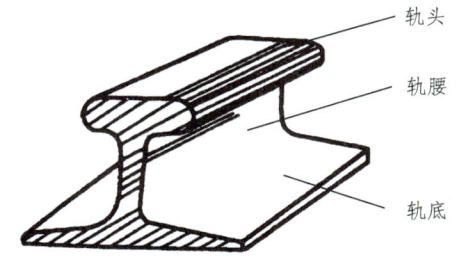

图 2-12　钢轨横断面示意图

《25 km/h 客运专线 60 kg/m 钢轨暂行技术条件》规定，250 km/h 客运专线（兼顾货运）钢轨标准轨定尺长度为 100 m。

（2）轨　距

轨距是铁路轨道两条铁轨（钢轨）头部顶面下 16 mm 范围内两股钢轨作用边之间的最小距离。全世界铁路上有 30 多种轨距，主要的有 600 mm、750 mm、762 mm、900 mm、1 000 mm、1 067 mm、1 435 mm、1 524 mm、1 600 mm 和 1 676 mm 等。其中，1 435 mm 的轨距被公认为国际标准轨距，全世界有 60%～70%国家的铁路都采用 1 435 mm 标准轨距。轨距大于

1 435 mm 者称为宽轨,如苏联、巴拿马、芬兰等国家采用这种轨距。而印度、阿根廷、西班牙、葡萄牙、智利、斯里兰卡等则采用 1 676 mm 轨距。小于 1 435 mm 者称为窄轨,如日本、菲律宾、印度尼西亚、南非、坦桑尼亚、赞比亚等国家采用这种轨距。我国铁路轨距以国际标准轨距 1 435 mm 为主。

2. 轨　枕

轨枕是钢轨的支座,作用是承受钢轨传来的荷载并传给道床,保持钢轨的方向和轨距,具备一定的柔韧性和弹性,如图 2-13 所示。列车经过时,轨枕可以适当变形以缓冲压力,但列车过后又尽可能恢复原状。轨枕按照制造材料,可以分为木枕、钢枕、钢筋混凝土枕和特种混凝土枕等类型。

轨枕起先采用木材制造,故轨枕俗称枕木。木材的弹性和绝缘性较好,受周围介质温度变化影响小,质量轻,加工和在线路上更换简便,并且有足够的位移阻力。经过防腐处理的木枕,使用寿命也大大延长,可达 15 年左右。所以,世界上 90% 的铁路都使用木枕。据统计,在木枕使用高峰期,全世界大约铺设了 30 亿根,而且大多数是松木。

（a）木枕

（b）钢筋混凝土枕

图 2-13　轨枕

随着森林资源的减少、人们环保意识的增强,以及科学技术的发展,20 世纪初,有些国家开始生产钢枕和钢筋混凝土轨枕以代替枕木。然而,因为钢枕容易锈蚀,用钢量大,维修费用高,体形也笨重,使用量逐渐减少,没有推广开来,只有德国等少数国家还在使用。而许多国家从 20 世纪 50 年代起,开始普遍生产钢筋混凝土轨枕。钢筋混凝土轨枕使用寿命长,稳定性高,养护工作量小,损伤率和报废率比木枕要低得多。在无缝线路上,钢筋混凝土轨枕比木枕的稳定性平均提高 15%～20%,因此,特别适用于高速客运线。后改进为预应轨枕力混凝土轨枕,预应轨枕力混凝土轨枕除了能大量节约优质钢材外,还有使用寿命长、轨道稳定性好、能满足高速、大运量要求等优点,对推广无缝线路起了很大的作用。钢筋混凝土轨枕的缺点是刚度大、弹性差,致使道床承受的压力和振动加速度增大,从而加剧道碴的粉化,造成轨道的下沉增大,对机车车辆走行部分产生不利影响。为此,要求使用质地坚韧的道碴和在轨枕上设置弹性垫层。

特种混凝土轨枕包括混凝土宽枕和钢纤维混凝土枕。混凝土宽枕用钢筋混凝土制成,外形类似混凝土枕,但比混凝土枕宽、薄一些,也称轨枕板。混凝土宽枕外观整齐美观,一般长 2.5 m,宽 55～60 cm,密排铺设在压实的清洁的碎石道床上。

混凝土宽枕每千米铺设 1 760 块,每块宽枕上装一对扣件,由钢轨传来的荷载对宽枕的偏心小、稳定性好。由于支承面积大,与混凝土枕比较,轨道下沉量明显减小,能减缓道床永久变形的积累,线路平顺,减少了维修工作量。

混凝土宽枕轨道在弹性、断面尺寸、排水方式等方面与其他结构形式的轨道不同，因此，与其他轨道连接时必须设置过渡段，使其均匀变化。

钢纤维混凝土轨枕是指在混凝土中掺入一定量的钢纤维制成的混凝土枕。钢纤维混凝土是一种增加强度和韧性的新型复合材料。钢纤维混凝土轨枕可以提高轨枕的抗冲击韧性和抗裂、抗拉、抗剪、抗弯、抗疲劳强度，以延长轨枕的使用寿命，适用于小半径曲线和接头部位，可较好解决钉孔纵裂、挡肩损坏等问题。

轨枕因应用范围不同，长度也不同。在我国，普通轨枕长度为 2.5 m，道岔用的岔枕和钢桥上用的桥枕，长度有 2.6～4.85 m 多种尺寸。

每千米线路上铺设轨枕的数量是根据铁路运量和行车速度等运营条件来确定的，一般而言，在 1 520～1 840 根。不言而喻，轨枕数量越多，轨道强度越大。

3. 道　床

道床是轨道的重要组成部分，通常指铺设于路基、桥梁或隧道等下部结构之上，钢轨、轨枕或支承块之下的碎石、卵石层或混凝土层，作为钢轨或轨道框架的基础。其发挥的功用如下：

（1）承受来自轨枕的压力并均匀地传递到路基面上。

（2）提供轨道的给横向阻力，保持轨道的稳定。

（3）提供轨道弹性，减缓和吸收轮轨的冲击和振动。

（4）提供良好的排水性能，以提高路基的承载能力及减少基床病害。

（5）便于轨道养护维修作业，校正线路的平纵断面。

道床分为普通有砟道床、沥青道床和整体道床，如图 2-14 所示。

（a）有砟道床

（b）无枕式整体道床

图 2-14　道床

有砟道床通常由具有一定粒径、级配和强度的硬质碎石堆积而成，在次要线路上，也可以使用级配卵石或粗砂。道砟是直径为 20～70 mm 的小块状花岗岩，块与块之间存在着空隙和摩擦力，使得轨道具有一定的弹性，这种弹性不仅能吸收机车车辆的冲击和振动，使列车运行比较平稳，而且大大改善了机车车辆和钢轨、轨枕等部件的工作条件，延长了使用寿命。道砟的弹性一旦丧失，则钢筋混凝土轨枕上所受的荷载比正常状态时要增加 50%～80%。

沥青道床是为了改善普通石砟道床的散体特性，而用沥青砂浆或乳化沥青灌注在普通道床里，把道砟固结起来；或用沥青混凝土压实层作道床底部，再用沥青砂浆作为调整层。由于这种道床有利于提高道床的承载能力和线路稳定性，并有利于道床防水和防脏，减少线路维修工作量，而受到各国铁路的关注，在运输繁忙的线路上使用。

整体道床由混凝土整体灌筑而成的道床，道床内可预埋木枕、混凝土枕或混凝土短枕，也可在混凝土整体道床上直接安装扣件、弹性垫层和钢轨,又称为整体轨道。整体道床具有维护工作量少、结构简单、整体性强及表面整洁等诸多优点,在国内外铁路上均已大量使用。由于整体道床是连续现浇的混凝土,一旦基底发生沉陷,修补极为困难。因此要求设计和施工的质量较高,同时也应将整体道床尽可能铺设于隧道内或石质路基等坚硬的基础之上,故常用于不易变形的隧道内或桥梁上。

4. 道岔

道岔是把由一条线路分支进入或超越另一条线路的连接及交叉设备分支,其作用是使机车车辆由一条线路转向另一条线路。铁路道岔设备包括道岔、交叉、道岔与交叉的组合以及其他轨道设备等。道岔是实现股道转换的重要的设备,广泛存在于铁路线路上。

现在,电液控制自动道岔已经取代落后的人工道岔,由于道岔区的接头数量多、曲线复杂,往往是行车安全事故的高发地带。常用的道岔种类有单开道岔、三开道岔、交叉道岔、交分道岔和渡线道岔等。

(1)单开道岔

单开道岔有主线和侧线,通过尖轨的动作实现道岔的开通,侧线开通和正线开通由转输机控制。单开道岔是现场使用最多、最典型的道岔类型。它由转辙器、连接部分、辙叉及护轨三个单元组成。转辙器包括基本轨、尖轨和转辙机械。如图 2-15 所示,当机车车辆要从 A 股道转入 B 股道时,操纵转辙机械使尖轨移动位置,尖轨 1 密贴基本轨 1,尖轨 2 脱离基本轨 2,这样就开通了 B 股道,关闭了 A 股道,机车车辆进入连接部分沿着导曲线轨过渡到辙叉和护轨单元。这个单元包括固定辙叉心、翼轨及护轨,作用是保护车轮安全通过两股轨线的交叉之处。

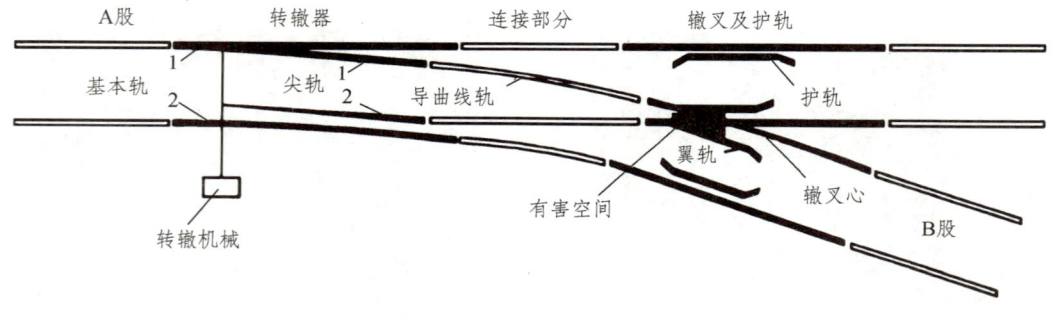

图 2-15 单开道岔示意图

(2)对称道岔

对称道岔又称为双开道岔,是单开道岔的一种特殊形式,整个道岔对称于主线的中线或辙叉角的中分线,列车通过时无直向及侧向之分,呈 Y 形[见图 2-16(a)]。在道岔长度固定的条件下,使用对称道岔可获得较大的导曲线半径,能提高过岔速度;在保持相同过岔速度的条件下,对称道岔能缩短道岔长度,从而能缩短站场长度,增加股道的有效长度。对称道岔的这些特点使得它在驼峰下、三角线上获得应用,并被使用于工业铁路线和城市轻轨线上。

(3)三开道岔

三开道岔又称复式异侧对称道岔,是复式道岔中较常用的一种形式,如同 Ψ 形[见图 2-16(b)],同时衔接三股道,由两组转辙机械操纵两套尖轨。它相当于两组异侧顺接的单开道岔,但其长度却远比两组单开道岔的长度之和为短。因此,常用于铁路轮渡桥头引线、驼峰编组场以及地形狭窄又有特殊需要的地段。三开道岔有一组转辙器,运行条件较差,非十分困难时,不轻易采用。

（4）复式交分道岔

复式交分道岔呈 X 形[见图 2-16（c）]，实际上相当于四组单开道岔和一副菱形交叉的组合，实现不平行股道的交叉，但具有道岔长度短，开通进路多及两个主要行车方向均为直线等优点，因而能节约用地，提高调车能力并改善列车运行条件。交分道岔由菱形交叉、转辙器和连接曲线等部分组成。

除此而外，还有一种常用的交叉设备——菱形交叉。它由两组锐角辙叉和两组钝角辙叉组成，但没有转辙器，所以股道之间不能转线。如果将复式交分道岔 X 形的上面两点和下面两点分别连接起来，就是交叉渡线。它不仅能开通较多的方向，而且占地不多，所以经常在车站采用。

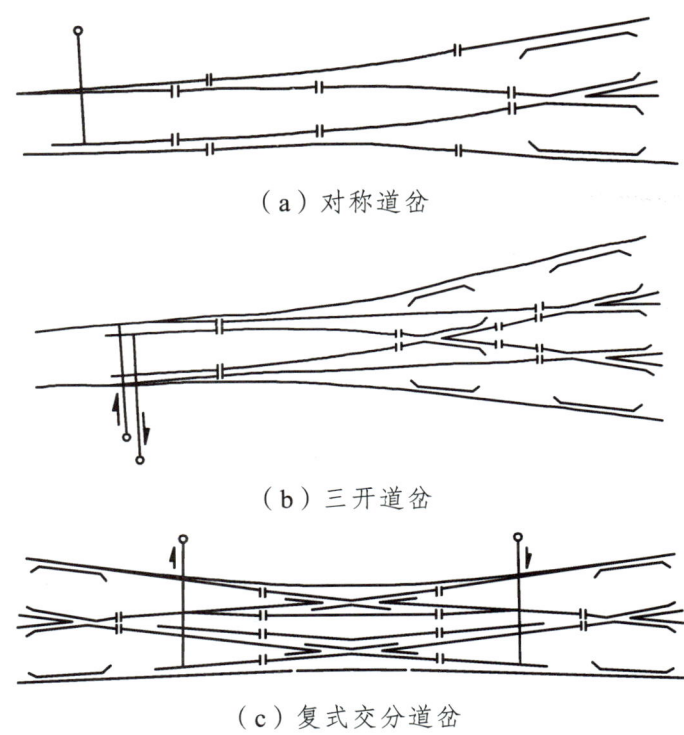

（a）对称道岔

（b）三开道岔

（c）复式交分道岔

图 2-16　其他类型道岔示意图

在铁路道岔上，存在着一些普通轨道上没有的复杂条件。例如固定辙叉存在轨线中断，尖轨、护轨和翼轨的冲击角远远大于曲线轨道，道岔区的轨道的竖向和横向刚度变化远远高于普通轨道等。机车车辆在通过道岔时，轮轨间的作用力也就比普通线路高很多。所以道岔部分的养护工作量要比同等长度的一般轨道多，而道岔主要部件的使用寿命也要比普通轨道短。道岔一直被认为是轨道的一个薄弱环节，也是影响行车安全和限制行车速度的一个主要因素，也是把道岔养护作为养护工作重点的原因。

5. 防爬设备

因列车运行时纵向的作用，使钢轨甚至带动轨枕产生纵向移动，这种现象叫线路爬行。爬行一般发生在复线铁路的区间正线、单线铁路的重车方向、长大下坡道上和进站时的制动范围内。线路爬行往往引起轨缝不匀，轨枕歪斜等现象，对线路的破坏性很大，甚至造成小涨轨跑道，危及行车安全。因此，必须采取有效措施来防止爬行，通常采用防爬器和防爬撑来防止线路爬行。

如图 2-17 所示，防爬设备包括防爬器和防爬撑。穿销式防爬器是由带挡板的轨卡通过穿销组成。安装时，轨卡的一边卡紧轨底，另一边楔进穿销，使整个防爬器牢固地卡住轨底。这样，钢轨在受到纵向阻力时，由于轨卡的挡板紧贴着轨枕，于是轨枕和道钉就阻止钢轨爬行。为了充分发挥防爬器的作用，通常在轨枕之间还安装防爬撑，把 3~5 根轨枕联系起来，共同抵抗钢轨爬行。

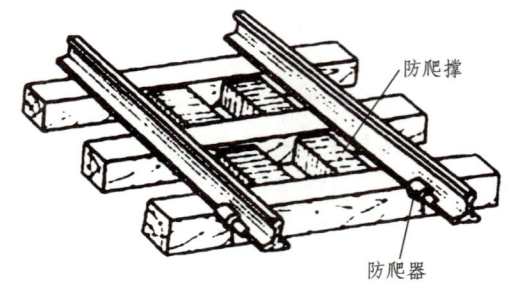

图 2-17　防爬设备

我国铁路普遍使用的防爬器是穿销式防爬器，自 1953 年从苏联引进后一直沿用至今。几十年的实践证明，穿销式防爬器的穿销容易松动，销轨套容易折断而使防爬器失效，使用期间内失效率高达 50%。穿销式防爬器性能不良经常会造成线路爬行，不仅影响线路质量、降低轨道各组成部件的使用寿命，引起线路诸多病害，而且严重危及行车安全。据统计分析，线路病害中近 30% 是由于轨道爬行造成的，而用于整治轨道爬行和由此带来其他线路病害的费用，占全部线路维修费用的 30%~40%。

随着铁路的高速发展，在实行重载、提速的新条件下，更明显地反映出穿销式防爬器已不能适应今天铁路高速发展的新要求。为了有效地防止轨道爬行，消除由于轨道爬行给行车安全带来的隐患，诞生了新式防爬器——卡式防爬器。卡式防爬器不但能有效地防止轨道爬行，有利于提高线路质量和保证行车安全，而且将会大大降低轨道防爬和养护费用，降低铁路运输成本。

6. 连接零件

用来把每节钢轨及钢轨与轨枕互相连接起来使成为连续的轨道的部件，称之钢轨连接零件。前者称接头连接零件；后者称中间连接零件。其作用是长期有效地保证钢轨与钢轨以及钢轨与轨枕间的可靠连接，尽可能地保持钢轨的连续性与整体性，阻止钢轨相对于轨枕的纵向移动，确保轨距正常，并在机车车辆的动力作用下充分发挥缓冲减振性能，减缓线路残余变形的积累。

接头连接零件包括夹板、螺栓及弹簧垫圈等。中间连接零件也称扣件，根据配合使用的不同轨枕类型而有各种不同的组合：①木枕扣件，包括普通道钉和铁垫板；②混凝土轨枕扣件，包括锚固螺栓、铁垫板、扣压件及弹性垫层等。我国铁路上普遍使用的是扣板式混凝土轨枕扣件和以弹条代替扣板的弹条式混凝土轨枕扣件。

（四）其他部分

1. 铁路桥梁

铁路桥梁是铁路跨越河流、湖泊、海峡、山谷或其他障碍物，以及为实现铁路线路与铁路线路或道路的立体交叉而修建的构筑物。由以下部分构成：

（1）上部桥跨结构：是跨越障碍的主要承重结构。

（2）下部结构：桥墩、桥台和基础。

（3）支座系统：设在墩（台）顶。

（4）附属设施：桥面系、伸缩缝、桥头搭板、锥坡、驳岸、挡墙、导流结构等。

铁路桥梁采用最多的是梁式桥。梁式桥可细分为简支梁桥、连续梁桥和悬臂梁桥。所谓简支梁是指梁的两端分别为铰支（固定）端与活动端的单跨梁式桥。连续梁桥是指桥跨结构连续跨越两个以上桥孔的梁式桥。在桥墩上连续，在桥孔内中断，线路在桥孔内过渡到另一根梁上的称为悬臂梁，采用这种梁的桥称为悬臂梁桥。梁式桥的梁身可以做成实腹的，也可作为空腹的，空腹的称为桁梁。桁梁也叫桁架，类型有三角形、双斜杆形、菱格形、米字形、多腹杆密格形、K形、W形、空腹形等。

2. 铁路隧道

铁路隧道是指修建在地下或水下并铺设铁路供机车车辆通行的建筑物。铁路穿越山岭地区时，由于牵引能力有限和最大限坡要求（<24‰），需要克服高程障碍。开挖隧道穿越山岭是一种合理的选择，其作用是缩短线路减小坡度改善运营条件、提高牵引能力。铁路隧道根据其所在位置可分为三大类：

（1）山岭隧道：为缩短距离和避免大坡道而从山岭或丘陵下穿越的隧道。
（2）水下隧道：为穿越河流或海峡而从河下或海底通过的隧道。
（3）城市隧道：为适应铁路通过大城市的需要而在城市地下穿越隧道。

二、铁路运输载运工具——机车车辆

车辆是"车"与车的单位"辆"的总称。所谓"车"，是指陆地上用轮子转动的交通工具；所谓"辆"，来源于古代对车的计量方法。古时的车一般是两个车轮，故车一乘即称一两，后来才写作"辆"。由此可见，车辆的本义是指本身没有动力的车，用马来牵引叫马车，用人来拉或推叫人力车。但是，铁路上所说的"车"，泛指铁路机车车辆（简称机车车辆），俗称火车，是用于牵引或装卸运输对象，并使运输对象发生沿轨道位移的交通运输设备。

（一）机车车辆的基本构造

铁路机车车辆的基本构造由车体、车底架、走行部、车钩缓冲装置和制动装置五大部分组成。

1. 车　体

车体是车辆上供装载货物或乘客的部分，又是安装与连接车辆其他组成部分的基础。早期车辆的车体多以木结构为主，辅以钢板、弓形杆等来加强。近代的车体以钢结构或轻金属结构为主。

货车车体的主要组成部分包括侧壁（墙）、端壁（墙）、车顶等。车体的钢结构由许多纵向梁和横向梁（柱）组成，车体底架通过心盘或旁承支承在转向架上。车体钢结构承担自重、载重、整备质量及由于轮轨冲击和簧上振动而产生的垂直动载荷；列车起动、变速、上下坡道时，在车辆之间所产生的牵引和压缩冲击力等纵向载荷；以及包括风力、离心力、货物对侧壁的压力等侧向载荷。

客车车体为全金属焊接结构，由底架、侧墙、车顶和端墙等四部分焊接而成。在钢骨架外面焊有金属地板。侧墙板、车顶板和端墙板，形成一个上部带圆弧、下部为矩形的封闭壳体，俗称薄壁筒形结构车体。壳体内面除用纵向杆件和横向梁、柱加强外，还采用墙板压筋方式来代替部分杆件，以增强结构的强度和刚度，形成整体承载的合理结构。客车车体必须具有良好的隔热性能。为使旅客上下车方便，客车两端设有通过台，并在通过台的外端设置折棚和渡板，防止风雨及寒气侵入。车体内除设置门窗、座椅及卧铺外，还需装设卫生设备、通风装置、给水设备、车电设备、取暖设备、播音装置及空气调节装置等。

2. 车底架

车底架就是由各种纵向和横向钢梁组成的长方形构架。它承托着车体，是车体的基础。车底架承受上部车体及装载物的全部重量，并通过上、下心盘将重量传给走行部。在列车运行时，它还承受机车牵引力和列车运行中所引起的各种冲击力及其他外力。所以，它必须具有足够的强度和刚度，才能坚固耐用。

货车的车底架一般由中梁、侧梁、枕梁、横梁、端梁及底板横梁等组成。中梁位于底架的中央，是整个底架的基础和主要受力杆件。中梁端部是安装车钩缓冲装置的地方，直接承受纵向作用力。枕梁是底架和转向架连接的地方，在枕梁下部设有上旁承和上心盘，分别和转向架摇枕上的下旁承和下心盘相对。它受力较大，承担全车的重量，并通过心盘将重量传给走行部。罐车的底架结构和其他货车有所不同，由于罐体本身具有很大刚度，因此罐内液体的重量主要由罐体来承担，然后通过托架及枕梁传至转向架，故罐车底架主要承受水平的纵向牵引冲击力。罐车的中梁由两根槽钢制成，中央部分盖有上盖板，盖板上焊有罐体下鞍板；枕梁为箱形断面，上面装有罐体托架，通过蹼形板焊在枕梁上，以便支撑罐体。

客车车底架的构造和货车底架相似。但是，由于客车两端必须设置通过台，所以它的小梁伸出端梁之外，和通过台端梁、侧梁组成通过台架。在通过台端梁之前，再装置缓冲梁。

3. 走行部

走行部是车辆在牵引动力作用下沿线路运行的部分，如图 2-18 所示。走行部的作用是保证车辆灵活、安全平顺地沿钢轨运行和通过曲线；可靠地承受作用于车辆各种力量并传给钢轨；缓和车辆和钢轨的相互冲击，减少车辆振动，保证足够的运行平稳性和良好的运行质量；具有可靠的制动机构，使车辆具有良好的制动效果。

图 2-18　走行部示意图

铁路车辆发展的初期，载重量小，容积也不大，走行部很简单，一般采用二轴车的结构形式，车轴直接安装在车体下方，称为无转向架车辆。随着车辆载重量的增大，一般多采用转向架的结构形式。转向架是将两个及其以上轮对通过专门的构件组成的一个整体部件。

由于车辆的用途、运行条件、制造和检修能力等因素的不同，转向架的类型很多，结构各异。一般转向架主要由轮对、侧架和摇枕、轴箱油润装置、弹簧减振装置、基础制动装置所组成。

轮对由一根车轴和两个车轮压装成一体，在车辆运行过程中，车轮和车轴之间不容许有相对位移。轮对承受着车辆的全部重量，且在轨道上高速运行时还承受着从车体、钢轨两方面传来的其他各种作用力。轮对的质量直接影响列车运行安全，因此对它的制造、检修均有严格规定。轮对上的车轴根据所用轴承形式，可分为滑动轴承车轴和滚动轴承车轴。而车轮的结构、形状、尺寸、材质是多种多样的。按其用途可分为客车用、货车用、机车用车轮，按其结构分有整体轮与轮箍轮。轮箍轮又可分为铸钢辐板轮心、辗钢辐板轮心及铸钢辐条轮心的车轮。整体轮按其材质又可分为辗钢轮，铸钢轮等。

侧架和摇枕是转向架的重要组成部分，侧架把转向架的各个零部件联系在一起构成一个整体。它的两端有轴箱导框，以便安装轴箱。侧架中部设有弹簧承台，是安装弹簧减振装置的地方。摇枕则连同下心盘，旁承盒铸成一体，它的两端支座在弹簧上。车体的重量和载荷通过下心盘经摇枕传给两侧的枕弹簧，并通过摇枕将两个侧架联系起来。

轴箱油润装置是保证车辆安全运行的重要部件。其作用是将轮对和侧架或构架联系在一起,使轮对沿钢轨的滚动转化为车辆沿线路的平动;承受车辆的重量,传递各方面的作用力,并保证良好的润滑性能,使车轴在高速运转时不致发生热轴现象。轴箱装置按轴承的工作特性分为滚动轴承轴箱装置和滑动轴承轴箱装置。滚动轴承能减少运动阻力,适合高速运行,是铁路车辆技术现代化的重要措施之一。滑动轴承轴箱由于起动阻力大,不适合高速运行,维修费用高,冬、夏季需更换轴油且易发生热轴,故逐渐被滚动轴承轴箱所代替。

弹簧减振装置是车辆减少有害振动和衰减振动的装置。车辆上采用的弹簧减振装置,按其主要作用的不同大体可分为三类:一类是主要起缓和冲击的弹簧装置,如中央及轴箱的螺旋圆弹簧;二类是主要起衰减振动的减振装置,如垂向、横向减振器;三类是主要起定位(弹性约束)作用的定位装置,如轴箱轮对纵、横方向的弹性定位装置,摇动台的横向缓冲器或纵向牵引拉杆等。

基础制动装置由制动缸活塞推杆、闸瓦及其间一系列杠杆、拉杆、制动梁等传动部分所组成,其作用是把制动缸活塞上的推力增大若干倍以后平均地传给各个闸瓦,使之压紧车轮而产生制动作用。

为了适应载重的增加和速度的提高,中国铁路一方面通过对引进技术的消化吸收,研制开发了 CW 系列转向架;一方面通过对国产 206 型转向架的技术升级,借鉴国外的焊接技术,形成了 SW 系列转向架。这两种转向架经过运用考核和多次技术改进,现已开始走向成熟,成为我国铁路提速客车的主型转向架。

4. 车钩缓冲装置

车钩缓冲装置是用于使车辆与车辆、机车或动车相互连挂,传递牵引力,制动力并缓和纵向冲击力的车辆部件。它由车钩,缓冲器、钩尾框,从板等组成一个整体,安装于车底架构端的牵引梁内。为了保证车辆连挂安全可靠和车钩缓冲装置安装的互换性,我国铁路机车车辆有关规程规定:车钩缓冲器装车后,其车钩钩舌的水平中心线距钢轨面在空车状态下的高度,客车为 880 mm(允许+10 mm,-5 mm 误差)、货车为 880 mm(±10 mm)。两相邻车辆的车钩水平中心线最大高度差不得大于 75 mm。

车钩是用来实现机车和车辆或车辆和车辆之间的连挂,传递牵引力及冲击力,并使车辆之间保持一定距离的车辆部件。车钩按开启方式分为上作用式及下作用式两种。通过车钩钩头上部的提升机构开启的叫上作用式(一般货车大都采用此式),借助钩头下部推顶杠杆的动作实现开启的叫下作用式(客车采用地式)。车钩按其结构类型分为螺旋车钩、密接式自动车钩、自动车钩及旋转车钩等。螺旋车钩使用最早,但因缺点较多已被淘汰,密接式自动车钩多为高速铁路车辆所用。中国除在大秦铁路重载单元列车上使用旋转车钩外,现一律采用自动车钩。所谓自动车钩,就是先将一个车钩的提杆提起后,再用机车拉开车辆或与另一车辆车钩碰撞时,能自动完成摘钩或挂钩的动作的车钩。中国铁道部门 1956 年确定 1、2 号车钩为标准型车钩。但随着列车速度的提高和牵引吨位的增加,又于 1957、1965 年先后设计制造了 15 号车钩和 13 号车钩。客车使用 15 号车钩,货车则逐步用 13 号车钩代替 2 号车钩。

车钩由钩头、钩身、钩尾三个部分组成,车钩前端粗大的部分称为钩头,在钩头内装有钩舌、钩舌销、锁提销、钩舌推铁和钩锁铁。车钩后部称为钩尾,在钩尾上开有垂直扁锁孔,以便与钩尾框联结。为了实现挂钩或摘钩,使车辆连接或分离,车钩具有以下三种位置,也称为车钩三态。

(1)锁闭位置即车钩的钩舌被钩锁铁挡住不能向外转开的位置。两个车辆连挂在一起时车钩就处在这种位置。

（2）开锁位置即钩锁铁被提起，钩舌只要受到拉力就可以向外转开的位置。摘钩时，只要其中一个车钩处在开锁位置，就可以把两辆连挂在一起的车分开。

（3）全开位置即钩舌已经完全向外转开的位置。当两车需要连挂时，只要其中一个车钩处在全开位置，与另一辆车钩碰撞后就可连挂。

旋转车钩的构造与普通车钩不同，钩尾开有锁孔，钩尾销与钩尾框的转动套连接。钩尾端面为一球面，顶紧在带有凹球面的前从板上。当钩头受到扭转力矩作用时，钩身连同尾销以及转动套一起转动。旋转车钩只安装在专为大秦铁路运煤单元组合列车设计的车辆上。这种车辆的一端装设旋转车钩，另一端装设固定车钩，整列车上每组连接的两个车钩，两两相互搭配。当满载煤炭的车辆进入卸煤区的翻车机位时，翻车机带动车辆翻转180，将煤炭倾倒出来。旋转车钩可以使车辆翻转，卸货时不摘钩连续作业，缩短了卸货作业时间。密接式车钩一般在高速铁路和地下铁道的车辆上使用。它的体积小、重量轻、两车钩连挂后各方向的相对移动量很小，可实现真正的"密接"。同时，对提高制动软管、电气接头自动对接的可靠性极为有利。

缓冲器用来缓和列车在运行中由于机车牵引力的变化或在起动、制动及调车作业时车辆相互碰撞而引起的纵向冲击和振动。缓冲器有耗散车辆之间冲击和振动的功能，从而减轻对车体结构和装载货物的破坏作用。缓冲器的工作原理是借助于压缩弹性元件来缓和冲击作用力，同时在弹性元件变形过程中利用摩擦和阻尼吸收冲击能量。

5. 制动装置

列车制动就是人为地制止列车的运动，包括使它减速，不加速或停止运行。对已制动的列车或机车解除或减弱其制动作用，则称为"缓解"。为施行制动和缓解而安装在列车上的一整套设备，总称为列车"制动装置"。"制动"和"制动装置"俗称为"闸"。施行制动常简称为"上闸"或"下闸"，施行缓解则简称为"松闸"。

"列车制动装置"包括机车制动装置和车辆制动装置。不同的是，机车除了具有像车辆一样使它自己制动和缓解的设备外，还具有操纵全列车制动作用的设备。

铁路机车车辆制动机按制动原动力和操纵控制方式的不同可分为：手制动机、空气制动机、电空制动机、电磁制动机和真空制动机。

手制动机是以人力为制动原动力，以手轮的转动方向和手力大小来操纵控制。其特点是构造简单，费用低廉，是铁路历史上使用最久远、生命力最顽强的制动机。铁路发展初期，机车车辆上只有这种制动机，每车或几个车配备一名制动员，按司机笛声号令协同操纵，由于制动力弱，动作缓慢，不便于司机直接操纵，所以很快就被非人力制动机取而代之，手制动机成为辅助的备用制动机。

空气制动机是以压力空气作为制动原动力，以改变压力空气的压强来操纵控制。其特点是制动力大，操纵控制灵敏便利。我国铁路习惯把压力空气简称为"风"，把空气制动机简称为"风闸"。空气制动机又分直通式和自动式两大类，直通式空气制动机已不再采用。

自动式空气制动机的特点是列车管排气（减压）时制动缸充气（增压），发生缓解。优点是，当列车发生分离事故，制动软管被拉断时，列车管风压急剧下降，三通阀活塞自动而迅速地移动到制动位，故列车能自动迅速制动直至停车。这不仅提高了列车运行安全性，而且列车前后部开始制动作用的时间差小，即制动和缓解的一致性较好，适用于编组较长的列车。因此在世界各国铁路上得到最广泛的应用。

电空制动机是电控空气制动机的简称，是在空气制动机的基础上加装电磁阀等电气控制部件而形成的。它的特点是制动作用的操纵控制用"电控"，但制动作用原动力还是压力空气，而且，在制动机的电控因故失灵时，它仍可实行"气控"（空气压强控制），临时变成空气制动机。在列车速度很高或编组很长，空气制动机难以满足要求时，采用电空制动机可以大大改善列车前后部制动和缓解作用的一致性，显著减轻列车纵向冲击，并缩短制动距离，世界上许多高速列车都采用了电空制动机，我国广深线准高速旅客列车和某些干线的提速客车也采用了电空制动机。

还有一种真空制动机，它的特点是以大气为原动力，以改变"真空度"来操纵控制。当制动阀手柄置于缓解位时，真空泵与列车管连通、列车管和制动缸内的空气都被抽走，列车管和制动缸内上下两方都保持高度真空，活塞因自重落下，活塞杆向外伸出。当制动阀手柄置于制动位时，列车管与大气相通，大气进入列车管和制动缸活塞下方。由于抽气完成时球形止回阀已落下处于关闭状态，大气压力只能将它压住而不能使阀口开放，故大气不能进入活塞上方。活塞上下的压差推动活塞上移，活塞杆缩向缸内而发生制动作用。真空制动机在非人力制动机中构造较简单，价格较便宜，维修也较方便。但是，由于大气压强本身有限，"绝对真空"又很难达到，而且，需要较大的制动缸和较粗的列车管，所以，有些采用真空制动的铁路，随着牵引质量和运行速度的提高，已经或正在向空气制动过渡。

（二）铁路机车车辆的分类

铁路机车车辆是一个集合名词，泛指所有在铁路运输上的车辆，通常包含了有动力及无动力两种，即铁路机车、铁路车辆。由多辆车编组运行的车列，称为列车。铁路机车车辆的分类形式众多，一般可以按照如图2-19所示的标准进行分类。

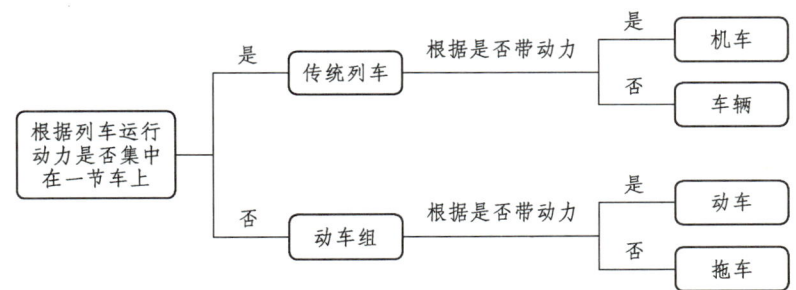

图2-19 铁路机车车辆分类

1. 铁路机车

机车是牵引或推送铁路车辆运行，而本身不装载营业载荷的自推进车辆，俗称火车头。铁路机车是铁路运输的重要工具，其分类可以以运用和牵引动力来划分。

（1）机车按运用分

从运用上分，机车有客运机车、货运机车和调车机车。

客运机车也就是牵引客车的机车，相对货运机车来说，客运机车的牵引力要小一些，速度要快些。这是因为客车的编组较少，一般为20多节，载重量也比货车小得多，没有必要"大马拉小车"造成浪费。

货运机车是用来牵引货车的。我国除了重载列车外，一般的货运列车编组为60节，载重量约为3 500 t。显然，货运机车的牵引力要比客运机车大得多，但速度没有客运机车那么快。

调车机车主要在车站完成车辆转线以及货场取送车辆等各项调车作业，它的特点是机动灵活，因此车身较短，能通过较小的曲线半径，且对速度要求不高。

（2）机车按牵引动力分

机车按牵引动力来划分，目前有蒸汽机车、内燃机车和电力机车。

①蒸汽机车

蒸汽机车是利用蒸汽机，把燃料（一般用煤）的化学能变成热能，再变成机械能，而使机车运行的一种火车机车。英国人理查·特里维西克于1801年制造了蒸汽汽车，1803年，他建造了世界上第一辆轨道机车，1804年在加的夫，沿着16 km长的有刻纹的钢轨上作首次运行。虽然这一创造发明没有运用到实际中，但为19世纪动力机械的发展奠定了基础。

1814年，"火车之父"乔治·斯蒂芬森发明了一台蒸汽机车——"旅行者号"，它在行进时不断地从烟囱里冒出火来，因此被称为"火车"。1825年9月27日，斯蒂芬森亲自驾驶"旅行者号"蒸汽机车在新铺设的铁路上试车，并获得成功。自此，人类进入蒸汽机车时代。

蒸汽机车由锅炉、汽机、车架和走行部以及煤水车等部分组成。

蒸汽机在交通运输业中的应用，使人类迈入了"火车时代"，迅速地扩大了人类的活动范围。在19世纪最先出现的机车是以蒸汽推动的，到二次大战结束时，蒸汽机车仍是最常见的机车。但随着科学技术的进步，蒸汽机车逐步被内燃机车和电力机车替代。美国、西欧国家、日本和苏联等国已于1960—1977年期间相继停止使用蒸汽机。2005年12月9日，在内蒙古大板附近的铁道边上，最后一列蒸汽机车执行完任务，蒸汽机车退出了历史舞台。

②内燃机车

内燃机车是以内燃机作为原动力，通过传动装置驱动车轮的机车。根据机车所用内燃机的种类，可分为柴油机车和燃气轮机车。20世纪30年代初，柴油机车进入了试用和实用阶段，功率多在1 000 kW以内，主要以调车机车为主。到20世纪30年代后期，出现了单节机车多节连挂的干线客运柴油机车。另一方面，最早的燃气轮机车，是从使用复式燃气轮机开始的。1933年，瑞典制成了480 kW的自由活塞燃气轮机车。

在我国，内燃机车由于使用柴油机，所以在提到内燃机车时一般是指柴油机车。

柴油机车的工作原理是，当柴油机的燃料在气缸内燃烧时，所产生的高压高温气体在气缸内膨胀，推动活塞往复运动，并通过曲轴将往复运动变为旋转运动，这样燃料的热能就转化为机械能。柴油机发出的动力传输给传动装置，通过对柴油机、传动装置的控制和调节，将输出的机车运行工况的转速和转矩再送到每个车轴齿轮箱驱动机车动轮，使机车运行，动轮产生的轮周牵引力传送到车架，由车架端部的车钩变为挽钩牵引力来拖动或推送车辆。

从内燃机车工作原理可以看出，内燃机车的基本构造是由柴油机、传动装置、车体走行部、辅助装置、制动设备、控制设备等部分组成的。

内燃机车有较明显的优点，如机车效率较高、机车整备时间短，持续工作时间长，用水量少，适用于缺水地区。初期投资比电力机车少，机车乘务员劳动条件好，还便于多机牵引。但内燃机车最大的缺点是对大气和环境有污染。

我国自主设计、制造的内燃机车目前已形成"北京""东方红"和"东风"3个系列，质量达到世界先进水平。

③电力机车

1835年，荷兰的斯特拉廷和贝克尔两人就试着制以电池供电的两轴小型铁路车辆。1842年，苏格兰人R. 戴维森研制出一台用40组电池供电的重5t的标准轨距电力机车。

电力机车本身不带原动机，靠接受接触网送来的电流作为能源，由牵引电动机驱动机车的车轮。电力机车是从接触网上获取电能的，接触网供给电力机车的电流有直流和交流电两种。

电力机车的工作原理是：接触导线上的电流，经受电弓进入机车后经过主断路器再进入主变压器，交流电从主变压器的牵引绕组经过硅机组整流后，向6台分两组并联的牵引电动机集中供应直流电，使牵引电动机产生转矩，将电能转变为机械能，经过齿轮的传递驱动机车动轮转动。

由于电流制不同，所用的电力机车也不一样，基本上可以分为直-直流电力机车、交-直流电力机车、交-直-交流电力机车3类。世界上绝大多数电力机车是交-直流电力机车。

由于供电容量不受额定功率限制，因此，电力机车具有功率大，短时过载能力强，运行速度高，加速快，牵引力大，没有排烟排气污染环境等优点，适用于运输繁忙或坡度大、隧道长的铁路线上，尤其适用于大城市城郊运输和地下铁道运输。但这种机车只能运行于架有接触网或铺设第三轨并供电的线路上，不如内燃机车机动灵活；此外，电气化铁路还对附近电信通信有干扰；并且因为要架设接触网或铺设第三轨以及每隔一定距离设置变电所等，所以基本建设投资较大。

我国于1914年在抚顺煤矿使用1 500 V直流电力机车。干线铁路电力机车采用单相交流25 000V 50 Hz电流制。1958年制成第一台以引燃管整流的"韶山"型电力机车。1968年成功改用硅整流器，称"韶山1"型，持续功率为3 780 kW。未来干线电力机车向大功率、高速、耐用方面发展，客运电力机车速度已从160 km/h 增加到200 km/h，并向250 km/h迈进。目前，我国自主设计、制造的电力机车主要有韶山电力机车（SS）系列。

2. 动　车

我们通常看到的电力机车和内燃机车，其动力装置都集中安装在机车上，在机车后面挂着许多没有动力装置的客车车厢。如果把动力装置分散安装在每节车厢上，使其既具有牵引动力，又可以载客，这样的客车车辆便叫作动车。几节自带动力的车辆加几节不带动力的车辆编成一组，就是动车组。带动力的车辆叫作动车，不带动力的车辆叫作拖车。

动车组一般根据动力布置特点、动力能源类别划分，不同划分类型之间存在交叉关系。

（1）按动力布置特点分类

根据动力布置特点，动车组分为动力集中式动车组和动力分散式动车组两类。

动力集中式动车组是常规机辆模式列车与动力分散式动车组列车的过渡类型，动力车厢或机车布置于列车一端或两端（国外有将机车布置于列车中部的另类设计），列车采用推挽式（机车前拉后推）运行。动力集中的电动车组的优点是，动力装置集中安装在2～3节车上，检查维修比较方便，电气设备的总重量小于动力分散的电动车组。缺点是动车的轴重较大，对线路不利。动车组牵引动力布置如图2-20所示。

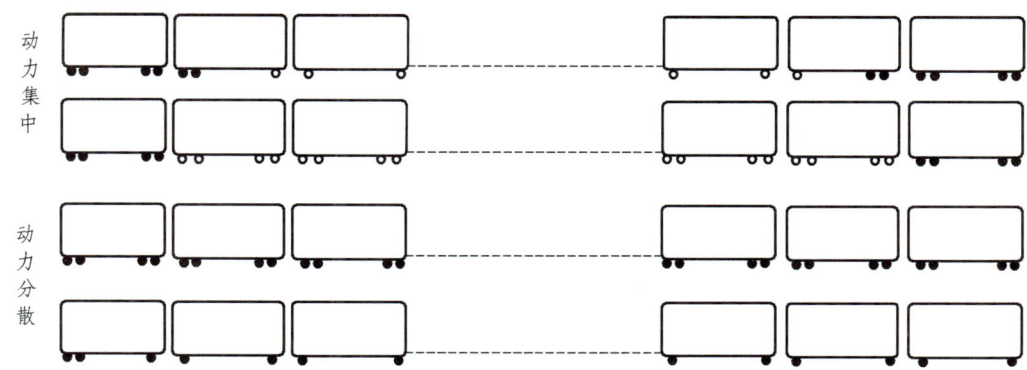

注：图中●为带牵引电动机的轴，○为不带牵引电动机的轴。

图2-20　动车组牵引动力布置示意图

动力分散式动车组又名动力分布式动车组，动力车厢分布于列车多处位置，列车采用均牵式或强推挽式运行，也有全车或几近全车带动力装置这种形式。动力分散式动车组的优点是动力装置分布在列车不同的位置上，能够实现较大的牵引力，编组灵活。由于采用动力制动的轮对多，制动效率高，且调速性能好，制动减速度大，适合用于限速区段较多的线路。另外，列车中一节动车的牵引动力发生故障对全列车的牵引指标影响不大。缺点是牵引力设备的数量多，总重量大。

动力集中式与分散式两种动车组无严格界限，动力集中与动力分散是相对的，主要根据动车与拖车数量比以及具体布局而定。

目前，动车的技术发展主要表现在功率、速度和舒适性的提高、单位功率重量的降低以及电子技术的应用等方面。动车组今后还将不断发展，特别是世界各国正在发展市郊铁路与地下铁道过轨互通，构成城市高速铁路网，动车组在其中已逐步起到主力军的作用。

（2）按动力能源类别分类

根据动力能源类型，动车组分为内燃动车组和电力动车组。内燃动车组以内燃机为动力机械，通过电传动或液力传动装置牵引车组。电力动车组简称"电动车组"，整车动力单元充当电力机车，从接触网或供电轨获取电能，经驱动电动机牵引车组，具体又细分直流和交流两种。另外，还有电力与燃气相结合的混合动力型动车组。同功率等级下，内燃动车组造价约为电力动车组的 70%~80%，适用于中低速非电气化市郊客运。

据 2024 年年底数据统计，全国铁路机车拥有量为 2.25 万台。其中，内燃机车 0.78 万台，占 34.7%；电力机车 1.47 万台，占 65.3%。

3. 铁路车辆

铁路上所说的车辆，是特指没有动力装置、要靠机车牵引才能在铁路线上运行的客货运输工具。铁路车辆按照用途分为铁路客车、铁路货车两大类。

（1）客　　车

铁路客车是指载运旅客的车辆、为旅客提供服务的车辆以及挂运在旅客列车中的其他用途的车辆。客车分旅客运送、旅客服务和特殊用途等 3 种车辆。

运送旅客车是供旅客乘坐的客车，其常见类型有：硬座车（YZ）、软座车（RZ）、硬卧车（YW）、软卧车（RW），此外还有合造车（HZ）、简易客车（JY）、双层硬座车（SYZ）、双层软座车（SRZ）、一等软座（RZ1）、二等软座（RZ2）和特等软座（RZT）等。

服务旅行车是为旅客提供服务的车辆，包括餐车（CA）和行李车（XL）。

特种用途车是挂运在旅客列车中的其他用途的车辆，常见的有邮政车（UZ）、公务车（GW）、试验车（SY）、道检车（DJ）、宿营车（SY）、维修车（WX）、卫生车（WS）、医疗车（YL）、轨道检查车（DJ），此外，还有轨道探伤车、隧道摄影车、限界检查车等。

我国铁路客车的颜色原为白色、蓝色、红色等，今后将统型为两种，即普速客车为墨绿色和动车组为白色，如图 2-21、图 2-22 所示。

客车在构造和内部设施上应能为旅客提供安全和舒适的旅行条件。最早的客车车体是木制的，长度小，容量不大，设备简陋，走行部及钩缓装置性能较差，构造速度不高，旅行舒适条件也差。现代客车有较大改进，车体为薄壁筒形结构，其材质已由普通钢发展为低合金钢、不锈钢以及铝合金。这种结构不仅大大提高了车体的强度、刚度和耐腐蚀性，而且降低了车辆的自重，从而提高了车辆运行的安全性，节约了维修费用和牵引动力消耗，为提高列车运行速度创造了有利条件。车内设备更加先进、实用，如采用燃油、电热取暖，集中供电，机械强迫通风和空气调节装置等。从20世纪90年代初开始，铁路客车由22型向25型升级换代，我国铁路主要运营的普通客车主要有22A、22B、25A、25B、25G、25K和25T。目前，在用的客车中25G型所占比例最大，25K和25T次之，22型已逐步被淘汰，25B和25K已不再新造。

图 2-21　普速铁路客车

图 2-22　和谐号动车组客车

据2024年年底数据统计，全国铁路客车拥有量为8.11万辆，其中，动车组4 806标准组、38 448辆。

（2）货　　车

铁路货车以货物为主要运输对象，按用途可分为通用货车和专用货车。通用货车是指适用于运输多种货物的车辆，如敞车、棚车、平车等。专用货车是指运输某一种货物的车辆，如煤车、集装箱车、散装水泥车等。

敞车（C）是有端、侧壁而无车顶的货车，主要供运送煤炭、矿石、矿建物资、木材、钢材等大宗货物用，也可用来运送重量不大的机械设备，如图 2-23 所示。若在所装运的货物上蒙盖防水帆布或其他遮篷物后，可代替棚车承运怕雨淋的货物。因此敞车具有很大通用性，在货车组成中数量最多，约占货车总数的50%以上。

棚车（P）是有侧壁、端壁、地板和车顶，在侧壁上有门和窗的货车，用于运送怕日晒、雨淋、雪侵的货物，包括各种粮谷、日用工业品及贵重仪器设备等，如图 2-24 所示。其中，部分棚车还可以运送人员和马匹。

图 2-23　铁路敞车

图 2-24　铁路棚车

平车用于装运原木、钢材、建筑材料等长型货物和集装箱、机械设备等的货车，只有地板而没有侧墙、端墙和车顶，如图 2-25 所示。有些平车装有高 0.5～0.8 m 可以放倒的侧板和端板，需要时可以将其立起，以便装运一些通常由敞车运输的货物。常见类型有通用平车（NX）、集装箱专用平车（X）、普通平车（N）等。

图 2-25　铁路平车

罐车（G）车体呈罐形的车辆，用来装运各种液体、液化气体和粉末状货物等。这些货物包括汽油、原油、各种黏油、植物油、液氨、酒精、水、各种酸碱类液体、水泥、氧化铅粉等。

有盖漏斗车由棚车派生出来的一种专用货车，用于装运散装粮谷、化肥、水泥、化工原料等怕湿散粒货物。车体下部设有漏斗，侧墙垂直，没有门窗，端墙下部向内倾斜，车顶有装货口，口上有可以锁闭的盖，漏斗底门可以用人力或机械开闭。打开底门，货物靠自身重力自动卸出。常见的有粮食漏斗车（L）、石碴漏斗车（K）、煤炭漏斗车（M）等。

保温车（B）又称冷藏车，用于运送易腐货物。外形似棚车，周身遍装隔热材料，侧墙上有可密闭的外开式车门。车内有降温装置，可使车内保持需要的低温。有的车还有加温装置，在寒冷季节可使车内保持高于车外的温度。按制冷方式的不同，保温车有冰箱冷藏车、机械冷藏车、无冷源冷藏车，以及用干冰（固态二氧化碳）、液态二氧化碳、液态氮等作制冷剂的冷藏车等类型。

据 2024 年年底数据统计，全国铁路货车拥有量为 103.3 万辆。其中，敞车、棚车、平车居多数，车辆结构日趋合理。

三、铁路运输通信信号设备

通信信号设备是铁路运输生产不可缺少的设备，为了指挥列车运行、保证运输安全和提高运输效率，必须设有完善的通信和信号设备。

（一）通信设备

通信设备是指挥列车运行、组织运输生产及进行公务联络、准确传递各种信息的通信系统的总称。铁路运输具有点多、线长、分布地域广的特点，运输作业分散在铁路沿线的各个站段上，为了统一调度指挥列车运行，组织运输生产，需要一个迅速、准确、安全、可靠，使全国铁路的通信系统能成为一个完善与先进的铁路通信网。

铁路通信按通达地区和范围可分为铁路长途通信、铁路地区通信、铁路区段通信和铁路站内通信等，按通信的业务性质可分为铁路公用通信和专用通信。

铁路长途通信是经过长途传输设备连接的铁路电话、电报和数据通信，使用人工交换机和长途自动交换机，存储程序控制电子交换机也用于长途交换。

铁路地区通信为同一地区的铁路系统用户间的通信，主要是采用电话通信，通过长途交换设备可接长途通信网，设置市话中继线可接入市话系统。地区通信一般使用电缆传输，将广泛采用存储程序控制数字交换机。

铁路区段通信为铁路沿线各部门用于指挥、调度、行车、管理等公务的专用通信系统，包括调度电话、站间行车电话、基层业务电话、区间电话和列车预报确报电报等。

铁路站内通信用于铁路站场各种作业指挥和生产联系，采用站场有线电话、站场无线电话、站内电报和电视，以及站场扩音和信息控制。

随着通信技术的不断发展，各种大容量、多迂回的通信设备，光缆、电缆和微波通道已取代架空明线，站内和列车上的超短波无线通信日益普遍，计算机通信、卫星通信、TMIS、DMIS信息系统等新技术也逐步应用于铁路运输。

（二）信号设备

铁路信号设备是铁路信号、联锁、闭塞设备的总称。铁路信号设备是铁路主要技术装备之一，其装备水平和技术水准是铁路现代化的重要标志。

传统的铁路信号系统具有"信联闭"三大功能，即通过信号设备为行车提供正确的信号显示，确保进路连锁正确，实现两站之间的半自动或自动闭塞，以保证列车运行与调车工作的安全。铁路信号设备的作用体现在以下几个方面：一是保证列车运行和调车工作安全；二是提高铁路通过能力；三是增加铁路运输经济效益；四是改善铁路职工劳动条件；五是确保正确、及时组织铁路运输；六是指挥列车安全运行；七是确保铁路各部门联系。

1. 信号及信号设备

铁路信号是指以标志物、灯具、仪表和音响等向铁路行车人员传送机车车辆运行条件、行车设备状态和行车有关指示的技术与设备。其作用是保证机车车辆安全有序地行车与调车作业。铁路信号随着第一列列车在英国的出现而出现。早期的信号是十分简陋的。现代信号借助电子工业的发展，使行车指挥系统走上自动化，列车运行也向着自动驾驶与自动控制方向发展。目前，在各铁路线上逐步配置了自动闭塞、集中联锁、调度集中控制等设备。

在车站，列车在站内行驶或进行调车作业时，其走行的路径称为进路，而进路是由道岔的位置来决定的。用道岔开通位置的不同，可以排出不同的进路，就有可能使列车进入异线或发生脱轨的危险。因此，必须采用信号设备使道岔、进路、信号机三者之间产生一种相互制约的联锁关系，保证车站内的行车及调车作业安全并提高运输效率。

在区间，由于列车高速运行具有巨大的惯性，遇到险情，不能立即停住，并且从实施制动到完全停住要走行一段相当长的"制动距离"，这样就有可能造成列车正面冲突或追尾事故。因此，必须采用信号设备，保证列车在区间按一定的空间间隔运行，以确保区间行车安全并提高运输效率。

（1）铁路信号的类型

铁路信号感官接收方式分为视觉信号、听觉信号。视觉信号是以物体或灯光的颜色、形状、位置、数目或数码显示等特征表达的信号。如用信号机、机车信号、信号旗、信号灯、信号牌、信号表示器、信号标志及火炬等显示的信号都是视觉信号。听觉信号是以不同器具发出音响的强度、频率和音响的长短等表达的信号。如用号角、口笛、响墩发出的音响以及机车、轨道车鸣笛等发出的信号，都是听觉信号。

铁路信号按使用时间分为昼间信号、夜间信号、昼夜通用信号。昼间信号使用时机是从日出到日落，夜间信号使用时机是从日落到日出。在昼间或在昼间遇降雾、暴风雨雪等情况时，昼间信号达不到规定的显示距离时，应使用夜间信号。隧道内光线较暗，采用昼间信号不易瞭望，故隧道内只采用夜间或昼夜通用信号。

铁路信号按设置方式可分为固定信号、移动信号。固定信号的设置地点是固定不变的,如信号机、信号表示器等。移动信号随着作业地点或作业人员位置的变化,信号显示的位置也随着变化,如手信号旗(灯)、临时防护信号、火炬等。

(2)铁路信号的颜色

铁路信号通常用不同的颜色显示其含义。我国铁路信号的显示颜色由基本颜色和辅助颜色组成。

基本颜色有红色、黄色和绿色3种,其显示基本含义如下:

红色——停车。

黄色——注意或减速运行。

绿色——按规定速度运行。

辅助颜色主要有月白色、蓝色、透明白色、紫色。月白色和蓝色主要用于调车信号,分别表示允许调车和禁止调车。透明白色用于信号表示器,紫色仅用于道岔表示器。

(3)铁路信号设备

铁路信号设备可分为:信号机、标志、表示器3大类。

①信号机,其原始形式是手灯、手旗、明火、声笛等,现代信号机主要有进、出站信号机,通过信号机,进路信号机,驼峰信号机,调车信号机,防护信号机,减速信号机和停车信号机等,以及其他复示信号机等辅助性信号机。

②标志,主要有预告标、站界标、警冲标、鸣笛标、作业标、减速地点标及机车停止位置标等。

③表示器,其作用是补充说明信号的意义,主要有发车表示器、发车线路表示器、进路表示器、调车表示器、道岔表示器等。

2. 联锁设备

在铁路车站上,为了保证机车车辆和列车在进路上的安全,有效利用站内线路,高效率地指挥行车和调车,改善行车人员的劳动条件,利用机械、电气自动控制和远程控制、计算机等技术和设备,使车站范围内的信号机、进路和进路上的道岔相互具有制约关系,这种关系称为联锁。为完成联锁关系而安装的技术设备称为联锁设备。

联锁是铁路车站联锁的简称,是铁路信号设备的重要组成部分。

车站联锁从1856年英格兰的布列克勒叶·阿姆斯车站装设由萨克斯倍首创的萨式联锁机开始,至今有近170年的历史,经历了机械联锁、电机联锁、电气联锁、电气集中联锁、计算机联锁的发展过程。随科学技术的进步,旧的联锁设备不断被安全可靠性更高、操纵和维护更简单、技术更先进的联锁设备代替。从发展角度看,计算机联锁是发展的方向;从经济角度看,电气集中联锁在相当长的一段时间内仍被广泛采用。

我国使用的联锁设备按操纵的方式可以分为集中联锁(继电联锁和计算机联锁)和非集中联锁(臂板电锁器和色灯电锁器联锁)。编组站、区段站和电源可靠的其他车站,有条件的均应采用集中联锁。在新建铁路线上,条件不具备时,可采用非集中联锁。目前,我国绝大多数车站采用的是集中联锁。

3. 闭塞设备

在单线铁路上,为防止一个区间内同时进入相对运行的列车而发生冲突,以及避免两列同向运行的列车(包括双线区间)发生追尾事故,铁路上规定区间两端车站值班员在向区间发车前必须办理的行车联络手续,叫作行车闭塞(简称闭塞)手续。

用于办理行车闭塞手续的设备叫作闭塞设备。闭塞设备必须保证"一个区间（闭塞分区）内，在同一时间只允许一辆列车占用"这一基本原则，才能保证列车在区间内运行安全，并提高区间通过能力。

1840年以前，列车运行以"时间间隔法"来保证安全，即每趟列车发出以后，间隔一段时间才发出后一列车，但是这种方法无法防止列车因晚点或故障停车导致运行时间与运行图相差较大时容易发生的追尾事故。

1842年，英国发明的"空间间隔法"，即先行列车与后续列车间隔开一定空间的运行方法。因为它能较好地保证行车安全而被广泛采用，逐步形成铁路区间的闭塞制度。

铁路的闭塞方式可分为半自动闭塞、自动闭塞和自动站间闭塞。

半自动闭塞是由人工办理行车联络手续，以出站信号机的开放显示作为行车凭证，列车出站压上专用轨道电路，出站信号机即自动关闭，在列车到达对方站以前，两站的出站信号机都不能再次开放的闭塞方法。其特点是站间或所间只准走行一列车；人工办理闭塞手续；人工确认列车完整到达和人工恢复闭塞。

自动闭塞是利用通过信号机把区间划分为若干个装设轨道电路的闭塞分区，通过轨道电路将列车和通过信号机的显示联系起来，使信号机的显示随着列车运行位置而自动变换的一种闭塞方式。在每个闭塞分区始端都设置一架防护该分区的通过色灯信号机，这些信号机平时显示绿灯，称为"定位开放式"；只有当列车占用该闭塞分区（或发生断轨故障）时，才自动显示红灯，要求后续列车停车。其特点是把站间划分为若干闭塞分区，有分区占用检查设备，一般设有通过信号机；站间能实现列车追踪；办理发车进路时自动办理闭塞手续，自动变换通过信号机的显示。

自动站间闭塞是在有区间占用检查的条件下，自动办理闭塞手续，列车凭信号显示发车后，出站信号机自动关闭的闭塞方法。其特点是有区间占用检查设备；站间或所间区间只准走行一列车；办理发车进路时自动办理闭塞手续；自动确认列车到达和自动恢复闭塞。

我国单线铁路区间闭塞主要采用半自动闭塞，双线铁路主要采用自动闭塞或自动站间闭塞，如图2-26所示。当基本闭塞设备停用或发生故障时，将采用电话闭塞法。电话闭塞法是由区间两端站（线路所）车站值班员利用站间行车电话以发出电话记录号码的方式办理闭塞的一种方法。

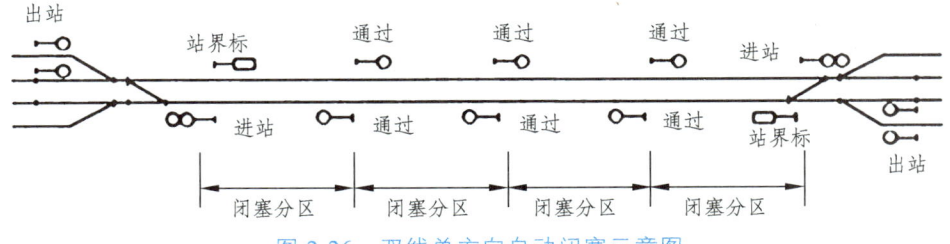

图2-26　双线单方向自动闭塞示意图

4. 调度集中系统

随着遥控技术的发展，在区间自动闭塞和车站集中联锁的基础上发展为调度集中系统。调度集中系统是指挥和监督列车运行的一种遥控通信设备，集中了若干个相接续的车站与区间的联锁、信号和闭塞设备于一体，由调度员在室内统一调度和指挥列车运行，其工作原理如图2-27所示。它由设于调度中心机械室的调度集中总机和设于各车站的调度集中分机组成，总机与分机由数据传输系统相连，以向分机下达控制命令，并将分机采集的现场状态、表示信息传至总机。

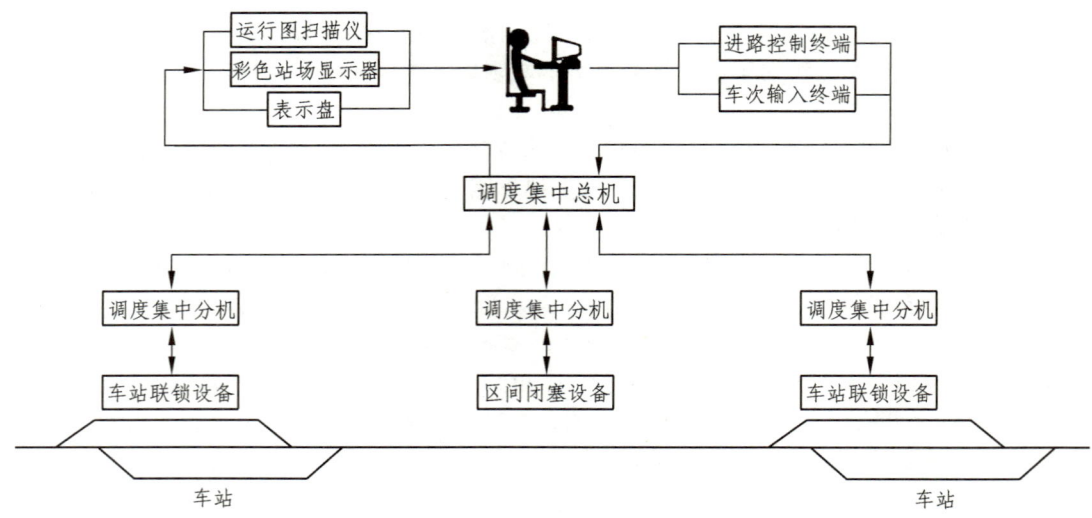

图 2-27 调度集中系统工作原理

四、铁路运输站场——火车站

在长长的铁路线上,为了保证行车安全和必要的线路通过能力,需要把每一条铁路划分成若干个长短不一的段落,一般为 10 km 左右,段落与段落之间设置一个车站。每一个段落就称为区间,车站就是相邻区间的分界点,设置车站既是为了方便旅客的上下车、货物的运进运出,也是为了给列车的会让提供处所。

铁路车站(简称车站),俗称火车站,是铁路对外营业的场所和调节形成的据点,直接服务于工农业和人们的交通旅行。

(一)车站的作用

车站在铁路运输中有两大作用。

对外,车站是铁路的大门,是铁路运输过程与产销过程或其他运输过程的联系点。办理旅客上、下车和货物的装、卸车以及相关的各项作业。车站直接服务于工农业生产与人民的交通旅行。它是铁路与旅客、货主间的纽带,铁路运输与国民经济的发展、市场的需求的关系如何,车站是最好的观察窗口。

对内,车站也是铁路运输的基层生产单位。在车站里,除了办理客货运输各项作业还要办理与列车运行有关的各项作业。例如列车的接发、会让、越行,车列的解体、编组,机车的换挂、整备,车辆的检查、修理等。

(二)车站的类型

1. 按所担负的任务量以及它在国家政治、经济方面的地位分

依照《铁路车站等级核定办法》核定,我国铁路车站等级共分 6 个等级,分别为特等站、一等站、二等站、三等站、四等站、五等站。例如成都铁路局管辖范围内的重庆西站、重庆北站、成都站、成都东站、成都南站、成都北站、贵阳站、贵阳南站、贵阳南站和贵安站都是特等站。

2. 按业务性质分

铁路车站按作业性质，一般可分为客运站、货运站和客货运站。

（1）客运站

客运站主要办理售票、行李包裹运送、随身携带品寄存、旅客上下车等客运业务，以及旅客列车终到、始发、技术检查等行车工作和客车整备等作业。例如，重庆西站、成都东站、贵阳站、北京南站、广州南站、深圳站等都是客运站。

客运站的主要设备有站房、站台、到发线等。办理大量始发、终到旅客列车的客运站，还设置供客车检修、清洗等作业用的客车整备场。

客运站按布置图型可分为通过式、尽头式和混合式。通过式客运站的正线和到发线是贯通的，站房一般设在铁路的一侧；尽头式客运站的到发线是尽头的，站房可设在到发线终端或一侧；混合式客运站是通过式和尽头式两种形式的结合。

（2）货运站

货运站主要办理货物承运、交付、装卸以及货物列车到发、车辆取送等作业的车站。例如，成都北站、兰州北站、乌鲁木齐站、西安西站、防城港站等都是货运站。

货运站的主要设备有货物列车到发线、编组线、牵出线和货场（见铁路货场）等。货运站的布置图型有通过式和尽头式。一般中小型货运站多采用通过式，大型货运站多采用尽头式。

（3）客货运站

客货运站可同时办理客、货运业务，视其业务量大小和是否进行列车和车辆的技术作业，配置相应的设备。例如成都站、重庆站、北京站、长沙站、广州站等都是客货运站。

3. 按技术作业分

铁路车站按技术作业可分为编组站、区段站和中间站。编组站和区段站总称为技术站。

（1）编组站

铁路编组站是在铁路网上专门办理大量中转货物列车改编作业，编组技术直达、直通和其他列车，并为此设有比较完善的调车设备的车站。它是铁路枢纽的核心，是车流集散和列车解编的基地，常有"列车工厂"之称。通常设在有3条及以上的铁路交会点，或有大量车流集散的工矿企业、港口，大城市所在地区。例如，成都北站、贵阳南站、武汉北站、丰台西站等都是编组站。

根据编组站在路网和枢纽内的作用和所承担的任务以及其作业对象，编组站主要办理以下几项作业：

①改编货物列车作业。这是编组站最主要的作业，包括解体列车的到达作业和解体作业、始发列车的集结、编组作业和出发作业。这几项作业的数量既多而又复杂，是分别在相应不同地点和车场办理的。

②无调中转列车作业。这种列车作业比较简单，其主要作业是换挂机车和列车的技术检查，时间短，办理地点只限于在到发场（或专门的通过车场）。

③部分改编中转货物列车作业。部分改编中转货物列车除进行无改编中转货物列车的作业外，有时还要变更列车质量、变更列车运行方向或进行成组甩挂等少量调车作业，一般在到发场或通过车场进行。

④本站作业车的作业。本站作业车是指到达本站及工业企业线或段管线内进行货物装卸或倒装的车辆。其作业过程改编中转列车增加了送车、装卸及取车三项作业，其中，重点是取送车作业。

⑤机务作业。这项作业与区段站相同,包括机车出段、入段、段内整备及检修作业。

⑥车辆检修作业。编组站上的车辆作业包括在到发线上进行的车列技术检查及不摘车维修;在列检或调车过程中发现车辆损坏需摘车倒装后送往车辆段或站修所进行修理(即站修);根据任务扣车送车辆段维修(即段修)。

⑦其他作业包括客运作业、货运作业和军运列车供应作业。为了减少对编组站解编作业的干扰,确保主要任务的完成,应尽量不在编组站上办理或少办理客、货业务。

编组站为完成其所负担的作业需要,通常设有以下主要设备:

①货物运转设备。为了办理货物列车的到、解、编、发等作业,应设置到达场、出发站或到发场,调车场和驼峰。其中调车场和驼峰是编组站的主要设备。

②机务设备。编组站的机务设备是为便于本务机车和调车机车的检修和运用而设置的。

③车辆设备。编组站的车辆设备包括车辆段,列检所和站修所。

④货运和客运业务设备。城市近郊的编组站,一般都办理属辅助性的客货运业务。所以也设有客货运业务设备。在大型枢纽内和在城市近郊新建的编组站上,一般没有货运业务设备,只有供市郊列车和职工通勤列车的少量客运设备。

⑤通信和信号设备。

编组站各项设备的相互位置是多种多样的,随编组站各项设备相互位置的不同,可构成不同的配置图型。我国编组站布置图的基本类型归纳起来有下列 6 种:单向横列式、单向纵列式、单向混合式、双向横列式、双向纵列式、双向混合式。

编组站按照其在铁路干线上和枢纽内的位置,所担当的作业任务,可分为路网性编组站、区域性编组站和地方性编组站。编组站一般都是位于铁路枢纽,编组南来北往的货物列车,流量特大,在国家路网中具有非常重要的战略意义。

(2)区段站

区段站是指解体与编组区段和沿零摘挂区段站的待编列车的车站。区段站是级别较低的车站,货物中转量相对较低,其作用主要对地方服务。它是根据机车牵引区段的长度和路网的布局与规划设置的,多设在中等城市和铁路网上牵引区段(机车交路)的起点或终点。

根据区段站所担负的任务,它要办理的作业可以归纳如下:

①客运业务:与中间站办理的客运业务基本相同,只是数量较大。

②货运业务:与中间站办理的货运业务大致一样,但作业量要大。

③运转作业:与旅客列车有关的运转作业,主要办理通过旅客列车的接发作业。有的车站还办理局管内或市郊旅客列车的始发、终到作业及个别车辆的甩挂作业。与货物列车有关的运转作业,主要办理无改编中转列车的接发和有关作业。对区段列车和沿零摘挂列车,要进行解体和编组作业。同时还办理向货物、工业企业线取送作业车等。某些区段站还担当少量的始发直达列车的编组任务。

④机车业务:主要是换挂机车和乘务组,对机车进行整备、修理和检查等。在区段上设有机务段,这是区别中间站和区段站的明显标志。

⑤车辆业务:办理列车的技术检查和车辆的检修任务。在少数设有车辆段的区段站上,还办理车辆的段修业务。

由上述可知,区段站所办理的作业,无论从数量上或种类上,都远较中间站繁多。而在所办理的解、编及中转列车中,又以无改编中转列车所占的比重为大。

为了保证上述作业的完成,在区段站上设有以下设备:

①客运设备：主要有旅客站房、站台、雨棚及跨越线路设备等。

②货运设备：货场及其有关设备。如装卸线、货物站台、仓库及装卸机械等。

③运转设备：旅客列车到发线。货物列车到发线、调车线、牵出线（有时设简易驼峰），机车走行线等。

④机务设备：机务段或机务折返段。在机务段所在的区段站上，如采用循环运转制时，在到发场应设有机车整备设备。采用长交路轮乘制时可设置机车运用段或换乘点。

⑤车辆设备：包括车辆段、列车检修所和站修所等。

除上述设备外，还有信号、通信、照明、办公房舍等设备。

由于受地形、城市规划、运量及运输性质、正线数目等因素的影响，区段站可以形成多种多样的布置图。常见的布置图有横列式、纵列式及客货纵列式 3 类。

（3）中间站

铁路线划分成若干牵引区段，每一牵引区段中又有许多车站，两个技术站之间的车站称为中间站。中间站是为沿线城乡人民及工农业生产服务，提高铁路区段通过能力，保证行车安全而设的车站，一般设在技术站之间区段内（或在支线上）。

中间站办理的作业有如下几点：

①列车的通过、会让和越行。在双线铁路上还办理调整反方向运行列车的转线作业。

②旅客乘降和行李包裹的承运、保管与交付。

③货物的承运、装卸、保管与交付。

④摘挂列车的车辆摘挂和向货场甩挂车辆或专用线取送车辆的调车作业。

中间站如有工业企业线接轨或者是加力牵引起终点以及机车折返时，还需办理工业企业线的取送车、补机的摘挂、待班和机车整备、转向等作业。在客货运量较大的个别中间站，还有始发、终到旅客列车及编组始发货物列车的作业。

中间站按办理货物作业量的大小，可分为无货场的中间站和有货场的中间站；按到发线的相互位置，可分为横列式（指到发线并列布置）和纵列式（指到发线沿正线纵列布置）。一般采用横列式，它占地少、投资省、设备集中、管理方便。而纵列式就不具备上述优点，目前只有单线铁路在山区河谷地带受地形限制或需要组织不停车会车来提高区间通过能力时，才采用纵列式。

中间站为了完成以上作业，应根据作业性质和工作量大小而设置以下设备：

①客运设备：包括旅客站舍（售票房、候车室、行包房）、旅客站台、雨棚和跨越设备（天桥、地道、平过道）等。

②货运设备：包括货物仓库、货物堆放场、货物站台和货运室、装卸机械等。

③站内线路：包括列车到发线、货物装卸线，以及调车用的牵出线和安全线等。

④信号及通信设备：包括信号机、信号表示器、站内电话、对讲机械、广播及扩音设施等。

（三）车站标记

1. 站　界

在铁路线上，为了保证行车安全和分清责任事故，车站和它所衔接的区间的范围都应有明确的规定。单线铁路是以车站两端进站信号机机柱中心线为界，内方为车站，外方则为区间，如图 2-28（a）所示。双线铁路站界是按上下行方向分别确定的，如图 2-28（b）所示。进站一端以进站信号机柱中心线为界，出站一端以出站界标中心线为界。

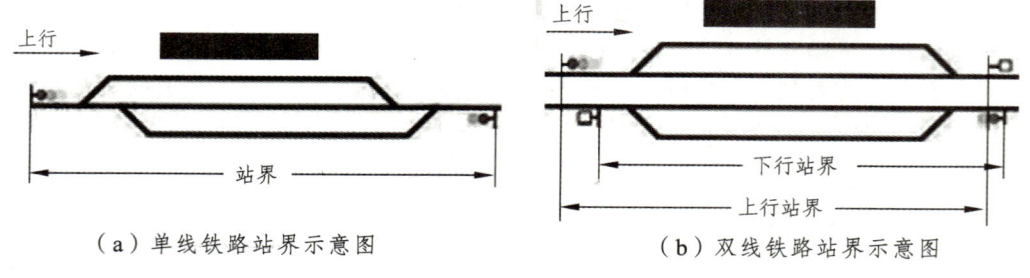

(a)单线铁路站界示意图　　　　(b)双线铁路站界示意图

图 2-28　站界示意图

2. 警冲标

警冲标是用来指示机车车辆停车时,不准向道岔方向或线路交叉点方向越过,以防止停留在该线上的机车车辆与邻线上的机车车辆发生侧面冲突的标志,如图 2-29 所示。因此,任何车辆在道岔后部两线汇合处停放时都不得超警冲标。另外,在出站道岔上警冲标用来确定站界标位置。

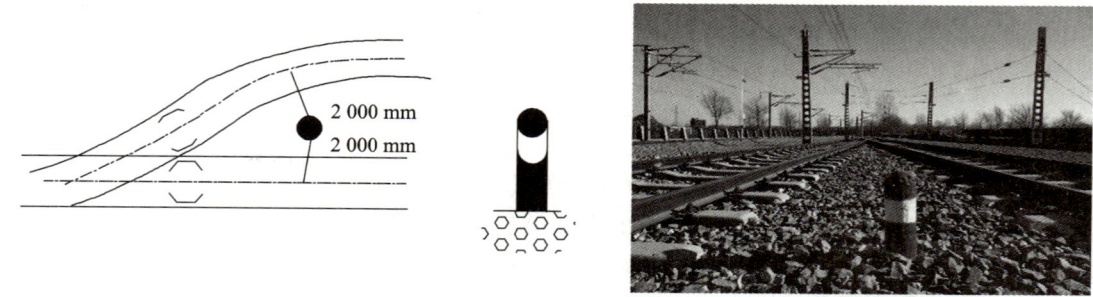

图 2-29　警冲标

警冲标设在两会合线路间距离为 4 m 的中间。线间距离不足 4 m 时,设在两线路中心线最大间距的起点处。其设置形式是涂有红白相间颜色的铁水泥柱,设置高度为超过轨面 300~400 mm。

单元三　铁路运输组织

铁路运输组织是为安排、组织铁路运输生产所进行的各种工作的总称,包括旅客运输组织、货物运输组织和行车组织等 3 个方面。

一般而言,凡处理有关旅客、行李、包裹等方面的工作,属于旅客运输组织范围;凡处理有关货物以及铁路和发货人、收货人关系方面的工作,属于货物运输组织范围;而处理运输过程中有关机车、车辆和列车的有关工作,则属于行车组织范围。

一、旅客运输组织

旅客运输是铁路运输的重要组成部分,需要从方便旅客出行的角度出发,全面统筹安排,按照运距以列车分工、换乘优先、保证重点为原则,合理地使用运输能力,均衡地开展运输组织。要本着旅客至上的原则，坚持人民铁路为人民的服务宗旨，热情周到地为旅客提供服务。

（一）旅客列车的种类

1. 普速列车

旅客列车在不同的时期有不同的分类。在动车组列车出现之前，我国运营的铁路旅客列车包括6个类别。

直达特快列车——简称"直特"，车次以"Z"开头，是中国铁路实行第五次大提速后新开行的夕发朝至空调列车等级，多为全程一站直达，也有部分会停靠起点站、终点站所在铁路局管内的大站，以及中途必须及时停车的车站，最高速度可达160 km/h。

特快旅客列车——全称特别快速旅客列车，简称"特快"车次以"T"开头，运行速度仅次于直达特快的旅客列车，区间运行速度最高可达120 km/h。有国际特快和国内特快之分，国内特快又分直通特快和管内特快。一般全程只停靠省会城市、副省级市和少量主要地级市的车站及国际开行。

快速旅客列车——级别高于普通旅客列车、低于特快旅客列车的第三等级，简称快速列车，车次以"K"开头，分为直通快速列车和管内快速列车。运行速度仅次于直达和特快旅客列车，一般区间运行速度为100 km/h，一般停靠地级市站和县级车站。

普通旅客列车——级别低于快速列车的第四等级，车次直接以数字编成，简称"普快"，分为普通旅客快车和普通旅客慢车，又各有直通和管内两种。一般停靠大部分可以停靠的站点。目前，只有上海局集团公司、呼和浩特局集团公司、郑州局集团公司、广州局集团公司了保留1~4对主要普客，其它铁路局均已停运普快列车。

临时旅客列车——简称"临客"，车次以"L"开头。根据客运市场的变化，临时加开的旅客列车。分为直通临客和管内临客。

旅游列车——车次以"Y"开头，在名胜古迹、旅游胜地所在站和大中城市间开行的旅客列车，分为直通旅游列车和管内旅游列车。如成都铁路局集团有限公司2021年推出的熊猫主题旅游列车（简称：熊猫专列），先后从成都开行至峨眉、西昌、攀枝花以及贵州、新疆、甘肃、云南、吉林、香港等地的旅游专列。

2. 动车组列车

高速铁路动车组（G字头列车）：运行速度可达250 km/h及以上，在客运专线上运行的动车组列车，速度高达250 km/h~300 km/h。

城际动车组列车（C字头列车）：在城际客运专线上运行，以"公交化"模式组织的短途旅客列车，速度高达250 km/h~300 km/h。

动车组列车（D字头列车）：其综合等级高于直达特快列车和其他普速列车，低于后来由其本身进一步细分出来的"高速动车组列车"和"城际动车组列车"。一般运行于既有铁路线的动车组列车，最高速度可达200 km/h。

市郊铁路旅客列车（S字头列车）：运行于铁路枢纽或往返城市及其近郊的旅客列车。实行的是"公交化"运营，提供了软座/二等和无座两种选择，旅客乘坐此类列车不需要对号入座，看到座位就可以坐，就像平时乘坐公交车一样。成都局集团公司辖内的成灌铁路、部分贵阳环线铁路均为"S"字头的市郊铁路旅客列车。如配属成灌铁路的CRH6A-A型城际动车组，采用4编组，最高运行速度为200 km/h，座椅多采用"2+2"的方式排布，尽可能地扩增车厢内旅客站立的空间，其内部空间布局更像是公交车。

（二）旅客列车编组

我国铁路旅客列车的编组，在每次运行图实行期间都是相对固定的。编组的依据是国家铁路集团和各铁路局根据客流密度、列车种类、机车功率、线路情况、站线和站台长短等因素颁布的《旅客列车编组表》，每对列车的编组辆数、编组结构及车辆编挂次序一般不变动。当往返于起始站与终到站之间，经过沿途各站时，除特殊情况外，通常只有旅客上下，而无车辆的摘挂。这种固定连挂在一起的车列，称为客车固定车底。

一般情况下，长途旅客列车的固定车底都编有硬座车、软座车、硬卧车、软卧车、餐车、行李车、邮政车。短途旅客列车编有硬座车、软座车、行李邮政车。

（三）旅客的权利与义务

旅客一旦购买了车票，就拥有下列权利：
（1）依据车票票面记载的内容乘车。
（2）要求承运人提供与车票等级相适应的服务并保障其旅行安全。
（3）对运送期间发生的身体损害有权要求承运人赔偿。
（4）对运送期间因承运人过错造成的随身携带物品损失有权要求承运人赔偿。

有权利就有义务，权利与义务并存，旅客的义务是：
（1）支付运输费用。
（2）遵守国家法令和铁路运输规章制度，听从铁路车站、列车工作人员的引导，按照车站的引导标识进、出站。
（3）爱护铁路设备、设施，维护公共秩序和运输安全。

同样，铁路运输部门也有相应的基本权利和义务，其权利是：
（1）依照规定收取运输费用。
（2）要求旅客遵守国家法令和铁路规章制度，保证安全。
（3）对损害他人利益和铁路设备、设施的行为有权制止、消除危险和要求赔偿。

铁路运输部门的义务是：
（1）确保旅客运输安全正点。
（2）为旅客提供良好的旅行环境和服务设施，不断提高服务质量，文明礼貌地为旅客服务。
（3）对运送期间发生的旅客身体损害予以赔偿。
（4）对运送期间因承运人过错造成的旅客随身携带物品损失予以赔偿。

（四）旅客乘车的携带品

铁路旅客可以携带一定的物品乘车，这些物品由旅客自己负责看管。每人可以免费携带的物品的重量和体积分别是：
（1）儿童（含免费儿童）10 kg，外交人员 35 kg，其他旅客 20 kg。
（2）每件物品外部尺寸长、宽、高之和不超过 160 cm（乘坐动车组列车不超过 130 cm）。杆状物品不超过 200 cm，重量不超过 20 kg。
（3）残疾人代步的折叠式轮椅可免费携带，不在上述范围之内。

下列物品不得带入车内：
（1）国家禁止或限制运输的物品。

（2）法律、法规、规章中规定的危险品、弹药和承运人不能判明性质的化工产品。

（3）动物及妨碍公共卫生（包括有恶臭等异味）的物品。

（4）能够损坏或污染车辆的物品。

（5）规格或重量超过上述规定的物品。

二、货物运输组织

（一）货物运输概念

所谓货物运输是指商品经由铁路实现空间或场所的变更、位移，换句话说就是利用列车把货物从一个地方运送到另一个地方。

货物运输是铁路运输的主要部分，而铁路的货物运输在各种运输方式中，曾经占到45%的份额。20世纪70年代后，虽然铁路货物运输的运量不断攀升，至2002年达到204 246万吨，是1970年的近三倍。但是，随着各种运输方式，特别是公路运输的高速发展，铁路货物发送量所占全社会比重却下降到14%。不过，货物周转量仍占一半以上。

（二）货物运输分类

1. 零担货物运输

铁路货物运输以整车运输时经济合理，但现实中往往存在运量零星、批数较多、到站分散、品种繁多、性质复杂、包装条件不一、作业复杂的零担货物。装运零担货物的车辆称为零担车。

为了加速零担货物的运送，合理使用车辆，根据零担货物的流向流量、运距长短、集结时间和车站作业能力等因素，组织零担货物的运输方式可分整装零担车（简称整零车）和沿途零担车（简称沿零车）。

2. 集装箱货物运输

集装箱运输是一种新型的、先进的现代化运输。它能将数量众多的货物集中装入一个特制的容器中，由发货人仓库直接运到收货人仓库，实行"门到门"运输；能做到取货上门，送货到家，铁路、水运、公路、航空联运。这种运输方法的特点是简便、迅速、安全、经济。

铁路集装箱运输是指使用国际标准或国家与部门标准的集装箱，通过铁路进行运输。为了鼓励使用集装箱，一般实行四优先原则：即优先管理、优先配装、优先进站、优先装车，而且不受停装和限装的限制。因此，集装箱运输货物发送快、到达快，所以受客户欢迎。

3. 鲜活货物运输

凡在铁路运输中需要采取特殊措施（冷藏、保温、加温等），以防止腐烂变质或病残死亡的货物，均属鲜活货物。鲜活货物分为易腐货物和活动物两大类，其中占比最大的是易腐货物。易腐货物是指在一般条件下保管和运输时，极易受到外界气温及湿度的影响而腐坏变质的货物。易腐货物主要包括：肉、鱼、蛋、水果、蔬菜、冰鲜活植物等。活动物包括：禽、畜、兽、蜜蜂、活鱼、鱼苗等。

4. 危险货物运输

在铁路运输中，属化工原料及化工制品的货物具有与一般货物不同的特性，如黄磷在空气中能自燃、雷管受冲击会爆炸、硫酸有强腐蚀性、氰化钠有强毒性、同位素钴60能放射出射线等。因此，凡在铁路运输中，具有爆炸、易燃、毒害、腐蚀、放射性等特性，在运输、装卸和贮存保管过程中，容易造成人身伤亡和财产毁损而需要特别防护的货物，均属危险货物。

5. 超长货物运输

随着国民经济的发展，经由铁路运输的大型设备、重型机械逐年增多。这些货物的特点是长、大、笨重，铁路把这些超长、集重或超限的货物统称为超长（阔大）货物。

6. 集重货物运输

一件货物的重量大于应装平车负重面长度的最大容许载重量时，称为集重货物。集重货物的特点是货物重量大、支重面小、货车负重面长度承载重量大。

一件货物确定为集重货物以后，发站应在货物运单、票据封套、编组顺序表上注明"集重货物"字样。但是在铁路运输过程中，必须根据货车最大容许载重量表，选用适合的货车，只有当货物的重量小于或等于货车负重面长度的最大容许载重量时，才能运送。

（三）货物运输生产过程

1. 始发作业

货物运输的始发作业过程包括：货主托运—铁路承运—进货、验货、检重、保管—送空车—装车—取重车—列车编组—列车出发。

2. 运行途中作业

货物装车编入货物列车后，在运行途中要经过许多中间站的列车接发和技术站的列车到达、始发和中转等技术作业。

3. 终到作业

货物随列车到达终点后，办理的作业过程包括：列车到达—列车解体—送车—卸车—保管—交付。

三、铁路行车组织

行车组织是铁路运输组织工作的重要组成部分，是综合运用各种运输技术设备、组织协调运输生产活动的技术业务。它通过采用先进的行车方式和组织方法，协调铁路内部各专业部门和铁路外部各企业单位间的联劳协作，建立正常稳定的运输生产秩序，充分发挥各种运输技术设备的效能，以保证安全、正点、优质、高效地完成客货运输任务。

铁路运输生产是以列车方式进行活动的，凡与列车运行、机车和车列移动有关的各项作业和工作都属于行车组织的范围。具体来说，行车组织工作主要内容有：列车出发、到达的技术作业，车列编组、解体和车辆取送、摘挂等调车作业，组成各种列车的车流组织工作，列车运行图编制和线路通过能力的加强，月度机车车辆运用计划和日常运输计划的编制以及日常运输生产的调度指挥等。

（一）列车运行图

列车运行图是进行一切行车组织工作的基础，是一种运用坐标原理描述列车运行时间、空间关系，表示列车在铁路各区间运行时间及在各车站停车和通过时间的线条图。

横坐标表示时间，纵坐标表示各分界点（车站），如甲、乙、丙、丁。斜线表示列车，斜线上的数字表示车次。列车运行图按时间坐标，根据不同用途，可分为 2 分格运行图（即垂直线每格表示 2 min）、10 分格运行图、小时格运行图。按列车运行图的特点可分为平行运行图和非平行运行图，以及单线运行图、双线运行图、单双线运行图，成对运行图和不成对运行图，连发运行图和追踪运行图。

（二）行车调度指挥

铁路运输的行车组织工作，最初有两种组织列车运行的方式，即时间划分制和空间划分制。时间划分制是指列车司机按行车时刻表中规定的时间，运行在规定的铁路区段和在规定的车站会让其他列车，用时间的分隔来保障列车安全运行。空间划分制则是规定列车运行前方要有一段空闲线路，以保障列车运行安全，列车司机根据车站给予的一种凭证（路签、路牌、路票）驶入区间。

随着铁路运输的发展，列车数量的增加，为了对列车群和车站作业进行统一协调指挥，设置了行车调度员，他们利用电话、电报通信手段，向各车站了解列车运行情况和下达调度命令，这种通信方式为列车调度员、车站行车人员和列车乘务员之间提供了直接对话的条件，从而克服了彼此分散在铁路沿线空间上的障碍，使行车调度员能够根据规定的时刻表来调整列车的运行。这种指挥方式是建立在人与人之间，通过口头联系，间接了解情况后做出判断，因此有些调度员形容其为"看不见摸不着情况下的指挥"。为了改变这种状况，1927 年美国铁路首次采用能自动收集列车运行情况、车站信号设备状况，并能直接管理线路上道岔和信号机的调度集中系统，从而提高了行车调度工作水平。利用调度集中系统，可以使行车调度员能集中监视和控制列车运行，减少了人员的介入和管理。调度集中系统是建立在局部自动化基础上的遥控遥信系统，它的基础是区间闭塞和车站联锁设备。这种系统最初采用布线逻辑和编码通信技术，随着计算机的发展应用，现在采用微机在线实时监控系统，通过远距离信息交换，实现对铁路沿线设备状态的监视和控制，从而使调度指挥工作由间接了解情况转变为直接监视和控制，相当于调度员的眼和手的作用范围扩大了，这就大大提高了调度工作质量和改善了调度员的工作环境。

单元四　高速铁路

一、高速铁路概述

（一）高速铁路的概念

高速铁路，简称高铁，是指设计标准等级高、可供列车安全高速行驶的铁路系统。其概念并不局限于轨道，更不是指列车。高速铁路是发达国家于 20 世纪 60 至 70 年代逐步发展起来的一种城市与城市之间的运输工具。一般铁路速度可分档为：时速 100～120 km 称为常速；时速 120～160 km 称为中速；时速 160～200 km 称为准高速或快速；时速 200～400 km 称为高速；时速 400 km 以上称为特高速。

早在 20 世纪初前期，当时火车"最高速率"超过时速 200 km 者寥寥无几。直到 1964 年日本的新干线系统开通，是史上第一个实现"营运速率"高于时速 200 km 的高速铁路系统。日本东海道新干线，贯通东京、名古屋和大阪所在的日本三大都市圈，促进了日本的高速发展。

新干线系统的设计时速为 200 km，因此高速铁路的初期速度标准就是 200 km/h。后来随着技术进步，火车速度更快，不同时代不同国家就对高速铁路有了不同定义，并根据本国情况规定了各自的高速铁路级别的详细技术标准，涉及的列车速度、铁路类型等就不尽相同。中国国家铁路局颁布的《高速铁路设计规范》文件中将高铁定义为新建设计时速为 250 km（含）至 350 km（含），运行动车组列车的标准轨距的客运专线铁路。中国国家发改委将中国高铁定义为：时速 250 km 及以上标准的新线或既有线铁路，并颁布了相应的《中长期铁路网规划》文件，将部分时速 200 km 的轨道线路纳入中国高速铁路网范畴。

（二）高速铁路的作用

（1）有利于国家工业化和城镇化的发展。当前，中国正处在工业化和城镇化加快发展时期。高速铁路对于保证城镇人口的大量流动，实现中心城市与卫星城镇的合理布局，发挥中心城市对周边城市的辐射带动作用，强化相邻城市的"同城"效应，具有重要作用。

（2）有利于推动区域和城乡协调发展。实现区域和城乡协调发展是全面建设小康社会的要求，高速铁路大大缩短了各区域间和城乡间的时空距离，促进了区域间、城乡间劳动力尤其是人才、信息等要素的快速流动，带动相关产业由经济发达地区向欠发达地区的转移。

（3）有利于资源节约型和环境友好型社会建设。节能减排是当今世界必须解决的重大课题。发展高速铁路，可以减少土地使用面积，节约大量能源尤其是宝贵的石油资源，可以大量减少碳排放。

（4）有利于促进产业结构升级。转变经济发展方式是中国面临的重大战略任务。高速铁路不仅是高新技术的集成，而且产业链很长，能够带动相关产业结构优化升级。高速铁路为旅游业的发展也提供了极大便利，对于提高中国第三产业的比重产生了重要作用。

（5）有利于释放中国铁路的货运能力。高速铁路网建成之后，中国铁路繁忙干线可以实现客货分线运输，把既有线的能力腾出来，发展货物运输，极大地释放了既有线货运能力，为国民经济平稳较快发展提供充足的货运保障。展望中国高速铁路发展的未来按照质量、安全、工期、投资效益、环境保护、技术创新"六位一体"和建设绿色铁路的要求，中国正在高标准、高效率、高质量地推进大规模高速铁路建设。

二、高速铁路的发展史

（一）世界高速铁路发展简史

1. 第一次浪潮（1964—1990 年）

1959 年 4 月 5 日，世界上第一条真正意义上的高速铁路东海道新干线在日本破土动工，经过 5 年的建设，于 1964 年 3 月全线完成铺轨，同年 7 月竣工，1964 年 10 月 1 日正式通车。东海道新干线从东京起始，途经名古屋，京都等地终至（新）大阪，全长 515.4 km，运营速度高达 210 km/h，它的建成通车标志着世界高速铁路新纪元的到来。随后法国、意大利、德国纷纷修建高速铁路。1972 年继东海道新干线之后，日本又修建了山阳新干线、东北新干线和上越新干线；法国修建了东南 TGV 线、大西洋 TGV 线；意大利修建了罗马至佛罗伦萨的高速铁路。以日本为首的第一代高速铁路的建成，大力推动了沿线地区经济的均衡发展，促进了房地产、工业机械、钢铁等相关产业的发展，降低了交通运输对环境的影响程度，铁路市场份额大幅度回升，企业经济效益明显好转。

2. 第二次浪潮（1990年—1995年）

法国、德国、意大利、西班牙、比利时、荷兰、瑞典、英国等欧洲大部分发达国家，大规模修建该国或跨国界高速铁路，逐步形成了欧洲高速铁路网络。这次高速铁路的建设高潮，不仅仅是铁路提高内部企业效益的需要，更多的是国家能源、环境、交通政策的需要。

3. 第三次浪潮（20世纪90年代中期至今）

在亚洲（韩国、中国）、北美洲（美国）、澳洲（澳大利亚）世界范围内掀起了建设高速铁路的热潮。主要体现在：一是修建高速铁路得到了各国政府的大力支持，一般都有了全国性的整体修建规划，并按照规划逐步实施；二是修建高速铁路的企业经济效益和社会效益，得到了更广层面的共识，特别是修建高速铁路能够节约能源、减少土地使用面积、减少环境污染、交通安全等方面的社会效益显著，以及能够促进沿线地区经济发展、加快产业结构的调整等。

（二）我国高速铁路发展简史

1. 探索试验阶段

1978年，邓小平同志访问日本，乘坐新干线铁路上的高速列车，高速铁路因此正式进入中国大众的视野。20世纪80年代，中国铁路面临运输能力不足，列车行驶速度低于120km/h，客货混跑矛盾增加的困境。经原中国铁道部研究院相关专家分析：受限于当时经济科技以及市场环境，中国发展高速铁路需分阶段进行，先完成常速范围内的列车提速和扩编组，直至21世纪初待各方面条件成熟后，才有可能新建高速客运专线铁路。

截至1990年，世界高速铁路行车速度目标从原160 km/h提高到200 km/h以上，部分国家高速铁路列车试验速度已超过400 km/h。同一时期，中国人口总数量已达11亿，仅有5 300多千米铁路承担全国70%以上货物周转量和50%以上旅客周转量。其中，中东部地区铁路6条干线铁路承担全国铁路80%客运量，日均使用能力缺口50多万人次、缺少旅客列车220余对，部分列车超员100%以上。全国客运列车平均旅行速度40 km/h以内，客货运输能力互相制约矛盾严重。

进入20世纪90年代，中国开始高铁技术攻关和试验实践规划，提出分期分段兴建客运专线、实现客货分流的建设理念，并出台《中长期科学技术发展纲要》(1991年)等政策支持。1994年，由于中国科学界、工程学术界对京沪高速铁路项目"兴建高速新线""改造提速旧线"两种方案产生分歧，致使该项目一度被搁置。这一时期，中国春运问题日趋突出，加速了中国国内发展高速铁路的需求。

1996年，中国与韩国共同研制高速列车，并在广深铁路上进行试验。

1998年8月28日，广深铁路营运列车最高行驶速度为200 km/h，成为中国第一条达到高速指标的铁路。12月，京沪高速铁路项目出现"传统轮轨技术""磁悬浮轨道技术"两种互斥争议方案，导致该项目长期搁置，同时也一度影响着中国高速铁路的发展方向。

1999年4月23日，广深铁路时速200 km的电气化新技术通过原中国铁道部鉴定。8月16日，秦沈客运专线开工建设，作为中国第一条轮轨高速动车组的试验线路。

2001年3月1日，上海磁浮列车示范运营线开工建设，作为中国高速铁路磁悬浮技术线路的试验性工程。

2002年12月31日，上海磁浮列车示范运营线建成，设计速度为430 km/h，是中国首条高速轨道系统。

2003年10月11日，秦沈客运专线全段建成通车，设计速度为250 km/h，是中国第一条高速铁路线。

2. 发展成熟阶段

2003年，中国高速铁路确立"市场换技术"基本思路，通过与外国企业合作建设发展中国高铁技术。

2004年1月21日，中国国务院审议通过《中长期铁路网规划》，规划建设"四横四纵"客运专线，设计速度指标200 km/h以上。

2005年6月11日，石太高速铁路开工建设，中国正式进入标准化建设高速客运专线铁路阶段；此后，一大批干线高速铁路和城际高速铁路项目相继启动，当时的中国高铁工程以"客运专线"或"城际轨道交通"名义立项。

2007年1月5日，台湾高速铁路通车试运营，成为中国第一条投用的设计速度300 km/h级别高速铁路。4月18日，中国铁路启动第六次大面积提速，部分路段列车最高运营速度达250 km/h，中国首次在全国局部地区初具规模开行运营速度为200 km/h动车组列车，中国铁路开始迈入高速时代。

2008年8月1日，京津城际铁路开通运营，成为中国第一条设计速度为350 km/h级别的高速铁路。

2009年12月26日，京广高速铁路武广段开通运营，列车最高运营速度为350 km/h，首次打破中国铁路春运瓶颈，高铁运输在干线铁路上占据重要地位，标志着中国正式进入高铁时代。

2017年12月28日，石济高速铁路开通运营，至此，中国铁路"四横四纵"快速通道全部建成通车。

2010年至2018年期间，中国已在长三角、珠三角、环渤海等地区城市群建成高密度高铁路网，东部、中部、西部和东北四大板块区域之间完成高铁互联互通。

（三）我国高速铁路发展现状

1. 优化旅客运输产品

在大城市群内和不同区域的中心城市间大量开行时速200~250 km"和谐号"高速动车组列车，增开一站直达和夕发朝至的列车。旅客列车运行时间较1997年第一次大提速前普遍压缩一半以上，最高运行时速达到了250 km，提速铁路列车最小追踪间隔达到5 min，远期可压缩至3 min。

2. 优化货物运输产品

丰富列车运输产品，开行5 000~6 500 t级重载货物列车和双层集装箱列车以及货物直达列车、双层集装箱列车和行包专列。提速铁路货物列车最小追踪间隔达到6 min。

3. 创新运营管理技术

建立了中国高速铁路运营管理体系，在运输管理模式、固定设备维修、动车组检修运用、调度指挥、客运服务等方面积累了许多成功经验，运营管理技术实现重大创新，实现了中国高速铁路安全可靠、运营有序、服务优质、管理一流。

4. 提高调度指挥水平

适应"和谐号"高速动车组列车公交化和大密度开行的模式，开发并广泛采用分散自律调度集中系统（CTC），全面实现了运输调度集中统一指挥。

5. 设备维护安全可靠

具有世界一流水平的高速检测列车每10天对固定设备进行一次综合检测，日常采用轨检车、探伤车、网检车等先进检测设备进行不间断检查检测。

6. 完善检修基地设施

建立了北京、上海、广州、武汉、西安、成都六大动车组列车检修基地和39个动车组列车运用所，负责动车组列车的高级修程检修和日常维护检修。

7. 客运服务以人为本

按照以人为本的服务理念，全面改进服务方式，努力满足乘客多样化需求。自主设计开发了适应大客流量、响应时间短、系统安全性高的综合客运服务系统，推行自助化、智能化服务，列车保洁、餐饮实行专业化管理。

三、高速铁路的特征

（一）高速铁路的特点

1. 运行速度高

速度是高速铁路的技术核心，也是其主要的技术经济优势所在。高速铁路是陆上运行距离最长，运行速度最高的交通运输方式。近几年相继建成的高速铁路，其最高运行速度都在300～350 km/h，预计几年内将突破350 km/h。除最高运行速度外，旅客更关心的是旅行时间，而旅行时间是由旅行速度决定的。以北京至上海为例，在正常天气情况下，乘飞机的旅行全程时间（含市区至机场、候检等全部时间）为5 h左右，如果乘高铁全程旅行时间则为5～6 h，与飞机相当；如果乘既有铁路列车，则需要15～16 h，高铁在最大程度上缩短了人们出行的时间。

2. 运输能力大

高速铁路旅客列车最小行车间隔可以达到3 min，列车密度可达20列/h。每列车载客人数也比较多，如采用动力分散方式及重联客车，其列车定员可达1 200～1 500人/列，理论上每小时的输送能力可以达到$2\times24\,000$～$2\times30\,000$人。四车道的高速公路每小时的输送能力约为$2\times4\,800$人，两条跑道的机场每小时的吞吐能力约为$2\times6\,000$人。可见高速铁路的运输能力是高速公路和民用航空等现代交通运输方式不可比的。

3. 安全性能好

安全是人们出行选择交通运输方式的首要因素。尽管各种现代交通运输方式都竭力提高自身的安全性能，但交通事故仍时有发生。据铁道科学研究院承担的"我国高速铁路的社会成本及对社会的贡献"课题的研究，我国交通运输中每亿人千米交通事故死伤人数公路为死亡10.5人，重伤24.88人；民航为死亡0.1人，重伤0.01人；铁路为0.29人，重伤0.72人。每人千米交通事故造成的损失公路为0.064 9元；民航为0.000 5元；铁路为0.001 8元。相比之下，高速铁路是当今最安全的现代高速交通运输方式。

4. 全天候运行

高速铁路的安全保障系统不但保证了高速列车运行安全，也使铁路运输全天候的优势得到了更充分的发挥。高速铁路有轨交通系统取消了地面信号。因而，除可能危及行车安全的自然灾害外，几乎不受天气和气候条件的影响，且24 h都可安全地正常运行。

5. 能源消耗少

交通运输是能源消耗的大户，能耗标准是评价交通运输方式优劣的重要技术指标。研究表明：若以普通铁路每人每千米消耗的能源为 1，则高速铁路为 1.3，公共汽车为 1.5，小汽车为 4.8，飞机为 6.8。高速铁路能源消耗大约是小汽车的 1/4 和飞机的 1/5。高速铁路使用的是二次性能——电力，而汽车、飞机使用的是不可再生的一次性能——汽油。因此，发展高速铁路，符合我国的能源发展战略。随着水电和核电的发展，高速铁路在能源消耗方面的优势还将更加突出。

6. 占用土地少

交通运输，尤其是陆上交通运输，由于要修建道路和停车场，需要占用大量的土地，而且大部分是耕地，双线高速铁路路基面宽 6.6~14 m，而 4 车道的高速公路路基面宽达 26 m。双线铁路连同两侧排水沟用地在内，每千米用地约 70 亩（1 亩=666.67 平方米），4 车道的高速公路每千米用地约 105 亩。高速铁路占地只有 4 车道的高速公路的 2/3，而每小时可完成的运量却是 4 车道高速公路的 4 倍以上。

7. 环境污染轻

环境保护已成为全球性的紧迫问题，任何工程上马都要进行环境评估，交通运输工程更须如此，这里着重比较噪声及空气污染问题。高速铁路采用电力牵引，因此消除粉尘、煤烟和其他废气污染，噪声比高速公路低 5~10 dB。

8. 乘坐舒适

随着生活水平的提高，高速铁路线路平顺、稳定，高速列车运行平稳，座位宽敞，设施先进，装备齐全，乘坐非常舒适，乘坐过高速铁路列车的人深有感受，这些是飞机和汽车难以企及的。

9. 社会效益好

高速铁路除有很好的经济效益外，还有显著的社会效益。据研究，京沪高速铁路的社会成本为 0.3239 元/人千米，而高速公路为 0.6594 元/人千米，民航为 0.7476 元/人千米；其比例为 1∶2.036∶2.308，在完成同等运量的情况下，修建京沪高速铁路每年节省的社会成本就达 223 亿元，6~7 年其总额就相当于全部建设投资。此外，高速铁路还可拉动沿线的经济增长，提供众多的就业机会。

当然，高速铁路也存在着一些缺陷，主要表现在：高速铁路的造价成本和技术要求高、施建标准严格苛刻、管理维护复杂困难，因此高铁的建设前提是丰富的客源、雄厚的经济、强大的科技、适宜的地势和先进的管理。盲目兴建高铁不仅劳民伤财，而且会破坏环境。

（二）高速铁路的技术特征

采用轮轨技术的高速铁路具有以下 4 个方面的主要技术特征：
（1）轮轨方面：持久高平顺性的轨道，轻量化、高走行稳定性的列车。
（2）弓网方面：大张力的接触网，高性能的受电弓。
（3）空气动力方面：流线型、密封的列车，较大的线间距和隧道断面。
（4）牵引与制动方面：大功率的交-直-交列车和大容量的牵引供电设施，大能力的盘形、再生、涡流列车制动系统和车载信号为主的列控模式。

各国的高速铁路技术体系因国情不同而有所差异。大致有4种类型：

（1）新建高速铁路双线，专门用于旅客快速运输。如日本新干线和法国高速铁路，均为客运专线，白天行车，夜间维修。基本上自成独立的系统，采用综合调度集中方式。日本采用动力分散式动车组、大量采用无砟轨道，法国采用动力集中式动车组、有砟轨道。

（2）新建高速铁路双线，实行客货共线运行，如意大利罗马-佛罗伦萨高速铁路，客运速度为250 km/h，货运速度为120 km/h。

（3）部分新建高速线与部分既有线混合运行。如德国柏林-汉诺威线高速铁路，承担着客运和货运任务，动车组由动力集中式向动力分散式发展、大规模采用无砟轨道。

（4）在既有线上使用摆式列车运行。这多见于欧洲国家，在美国"东北走廊"摆式列车速度为240 km/h。

我国客运专线铁路有自己独特的技术特点：

（1）新建300 km/h及以上行车速度的双线高速铁路，专门用于旅客快速运输。近期的运输组织模式采用本线旅客列车和跨线旅客列车高、中速混合运行的模式。

（2）新建行车速度250 km/h旅客列车与120 km/h货物列车混合运行的模式。

（3）通信信号制式要考虑既有路网的兼容性。

但各国高速铁路在某些技术方面也有逐渐接近或融合的趋势，如采用动力分散式动车组、大量采用无砟轨道等。

我国高速铁路的主要技术标准如下：铁路等级为高速铁路；正线数目为双线；列车最高运行速度为350 km/h，最低运行速度为200 km/h；运输模式为高中速混跑；线间距为5 m；最小曲线半径一般为7 000 m、困难5 500 m；最大坡度：12‰~20‰；到发线有效长度为520~700 m；牵引种类及列车类型为电力、动车组；列车运行控制方式为自动控制；行车指挥方式为综合调度集中。

四、我国高速铁路发展的问题与展望

（一）我国高速铁路发展中存在的问题

1. 高速铁路建设成本高

我国因为地域宽广，要想实现互联互通的高速铁路网，还需要加快建设的脚步，因此仍然需要较大的工程投资。在高速铁路建设中，一方面是其本身的建设成本较高，另一方面则是其建成运营中的相关日常维护成本也较高。在京沪高速铁路中，铁路全线长1 318千米，在实际建设中，中标的总造价大约是2 000亿元，再加上运营所需要的费用，大约每年是70亿元；甚至对铁路建设带来的噪声的防治以及控制污染，再加上使用土地的费用，大约每年能够达到35亿元。从这些数据高速铁路的建设以及运营中的各项费用较高，同时也产生了较大的财政压力。

2. 高铁发展分布不均衡

截至2024年末，全国铁路营业里程16.2万千米，其中高铁营业里程4.8万千米（占全球近70%），覆盖我国95%的100万人口及以上的城市。虽然我国有着世界上最强大的高速铁路网，但面对我国人口众多、国土面积广阔和多种地形地貌，从整个的网络来看，我国高铁东西部发展不均衡。目前大量的高铁仍然在东部沿海一带，如长三角、珠三角、环渤海等城市群，高铁早已连片成网；东部、中部、西部和东北等高铁虽然也实现了互联互通，但区域差距还是存在。

3. 投融资存在问题

在我国的高速铁路建设中，大部分的投资是依赖于国有银行，这也成了制约高铁建设的主要因素。因为高速铁路产业是一个投资巨大，回报缓慢的基础性产业，在目前的整体形势下，相关政府部门对高速铁路的整体发展的权责没有明确，从而影响对高速铁路的投资。另一方面，铁路的建设固定成本较高，对于这种自然垄断的产业，想要通过后期收费进行成本的弥补是非常困难的，在相关的固定成本补偿方面，政府没有建立较为完善的制度，从而制约了高速铁路的运量等方面的提升。

（二）我国高速铁路发展展望

1. "八纵八横"高速铁路网

2016年7月，国家发展改革委、交通运输部、中国铁路总公司联合发布了《中长期铁路网规划》（以下简称《规划》），勾画了新时期"八纵八横"高速铁路网的宏大蓝图。"十三五"期间，"四纵四横"高铁网提前建成，"八纵八横"高铁网加密成型。根据2022年3月发布的《"十四五"铁路安全发展规划》，加快形成多层次铁路网络，进一步扩大路网覆盖范围，"八纵八横"高速铁路主通道基本建成。随着我国高速铁路网的建设，网络覆盖将进一步扩大，路网结构更加优化，骨干作用更加显著。展望到2030年，基本实现内外互联互通、区际多路畅通、省会高铁连通、地市快速通达、县域基本覆盖。

在原规划"四纵四横"主骨架基础上，增加客流支撑、标准适宜、发展需要的高速铁路，同时充分利用既有铁路，形成以"八纵八横"主通道为骨架、区域连接线衔接、城际铁路补充的高速铁路网。我们还明确划分了高速铁路网建设标准。高速铁路主通道规划新增项目原则采用250 km/h及以上标准（地形地质及气候条件复杂困难地区可以适当降低），其中沿线城镇人口稠密、经济比较发达、贯通特大城市的铁路可采用350 km/h标准。区域铁路连接线原则采用250 km/h及以下标准。城际铁路原则采用200 km/h及以下标准。

具体规划方案：一是构建"八纵八横"高速铁路主通道。"八纵"通道为沿海通道、京沪通道、京港（台）通道、京哈-京港澳通道、呼南通道、京昆通道、包（银）海通道、兰（西）广通道；"八横"通道为绥满通道、京兰通道、青银通道、陆桥通道、沿江通道、沪昆通道、厦渝通道、广昆通道。二是拓展区域铁路连接线。在"八纵八横"主通道的基础上，规划布局高速铁路区域连接线，目的是进一步完善路网，扩大高速铁路覆盖。三是发展城际客运铁路。在优先利用高速铁路、普速铁路开行城际列车服务城际功能的同时，规划建设支撑和引领新型城镇化发展、有效连接大中城市与中心城镇、服务通勤功能的城市群城际客运铁路。

2. 我国高速铁路未来发展趋势

未来几年，中国高铁建设将进入全面收获期。当我国高速铁路系统初具规模时，相邻的省会城市或者大城市将形成1~2小时交通圈，而省会城市与地级市之间将形成1小时甚至半小时交通圈，届时，"人便其行，货畅其流"的目标将成为现实。但是，需要注意的是，高铁的发展也不能太过激进，我国高铁的发展应该与整个社会经济的发展相协调，如果超前发展，不仅自身会受到制约，因为高铁是一项系统性的工程，甚至可能牵涉一系列其他系统的紊乱，抑或是过度投资造成的巨额亏损，可能引发铁路部门的巨大债务危机。另外，还要考虑到民众的承受能力，不能一味追求收益同投资成本而使之变成"高价高铁"，使大多数人失去享受高铁发展的机会。

随着高速铁路技术的不断发展，高速列车的商业运行速度迅速提高，旅行时间的节约，旅行条件的改善,旅行费用的降低,再加上社会对人们赖以生存的地球环保意识的增强,使得高速铁路呈现出蓬勃发展的强劲势头。第二届高速铁路国际会议发出了一个明确信号,高速铁路作为主要的公共交通工具之一,必将获得迅速发展。

现代铁路的列车性能已趋于能源和维护费用的极限。旅客列车的速度受到安全的约束,货物列车的重量也已达到桥梁和线路的活载极限。铁路的软件革命即改进管理与控制,可使铁路的技术设备发挥更高效能。由电子计算机、光导纤维、数字技术构成的信息系统,将改变传统的通信、信号两个领域的关系。发展的趋势是以计算机联锁,取代目前的电气-机械联锁。另外,自动排列进路,可使密集列车运行作业最优化,并使调度员摆脱人脑速度和能力的限制。在电气化铁路上,采用最高用电量控制技术,即在峰值时,可自动地暂时切断采暖等用电,以保证正常牵引用电。

单元五　重载运输

20世纪,随着世界经济的发展,人们对生活资料和生产资料的需求越发增大,国际贸易也越来越频繁,普通的运输方式比如公路运输、航空运输和普通铁路运输的运能已经不能够满足大宗货物的运输需求,而且成本较高。另外,重载铁路运输在环境保护方面具有可持续发展的优势也逐渐成为国际共识。在这种时代背景下,重载铁路在世界范围内逐渐兴起,尤其是在幅员辽阔和资源丰富的国家(如美国、加拿大、巴西、澳大利亚、南非等)中备受关注。目前,重载铁路运输已经成为世界铁路发展的主要方向之一。

一、重载运输概述

(一)重载运输的概念

重载运输是除高速铁路以外,铁路现代化的又一个标志。重载运输是指在先进的铁路技术装备条件下,扩大列车编组,提高列车质量的运输方式。铁路"重载化"是实现重载运输的基础条件。

重载铁路是指行驶列车总重大、行驶大轴重货车或行车密度和运量特大的铁路,主要用于输送大型原材料货物。自1978年第一届国际重载大会在澳大利亚佩思召开、1985年国际重载运输协会正式成立以来,重载铁路的定义伴随重载运输与时俱进、不断发展。

2005年国际重载协会理事会提出新的重载铁路标准,要求至少应满足下列3个条件中的2个:

(1)列车牵引质量不少于8 000 t。

(2)车列中车辆轴重达到或超过27 t。

(3)线路长度不少于150 km的区段,年计费货运量不低于$4×10^7$ t。

重载铁路是货运专线铁路的特殊类型或顶级种类,专门运输大型货物,对列车的载重运量要求很高,具有轴重大、牵引质量大、运量大的特点,大多采用单元、组合等列车编组形式。与普速客货共线铁路相比,重载铁路在功能定位需求、内在技术特点和运输组织模式等方面存在显著差异。

（二）发展重载铁路的意义

1. 促进运输

通过重载运输，单次运输量有显著增加，因此货车的周转也加快了，提高了效率，同时节约了购买货车的资金。加快货运流转速度对于促进经济，提高生产效率也有间接作用。

2. 提高客运效率

在传统的客货混跑的铁路上，货车运行慢，客车快，速度差别大，导致整体通过能力差，如果实现客货分流，由于客车之间运行速度差距小，可以把线路腾出来，让客车使用，这样可以多增加客车车次，方便出行。

3. 促进电子电气技术的发展

重载铁路对于机车以及控制系统的要求高于普通铁路。重载铁路机车的功率大，要求稳定性高，对于控制系统的灵活性、安全性和稳定性也远高于普通铁路。控制系统在这方面表现很突出。有人曾说，重载就是多些车和车皮，事实远非如此。增加了整车的载重，对制动系统要求很高（列车使用空气制动，空气在列车管中最快为 300 m/s，一列 20 000 t 重的列车有 3 000 多米长，也就是说，从司机扳动制动闸到空气传到最后一节车厢时间超过 10 s，这样大的延迟很容易引发事故），因此长车往往在中间还有机车，一方便牵引，二方便制动。因此远程控制就变得尤为重要，远程控制是一门尖端技术，目前通用电气的 Locotrol 各方面性能比较优异。所以研发出一套自主技术的控制系统是很有必要，也很有意义的。因此发展重载运输，也会同时发展这些相关产业，而这些相关产业还可以在社会的其他方面起到积极的意义。

4. 促进材料科学的发展

由于牵引定数的增加，使得车钩、转向架的负担也越来越大，研究轻量化的高强度材料有益于提高运输效率，同时为了提高整车的利用率，重载列车的车厢无一例外使用了轻量化的铝合金以及不锈钢等材料，因此继续研究轻量化高强度的材料有助于提升运输效率，同时也可以运用在航空航天等等尖端领域。国内的材料科学相对薄弱，因此这方面的研究也可以间接推动其他科学的发展。

（三）重载运输的组织形式

目前，国内外铁路开行的重载列车组织形式主要有单元式、组合式、整列式重载列车 3 种。

1. 单元式重载列车

单元式重载列车指使用大功率机车双机或多机与一定数量的同型大型专用货车固定编组（机车分布在首尾），组成一个长、大、重的运输单元，固定列车编组（包括编组辆数和机车车辆的编挂位置），固定列车到发地点，固定货物品名，固定发送量，固定装卸、运行时刻和运行线的列车。这种重载运输方式运用范围广，经济效益显著。

在路网规模大、行车密度小、货运比重大、运能较富裕的美国、加拿大、澳大利亚等国，组织开行从装车地到卸车地之间的重载单元列车，通过货物集中发送、快速装卸、加速机车车辆周转来降低成本，从而获得较大的效益，提高了与其他运输方式的竞争能力。我国大秦重载运煤专线上也有重载单元列车的开行。

2. 组合式重载列车

组合式重载列车是由两列及其以上同方向运行的普通货物列车首尾相接、合并组成的列车。机车分别挂于各自的货物列车首部，由最前方货物列车的机车担任本务机车，运行至前方某一技术站或终到站后，分解为普通货物列车。它实质上是在线路通过能力紧张的区段，利用一条运行线行驶两列及以上的普通货物列车的一种扩大运输能力的方式。

这种重载运输方式始于1964年的苏联。苏联铁路是客货混用，列车数量多、行车密度大，运能与运量的矛盾比较突出。为扩大运输能力、挖掘现有设备潜力，即可组织开行超重、超长列车或组合式列车。我国大秦线运行的 4×5 000 t、2×10 000 t 重载列车采用该形式。

3. 整列式重载列车

整列式重载列车，亦称作混编式重载列车。由挂在头部的一台机车或者多台机车联合牵引，牵引的货车也五花八门，中间需要解体和重新编组。也就是说这类列车是由单机或多机重联牵引，列车由不同形式和载重的货车车辆混合编组，达到规定重载重量标准的列车。这种列车的特点，车种车型不限、货物品种多样，其组织方法与普通货物列车类似，不在运输途中可以根据实际需要进行改编，因此具有更大的通用性，可适用于客货运输密度均较大的干线上采用。铁路主要干线开行的 5 000 t 货物列车都属于这种模式。

目前，中国繁忙干线，如我国京沪、京广、京哈等，开行的重载列车主要为整列式，由单机或多机牵引，机车挂在列车头部，按站线有效长 1 050 m 确定牵引重量的货物列车。这种列车采用普通货物列车的组织方法，其到、解、编、发、取、送、装、卸和机车换挂作业与普通列车完全一样，只不过牵引质量可达到 5 000 t 及以上。

上述三种编组方式各有优缺点。单元式重载列车拉的货物比较单一，适合专用的货运铁路，比如我国的运煤专线大秦铁路就大量开行单元式重载列车。组合式和整列式重载列车运输组织比较灵活，适用于运能比较紧张的铁路上。大秦铁路之外的普通铁路上，开行的都是整列式和组合式重载货物列车。

二、重载运输的发展史

（一）世界重载铁路的发展简介

铁路业从诞生以来，繁荣持续到20世纪40年代，从20年代30年代开始受到航空和公路运输业的挑战，欧美铁路业逐渐萎缩。从20世纪60年代开始，西方发达国家进入建设综合交通运输体系的阶段，为铁路业的复兴创造了条件。重载铁路运输逐渐成为主流。

1. 第一阶段（20世纪50年代）

第二次世界大战后的经济快速复苏及工业化进程的加快，对原材料和矿物资源等大宗商品的需求量增加，导致这些货物的运输量增长，给铁路运输提出了新的要求。一方面，大宗、直达的货源和货流又为货物运输实现重载化提供了必要的条件；另一方面，铁路部门从扩大运能、提高运输效率和降低运输成本出发，也希望提高列车的质量。而铁路技术装备水平的不断提高又为发展重载运输提供了物质技术基础。一些国家铁路从20世纪50年代起就有计划、有步骤地进行牵引动力现代化改造，停造并先后停止使用蒸汽机车，新型大功率内燃和电力机车逐步成为主要的牵引动力，为大幅度提高列车重量提供了必需的牵引动力。从而，以开行长大列车为主要特征的重载运输开始出现。但这一时期的重载技术尚不配套，一些关键技术，如长大列车间的过量冲动、车钩强度、机车的合理配置、同步操纵及制动等,都没有得到很好的解决。

2. 第二阶段(20世纪60年代-80年代)

从20世纪60年代中后期,重载运输开始取得实质性进展,并逐步形成强大的生产力。以美国、加拿大及澳大利亚为代表的国家,相继在铁路运输大宗散装货物的主要方向上开创了固定车底单元列车循环运输方式,并且发展很快。美国是单元式重载列车的发源地。1958年,为了加强与当时出现的煤浆管道运输的竞争能力,铁路开行了每辆货车载重90.7 t、编组85辆的第一列由矿区直达钢厂的万吨级矿石单元式重载列车。1960年,美国只有一条固定的重载单元列车运煤线路,年运量不过120万吨;到1969年,重载煤炭运输专线增加到293条,运量达1.44亿吨,占铁路煤炭运量的30%左右。苏联在20世纪60年代末为解决线路大修对运输的干扰,在通过能力紧张的限制区段,组织开行了将两列普通货物列车连挂合并的组合列车。之后,这种行车组织方式又成为提高繁忙运输干线区段能力的重要措施。南非铁路在20世纪60年代末开始引进北美重载单元列车技术,从20世纪70年代开始,在其窄轨运煤和矿石的线路上,逐步把列车的质量提高到5 400 t和7 400 t,并不定期开行总重为11 000 t的重载列车。巴西铁路从20世纪70年代中期开始,通过借鉴、引进北美和南非的技术,开行了重载单元列车。另外,波兰、瑞典、印度等国,也根据各自国家的具体情况和实际需要,开行了重量和长度都超过普通列车标准的重载列车。

3. 第三阶段(20世纪80年代至今)

20世纪80年代以后,新材料、新工艺、电力电子、计算机控制和信息技术等现代高新技术在铁路上广泛应用,铁路重载运输技术及装备水平又有了很大提高。特别是在牵引动力、车辆大型化轻量化、同步操作和制动技术等方面有了新的突破,从而更大地促进了重载运输的发展。

各国铁路运营条件、技术装备水平、发展重载运输的目的不同,采用重载列车运输类型和组织方式各有差异。以美国、加拿大为代表,包括澳大利亚、巴西、南非等国,是以降低运输成本、获取更大利润为目的。这些国家的铁路网规模大,行车密度小,货运比重大,运能有较大富余,而且货流量大,去向又集中,一般均组织由装车地到卸车地之间的单元式重载列车。苏联铁路是客货混跑,运能紧张,为提高铁路运输能力而发展重载运输。因而,多采用组合式列车或超重超长列车。

(二)我国重载铁路的发展简介

在相当长的一段时间里,我国铁路运力不足,技术装备总体水平不高,运能与运量持续增长不相适应的矛盾十分突出,严重制约了国民经济的发展。经过30多年的努力,我国铁路重载技术水平得到很大提高,已跻身世界先进行列。回顾我国铁路重载运输的发展,大致经历了三阶段。

1. 第一阶段(1984—1992年)

中国的重载运输始于20世纪80年代,当时煤炭运输十分紧张,只靠丰沙大一条线将山西省、陕西省、内蒙古自治区的煤炭东运,能力与需求矛盾突出。原铁道部在国际重载协会协助下派代表团赴美、加、澳、南非、苏联等国考察,并在1983年底在铁道科学研究院环行线首次进行了万吨列车运行试验(由SS3、SS1两台电力机车牵引120辆敞车)取得初步成功。但也发现存在一些技术问题,如制动、车钩、司机操纵方法等。1983—1985年,原铁道部曾先后组织开行了组合式重载列车、单元式重载列车及整列式重载列车3种类型重载列车的试验。

1984 年经国务院批准，原铁道部决定在北京局管辖的丰沙大和京秦电气化铁路试验开行重载列车，从此开始了我国的铁路重载运输。1984 年 11 月在大同—沙城—丰台—秦皇岛间首次开行了由两列普通货物列车合并的重载列车，随后又在沈山线、石德线和平顶山—江岸西间开行了

7 000～7 600 t 的组合列车。20 世纪 80 年代既有线改造工程的成功实施，为中国后续新建重载运输通道奠定了丰富的前期技术储备基础。20 世纪 80 年代初，国家决定修建大同-秦皇岛重载运煤专线，1985 年动工建设，至 1992 年全线建成，这是中国重载运输发展的第一个高潮。

2. 第二阶段（1993—2001 年）

1993—2001 年是中国重载运输发展的第二个高潮。集中体现在改造繁忙干线、开行 5 000 t 级重载混编列车两方面。解决的关键技术是牵引和制动问题。随着 DF8 型内燃机车，DF4D 型内燃机车的研制成功，SS3、SS4 型电力机车批量生产，120 型制动机批量运用 GK 型制动机快速淘汰，使 5 000 t 整列式重载列车在繁忙干线安全运行成为可能。在全国 4 次大提速中，由于增加大于 5 000 t 重载列车开行对数，在增开快速列车的同时，又兼顾了扩能。以中国最繁忙的沪宁线为例，提速前每列货物列车牵引总重 3 800 t，每日开行货物列车 53 对，旅客列车 45 对，总对数 98 对，年货运能力 5 000 万吨。提速后，由于旅客列车增加到 66 对，其中特快、快速旅客列车 31 对，而运行图上达到饱和量为 100 对。这样货物列车只能开行 38 对，因此提速后每列货物列车牵引总重改为重载 5 300 t，满足了年货运能力 5 000 万吨目标，又增加了提速列车数量，取得了提速与重载扩能兼顾的功效。

3. 第三阶段（2002 年至今）

2002 年后，我国重载铁路进入逐步改造既有繁忙干线，开行整列式重载列车模式阶段。集中体现在大秦线开行 200 000 t、提速繁忙干线开行 5 500～5 800 t 在全国既有路网推行。重载列车技术，原铁道部有计划、分步骤地在一些主要干线（包括京广线、京沪线、京哈线等）繁忙区段组织开行了 5 000 t 级的整列式重载列车，这种扩能效果显著的重载运输方式，逐渐成为中国发展重载运输的主要方式。

纵观我国铁路发展史，重载运输有两个途径：一是对既有干线铁路进行配套改造，在既有主要繁忙干线上开行 5 000 t 级整列式重载列车；二是新建能力大、标准高的重载运输专线，如大同-秦皇岛双线电气化重载运煤专线。

三、重载运输对铁路技术、装备的要求

铁路技术装备是发展重载运输的物质技术基础。世界各国铁路都在发展重载运输过程中，积极研究开发重载运输技术装备。

（一）重载运输对铁路电工设备的要求

1. 重载运输对铁路工务设备的要求

为保证重载列车的安全运行，减少维修成本，必须强化重载线路和桥梁的承载能力，使其具有高度的耐久性、可靠性和平顺性。

2. 重载运输对铁路供电设备的要求

根据重载运输的特点，重载运输要求发展完善电气化铁路。电气化铁路供电系统由"外网"（国家电力供电系统）和"内网"（牵引供电系统）两网组成。在外网供电能力充足的情况下，铁路部门要加强内网的改造，大幅度提高铁路供电设备供电能力。根据重载列车牵引质量标准、列车追踪间隔时分等对牵引供电的需求来设计变电所容量和供电臂长度，保持供电区间长度和行车区间大小的适配关系，便于运营和检修作业的配合。

（二）重载运输对铁路机务设备的要求

开行重载列车必须采用大功率的电力或内燃机车，牵引机车应采用电空制动方式、无线遥控同步运转的"Locotrol"系统等技术方法及技术设备，同时还应具有能牵引或顶送重载列车的调车机车。

（三）重载运输对铁路车辆设备的要求

重载货车通常采用载重量大、强度高、自重系数小的大型四轴货车。货车车体大量采用耐腐蚀的钢结构和铝合金材料，高强度、低自重、浴盆式车体，低动力作用的转向架或径向转向架，装备新型的空气制动装置、高强度车钩和大容量高性能缓冲器。

1. 提高车辆轴重

国际重载协会于 1994 年把重载货车的轴重标准从 21 t 提高到了 25 t，有的国家已将货车轴重提高到 25 t，有的高达 35 t，更大轴重的货车经济性和适用性也在进一步研究之中。

2. 降低车辆自重

这是提高货车净载重的有效措施，主要是通过采用耐候钢、低合金钢及铝合金等轻型高强度的车体结构材料，以及采取改进车体承载形式和优化结构设计的手段来实现。

3. 降低货车动力作用

可通过车辆结构的合理优化来实现。

单元六　城市轨道交通

我国国家标准《城市公共交通常用名词术语》中，将城市轨道交通定义为"通常以电能为动力，采取轮轨运转方式的快速大运量公共交通之总称"。《城市公共交通分类标准》（CJJ/T114—2007）中的定义，城市轨道交通为采用轨道结构进行承重和导向的车辆运输系统，依据城市交通总体规划的要求，设置全封闭或部分封闭的专用轨道线路，以列车或单车形式，运送相当规模客流量的公共交通方式。广义上指采用轨道运输方式为主要的技术特征的城市公共客运交通系统，具有中等以上运量的轨道交通系统，主要为城市内（可覆盖郊区及城市圈范围）的公共客运服务，是一种在城市公共客运交通中起骨干作用的现代化立体交通系统。狭义上特指地铁、轻轨和单轨（独轨）。

一、城市轨道交通发展简史

（一）世界城市轨道交通发展简史

国内外各大城市的发展经验证明：发展城市轨道交通是解决大城市交通问题和实现可持续发展最有效的途径之一。自英国伦敦 1863 年建成世界上第一条地铁线以来，截至 2019 年底，全球共有 75 个国家和地区的 520 座城市开通城市轨道交通，运营里程达 28 198.09 km。纵观全球城市轨道交通的发展史，可概分为以下 5 个阶段。

1. 萌芽阶段（19 世纪初至 19 世纪 50 年代）

19 世纪以前，城市的交通工具以步行和马车为主。1642 年，法国人巴斯卡尔向法国政府提交了一份公共马车计划，很快得到了国王路易十四的认可，允许在巴黎的 5 条街上提供公共马车服务，城市公共交通从此诞生。公共马车（见图 2-30）为现代公共交通奠定了最基本的运营规则。

17 世纪末，马车在欧洲已被大量用于公共事业，成为当时陆地上最重要的大众化交通工具。无轨马车虽然是城市公共交通的先驱，但它缓慢颠簸、不舒服，且容易造成街道的车辆拥挤及阻塞。1775 年，英国人约翰·乌特兰发明了有轨马车，这种在轨道上行驶的马车缓解了颠簸现象，乘坐相对较为舒适，如图 2-31 所示。

图 2-30　公共马车

图 2-31　有轨马车

同一时期，蒸汽机车也在发展。1804 年，英国人理查德·特里维西克设计制造的蒸汽机车"新城堡号"在轨道上试车成功，如图 2-32 所示。

1825 年，哈格里斯、贝德莱和斯泰潘制造出两气缸蒸汽机车，这是世界上最早的客运列车，时速为 12.8 km，如图 2-33 所示。

图 2-32　"新城堡号"蒸汽机车

图 2-33　两气缸蒸汽机车

2. 诞生起步阶段（19 世纪 60 年代至 19 世纪 90 年代）

工业革命扩大了原有城市规模的和推动了新工业城市的兴起，城市人口急剧增长。虽然有轨马车比公共马车有了很大的改进，但随着城市人口及车辆的增加，在平交道口出现了交通阻塞，这种情况在较大城市非常严重。交通的拥堵使人们想到了将交通线路往地下发展，以便很好地解决客流膨胀与土地紧张的问题。1843 年，有"地铁之父"之称的英国律师查尔斯·皮尔逊建议修建地铁，经过 20 年的酝酿和建设，世界上第一条地下城市铁路——地铁，于 1863 年 1 月 10 日在伦敦正式开通，如图 2-34 所示。它标志着城市轨道交通在世界上正式诞生。

1870 年，美国第一条在曼哈顿格林威治大街及第九大道的高架快速轨道交通线开始运营。与此同时，德国人冯·西门子开始研究由电动机驱动的车辆，并发明了世界上第一辆电车，如图 2-35 所示。

图 2-34　全球第一条地铁　　　　　图 2-35　西门子发明世界上第一辆有轨电车

1881 年，德国西门子公司在柏林近郊铺设了第一条电车轨道。1884 年，美国人 C. J. 范德波尔在多伦多农业展览会上试用电车运载乘客。

3. 初步发展阶段（19 世纪末至 20 世纪 20 年代）

19 世纪末，电力机车牵引的方式开始进入城市轨道交通领域，该方式大大提升了城市轨道交通的实用性，使城市轨道交通进入了一个较为快速的发展时期。

1890 年，在英国伦敦，第一条使用电力机车牵引的地下铁道建成。1896 年，匈牙利布达佩斯修建了欧洲最早的电气化地铁，地铁开始进入电力牵引时代。

1897 年，6 节编组的多节电动列车开始在美国芝加哥的南侧高架线上运营。1904 年，美国纽约地铁巴尔蒙线开通，被誉为"纽约地铁之父"。美国纽约成为美洲最早建立地铁系统的城市，早期纽约地铁如图 2-36 所示。

1890—1920 年是有轨电车在世界范围大发展的时期。在第一次世界大战之前，世界上几乎每个大城市都有有轨电车。

有轨电车于 19 世纪末进入我国。1906 年，天津第一条有轨电车线路投入运营，成为我国第一个拥有有轨电车的城市，如图 2-37 所示。

图 2-36　早期纽约地铁　　　　　图 2-37　天津有轨电车

4. 停滞萎缩阶段（20 世纪 30 年代至 40 年代末）

在这一阶段，一方面由于汽车工业的发展和世界大战的爆发，另一方面由于城市轨道交通的投资大、建设周期长等原因，城市轨道交通的发展呈现出停滞，甚至萎缩的局面，特别是在地面行驶的有轨电车系统，在这一时期被大量拆除并被汽车所取代。这一阶段只有 5 个城市发展了城市地铁，有轨电车则停滞不前，有些线路被拆除。

5. 复苏阶段（20 世纪 50 年代至 60 年代末）

第二次世界大战后，各国经济开始恢复。这一阶段由于汽车的过度增加，道路交通拥堵、事故频繁、能源过度消耗、尾气和噪声污染等一系列社会问题日益突出。人们又把解决城市交通问题的注意力转移到占地面积小、污染少、运力大的城市轨道交通上来，许多城市又开始兴建城市轨道交通。利用现代高科技开发了新一代噪声低、速度高、转弯灵活、乘客上下方便，甚至照顾到老人和残疾人的低地板新型有轨电车。在线路结构上，也采用了降噪声技术措施。在速度要求较高的线路上，采用专用车道，与繁忙道路交叉处，进入半地下或高架交叉，互不影响。对速度要求不高的线路，可与道路平齐，与汽车混合运行。

世界上很多国家都确立了优先发展轨道交通的方针，立法解决城市轨道交通的资金来源。世界各国城市化的趋势，导致人口高度集中，要求轨道交通高速发展以适应日益增加的客流运输，各种技术的发展也为轨道交通奠定了良好的基础。

20 世纪 70 年代和 80 年代，各国地铁建设进入高峰期。先后有 40 多个城市修建了地铁、轻轨或其他轨道交通。

（二）我国城市轨道交通发展简史

我国城市轨道交通的发展可以划分为早期有轨电车交通（20 世纪初至 20 世纪 50 年代）和现代城市轨道交通（20 世纪 60 年代中期至今）2 个历史时期。

1. 早期有轨电车交通（20 世纪初至 20 世纪 50 年代）

我国的有轨电车起源于 20 世纪初，1908 年，中国第一条有轨电车在上海建成通车，到 20 世纪 50 年代，我国有轨电车达到了高峰。北京、上海、天津、哈尔滨、长春、大连、鞍山等诸多城市都建成了多条有轨电车。有轨电车在我国城市交通中发挥了历史性的作用。

由于有轨电车与城市发展的诸多矛盾，我国有轨电车与国外一样，从 20 世纪 50 年代被逐步拆除。

2. 现代城市轨道交通（20 世纪 60 年代中期至今）

我国现代城市轨道交通是以 1965 年 7 月 1 日开工建设的北京地铁为开端，发展至今，大致经历了以下几个阶段。

（1）起步阶段（20 世纪 60 年代至 80 年代初）

该阶段是以 1965 年开始建设、1969 年 10 月 1 日建成通车的北京地铁（北京站-苹果园站）全长 23.6 km 和 1970 年开始兴建、1976 年建成通车的天津地铁（新华路站—西南角站）全长 5.2 km 为代表。

这一阶段地铁的规划与建设，除了实现城市的客运功能之外，更重要的是考虑满足人防战备的需要。

（2）平稳发展阶段（20 世纪 80 年代中期至 2000 年）

由于经济实力和技术水平的限制，在 2000 年以前，继北京、天津继续修建地铁外，内地城市仅有上海、广州相继修建了地铁。在这一阶段，香港地铁完成了现有 7 条线路的建设，挤进世界城市地铁系统的前列；台北市于 1996 年修建了第一条城市轨道交通线路。

（3）快速发展阶段（21 世纪初至今）

随着改革开放和经济体制改革的逐步深入，城市对交通的需求大大增加，导致道路交通供给能力严重不足，供需矛盾日益突出，甚至制约了城市社会经济的发展。为了适应发展需要、缓解城市交通拥堵紧张的状况，我国政府加大了对城市交通基础设施的投入，强调轨道对解决城市交通问题和引导城市发展有着重要作用。从此，发展大容量轨道交通的理念开始显现，我国正式开始了城市轨道交通的建设阶段。近年来，轨道交通在优化城市空间结构、缓解城市交通拥挤、保护环境等方面都体现了积极的作用，在中国走新型城镇化道路的过程中地位已经越来越重要，中国的轨道交通步入了一个跨越式发展的新时期，进入 21 世纪以来，随着经济的飞速发展和城市化进程加快，我国的轨道交通也进入了快速发展时期。

截至 2024 年年底，我国内地共有 54 个城市开通运营城市轨道交通线路 325 条，运营里程 10 945.6 千米，车站 6 324 座，实际开行列车 4 085 万列次，完成客运量 322.4 亿人次，进站量 192.9 亿人次。

除了运营里程增加外，以上海明珠线一期工程（2020 年 12 月开通）为代表的轻轨交通的开通，代表我国的轨道交通也由地铁这一种单一形式向多样化发展。此外还有大连的快速轻轨、重庆的跨座式单轨、长沙的中低速磁悬浮列车等。

二、城市轨道交通概述

（一）城市轨道交通的类型

目前，世界上城市轨道交通的种类有很多，各国城市对城市轨道交通的分类也不一致，同一轨道交通类型也存在不同的称谓。总体归纳起来，主要可以从以下几个方面进行分类。

1. 按线路的敷设方式分

按构筑物的形态或轨道相对于地面的位置划分，城市轨道交通可分为 3 类：

（1）地下铁路。线路在地下隧道内设置。最早期的城市轨道交通系统的线路均是设置在地下，所以称为地下铁道，简称地铁。

（2）地面铁路。线路位于地面上，称为地面铁路。

（3）高架铁路。线路位于地面之上的高架桥上，称为高架铁路。

2. 按服务范围和列车运营组织方式分

按服务范围和列车运营组织方式划分，城市轨道交通可分为三类：

（1）传统的城市轨道交通。服务范围以中心城区为主，包括城市与郊区、机场之间的传统的城市轨道交通，通常站间距在 1～2 km 以内。

（2）区域快速铁路。服务范围包括城市郊区的轨道交通系统，通常站间距较大，含有地面线路或高架线路。例如德国的 S-Bahn，巴黎的 RER，旧金山的 BART，重庆轨道交通 5 号线等。

（3）市郊铁路。是指位于城市范围内、部分或全部服务于城市客运的那些城市间铁路，通常其所有权不属于所在的城市政府，而由铁路部门经营，主要运送城市郊区与闹市区间的乘客，故也称通勤铁路。这种铁路通常在郊区采用平交道口形式，在市区为高架或地下铁路。其站距长，运营组织方式与城市间铁路相近，可开行不停靠全部或部分中间站的直达列车；为减少环境污染，多采用电气化牵引方式。纽约、东京等国际大都市的市郊铁路都很发达，营业里程达到 2 000 km 以上。我国有北京市郊铁路 S2 线、上海金山铁路和长株潭城际铁路等。

3. 按运能范围及车辆类型分

按运能范围及车辆类型划分，城市轨道交通可分为地铁系统、轻轨系统、单轨系统、现代有轨电车系统、磁浮系统、自动导向轨道系统、市域快速轨道系统、电子导向胶轮系统和导轨式胶轮系统等类型。

4. 按运输能力分

运输能力是指城市轨道交通系统单位时间内单向输送能力，通常以单向小时断面运输量表示。我国现行的《城市轨道交通工程项目建设标准》（建标 104—2008）和《城市公共交通分类标准》（CJJ/T114—2007）把城市轨道交通按系统运输能力划分为高运量、大运量、中运量和低运量四个量级。

（1）高运量系统：单向运输能力为 4.5 万 ~ 7 万人次/时。
（2）大运量系统：单向运输能力为 2.5 万 ~ 5 万人次/时。
（3）中运量系统：单向运输能力为 1 万 ~ 3 万人次/时。
（4）低运量系统：单向运输能力小于 1 万人次/时。

对于不同运能等级的城市轨道交通系统，需要在线路的路权、敷设方式、车辆选型和编组、信号等机电设备配置等方面与之匹配。

5. 按支撑和导向方式分

城市轨道交通按照支撑和导向方式可以划分为钢轮钢轨系统、胶轮导轨系统和磁浮系统三类。

（1）钢轮钢轨系统。导向轮与支承轮合一。车辆为电力牵引的钢轮走行系统，轨道采用钢轨为车辆支承和导向，能敷设在地面、隧道、高架桥上，承载能力大，适用范围广。如北京地铁的 1 号线、2 号线等。

（2）胶轮导轨系统。导向轮与支承轮分设，线路一般设置在高架桥上。胶轮导轨系统的走行轮为胶轮，走行在桥梁面上，起支承作用；导向轮也是胶轮，依靠导向板或导向槽对车辆起导向和稳定作用。如重庆的跨座式单轨系统、广州机场 APM 线等。

（3）磁浮系统。无接触的电磁悬浮（支撑）、导向。磁浮系统与传统的钢轮钢轨系统有着本质的区别，是一种新兴的客运系统。磁浮系统按速度划分，可分为高速磁浮与中低速磁浮两类。如长沙（中低速）磁浮快线。

（二）城市轨道交通的特征

城市轨道交通是在干线铁路的基础上发展起来的一种形式新颖的公共交通方式，主要是为城市区域内的居民通勤、通学、购物、观光等出行服务，解决城市交通拥挤和环境污染问题。因而干线铁路、传统公共交通形式有所不同，具有自身的特点。

1. 城市轨道交通的优点

（1）安全。地铁和轻轨或深埋地下、或高架空中，即便行驶于地面也是全封闭的。每条轨道交通都采用双线独立运营，与地面交通之间完全是立交关系，因此其运营十分安全，比道路交通的安全性高得多，而且可全天候运行。

（2）正点。正因为采取独立运营和立交方式，最大限度地避免了交通事故和交通阻塞，因此能确保行车的正点率在98%以上。在各大城市，坐地铁已经成为"上班族"出行的首选交通方式。

（3）快速。同样由于其安全性和高正点率保证了轨道交通运行的高速度。地铁车辆的设计构造速度为 80 km/h，旅行速度在 35 km/h 左右。而地面公交车辆的旅行速度很难确保达到 25 km/h。

（4）舒适。无论是在地铁车站里，还是在车厢里冬暖夏凉四季如春的小气候、柔和的色彩、明亮的灯火、优雅的环境给人以"宾至如归"的感觉。常常可以看到一些年轻的旅客朋友手不释卷地坐在车厢里，完全忘却了旅途的遥远和疲劳。这自然也是颠簸急转的地面公共交通望尘莫及的。

（5）节能。城市轨道交通车辆都采用电动车组，以电为牵引动力。而通常的城市地面车辆除电车外都是以柴油或汽油为能源。众所周知，电能转换为车辆的机械能的转换效率是60%～70%，而燃料转换为机械能的效率只有25%左右，两者相差一倍以上。每一单位运输量的能源消费量，轨道交通系统仅为公共汽车的3/5，私人用车的1/6。所以说现代化的城市轨道交通是节能型的交通。

（6）环保。因为现代城市轨道交通是以电为能源，所以在行驶中不排放废气、废液，对周围环境不产生有害影响。唯一可能带来负面影响的是地面线或高架路段列车行驶中产生的噪声污染，但采取必要的措施，如：采用减振道床、隔音屏障或胶轮车等，可以有效防治噪声污染，而且轨道交通所产生的噪声是一种"集中型噪声"，人均噪声小，易于治理。

（7）用地省，运能大。一条复线轨道交通线路与一条16车道的公路具有大体相同的运输能力，而轨道交通线路占地仅为公路的1/8。

2. 城市轨道交通的不足

（1）建设成本大。城市轨道交通路线长，影响范围广，通常需要对路线沿线的建构筑物、管线、道路进行拆迁、改造、保护等措施，工程以外的费用比较大。其中地铁工程多为地底，由于要钻挖地底，地底建造成本比建于地面高，一般情况下，地下线路每千米造价3亿左右。

（2）建设周期长。兴建地铁的前期时间较长，由于需要规划和政府审批，甚至还需要试验。从开始酝酿到付诸行动破土动工需要非常长的时间，短则几年，长则十几年也是有可能的。

（3）一经建成无法更改。城市轨道交通是高密度、特大型、综合性轨道交通运输系统，涉及40多个技术专业，需要花费好几年的时间才能修建完成，一旦修建好之后，无法更改。

（4）部分灾害抵御能力弱。虽然地铁对于雪灾和冰雹的抵御能力较强。但是对地震、水灾、火灾和恐怖主义等抵御能力很弱。由于地铁的构造，而导致极易因为这些因素发生悲剧。为此自地铁出现以来，工程师们就不断持续研究如何提高地铁的安全性。

三、典型城市轨道交通形式简介

《城市公共交通分类标准》中还明确城市轨道交通包括：地铁系统、轻轨系统、单轨系统、有轨电车、磁浮系统、自动导向轨道系统、市域快速轨道系统。此外，随着交通系统的发展已出现其他一些新交通系统。

（一）地铁系统

地铁系统是一种大运量的轨道运输系统，一般采用钢轮钢轨支撑和导向（国际上也存在胶轮地铁系统），旋转电机或直线电机牵引，标准轨距为1 435 mm。主要在大城市地下空间修筑的隧道中运行,当条件允许时,也可以穿出地面,在地上或高架桥上运行。如重庆轨道交通 1、4、6、10 号线、环线、国博线均为地铁系统,如图 2-38 所示。地铁系统具有站间距较密,电力驱动,线路全封闭,信号自动化控制,具有运量大、速度快、安全、准时、舒适、节约城市土地资源等特征。

地铁系统的主要技术参数如下:①运输能力≥30 000 人次/时;②路权形式为全封闭;③敷设方式地下或地上;④设计最高速度为 80～120 km/h;⑤车辆类型为 A、As、B、Lb 型车;⑥列车最大长度为 185 m。

图 2-38 地铁系统(重庆城市轨道交通 6 号线)

我国国内采用旋转电机牵引的地铁车辆的基本车型为 A 型车、B 型车;采用直线电机牵引的地铁车辆有 LB 型车。A 型车车辆基本宽度 3 000 mm,小时单向最大运输能力为 4.5～7.0 万人次;B 型车和 LB 型车车辆基本宽度 2 800 mm,小时单向最大运输能力为 2.5～4.0 万人次。As 型列车是介于 A、B 型之间的新车型,属国内首创,融合了两种车型的优点,并拥有独特的技术优势。新车型车体最大宽度 3 m,列车还预留了 8 辆编组功能,通过增加车厢提高运力,最大载客量可达到 2 716 人,以满足城市扩容带来的客流量激增。As 型地铁列车适用于山地环境,具有爬坡能力强、转弯半径,将为山地、丘陵地形的城市轨道交通基础建设和运营降低成本,提高列车安全性和运行效率。新车型还通过一致化的设计和信号设备互联互通的升级,在全国首次实现了地铁车辆的跨线路运营。

以上每种车型有带司机室和不带司机室、动车和拖车的区分。地铁系统的列车编组通常由 4～8 辆组成,列车长度为 70～190 m,要求线路有较长的站台相匹配,最高行车速度不应小于 80 km/h。如广州地铁 13 号线,成都地铁 5、6、17、18 号线,深圳地铁 10、11 号线等采用的 A 型车,8 节编组;重庆轨道交通 4、5、10 号线、环线,采用的 As 型车,6 节编组;重庆轨道交通 1、6、国博线,采用的是 B 型车,6 节编组;上海地铁 1、2 号线,北京地铁 6、7 号线,采用的是 B 型车,8 节编组;北京地铁首都机场线、广州地铁 6 号线,采用的 L 型车,4 节编组;广州地铁 5 号线,采用的 L 型车,6 节编组。

一般而言,适合人口超过 100 万的特大城市适合修建地铁系统,服务区间主要在市区,也可视情况延伸到市郊。

(二)轻轨系统

轻轨系统是一种中运量的轨道运输系统,采用钢轮钢轨体系,标准轨距为 1 435 mm,主要在城市地面或高架桥上运行,线路采用地面专用轨道或高架轨道,遇繁华街区,也可进入地下或与地铁接轨,如图 2-39 所示。

图 2-39 轻轨系统（长春轨道交通 3 号线）

轻轨系统的主要技术参数如下：①运输能力 15 000～30 000 人次/时；②路权形式为全封闭；③敷设方式以地上为主；④设计最高速度为 80～120 km/h；⑤车辆类型为 C、Lc 型车；⑥列车最大长度为 100 m。

轻轨车辆包括 C 型车辆、Lc 型车辆（直线电机）。轻轨 C 型车和 Lc 型车都采用钢轮钢轨体系，车辆基本宽度为 2 600 mm，小时单向最大运输能力为 1.0～3.0 万人次。C 型车辆的列车编组，通常由 1～3 辆组成，列车长度一般不超过 90 m，最高行车速度不应低于 60 km/h，站台最大长度不应大于 100 m。如长春轨道交通 3、4、8 号线，采用 C 型列车，6 节编组。Lc 型列车，通常可由 2 辆、4 辆或 6 辆组成，站台长度应小于 100 m。当前，采用直线电机 Lc 型列车组成的轻轨系统，在我国尚无实例。

轻轨系统是由现代有轨电车发展起来的，既可在技术上自成体系，也可采用地铁技术制式，几乎与地铁难以辨别。但从宏观上说，轻轨和地铁首先是运送能力的不同，用高峰小时单向最大客运量来表示，地铁的高峰小时单向最大客运量为 3～7 万人次，轻轨的高峰小时单向最大客运量为 1～3 万人次。其次，还表现在车辆的轴重和尺寸的不同，地铁车的轴重普遍重于 13 t，而轻轨车普遍轻于 13 t。地铁车宽度一般为 2.8～3 m，轻轨车宽度一般为 2.3～2.6 m。最后，地铁和轻轨车辆对路线转弯半径的要求也有所不同，地铁正线的最小转弯半径一般要求不小于 300 m，困难地段不小于 250 m，而轻轨一般要求正线最小转弯半径不小于 100 m，困难地段不小于 50 m。另外，地铁与轻轨在列车编组数量、车辆定员、最高运行速度等方面也存在区别。

（三）单轨系统

单轨系统是一种车辆与特制轨道梁组合成一体运行的中运量轨道运输系统，轨道梁不仅是车辆的承重结构，同时也是车辆运行的导向轨道。单轨系统的类型主要有跨座式和悬挂式两种。

跨座式单轨为单轨的一种，是通过单根轨道支持、稳定和导向，车体采用橡胶轮胎骑在轨道梁上运行的轨道交通制式。其主要技术参数如下：①运输能力 10 000～30 000 人次/时；②路权形式为全封闭；③敷设方式以高架为主；④设计最高速度为 80～120 km/h；⑤车辆类型为三轨 A 型车、单轨 B 型车和市域快轨车；⑥列车最大长度为 120 m。如芜湖轨道交通 1 号线、2 号线，采用跨座式单轨 A 型车、4 节/6 节编组，设计最高速度 80 km/h，如图 2-40（a）所示；重庆轨道交通 2 号线，采用跨座式单轨 B 型车、6 节/8 节编组，设计最高速度 75 km/h，如图 2-40（b）所示。

（a）跨座式单轨A型车（芜湖轨道交通1号线）　　（b）跨座式单轨B型车（重庆轨道交通2号线）

图 2-40　单轨系统

悬挂式单轨系统是单轨的另一种形式，与跨座式单轨系统的区别在于所依靠的轨道位于列车的上方，俗称"空轨道"（简称空轨），车辆悬挂在单根梁上运行，如图 2-41（a）所示。特点是所占空间很小，能有效利用道路中央隔离带和城市低空，适于建筑物密度大的狭窄街区。其主要技术参数如下：①运输能力 5 000～15 000 人次/时；②路权形式为全封闭；③敷设方式以高架为主；④设计最高速度为 60～80 km/h；⑤车辆类型为悬挂式单轨列车；⑥列车最大长度为 75 m。

与地铁和轻轨相比，空轨道的建设成本和时间成本相当低，而且施工简单快捷，也没有地铁和轻轨建设引起的拆迁和交通堵塞的问题，空轨道的生产不需要去现场，工厂生产后直接拉到现场进行组装。我国是继德国、日本之后第三个掌握空轨道技术的国家。目前，青岛，成都，开封和武汉已各有一条试行的试验线，另有 20 多个城市正在进行空轨探索建设。

成都熊猫试验线，于 2025 年 5 月 1 日在成都双流空铁试验基地成功投入运行，该试验线是世界首条新能源空铁试验线，全长 1.4 km，呈"U"字形环绕位于成都双流空港经济技术开发区的中唐空铁产业基地，如图 2-41（b）所示。

2018 年 7 月 21 日，四川大邑空轨道项目开工，这个空铁项目是世界上第一条新能源旅行空铁试验线，以锂电池为动力牵引，全过程自动驾驶，运行速度为 60 km/h；线路全长约 11.6 km，设置车站 4 座，其中 1 座换乘站大邑站，将与成蒲快铁及规划 12 号线换乘，平均站间距为 3.6 km，最大站间距 3.8 km，最小站间距 3.3 km。该线路开通后将串联起大邑高铁枢纽与安仁古镇旅游景区，兼具交通接驳与旅游观光双重功能。

（a）悬挂式单轨（日本）　　　　　　　　　　（b）成都熊猫试验线

图 2-41　单轨系统

单轨系统适用于单向高峰小时最大断面客流量 1~3 万人次的交通走廊。因其占地面积很少，与其他交通方式完全隔离，运行安全可靠，建设适应性较强。主要适用范围如下：

（1）城市道路高差较大，道路半径小，线路地形条件较差的地区。
（2）旧城改造已基本完成，而该地区的城市道路又比较窄。
（3）大量客流集散点的接驳线路。
（4）市郊居民区与市区之间的联络线。
（5）旅游区域内景点之间的联络线，旅游观光线路等。

单轨系统的列车，通常为 4~6 辆编组，相应列车长度为 60~85 m，线路半径不小于 50 m、线路坡度不大于 60‰、站台最大长度不大于 100 m，最高运行速度不应小于 80 km/h，平均运行速度一般为 20~35 km/h，供电制式为 DC 750 V 或 DC 1 500 V。线路的站间距离视城市具体情况而定，通常站间距离为 0.6~1.5 km。车站布置，与周边地形和环境密切配合，形式灵活多样。

（四）现代有轨电车系统

有轨电车在 20 世纪曾风光一时，北京、天津、上海、大连、沈阳、哈尔滨、长春等地，直到 20 世纪 50 年代末，有轨电车都曾是重要的公共交通工具。旧式的有轨电车行驶在道路中间，与其他车辆混合运行，又受路口红绿灯的控制，运行速度很慢，而且噪声大，加减速性能较差。从 20 世纪 50 年代开始，世界上除了为数不多的一些城市外，大部分城市的有轨电车都相继被拆除。

随着经济的繁荣发展，人们生活水平的提高，城市对公共交通的需求越来越高，新一代的有轨电车又逐渐兴起。现代的有轨电车系统是一种以低运能为主的城市轨道交通系统，包括采用钢轮钢轨，单厢、模块化或铰接式车辆的有轨电车和采用胶轮车辆的导轨式有轨电车系统。电车轨道主要铺设在城市道路路面上，车辆与其他地面交通混合运行，根据街道条件，又可区分为 3 种情况：

（1）混合车道。
（2）半封闭专用车道（在道路平交道口处，采用优先通行信号）。
（3）全封闭专用车道（在道路平交道口处，采用立体交叉方式通过）。

现代有轨电车系统的主要技术参数如下：①运输能力为 5 000~12 000 人次/时；②路权形式为开放式或部分封闭；③敷设方式以地面为主；④设计最高速度为 60~70 km/h；⑤车辆类型为钢轮钢轨低地板车辆；⑥列车最大长度为 75 m。

车辆以单车运行为主，车辆基本长度为 12.5 m，也可连挂运行，但不宜超过 2 辆车连挂。当前，车型发展趋势为低地板车厢，车站布置可考虑设在街道两旁人行道上的单侧布局或设在道路中央分隔带上的中央布局，具体选用应与地区规划、周围地形和环境密切配合，形式可灵活多样，站间距离通常不超过 1 km。如成都有轨电车蓉 2 号线，于 2018 年 12 月 26 日开通首开段，2019 年 12 月 27 日开通非首开段，线路全长 39.04 km，共设站 42 座，为钢轮钢轨制式，采用接触网供电，设计最高速度 70 km/h，旅行速度为 20 km/h，列车一共有 5 节"模块"，每小时运力可以达到 7 000 人，如图 2-42 所示。

现代有轨电车运行可靠、舒适、节能、环保等特点，且其技术特性已与轻轨基本无异，如今很多地方也开始在城市中改建或新增现代有轨电车线路，如法国斯特拉斯堡、瑞士日内瓦、西班牙巴塞罗那以及我国的大连、天津、上海、成都、深圳等城市。现代有轨电车作为城市新兴的一种先进的公交方式，已完成了从传统到现代化的转变，在世界范围被普遍推广。

图 2-42　成都有轨电车蓉 2 号线

（五）磁浮系统

1. 磁浮列车发展概述

磁悬浮列车是一种靠磁悬浮力来推动的列车，它通过电磁力实现列车与轨道之间的无接触的悬浮和导向，再利用直线电机产生的电磁力牵引列车运行。由于其轨道的磁力使之悬浮在空中，车厢不需要车轮、车轴、齿轮传动机构和架空输电线网，行走时不似其他列车需要接触地面，只受来自空气的阻力，减少了摩擦力，从而实现高速行驶。高速磁悬浮列车的速度可达 500 km/h 以上，中低速磁悬浮列车的速度则多数在 100～200 km/h。

1922 年，德国工程师赫尔曼·肯佩尔（Hermann Kemper）提出了电磁悬浮原理，继而申请了专利，如图 2-43（a）所示。20 世纪 70 年代以后，随着工业化国家经济实力不断增强，为提高交通运输能力以适应其经济发展和民生的需要，德国、日本、美国等国家相继开展了磁悬浮运输系统的研发。

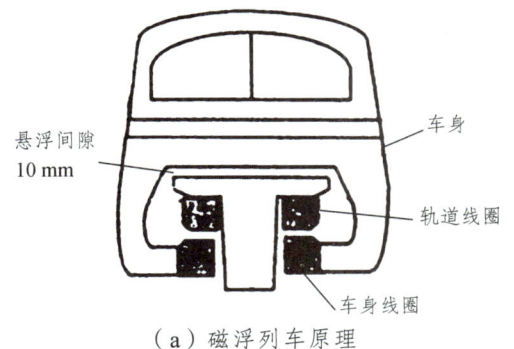

（a）磁浮列车原理

（b）长沙磁浮快线

图 2-43　磁浮系统

我国第一辆磁悬浮列车（购买自德国）于 2003 年 1 月开始在上海磁浮线上运行。2015 年 10 月中国首条国产磁悬浮线路长沙磁浮线成功试跑。2016 年 5 月 6 日，中国首条具有完全自主知识产权的中低速磁悬浮商业运营示范线——长沙磁浮快线开通试运营，该线路也是世界上最长的中低速磁浮运营线。由中车株机公司牵头研制的速度 100 km/h 长沙磁浮快线列车上线运营，被业界称为中国商用磁浮 1.0 版列车。商用磁浮 1.0 版列车较适用于城区。

2018 年 6 月，中国首列商用磁浮 2.0 版列车在中车株洲电力机车有限公司上线。2.0 版列车设计速度提升到了 160 km/h，并采用三节编组，最大载客 500 人。此外，车辆牵引功率提升了 30%，悬浮能力提升 6 t。商用磁浮 2.0 版列车适用于中心城市到卫星城之间的交通。

2019 年 5 月 23 日 10 时 50 分，速度为 600 km/h 的高速磁浮试验样车在青岛上线，这标志着中国在高速磁浮技术领域实现重大突破。

我国目前有四条正式运营的中低速磁浮线路，分别是长沙磁悬浮快线，北京地铁 S1 线，凤凰磁浮观光快线，清远磁浮旅游专线。

长沙磁浮快线：于 2016 年 5 月 6 日开通运营，是中国首条拥有完全自主知识产权的中低速磁浮铁路。线路全长 18.55 km，全程高架敷设；设车站 3 座，预留车站 2 座；列车采用 3 节编组，设计最高速度为 100 km/h，如图 2-43（b）所示。

北京地铁 S1 线（又称北京磁浮线）：于 2017 年 12 月 30 日开通运营，线路全长 10.2 km，共设置 8 座车站，全为高架站。采用标准 B 型列车，列车采用 6 节编组，设计最高速度为 120 km/h。

凤凰磁浮观光快线：于 2019 年 8 月开工建设，2021 年 12 月开始试运行，2022 年 5 月 1 日开通运营，是全国首条"磁浮+文化+旅游"的观光快线，连接凤凰高铁站与凤凰古城景区，以"交通变体验、站点即景点、车票变门票"为经营理念，打造集"磁浮交通、旅游休闲、文化展演、科普研学"于一体的综合性旅游景区。线路全长 9.121 km，设车站 4 座，预留车站 2 座；列车采用 3 节编组，设计速度为 100 km/h，运行速度为 100 km/h。快线沿途分别设凤凰古城（磁浮）站、凤凰迎宾站、凤凰揽胜站、凤凰等待站 4 个站点，每个站点融入了凤凰、湘西民俗元素，各具民族特色。

清远磁浮旅游专线：于 2017 年 12 月 29 日开工建设，线路全长 38.5 km，一期工程（磁浮银盏站至磁浮长隆站）线路长 8.014 km，设 4 站（高架站），采用 3 辆编组，并可实现"3+3"编组混跑，设计最高速度为 120 km/h，该线路首列车于 2020 年 12 月 15 日在中车长客股份有限公司下线，于 2024 年 2 月 4 日开通试运营，于 2025 年 1 月 25 日正式收费运营。

2. 磁浮列车的技术类型

目前，磁浮系统主要有两种基本类型，一种是高速磁悬浮列车，其最高速度可达 500 km/h，另一种是中低速磁悬浮列车，其运行速度多数在 100～200 km/h。

高速磁浮列车的主要技术参数为：①端车车辆长度 27.0 m，中车车辆长度 24.8 m；车辆宽度 3.7 m；车辆高度 4.2 m。②车辆的定员标准一般按座位数来确定：端车 120 人，中车 144 人，不考虑站立定员。③线路最小半径不宜小于 350 m，线路坡度不大于 100‰，最高行车速度不大于 500 km/h。

高速磁浮系统由于行车速度很高，通常较适用于站间距离不小于 30 km 的城市之间远程线路客运交通。

高速磁浮系统的列车编组，通常由 5～10 辆组成，列车长度达 130～260 m，要求线路有较长的站台相匹配。

中低速磁浮车辆的主要技术参数为：①车辆长度为 12～15 m，车辆宽度约为 2.6 m，车辆高度约为 3.2 m。②列车载客定员：4 辆编组约为 320～480 人，6 辆编组约为 480～720 人，运输能力为 10 000～30 000 人次/时。③路权形式为全封闭。④敷设方式以高架为主。⑤设计最高速度为 80～200 km/h。⑥车辆类型为短定子直线异步电机磁浮车辆、长定子直线同步电机磁浮车辆。⑦列车最大长度为 120 m。

中低速磁浮系统由于行车速度相对较低，较适用于城市区域内站间距大于1 km的中、短程客运交通线路。

中低速磁浮系统的列车编组，通常由4~10辆组成，列车长度在60~150 m，要求线路有较长的站台相匹配。

磁浮列车适用于城市人口超过200万的特大城市，是重大客流集散区域或城市群市际之间较理想的直达客运交通，也是中运量轨道运输系统的一种先进技术客运方式，对客运能力1.5~3.0万人次/时的中、远程交通线路较为适用。

3. 磁浮列车的特点

磁浮列车的优点：速度快、可靠性大、维修简便、成本低，其能源消耗仅是汽车的1/2、飞机的1/4、无污染，是一种名副其实的绿色交通工具。

（1）速度快。高速磁浮列车速度可达到430~550 km/h，在1 000 km左右的中程和远程线路上，乘坐高速磁浮列车旅行所耗用的时间比乘坐飞机所用的总旅行时间要少，填补了高速铁路与航空运输之间的速度断档。

（2）选线灵活。磁浮铁路利用电磁作用来实现车辆的起动、制动以及走行，不受轮轨黏着限制，理论上限制坡度可以达到100‰。磁浮铁路由于不存在轮轨接触，不会脱轨，也不会对轨道造成磨耗，因而可以采用较大的超高值，从而实现小半径曲线。

（3）对环境影响较小。磁浮铁路通过无接触方式实现支承、导向、起动、制动和供电，避免了车轨界面的接触，不产生机械噪声。在相同速度下，磁浮铁路的噪声比轮轨铁路噪声要低得多。例如，磁悬浮列车以速度为300 km/h行驶时所发出的噪声量是火车以速度160 km/h行驶的一半。磁浮铁路的强磁场存在于车辆与线路界面的间隙处，对人体的影响来自从间隙处泄漏的磁通量。电磁悬浮系统由于间隙很小，且磁力线通过间隙闭合，故磁通的泄漏量很小，与地球磁场相当，远低于家用电器，电磁污染强度非常低。

（4）安全性能好。高速磁浮列车和轨道梁之间相互抱合，即使较大的超高速也不会发生脱轨。先进的运行控制系统能够保证每一段长定子范围内只有一列车运行，防止了列车相撞和追尾事故的发生。冗余措施能保证在外部电网发生故障时，列车能借助自身动能，在安全制动模式下行驶到下一车站或辅助停车区。

（5）能耗较低。磁浮列车无接触运行，使用现代的大功率电力电子技术，驱动、导向和车上供电均采用了先进的节能技术，在相同速度下，磁浮铁路是低能耗的。在相同运行速度条件下，磁悬浮列车每个座席每千米所消耗的能源为飞机的1/3，高速火车的2/3。随着列车速度提高，能耗主要用于克服空气阻力做功。

磁悬浮列车虽然具有很多的优点，但世界上只有日本东部丘陵线（爱知高速交通磁浮铁路路线）、上海磁浮列车示范运营线、韩国仁川机场磁悬浮线和长沙磁浮快线几条线路真正投入商业运营。磁悬浮列车要想像现今的普通轮轨式铁路那般成为民众日常交通工具，似乎还遥遥无期。那么，究竟是什么原因呢？

首先是安全方面。由于磁悬浮系统必须辅之以电磁力完成悬浮、导向和驱动，因此必须考虑在断电情况下列车的安全问题。其次，在高速状态下运行时，列车的稳定性和可靠性也需要长期的实际检验。最后，则是建造时的技术难题。由于列车在运行时需要以特定高度悬浮，因此对线路的平整度、路基下沉量等的要求都很高。甚至还需考虑如何避免强磁场对人体及环境的影响。

即使有解决以上技术难题的手段，但是又牵涉投入耗资的问题。上海段约30 km的线路设计投资为1 000亿元人民币，而德国的两条线路，一条长36.8 km，将耗资约26亿欧元；另一条长度78.9 km，则将耗资32亿欧元（1欧元约等于8元人民币）。实际施工中，根据地形、路面及设计运送能力的不同，当然造价也会相差较大。但无论如何，每千米的路线至少需要8亿元人民币的投资，也就是说，1厘米线路就需要花费8 000元修建。

（六）自动导向轨道系统

自动导向轨道系统，又可以称作自动旅客捷运系统（APM），是一种无人自动驾驶、立体交叉的大众运输系统，集合了多种传统城市轨道交通工具特点，其主要特征是列车的微型化。属于胶轮—导轨系统，一般多用于高架线上。走行轮为胶轮，走行在桥梁面上，起支承作用。导向轮也是胶轮，依靠导向板或导向槽对车辆起导向和稳定作用。为了控制车辆轴重，保障胶轮运行安全，故采用小车辆、短列车，自动导向。采用全自动无人驾驶控制模式，列车没有单独司机室，两端设置为宽敞明亮的玻璃，旅客观光体验较好。

自动导向轨道系统适用于城市机场专用线或城市中客流相对集中的点对点运营线路，必要时，中间可设少量停靠站。

自动导向轨道系统的主要技术参数如下：①运输能力5 000～20 000人次/时；②路权形式为全封闭；③敷设方式以高架为主；④设计最高速度为60～80 km/h；⑤车辆类型为自导向轨道车辆；⑥列车最大长度为75 m。

自导向轨道车辆，车辆定员标准按车厢座位数设定，定员约70～90人，车辆轴重不超过9 t。自动导向轨道系统的车辆采用脚轮导向车，车辆宽度2.6 m或2.7 m，车辆长度7.6～8.6 m，一般采用2～6节编组，供电制式为DC 750 V或DC 1 500 V。

目前，国内采用自动导向轨道系统的有北京首都国际机场旅客捷运系统、广州机场APM线和上海地铁浦江线。北京首都国际机场旅客捷运系统是我国第一条无人驾驶APM线，于2008年2月开通运营，往返于北京首都国际机场3号航站楼南北两座建筑（T3C和T3E）之间，行车路线单程长2 080 m，设置3座车站；采用胶轮2节编组列车；设计最高速度为60 km/h。

广州机场APM线，全称广州市珠江新城核心区市政交通项目旅客自动输送系统，于2010年11月8日开通运营，是广州地铁首条、内地第二条建成运营的自动导向轨道系统线路。全长3.94 km，全部为地下线；共设置9座车站，全部为地下车站；采用胶轮2节编组列车；设计最高速度为60 km/h，如图2-44（a）所示。

（a）广州机场APM线

（b）上海地铁浦江线

图2-44　自动导向轨道系统

上海地铁浦江线是上海建成运营的首条APM轨道交通线（即全自动旅客捷运系统），于2018年3月开通试运营，全长6.644 km，采用全高架敷设方式；共设高架车站6座；列车采用胶轮APM300型列车、4节编组；设计最高速度为80 km/h，全自动驾驶，如图2-44（b）所示。

（七）市域快速轨道系统

市域快速轨道系统是指采用钢轮钢轨体系的市域轨道交通系统，是一种大运量的轨道运输系统，运输能力应不小于1万人次/时，客运量可达20～45万人次/日（一般不采用高峰小时客运量的概念）。

市郊快速轨道系统起源于城市间的铁路运输，主要为区域内重大经济区之间的长距离通勤者提供运输服务，服务于城市与郊区、中心城市与卫星城、重点城镇间等，服务范围一般在100 km之内。特点是装备重型化、速度较高。

市域快速轨道系统的主要技术参数如下：①运输能力≥10 000人次/时；②路权形式为全封闭；③敷设方式以地上为主；④设计最高速度为120～200 km/h；⑤车辆类型为市域A、市域As、市域B、市域D型车辆；⑥列车最大长度为185 m。

市域快速轨道列车当采用钢轮钢轨体系时，标准轨距亦为1 435 mm，由于线路较长，站间距相应较大，必要时可不设中间车站，因而可选用快速专用车辆，每节车辆定员80～118，每列车编组车厢节数为8～10节，每小时单向最大运输能力30 000人以上，最小运行间隔为5 min。

截至2024年年底，我国已开通运营的市域快轨约970.7 km，分布于16个城市，共开通运营25条线路；全年完成客运量9.8亿人次，进站量6.6亿人次。如重庆轨道交通5号线，运营里程为48.36 km，共设车站31座，其中地下站26座、高架站5座；采用As型列车，车体最大宽度3 m，设计最高速度为100 km/h；初期、近期为5动1拖6辆编组，最大载客量为2 322人；远期为6动1拖7辆编组，最大载客量为2 716人，并预留8辆编组，如图2-45所示。重庆璧铜线，运营里程37.353 km，其中地下线10.386 km、高架线16.009 km、地面线10.958 km；共设置9座车站，其中高架站3座、地面站5座、地下站1座；采用4节编组D型市域列车。上海地铁16号线，采用市域快轨A型车，设计最高速度为120 km/h。成都地铁18号线，采用市域快轨A型车，设计最高速度为160 km/h。南京地铁S9号线，采用市域快轨B型车，设计最高速度为120 km/h。温州轨道交通S1号线，采用市域快轨D型车，设计最高速度为140 km/h。北京地铁大兴机场线，采用市域快轨D型车，设计最高速度为160 km/h。广州地铁18号线、22号线，采用市域快轨D型车，设计最高速度为160 km/h。

图2-45　重庆轨道交通5号线

（八）电子导向胶轮系统

电子导向胶轮系统指电子控制的导向式胶轮系统。与机械导向式（导轨式）胶轮系统在车辆结构、路轨结构、功能配置等方面均有较大区别。不依赖钢轨（广义铁轨）行驶，一般采用可编组铰接胶轮车辆通过车厢主动协同控制在预定的轨迹线上（一般是道路上）运行，由橡胶车轮主动导向、承载和走行。

电子导向胶轮系统的主要技术参数如下：①运输能力 5 000～12 000 人次/时；②路权形式为开放式或部分封闭；③敷设方式以地面为主；④设计最高速度为 60～70 km/h；⑤车辆类型为胶轮车辆；⑥列车最大长度为 60 m。

智轨列车看似无轨，实则有"轨"，只不过采用了的"虚拟轨道跟随控制"技术，实现智能运行。简单来说，它通过车载各类传感器识别路面虚拟轨道线路，将运行信息传送至列车"大脑"（中央控制单元），根据"大脑"的指令，在保证列车实现牵引、制动、转向等正常动作的同时，能够精准控制列车行驶在既定"虚拟轨迹"上，实现智能运行。

智轨列车长达 30 多米，是路面上的"巨无霸"，但它却是一个灵活的"胖子"，因为列车采用了多轴转向系统等设计方式，智能对虚拟轨迹进行跟踪控制，使整台列车转弯半径与普通公交车相当，且比普通公交车辆的通道宽度更小，这就解决了超长车身带来的转弯难题。同时，智轨列车采用类似高铁的双车头设计，省却了掉头的麻烦。

与现代有轨电车相比，智轨列车设计最高速度也为 70 km，但因为不依赖钢轨行驶，一条运行线的建设周期仅需一年，能快速投入使用。另外，智轨列车还具有轻轨、地铁等轨道列车的零排放、无污染的特点，并支持多种供电方式。由于采用高铁柔性编组的模式，智轨列车还能根据客流变化调节运力，比如采用标准的 3 节编组时，列车可载客超过 300 人，5 节编组时可载客超过 500 人，能有效解决普通公交车载客量小的缺陷，大大提高运输能力。

宜宾智轨 T1 线于 2019 年 6 月 10 日开通运营一期工程，于 2019 年 12 月 5 日开通运营二期工程。线路全长 17.7 km，其中主线 16.1 km、支线 1.6 km，设置 17 个站点。采用新型智轨列车，由中车株洲电力机车研究所有限公司制造，采用 3 节编组，长 31.64m、宽 2.65 m；最小运营转弯半径 15 m，最小运营转弯半径下通道宽度 3.8 m，双向行驶，最大载客量为 307 人；满载重量 51 t，车辆设计最高速度为 70 km/h，使用寿命 25 年，如图 2-46 所示。

图 2-46　宜宾智轨 T1 线

图 2-47　上海临港新片区中运量 T1 线

上海临港新片区中运量 T1 线，于 2021 年 1 月 1 日在滴水湖站正式发车开始测试运营。中运量 T1 示范线全长 21.7 km，目前，滴水湖站至水华路折返站 8.2 km，于 2021 年 6 月份将完成全线通车，如图 2-47 所示。采用新一代清洁能源轨道电车，车身长度 30 m，车辆最高运营速度达 70 km/h，3 编组单列车最大载客可达 302 人。该车是世界上自主研制的首列数字轨道胶轮电车。列车采用了电磁导向虚拟轨道技术，使车辆定位更精准，实现车辆的横向和纵向控制，更加安全可靠；车辆轴重 7 t，道路适应性强，路面改造少；采用超级电容，单程续航超 30 km，更加绿色环保、高效节能。

（九）导轨式胶轮系统

导轨式胶轮系统是随着新技术的发展涌现出来的新的轨道交通方式，以高架敷设为主，是基于传统胶轮导轨系统进行小型化研发而产生的新型的低运能胶轮导轨轨道交通系统。从支持国家自主创新、产业发展考虑，以及产品具有新能源汽车技术和低运能等特点，将此类系统单独分类。

导轨式胶轮系统的主要技术参数为：①运输能力 5 000～12 000 人次/时；②路权形式为全封闭；③敷设方式以高架为主；④设计最高速度为 60～80 km/h；⑤车辆类型为胶轮车辆；⑥列车最大长度为 75 m。

导轨式胶轮系统采用胶轮有轨电车——云巴，云巴是比亚迪股份有限公司历时 7 年，投资超 100 亿元打造的具有独立路权的立体智能交通系统。云巴列车在行驶过程中与行驶面的胶轮接触，建设成本低，建设时间短，舒适便捷、环保、节能、噪声小，爬坡能力强，具有无人驾驶系统和人脸识别等软硬件配置。其高可达、高集约、轻型化、智能化、人性化的特点，使之可广泛应用于超大型城市交通支线和加密线、大中城市主干线、城市综合交通枢纽接驳线、旅游景区观光线、大型活动中心内部环线、老城区及旧城改造交通线等领域。

2019 年 1 月 15 日，中国城市轨道交通协会印发《比亚迪城轨交通系统调研报告》[中城轨〔2019〕002 号]。该报告指出，比亚迪云巴是小运量胶轮有轨电车系统，是现代有轨电车中的一种新系统。此后，深圳市城市轨道交通协会、西安市、湖南省、宁夏等地也发布了胶轮有轨电车地方标准。这些标准的相继发布，标志着比亚迪胶轮有轨电车云巴在推广应用过程中有据可依。

2019 央视春晚深圳分会场，主持人乘坐比亚迪自主研发的中小运量轨道交通产品——云巴云轨向观众拜年，透过春晚直播镜头，光影交错中的云轨云巴凭借科技动感的线条、简约时尚的配色，外观形似"游龙"，传递出科技引领创新的独特风采。

目前，我国已开通了 8 条云巴线路。首条云巴线路是重庆璧山云巴（又称璧山有轨电车），于 2019 年 8 月 9 日开工建设，于 2021 年 4 月开通运营，如图 2-48 所示。

图 2-48　重庆璧山云巴

璧山云巴线路正线全长 15.4 km，线路起于成渝高铁璧山站，终点位于重庆轨道交通一号线璧山站。正线沿途设车站 15 座，均为高架车站，平均站间距 1 078 m，最大站间距 1 685 m，最小站间距 656 m。设综合车场 1 座，控制中心 1 座，与综合车场合设。车辆近期运行 2 辆编组，车站按 3 编组建设实施，远期预留 4 编组建设条件。其运营速度为 80 km/h，采用自动驾驶，为小运量轨道交通；同时采用电能驱动，无污染无废气排放，具有振动和噪声小、爬坡能力强、节能环保等优点。

西安云巴于 2020 年 5 月 31 日开工建设，2024 年 8 月 12 日开通运营，如图 2-49 所示。全线运营里程为 17.2 km，共设置 18 座车站，均为高架站；近期采用 3 节编组胶轮有轨电车（预留 4 节编组条件），最高运行速度 80 km/h。列车支持 GoA4 全自动运行，具备自动诊断、自动休眠、自动唤醒等诸多功能，可实现全天候无人驾驶、自动运行。列车采用轻量化设计、100%电制动、胶轮走行方式等新技术，还具备高度的安全性，可适应各种复杂地形，拥有高效能量管理系统和能量回收系统，还采用了胶轮主动降噪系统设计，能够"静谧行驶"，避免对附近居民造成干扰。

图 2-49　西安云巴

巩固测练

一、判断题

1. 世界铁路有 200 多年历史，它的发展可分为 3 个时期。　　　　　　　（　　）
2. 1964 年 10 月 1 日，世界第一条高速铁路——日本东海道新干线问世。（　　）
3. 中国第一条官办铁路铁路是京张铁路。　　　　　　　　　　　　　　（　　）
4. 我国第一座自行设计、建造的第一座双层铁路、公路两用桥是钱塘江大桥。
　　　　　　　　　　　　　　　　　　　　　　　　　　　　　　　　（　　）
5. 中华人民共和国成立后修建的第一条铁路是成昆铁路。　　　　　　　（　　）
6. 世界上海拔最高、线路最长的高原铁路是青藏铁路。　　　　　　　　（　　）
7. 铁路是供火车等交通工具行驶的轨道线路，由线路、路基、线路上部建筑三部分构成。
　　　　　　　　　　　　　　　　　　　　　　　　　　　　　　　　（　　）
8. 轨枕都是木枕。　　　　　　　　　　　　　　　　　　　　　　　　（　　）
9. 铁路路基根据横断面形式有路堤、路堑、不填不挖三种。　　　　　　（　　）
10. 我国钢轨的标准长度只有 12.5 m 一种。　　　　　　　　　　　　　（　　）
11. 我国铁路轨距以国际标准轨距 1 435 mm 为主。　　　　　　　　　　（　　）

12. 道岔是把由一条线路分支进入或超越另一条线路的连接及交叉设备分支,其作用是使机车车辆由一条线路转向另一条线路。( )
13. 铁路隧道根据所在位置可分为四大类。( )
14. 车辆是"车"与车的单位"辆"的总称。( )
15. 钢轨的类型(或强度)是以每米上的钢轨质量千克(kg)来表示。( )
16. 铁路运输设施与设备只包括铁路线路和车辆。( )
17. 道床都有碎石。( )
18. 轨枕是钢轨的支座。( )
19. 轨枕按照制造材料,分为木枕、钢枕、钢筋混泥土枕和特种混凝土枕。( )
20. 铁路机车车辆制动分为:手制动机、空气制动机、电控制动机、电磁制动机和真空制动机。( )
21. 为了指挥列车运行,保证运输安全和提高运输效率,就必须设有完善的通信和信号设备。( )
22. 区段站与中间站的区别是:区段站上设有机务段(基本段或折返段)。( )
23. 我国铁路车站等级共分为5个等级。( )
24. 轴数越多,车轮也越多,轴重越大,载重量就越大。( )
25. 铁路重载运输的发展,对降低运输成本,提高经济效益发挥了重要作用。( )
26. 列车高速运行速度的范围是200～400 km/h。( )
27. 铁路机车车辆的基本构造由车体、车底架、走行部、车钩缓冲装置和制动装置五大部分组成。( )
28. 车钩由钩头、钩身两部分组成。( )
29. 铁路信号系统具有"信联闭"三大功能。( )
30. 进站信号是为了防护车站安全,指示列车能否由区间进入车站。( )
31. 自动闭塞是由运行中的列车自动完成闭塞作用的一种闭塞设备,只有当列车到达对方站之后,闭塞分区才能解锁。( )
32. 铁路黄色信号是表示注意或减低速度运行。( )
33. 机车自动信号分为点式、接近连续式和连续式三种。( )
34. 机车是移动设备,所以机车信号属于移动信号。( )
35. 铁路运输组织为安排、组织铁路运输生产所进行的各种工作总称,包括旅客运输组织、货物运输组织和行车组织等3个方面。( )
36. 城际高速列车以字母"C"开头。( )
37. 车次以"Z"开头的是特快旅客列车。( )
38. 我国动车组旅客列车车次以"D"开头,综合后细分为高速动车组列车(G字头列车)和城际动车组列车(C字头列车)。( )
39. 车次以"S"字头的市郊铁路旅客列车,具有快起快停、快速乘降、快速通过、大载客量、智能舒适等特点,满足公交化、短距离、大密度运行需求。( )
40. 高速铁路,简称高铁,是指设计标准等级高、可供列车安全高速行驶的铁路系统。( )
41. 中国国家铁路局颁布的《高速铁路设计规范》文件中将高铁定义为新建设计时速为250 km(含)至350 km。( )
42. 世界高速铁路的发展史分为4次浪潮。( )

43. 我国高速铁路发展史分为 2 个阶段。（   ）
44. 我国铁路时速为 400 km 以上的称为高速。（   ）
45. 重载运输是世界铁路货运发展的一个方向。（   ）
46. 独轨铁路也称为单轨铁路。（   ）
47. 铁路运输是利用铁路线路、车辆、通信信号等设施设备，实现人和物安全、高效运输的一种方式。（   ）
48. 货物运输换句话说就是利用列车把货物从一个地方运送到另一个地方。（   ）
49. 货物运输生产过程：始发作业—运行途中作业—终到作业。（   ）
50. 车上标识的成局渝段表示配属标记。（   ）
51. 铁路运输组织主要包括列车运行图、运输计划、调度指挥等方面。（   ）
52. 重载运输是指列车载重量超过一定标准的货物运输方式。（   ）
53. 2005 年国际重载协会理事会提出新的重载铁路的标准，需满足 3 个条件。（   ）
54. 铁路运输在我国交通运输体系中占据主导地位。（   ）
55. 铁路运输设施与设备中的车辆包括客车和货车。（   ）
56. 铁路运输组织中的调度指挥主要负责列车的实时监控和调整。（   ）
57. 铁路运输设施与设备投资成本较低。（   ）
58. 城市轨道交通系统狭义上特指地铁、轻轨、单轨（独轨）。（   ）
59. 世界第一条地铁是 1863 年建立于法国巴黎。（   ）
60. 1904 年，美国纽约地铁巴尔蒙线开通，被誉为"纽约地铁之父"。（   ）
61. 1908 年，中国第一条有轨电车在天津建成通车。（   ）
62. 1969 年 10 月 1 日建成通车的北京地铁（北京站—苹果园站）。（   ）
63. 城市轨道交通只包括地铁。（   ）
64. 城市轨道交通按线路的敷设方式分为 4 类。（   ）
65. 地铁只运行于地下专用隧道内，轻轨只运行在高架上。（   ）
66. 城市轨道交通系统按照运输能力划分为高运量、大运量、中运量和低运量四个等级。（   ）
67. 地铁的路权形式为半封闭。（   ）
68. 单轨系统的类型主要有跨座式一种。（   ）
69. 自动导向轨道系统适用于城市机场专用线或城市中客流相对集中的点对点运营线路。（   ）
70. 我国第一辆磁悬浮列车（购买自德国）于 2003 年 1 月开始在上海磁浮线上运行。（   ）

二、单项选择题

1. 下列不属于铁路运输的优点的是（   ）。
   A. 成本和能耗都是比较低　　　　　　　B. 运行速度高、运输能力大
   C. 通用性好、运输连续性强　　　　　　D. 投资少，机动灵活
2. （   ）既是一条煤炭运输专线铁路，也是中国第一条重载单元铁路。
   A. 大秦铁路　　　　　　　　　　　　　B. 成昆铁路
   C. 石太铁路　　　　　　　　　　　　　D. 宝成铁路

3. 铁路运输是一种陆上的运输方式，以机车牵引列车车辆在（　　）条平行的铁轨上行驶。
   A. 1　　　　　　B. 2　　　　　　C. 3　　　　　　D. 4
4. 根据我国《新时代交通强国铁路先行规划纲要》，到2035年，全国铁路达到20万千米左右，其中高铁7万千米左右，（　　）万人口以上城市实现铁路覆盖。
   A. 10　　　　　B. 20　　　　　C. 30　　　　　D. 40
5. （　　）是钢轨的支座，承受钢轨传来的力并将其传给道床，并具有保持钢轨的方向和轨距的作用。
   A. 钢轨　　　　B. 轨枕　　　　C. 道床　　　　D. 道岔
6. （　　）的作用是把由轨枕传来的车辆荷载均匀传布到路基面上，阻止轨道在列车作用下产生位移，并缓和列车的冲击作用。
   A. 钢轨　　　　B. 轨枕　　　　C. 道床　　　　D. 道岔
7. 铁道车辆与其他车辆最大的不同点是（　　）。
   A. 车轮与钢轨之间为滚动摩擦，阻力小
   B. 通过特殊的轮轨关系实现通过曲线
   C. 编组、连挂后成列运行
   D. 严格限制其外形尺寸
8. 以下关于铁路机车车辆的说法，不正确的是（　　）。
   A. 传统列车中带动力的车叫作机车　　　B. 传统列车中不带动力的车叫作车辆
   C. 动车组中带动力的车叫作机车　　　　D. 动车组中不带动力的车叫作拖车
9. 下列不属于机车按照动力分的是（　　）。
   A. 蒸汽机车　　B. 内燃机车　　C. 电力机车　　D. 铁路机车
10. 铁路车辆按照用途分为（　　）大类。
    A. 1　　　　　B. 2　　　　　C. 3　　　　　D. 4
11. 铁路信号设备是铁路信号、联锁、（　　）设备的总称。
    A. 闭塞　　　　B. 检查　　　　C. 技术　　　　D. 水平
12. 在铁路的两条汇合线路线间距离为4m的中间，设置指示机车车辆的停留位置，防止机车车辆侧面冲撞的设备是（　　）。
    A. 进站信号机　B. 通过信号机　C. 出站信号机　D. 警冲标
13. 铁路红色信号的表示（　　）。
    A. 可按规定速度运行
    B. 降低速度运行，同时要加强瞭望
    C. 慢行或和绿色一样都是指按规定速度行驶
    D. 停车
14. 以下哪个不是铁路运输设施与设备？（　　）
    A. 铁路线路　　B. 车辆　　　　C. 通信信号　　D. 航空器
15. 动车组（　　）分为内燃动车组和电力动车组。
    A. 按动力配置方式　B. 按牵引动力方式　C. 按机车型号　D. 按其他
16. 铁路运输设施与设备中的车站主要提供以下哪些服务？（　　）
    A. 售票　　　　B. 乘车　　　　C. 商业餐饮　　D. 所有选项

17. 铁路运输车辆中，用于连接车厢并传递动力的是（　　）。
    A. 车钩　　　　　　B. 轮轴　　　　　　C. 轨道　　　　　　D. 制动装置
18. 铁路信号系统中，闭塞制度的作用是什么？（　　）
    A. 防止列车正面冲突　　　　　　　　　B. 防止列车追尾
    C. 管理列车运行时间　　　　　　　　　D. 提供列车位置信息
19. 我国运营的铁路旅客列车包括（　　）个类别。
    A. 4　　　　　　　B. 5　　　　　　　C. 6　　　　　　　D. 7
20. 货物运输分为（　　）类。
    A. 4　　　　　　　B. 5　　　　　　　C. 6　　　　　　　D. 7
21. 我国铁路客运采用（　　）。
    A. 国家定价　　　　B. 政府指导价　　　C. 浮动运价　　　　D. 协议运价
22. 以下哪一项不属于铁路速度的分档（　　）。
    A. 慢速　　　　　　B. 中速　　　　　　C. 快速　　　　　　D. 高速
23. 以下属于高速动车组旅客列车车次的是（　　）。
    A. T1—T9998　　　B. G1—G9998　　　C. K1—K9998　　　D. Z1—Z9998
24. 2008 年 1 月 5 日，（　　）开通运营，是中国内地第一条设计时速为 350 km 级别的高速铁路。
    A. 京津城际铁路　　　　　　　　　　　B. 京广高速铁路
    C. 石太高速铁路　　　　　　　　　　　D. 石济高速铁路
25. 下列不属于我国高速铁路的特点的是（　　）。
    A. 投资少，机动灵活　　　　　　　　　B. 运行速速高
    C. 占用土地少　　　　　　　　　　　　D. 安全性能好
26. 下面（　　）km/h 属于铁路速度高档。
    A. 120　　　　　　B. 180　　　　　　C. 360　　　　　　D. 480
27. 我国高速铁路的设计时速通常在以下哪个范围？（　　）
    A. 低于 160 km　　B. 160~200 km　　C. 250~350 km　　D. 350~400 km
28. 下列不属于发展重载运输的意义的是（　　）。
    A. 促进运输　　　　　　　　　　　　　B. 提高客运效率
    C. 促进电子电气技术的发展　　　　　　D. 促进行业的发展
29. 重载运输的组织形式有（　　）种。
    A. 1　　　　　　　B. 2　　　　　　　C. 3　　　　　　　D. 4
30. 下列不属于重载运输对铁路车辆设备的要求的是（　　）。
    A. 提高载重量　　　　　　　　　　　　B. 提高车辆轴重
    C. 降低车辆自重　　　　　　　　　　　D. 降低货车动力作用
31. 重载运输的列车载重量一般超过多少吨？（　　）
    A. 5 000　　　　　B. 10 000　　　　C. 15 000　　　　D. 20 000
32. 以下哪种类型的货物适合采用铁路重载运输？（　　）
    A. 电子产品　　　　B. 活泼动物　　　　C. 铁矿石　　　　　D. 时鲜果蔬
33. 不属于铁路重载运输的货物的是（　　）。
    A. 白糖　　　　　　B. 煤炭　　　　　　C. 铁矿石　　　　　D. 铜矿石

34. 铁路运输在我国交通运输体系中的地位是？（　　）
   A. 主导　　　　　B. 辅助　　　　　C. 一般　　　　　D. 较低
35. 以下哪个国家不是高速铁路发展较为成熟的国家？（　　）
   A. 中国　　　　　B. 日本　　　　　C. 德国　　　　　D. 美国
36. 铁路重载运输对铁路线路和车辆的要求不包括以下哪项？（　　）
   A. 增加轨道重量　　　　　　　　　B. 提高车辆载重能力
   C. 减少轨道维护　　　　　　　　　D. 降低车辆制动力
37. 以下哪种车辆通常用于铁路货物运输？（　　）
   A. 敞车　　　　　　　　　　　　　B. 密封车
   C. 平板车　　　　　　　　　　　　D. 所有机动车辆
38. 世界城市轨道交通发展分为（　　）个阶段。
   A. 4　　　　　　B. 5　　　　　　C. 6　　　　　　D. 7
39. 我国城市交通的发展可以划分为（　　）个时期。
   A. 1　　　　　　B. 2　　　　　　C. 3　　　　　　D. 4
40. 下列不属于城市轨道交通优点的是（　　）。
   A. 运量大　　　　B. 耗能低　　　　C. 停站时间短　　D. 方便快捷
41. 以下关于电子导向胶轮系统的说法，正确的是（　　）。
   A. 必须依赖钢轨行驶　　　　　　　B. 敷设方式以地面为主
   C. 车辆底部为钢轮　　　　　　　　D. 路权形式为全封闭式
42. 城市轨道交通的形式有很多种，以下不属于城市轨道交通的是（　　）。
   A. 有轨电车系统　　　　　　　　　B. 市域快速轨道系统
   C. 自动导向轨道系统　　　　　　　D. 市郊铁路系统
43. （　　）既免除了地铁的昂贵投资，又具有中运量的特点，在我国具有较大的发展前景。
   A. 轻轨　　　　　　　　　　　　　B. 市郊铁路系统
   C. 单轨铁路　　　　　　　　　　　D. 有轨电车
44. 下列选项中，（　　）速度快、可靠性大、维修简便，能源消耗低、无污染，是一种名副其实的绿色交通工具。
   A. 轻轨　　　　　　　　　　　　　B. 市郊铁路系统
   C. 地铁　　　　　　　　　　　　　D. 磁悬浮铁路
45. 下列选项中，不属于轨道交通的是（　　）。
   A. 有轨电车　　　B. 有轨马车　　　C. 独轨交通　　　D. 地铁
46. 2016年5月6日，中国首条具有完全自主知识产权的中低速磁悬浮商业运营示范线——（　　）磁浮快线开通试运营。
   A. 上海　　　　　B. 长沙　　　　　C. 北京　　　　　D. 深圳
47. 目前我国有（　　）条正式运营的中低速磁浮线路。
   A. 1　　　　　　B. 2　　　　　　C. 3　　　　　　D. 4
48. 下列不属于城市轨道交通的缺点的是（　　）。
   A. 建设成本大
   B. 建设周期长
   C. 一经建成无法更改
   D. 受自然条件限制较大，连续性差，速度慢

三、多项选择题

1. 铁路工程路基的横断面形式有多种，其中以（　　）居多。
   A. 路堤式　　　　　　B. 半路堤式　　　　　　C. 路堑式
   D. 半路堑式　　　　　E. 不填不挖

2. 以下属于铁路机车车辆基本组成部分的是（　　）。
   A. 道岔　　　　　　　B. 走行部　　　　　　　C. 车钩缓冲装置
   D. 制动装置　　　　　E. 供电电网

3. 下列铁路机车按牵引动力分的是（　　）。
   A. 客运机车　　　　　B. 货运机车　　　　　　C. 调动机车
   D. 蒸汽机车　　　　　E. 内燃机车

4. 下列属于铁路货车的是（　　）。
   A. 敞车　　　　　　　B. 棚车　　　　　　　　C. 罐车
   D. 保温车　　　　　　E. 集装箱车

5. 以下车站，属于同一种类型的是（　　）。
   ①特等站，②客运站，③编组站，④中间站，⑤客货混运站，⑥通过式。
   A. ①②　　　　　　　B. ⑤⑥　　　　　　　　C. ③④
   D. ②⑤　　　　　　　E. ①⑥

6. 铁路信号的作用有（　　）。
   A. 检查联锁条件　　　B. 指挥列车运行　　　　C. 保证运输安全
   D. 提高运输效率　　　E. 降低运行成本

7. 铁路信号分为（　　）。
   A. 视觉信号　　　　　B. 听觉信号　　　　　　C. 音响信号
   D. 黄色信号　　　　　E. 手显信号

8. 下列属于铁路信号设备的是（　　）。
   A. 信号机　　　　　　B. 标志　　　　　　　　C. 表示器
   D. 作业标　　　　　　E. 手灯

9. 下列有关动车和拖车的说法，正确的是（　　）。
   A. 动车可带司机室　　　　B. 拖车仅有载客功能
   C. 动车只有牵引功能　　　D. 拖车可带司机室
   E. 动车可以分为有受电弓和不带受电弓的

10. 我国铁路发展重载运输的模式有（　　）。
    A. 单元式重载列车　　　　B. 客货混编式重载列车
    C. 整列式重载列车　　　　D. 组合式重载列车
    E. 分组式重载列车

11. 铁路运输组织主要包括哪些方面？（　　）
    A. 列车运行图　　　　B. 运输计划　　　　　　C. 调度指挥
    D. 运输管制　　　　　E. 价格管理

12. 铁路运输车辆中，动车组列车的主要特点包括（　　）。
    A. 运行速度快　　　　B. 编组灵活　　　　　　C. 舒适度高

D. 均采用集中动力　　　　　　　E. 成本低

13. 重载运输的主要应用领域包括（　　　）。
   A. 铁矿石运输　　　　B. 煤炭运输　　　　C. 商品货物运输
   D. 旅客运输　　　　　E. 时蔬鲜花

14. 铁路运输概述中，以下哪些是铁路运输的发展趋势？（　　　）
   A. 高速化　　　　　　B. 重载化　　　　　C. 信息化
   D. 智能化　　　　　　E. 轻量化

15. 铁路运输在我国交通运输体系中的地位体现在哪些方面？（　　　）
   A. 运输能力强　　　　B. 安全性高　　　　C. 投资成本低
   D. 覆盖范围广　　　　E. 历史悠久，地位不可撼动

16. 高速铁路的优点有（　　　）。
   A. 安全性和舒适性　　B. 占用土地较少　　C. 环境污染小
   D. 能耗小　　　　　　E. 500～1 500 km 范围内最节省时间

17. 下列属于城市轨道交通不足的是（　　　）。
   A. 建设成本大　　　　B. 建设周期长
   C. 一经建成无法更改　D. 部分灾害抵御能力弱
   E. 能耗和运输成本高

18. 以下城市轨道交通的各种形式中，采用钢轮钢轨的有（　　　）。
   A. 地铁系统　　　　　B. 单轨系统　　　　C. 轻轨系统
   D. 现代有轨电车系统　E. 市域快速轨道系统

19. 磁悬浮运输系统是当今世界最快的地面客运交通系统方式，有（　　　）、安全舒适、不染油、污染少等优点。
   A. 爬坡能力强　　　　B. 造价低　　　　　C. 能耗低
   D. 占地少　　　　　　E. 运行噪声大

20. 下列城市轨道交通属于按线路的敷设方式的是（　　　）。
   A. 地下铁路　　　　　B. 地面铁路　　　　C. 高架铁路
   D. 地上铁路　　　　　E. 市郊铁路

四、简答题

1. 铁路运输的优缺点是什么？其使用范围有哪些？
2. 铁路运输的基本设备有哪些？
3. 我国目前使用的机车主要有哪几种？
4. 铁路车站常见的分类有哪几种？
5. 简述铁路客运和铁路货运的生产过程。
6. 高速铁路有什么特点？
7. 简述我国高速铁路发展中存在的问题
8. 重载运输有什么特点？我国重载运输的模式有哪几种？
9. 简述2005年国际重载协会理事会提出的新的重载铁路标准，重载运输的条件是什么？
10. 简述城市轨道系统的制式有哪几种？

五、材料分析题

第一题

背景材料：随着各国经济的快速发展，铁路货运需求不断增长。以下是关于铁路运输的一些典型案例，阅读之后，请回答后面的问题。

中国高速铁路（CRH）网络是世界上最大的高速铁路网络，覆盖了中国的主要城市。例如，京沪高铁连接北京和上海，全长 1 318 km，最高运营速度为 350 km/h，大大缩短了两地间的旅行时间。

日本新干线是世界上最著名的高速铁路系统之一，自 1964 年东京奥运会前夕开通以来，已经成为日本国内旅行的重要方式。东海道新干线连接东京和大阪，是世界上第一条高速铁路线。

法国的 TGV 是世界上运行速度最快的商业列车之一，最高运行速度可达 320 km/h。巴黎至里昂的 TGV 线路自 1981 年开通，大大缩短了两地间的旅行时间。

澳大利亚的力拓集团运营着世界上最长的重载运输铁路线之一，用于将西澳大利亚州的铁矿石运输到港口。这些列车可以长达 2.5 km，载重量超过 30 000 t。

西伯利亚大铁路是世界上最长的铁路线，全长 9 289 km，横跨俄罗斯，连接莫斯科和符拉迪沃斯托克，是俄罗斯国内及亚欧大陆桥的重要组成部分。

伦敦地铁是世界上最早的地下铁路系统，自 1863 年开始运营。它拥有 12 条线路，覆盖伦敦的大部分地区，是伦敦市民出行的重要方式。

问题：

1. 【判断】铁路运输在现代化交通运输体系中占据着重要的地位，它是连接各种运输方式、实现多式联运的关键环节。（ ）

2. 【判断】铁路运输的技术类型有客运型、货运型和客货混运型。客运型的典型代表是日本，货运型的典型代表是加拿大、美国，客货混运型的典型代表是中国和欧洲各国。（ ）

3. 【单选】高速铁路的运行速度一般可以达到（ ）km/h。
   A. 100~200
   B. 200~300
   C. 300~400
   D. 400 以上

4. 【多选】重载运输技术的应用对铁路运输有哪些积极影响？（ ）
   A. 提高了铁路运输的效率
   B. 增加了铁路线路的磨损
   C. 降低了运输成本
   D. 减少了能源消耗

5. 【多选】高速铁路的发展对以下哪方面产生了积极影响？（ ）
   A. 城市间时空距离
   B. 区域经济一体化
   C. 空中交通
   D. 海上运输

6. 【多选】城市轨道交通对以下哪方面产生了积极影响？（ ）
   A. 减少交通拥堵
   B. 提高居民出行效率
   C. 加剧环境污染
   D. 增加交通成本

7. 【简答】简要说明铁路运输未来发展的趋势。
8. 【简答】作为新时代的青年学生,面对中国高铁这一国家发展的重要成就,我们应该树立怎样的理想信念,并在未来的学习和生活中如何将个人成长与国家发展、民族复兴的伟大事业紧密结合起来?

第二题

背景材料:随着全球对气候变化和环境保护的关注日益增加,铁路运输作为一种低碳运输方式,其地位和重要性将进一步上升。实现铁路运输,基础设施和设备必不可缺。铁路是供火车等交通工具行驶的轨道线路,由线路、路基、线路上部建筑三部分构成。铁路线路上部建筑,即铁路轨道,是位于铁路路基上,承受车轮传来的荷载,传递给路基,并引导机车车辆按一定方向运转,如图2-50所示。

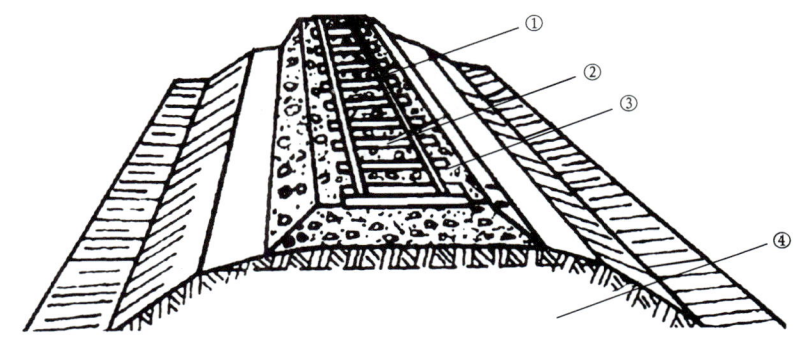

图 2-50　铁路线路上部建筑

问题:
1. 【看图填空】请写出数字代表的含义。

①		③	
②		④	

2. 【判断】轨道电路的主要作用是供电给电力机车。（　　）
3. 【判断】铁路线路设备的维护是确保运输安全的关键。（　　）
4. 【判断】高速铁路的道床也采用传统的碎石道床。（　　）
5. 【判断】铁路路基多采用路堤式和路堑式。（　　）
6. 【单选】道岔的主要功能是（　　）。
　　A. 提供列车动力　　　　　　　B. 控制列车速度
　　C. 允许列车转换轨道　　　　　D. 保障通信联络

7. 【单选】轨枕的主要作用是（　　）。
   A. 供电给电力机车　　　　　　　　B. 固定铁轨
   C. 传递信号　　　　　　　　　　　D. 防止列车脱轨
8. 【多选】以下哪些是铁路线路设备中的防护设施？（　　）
   A. 隔离栅栏　　　　　　　　　　　B. 防护栏杆
   C. 信号灯　　　　　　　　　　　　D. 接触网
9. 【多选】以下哪些结构属于铁路线路设备？（　　）
   A. 隧道　　　　　　　　　　　　　B. 桥梁
   C. 车站　　　　　　　　　　　　　D. 调度中心
10. 【简答】从"铁路运输的低碳属性"出发，谈谈你对"绿水青山就是金山银山"这一重要论断的理解。它体现了怎样的生态文明思想？

扫一扫：参考答案

模块三 公路运输

 学习目标

【知识目标】

1. 了解公路交通的基本概念、特点及作用；
2. 熟悉我国公路行政分级和技术分级的划分方法；
3. 熟悉公路构筑物的组成及作用；
4. 掌握公路运输的基础设施和设备；
5. 熟悉我国公路网络、高速公路网络、城市道路运输网络的组成；
6. 熟悉我国公路路政、道路运政、运输车辆管理方面的基本规定；
7. 了解未来公路交通运输的发展趋势。

【能力目标】

1. 能识别公路的各组成部分，并熟读公路横断面图、路面结构层示意图和实物图；
2. 能识别高速公路的各组成部分，并分析其工作原理、特点和作用；
3. 能识别不同类型的公路车辆，并分析其适用的运输情况；
4. 能识别不同类型的危化物品，并分析其公路运输的限制条件；
5. 能识别城市道路的各组成部分，看懂城市道路横断面图、交叉路口示意图和城市道路网布局图等图件，并区分其（等级）类型；
6. 能从国家宏观规划的角度，结合本地的地理位置，分析其在国家公路规划中的地位和作用。

【素养目标】

1. 培养学生对公路运输的兴趣和热爱，从而形成行业自豪感；
2. 引导学生树立"爱护设备，勤于劳动"的岗位初心意识；
3. 引导学生树立"敬业专注，规范操作"的工作匠心意识；
4. 引导学生树立"追求卓越，交通强国"的专业信心意识。

📖 思政领航

千年古道 赓续华章——中国公路运输的传承、创新与使命

秦始皇统一六国后，修建了四通八达的"驰道"，奠定了中国古代道路网络的基础。汉武帝时期更是大力修建道路，逐渐发展成"古代丝绸之路"，这条路线不仅是商品贸易的通道，更是东西方文化交流的重要桥梁。从古代的土路、石板路，发展到现代的国省道、高速公路，道路的发展史是人类不断探索、创新、进步的历史缩影。截至 2024 年底，全国公路通车里程 549.04 万千米，其中高速公路里程 13.03 万千米。高速公路里程稳居世界第一，实现了从"公路大国"到"公路强国"的历史性跨越。四通八达的公路网如同蜿蜒的血脉，不仅将广袤的国土紧密相连，更是打通了人们生活的便途。2024 年我国跨区域人员流动量约为 645 亿人次，其中公路人员流动量约占 91.63%。2024 年我国货物运输总量为 56 874 571 万吨，其中公路货物运输量占比约为 73.64%。在各项数据增长的同时，车路协同技术、自动驾驶技术、新能源汽车、数字化运输管理等领域的发展，正带领公路运输在数字化、智能化、绿色化的道路上加速前进。

? 想一想：

1. 如何理解"驰道""古代丝绸之路"背后的文化内涵和精神价值？这些精神对当代公路运输发展有何启示？
2. 公路运输在促进区域协调发展、乡村全面振兴等方面发挥怎样的作用？
3. 在新一代信息技术（如人工智能、大数据、云计算等）背景下，作为新时代的青年，我们应该如何为未来公路运输的发展做好准备？
4. 如何在公路运输领域弘扬劳模精神、劳动精神、工匠精神？

单元一 公路运输概述

在我国，道路运输概念的使用源于公路运输。19 世纪 80 年代初，由于汽车数量少、载运能力小、行驶速度低，加之公路密度小、技术标准低，公路运输只是水路和铁路运输的辅助手段之一。到 20 世纪 20 年代以后，由于战争的需要，公路建设得到了迅速发展。欧美各国开始初步形成了国家公路干线网，高速公路在德国也已开始建成。其后，交通工程学的出现为现代公路运输的发展奠定了理论基础。公路运输不仅在短途运输中发挥了作用，而且在长途运输与铁路运输、水路运输开始了竞争。20 世纪 40 年代至今，随着全球经济的发展，欧美、日本等发达地区及国家先后建成了较为完善、标准较高的国家公路网和高速公路网。此时，汽车工业已形成了一个较为完整的体系，汽车的生产能力和技术水平得到很大的提高，汽车的生产量和保有量同时也得到了大幅度的提高，小客车在汽车总体比例中得以增大，货车的车型也逐步向重型化、列车化、专用化和快速化的方向发展。此外，车辆的整体运营和管理水平得到较大的提升，这在很大程度上提高了公路运输的生产效率和经济效益，陆上运输的结构发生了显著变化。公路运输开始在综合运输体系中起到主导作用。

一、公路运输的相关概念

根据《中华人民共和国道路交通安全法》，公路是公共道路的简称，指连接城市、乡村和工矿基地，主要供汽车行驶并具备一定技术标准和设施的道路。道路指供各种车辆和行人等通行的工程设施，按其服务对象不同分为公路、城市道路、厂矿道路、林区道路、乡村道路及港区道路等。

可见，道路的外延大于公路，相应的，道路运输包括了传统意义上的公路运输。道路运输是指在道路上实现旅客和货物空间位移的经济活动，是构成现代交通运输体系的5种运输方式之一。2004年，以国务院颁布《中华人民共和国道路运输条例》为标志，为道路运输概念的使用提供了基本的法理依据。基于这一条例，道路运输范围包括了道路旅客运输、道路货物运输和道路运输相关业务。其中道路运输相关业务包括道路运输场站经营、机动车维修、驾驶员培训等，目前也有大多数省份已经将道路运输无车承运人、汽车租赁等纳入道路运输相关业务范围。

从广义来说，道路运输是指货物和旅客借助一定的交通工具沿着道路（一般土路、有路面铺装的道路、高速公路），朝着某个方向有目的移动的过程。从狭义来说，道路运输是指汽车运输。

二、公路运输的特点、作用和分类

1. 公路运输的特点

（1）灵活方便性。道路运输机动、灵活、方便，可以延伸到地球的各个角落，时空自由度最大。

（2）广泛适用性。道路网纵横交错、干支结合，比其他运网稠密得多，适合各种用途、范围、层次、批量、条件的运输。

（3）快速及时性。汽车运输可实现"门到门"运输，减少中间环节，缩短运输时间，便捷快速，非常适合现代市场经济发展的需要。随着道路条件、汽车结构性能的改善，其经济运距也大大延长，更具有重大社会经济意义。

（4）公用开放性。道路运输是一种全民皆可利用的运输方式，凡拥有汽车的社会和个人均可使用道路这一基础设施。

（5）投资效益高。汽车运输始建投资少，回收快。道路建设虽然投资大，但由于成本回收快，且兴办道路的地方收益大，故筹资渠道多，兴建较容易。

（6）经济效应大。道路运输的发展可直接带动汽车工业等相关产业的发展。

以上特点，使道路运输特别适应现代经济的生产方式和流通的需要，因而获得巨大发展。道路运输的主要缺点是：石油资源消耗多，引发的交通事故多，污染环境。但随着科技进步，这些缺陷正在不断得到改善。

2. 公路运输的作用

公路运输（主要是公路运输）在国民经济中具有十分重要的作用，主要表现在以下几个方面：

（1）对社会经济发展起着基础保证作用。

公路运输既是保证社会生产、经济生活及其他各领域正常化的基本前提条件，又是促进社会经济发展的先决条件，对社会经济的发展起基础保障作用。

（2）对国民经济发展起着重要桥梁作用。

从宏观经济领域来看，在生产、分配、交通、消费4个环节中，运输是各环节得以连续运转的桥梁。从微观经济领域来看，在产、供、运、销 4 个环节中，运输不仅仅是其中重要的环节之一，而且是 4 个环节得以联系和互为整体的条件。在各环节都离不开运输活动为之提供的服务。

（3）对人民生活水平的提高起着重要推动作用。

在人们的日常生活中，运输不仅是生活的基本要求，而且是提高"衣、食、住"等要素水平的条件。随着人们生活水平和生活质量的日益提高，对"行"的要求也越来越高。

（4）对提高人们生活和生产效率起着重要促进作用。

现代公路运输，尤其迅速发展的高速公路运输业的逐渐完善，能产生良好的时空效应，大大缩短时间和空间的"距离"，改变人们的时空观念，大量节省时间和缩小空间，减少中途积压资金，提高人们生活和生产效率。

（5）在综合运输体系中起着重要纽带作用。

在综合运输体系中，与人们生产和生活联系的铁路、城市轨道、水路、民航、港口和管道等运输方式均不能实现门到门的运输，只有公路运输可以。因此，公路运输承担着对其他各种运输方式集运、疏运、衔接等任务，使其他各种运输方式的运输得以联系贯通。

（6）对国防建设发挥着重大作用。

国防建设离不开现代交通运输系统，而现代公路运输也是形成快速可靠的军事后勤保障体系的一种主要运输方式，会极大地提高军队快速反应和军需供给能力，有力地保障国家安全、保证战争的胜利和边防的巩固。

3. 道路运输的分类

道路运输按标准不同，可以分为以下几类：

（1）按运输的对象，可以分为道路旅客运输和道路货物运输。

（2）按性质可以分为非营业性道路运输和营业性道路运输。非营业性道路运输指为本单位生产、生活服务，不发生费用结算的道路运输；营业性道路运输指为社会提供劳务、发生费用结算的道路运输。本书所研究的是为社会提供劳务、发生费用结算、营业性的道路运输。

（3）按运输工具可以分为由汽车、拖拉机、摩托车等构成的机动车运输和由人力板车、三轮车等构成的非机动车运输。

三、公路运输发展现状和存在的问题

（一）公路运输发展现状

20 世纪 90 年代以来，道路运输业得到了较大的发展，特别是"十二五"以来，由于受行业相关政策的实施，道路运输业呈现出良性的发展态势。但由于道路运输发展涉及的内容较多，各方面表现良莠不齐。

1. 基础设施

从道路运输发展现状来看，道路交通基础设施技术状况不断改善。2024 年末全国公路里程 549.04 万千米，比上年末增加 5.35 万千米，如图 3-1 所示。全国四级及以上等级公路里程 534.47 万千米，比上年末增加 7.46 万千米，占公路里程比重为 97.3%、提高 0.4%。其中，二级及以上等级公路里程 77.75 万千米、增加 1.53 万千米，占公路里程比重为 14.2%、提高 0.1%；高速公路里程 19.07 万千米、增加 0.70 万千米，国家高速公路里程 12.41 万千米、增加 0.18 万千米。按技术等级分，2024 年年末全国公路里程构成如图 3-2 所示。

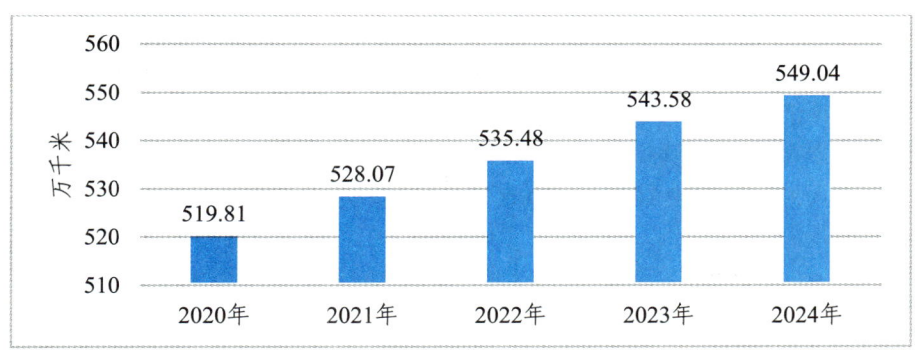

图 3-1　2020 年—2024 年全国公路总里程

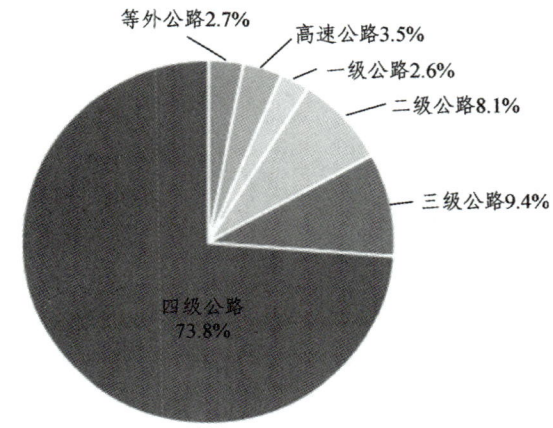

图 3-2　2024 年年末全国公路里程构成

2024 年末全国国道里程 38.67 万千米，省道里程 41.01 万千米。农村公路里程 464.37 万千米，其中县道里程 69.88 万千米、乡道里程 124.34 万千米、村道里程 270.14 万千米。

2024 年末全国公路桥梁 110.81 万座、10 197.58 万延米，比上年末分别增加 2.87 万座、668.76 万延米，其中特大桥 11 329 座、2 060.47 万延米，大桥 19.14 万座、5 397.05 万延米。全国公路隧道 28 724 处、3 259.66 万延米，增加 1 427 处、236.48 万延米，其中特长隧道 2261 处、1 032.87 万延米，长隧道 8 047 处、1 410.18 万延米。有力地推动了道路运输结构升级和转型发展。

2024 年完成公路固定资产投资 25 774 亿元，比上年下降 8.7%。其中，高速公路完成 14 015 亿元、下降 12.2%，普通国省道完成 5 620 亿元、下降 8.4%，农村公路完成 4 550 亿元、下降 6.1%。全年全国 832 个脱贫县完成公路固定资产投资 5 592 亿元。

2. 运输装备

截至 2024 年年底，全国拥有公路营运汽车 1 212.24 万辆。分结构看，拥有载客汽车 56.54 万辆、1 665.47 万客位，比上年末分别增加 1.30 万辆、27.18 万客位；拥有载货汽车 1 155.70 万辆、17 082.56 位，分别减少 15.27 万辆、134.15 万吨位，其中，普通货车 325.15 万辆、4 037.73 万吨位，分别减少 33.55 万辆、396.78 万吨位，专用货车 72.02 万辆、786.39 万吨位，分别增加 3.33 万辆、减少 31.35 万吨位，牵引车 378.61 万辆、增加 8.23 万辆，挂车 379.92 万辆、增加 6.72 万辆。

如图 3-3 所示，2024 年末全国拥有公共汽电车 65.81 万辆，比上年末减少 2.45 万辆，其中纯电动车 48.75 万辆、增加 1.36 万辆，占公共汽电车比重为 74.1%、提高 4.7%。拥有城市轨道交通配属车辆 7.23 万辆，增加 0.56 万辆。拥有巡游出租汽车 135.20 万辆，减少 1.54 万辆。拥有城市客运轮渡船舶 181 艘。2020—2024 年年末全国城市客运装备拥有量见表 3-1。

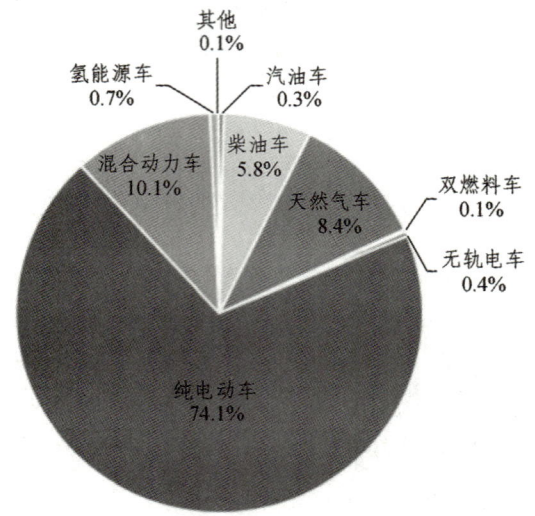

图 3-3　2024 年年末公共汽电车构成

表 3-1　2020—2024 年年末全国城市客运装备拥有量

年份	公共汽电车（万辆）	城市轨道交通配属车辆（万辆）	巡游出租汽车（万辆）	城市客运轮渡船舶（艘）
2020	70.44	4.94	139.40	194
2021	70.94	5.73	139.13	196
2022	70.32	6.26	136.20	183
2023	68.25	6.67	136.74	180
2024	65.81	7.23	135.20	181

3. 运输服务

由于受道路交通科技研发投入的增加，科技成果奖项提升较大，对道路运输智能化产生了较大影响。"互联网+道路运输"发展迅速，联网售票进程加快，无车承运、网络约车、分时租赁等新业态迅速兴起。同时，绿色道路交通建设得到了稳步发展，通过对道路运输企业积极推广车辆节能技术改造，加快了新能源车辆的更新。

按运输方式分，2024 年全国城市客运量构成如图 3-4 所示。2024 年完成营业性货运量 418.80 亿吨，比上年增长 3.8%，完成货物周转量 76 848 亿吨千米、增长 3.9%。完成公路人员流动量 592.90 亿人次，比上年增长 4.8%。其中，营业性客运量 117.81 亿人次、

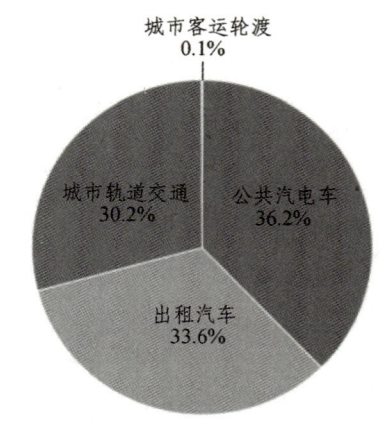

图 3-4　2024 年全国城市客运量构成

增长 7.0%，营业性旅客周转量 5117 亿人千米、增长 8.0%；非营业性小客车出行量 475.09 亿人次、增长 4.3%。

2024 年，全国完成城市客运量 1067.97 亿人次，比上年增长 5.7%。其中，公共汽电车城市客运量 386.70 亿人次、增长 1.6%，城市轨道交通客运量 322.09 亿人次、增长 9.6%，出租汽车城市客运量 358.41 亿人次、增长 7.1%，城市客运轮渡客运量 0.77 亿人次、下降 6.9%。

4. 交通固定资产投资

如图 3-5 所示，2024 年完成公路固定资产投资 25 774 亿元，比上年下降 8.7%，其中高速公路完成 14 015 亿元、下降 12.2%，普通国省道完成 5 620 亿元、下降 8.4%，农村公路完成 4 550 亿元、下降 6.1%。全国 832 个脱贫县完成公路固定资产投资 5 592 亿元。

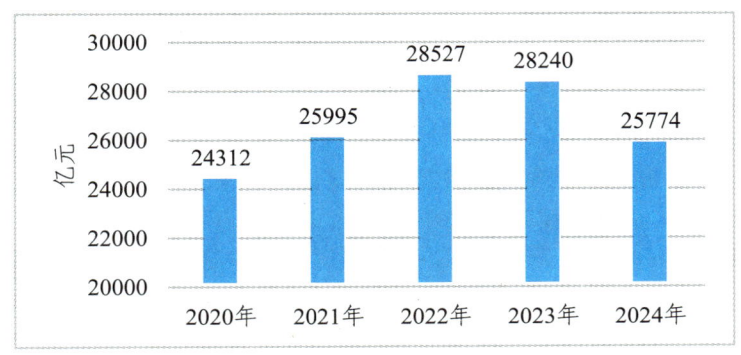

图 3-5　2020 年—2024 年公路固定资产投资情况

（二）道路运输发展存在的问题

从道路运输现状来看，目前道路运输发展主要存在以下几个方面的问题。

1. 运输服务水平和服务品质有待进一步提升

随着我国经济社会的快速发展，公众出行结构发生了较大的变化，已由过去走得了向走得好方向转变，客运高端出行服务需求增长较快，对道路运输的安全可靠、便捷舒适和经济高效等出行服务有了较高的需求，为道路运输转型发展提出了艰巨的任务。

对货运而言，"运得到"已经远远不能满足目前经济社会发展对货物运输服务的要求。尤其是高附加值、高技术含量、高时效性和高可靠性的货运服务需求，对道路货物运输提出了更高的要求。因此，从服务品质的新的需求来看，为道路运输转型发展带来了更为严峻的挑战。

2. 运输组织方式和安全管理工作有待进一步优化

由于我国幅员辽阔，东西部道路运输基础设施建设和服务水平差距较大。在全国大部分地区道路运输服务水平大幅度提升的同时，在中西部和老少边区的道路运输服务在服务的均等化方面还有很大的需求和迫切的要求。这种空间上二元服务水平之间的差距，迫切要求道路运输业仍需加快创新运输组织方式，提升运输效率，提高运输服务的均等化水平，加快道路运输组织方式转型发展。

安全是道路运输发展的永恒主题，也是衡量道路运输业服务能力和水平的重要标志。但在道路运输行业安全管理方面还存在安全管理工作制度落实不到位、车辆技术性能达不到规定的标准要求、违章驾驶、安全意识不强等问题，导致道路运输安全形势依然严峻，为道路运输转型发展提出了更高的要求。

3. 创新发展和信息化建设有待加快推进

创新发展不仅是全球经济社会发展的动力源泉，更是产业转型发展的不竭动力。经济发展新常态背景下，道路运输发展所面临的竞争压力和发展困境，都可以归结为道路运输发展在创新理念、创新体制、创新政策、创新管理等方面存在创新动力和创新实践不足。这也对道路运输转型发展了更为艰巨的任务。

在道路运输信息化建设方面，虽然在前几年交通运输部早已对道路运输信息化顶层设计进行了研究，但从行业运行的实际效果来看不尽理想。充分表现在道路客运联网售票仍未全面铺开，跨区域、跨行业的道路运输数据共享和信息交换不充分，城市公交一卡通联网和实施工作进展缓慢，出租汽车服务管理信息系统建设滞后于现实需要，运输服务缺乏强有力的信息化和智能化支撑，道路运输企业信息化水平依然非常落后等，这充分表明了对道路运输信息资源的深度开发和资源共享远未达到顶层设计的目标，道路运输信息化发展还缺乏运输企业的积极参与，信息化发展动力机制非常不健全。

4. 服务监管和质量管理体系有待完善

从目前道路运输在服务监管和质量管理体系建设方面来看，道路运输相关的法规和标准规范体系建设仍然滞后，法规和规范之间的衔接性、协调度还达不到新形势下对道路运输发展的要求，体制和机制方面的问题仍较突出，对道路运输服务治理的能力依然不足。同时，在维修配件质量追溯、汽车租赁服务和共享经济模式、机动车驾驶员计时培训、无车承运人发展模式与经营方式等方面，适应新兴业态发展的服务监管能力明显不足，急需通过道路运输转型发展来解决服务监管和质量管理体系方面存在的问题。

5. 转型发展的动力机制和架构体系有待深入研究

随着我国公众消费结构的升级，道路运输服务需求和结构也发生了深刻的变化，交通运输部将创新驱动和转型发展作为"十三五"交通运输工作的重要内容，实现传统交通运输业向现代服务业转变。但是在强烈的高层要求和迫切的现实需求下，对道路运输转型发展方面的理论研究较为缺乏，比如对道路运输转型发展的动力机制研究，对道路运输转型发展的整体架构体系研究等。道路运输转型发展相关理论研究的缺乏，一方面从理论上将会造成对道路运输转型发展的机理机制不清晰、不完善，另一方面会在实践上缺乏对各地区乃至全国道路运输转型发展进行有益的指导。

单元二　公路运输线路与载运工具

道路运输系统由道路运输设施（线路及场站）、运输设备（车辆）、运输对象（旅客和货物）及劳动者（驾驶员）构成。

一、公路运输线路——公路

公路是指联络城镇、乡村和工矿基地之间，主要供汽车行驶并具备一定技术标准和设施的道路。

（一）公路的组成

公路主要由路段（路基和路面）、桥梁与涵洞、隧道、公路渡口、防护及支撑工程、公路用土地及公路附属设施组成。

1. 路　基

路基是公路的基本结构，是支撑路面结构的基础，与路面共同承受行车荷载的作用，同时承受气候变化和各种自然灾害的侵蚀和影响。路基结构形式可以分为填方路基（路堤）、挖方路基（路堑）和半填半挖路基3种形式，如图3-6所示。

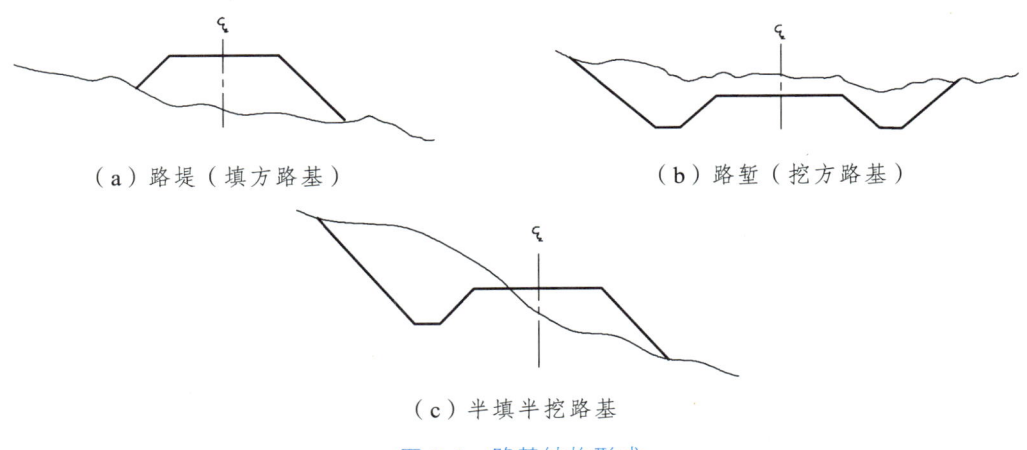

图 3-6　路基结构形式

2. 路　面

路面是铺筑在公路路基上与车轮直接接触的结构层，承受和传递车轮荷载，承受磨耗，经受自然气候和各种自然灾害的侵蚀和影响。修筑高等级道路面层所用的材料主要有沥青混凝土和水泥混凝土，如图3-7、图3-8所示。其他等级路面材料还有碎石、黏土、砂、石灰及其他工业废料等。对路面的基本要求是具有足够的强度、稳定性、平整度、抗滑性能等。路面结构一般由面层、基层、底基层与垫层组成。

图 3-7　施工中的沥青混凝土路面

图 3-8　施工中的水泥混凝土路面

3. 桥　涵

桥涵是指公路跨越水域、沟谷和其他障碍物时修建的构造物。按照《公路工程技术标准》规定，单孔跨径小于5 m或多孔跨径之和小于8 m称为涵洞，如图3-9（a）所示，大于这一规定值则称为桥梁，如图 3-9（b）所示。

（a）涵洞

（b）桥梁

图 3-9　桥涵

4. 公路隧道

公路隧道通常是指建造在山岭、江河、海峡和城市地面下，供车辆通过的工程构造物，如图 3-10 所示。按所处位置，公路隧道可分为山岭隧道、水底隧道和城市隧道。

5. 公路渡口

公路渡口是指以渡运方式供通行车辆跨越水域的基础设施。码头是公路渡口的组成部分，可分为永久性码头和临时性码头。

图 3-10　公路隧道

6. 交叉路口

交叉路口分为平面交叉、环形交叉、立体交叉。

7. 交通工程及沿线设施

公路交通工程及沿线设施是保证公路功能、保障安全行驶的配套设施，是现代公路的重要标志。公路交通工程主要包括交通安全设施、监控系统、收费系统、通信系统四大类，如护栏、隔离带、绿化带、里程碑、交通标志、道路照明。沿线设施主要是指与这些系统配套的服务设施、房屋建筑等，如加油站、停车场、饭店、旅馆。

（二）公路的分类与分级

1. 分类依据一——按技术等级分

根据交通部颁布的《公路工程技术标准》规定，公路按使用任务、性质及交通量，将公路的技术等级划分为两大类、五个等级。它们的时速标准，一级就相差 20 km。

（1）汽车专用公路（高等级公路）

①高速公路。高速公路为专供汽车分方向、分车道行驶，全部控制出入的多车道公路。国家高速公路网规划中已明确提出，在 2010 年，国家高速公路网总体上实现"东网、中联、西通"的目标。东部地区基本形成高速公路网，长江三角洲、珠江三角洲、环渤海地区形成较完善的城际高速公路网络；中部地区实现承东启西、连南接北，东北与华北、东北地区内部的连接更加便捷；西部地区实现内引外联、通江达海，建成西部开发八条省际公路通道。

②一级公路：一级公路是指一般情况下设计年限的平均昼夜交通流量为 15 000~30 000 辆，为连接高速公路、开发区经济带以及边远地区的干线公路，可供汽车分方向、分车道行驶，可根据需要控制出入的多车道公路。

③二级公路：二级公路是指一般情况下设计年限的平均昼夜交通流量为 3 000~7 500 辆，为连接中等城市的干线公路或通往大型工矿区、港口的公路，或运输繁忙的城郊公路。可供汽车行驶的双车道公路。

（2）一般公路（低等级公路）

①二级公路：同上。

②三级公路：三级公路是指一般能适应按照各种汽车折合成中型载货车的远景设计年限的平均昼夜交通流量为 1 000~4 000 辆，为沟通县及城镇的集散公路。时速 60~40 km，可供汽车、非汽车交通混合行驶的双车道公路。

③四级公路：四级公路是指一般能适应按照各种汽车折合成中型载货车的远景设计年限的平均昼夜交通流量为 1 500 辆，为沟通乡、村等地的地方公路。时速 40~20 km，甚至更低，可供汽车、非汽车交通混合行驶的双车道或单车道公路。

公路等级不同，对路线的行车道宽度、停车视距、最小平面曲线半径、最大纵坡、凸形及凹形竖曲线半径等参数要求也不同。这些路线参数的取值是在保证设计车速的前提下，考虑到汽车行驶的安全性、舒适性，驾驶员的视觉和心理反应等因素进行选取。公路等级越高，条件就越优越，汽车的运用性能和运用效率也就得到充分的发挥和提高。

道路的等级应该根据路网规划、道路功能、使用任务和要求以及远景交通流量的大小，综合论证后确定。

2. 分类依据二——按行政等级分

中国普通公路编号按行政等级分别以 G（国家高速公路和普通国道）、S（省级高速公路和普通省道）、X（县道）、Y（乡道）、C（村道）和 Z（专用公路）等字母标识，如图3-11所示。

（1）国家干线公路：具有全国性政治、经济意义的主要干线公路，包括国际公路、国防公路、连接首都和各省的公路，自治区首府和直辖市的公路，连接各大经济中心、港站枢纽、商品生产基地和战略要地的公路。

我国国道分为三类，国道编号由三位数字组成。第一类是以北京为中心向全国各地不同方向辐射的国道，这类国道编号第一位数字是 1，后面两位数字是国道自身的序号。第二类国道不通过北京，而是由北向南的高等级公路主干线，称为南北纵线国道。这类国道编号中第一位数字是 2，后面两位数字是国道自身的序号。第三类国道是由东向西的公路主干线，称为东西横向国道。这类国道编号中第一位数字是 3，后面两位数字是国道自身的序号。

（2）省干线公路：在省、自治区、直辖市公路网中，具有全区域性的政治、经济、国防意义，并经确定为省级干线的公路。

（3）县公路：具有全县性的政治、经济意义，并经确定为县级的公路。

（4）乡公路：主要为乡镇内部经济、文化、行政服务的公路，以及不属于县道以上公路的乡与乡之间或乡与外部联络的公路。

（5）等外级公路：未达到或未能全部达到国家公路技术标准的公路。

（6）专用公路：由企业或部门建设、养护、管理，专为或主要为本企业或部门提供营运服务的公路。

(a) 国道、省道

(b) 县道、乡道、村道

图 3-11　我国公路命名及编号

（三）公路标准横断面组成及形式

1. 概念及组成

横断面是指中线上各点的法向切面，它是由横断面设计线和地面线所构成的多边形截面。横断面多采用槽型截面。公路横断面设计线包括行车道、路肩、分隔带、边沟边坡、截水沟、护坡道以及取土坑、弃土堆、环境保护等设施。高速公路和一级公路还有变速车道、爬坡车道等。

公路路幅是指公路路基顶面两路肩外侧边缘之间的部分。对于路幅有两种布置方式，一种是有分隔带，一种是无分隔带。等级高、交通量大的公路（如高速公路、一级公路）适用于第一种方式，通常是将上、下行车辆分开。分隔的方式有两种：一种是用分隔带分隔，另一种是将上、下行车道放在不同的平面上加以分隔；前者称作整体式断面，后者称作分离式断面。整体式断面包括行车道、中间带、路肩以及紧急车道、爬坡车道等组成部分。不设分隔带的整体式断面（如二、三、四级公路）包括行车道、路肩以及错车道等，应根据道路的实际情况选用。

2. 形　式

（1）单幅双车道。单幅双车道公路指的是整体式的双车道公路。这类公路的交通量范围大，最高可达 7 000 辆/昼夜，行车速度为 20～80 km/h。二级公路、三级公路和一部分四级公路都属于这一种。此类公路的最大缺点是混合交通所造成的交通干扰。

（2）双幅多车道。四车道、六车道和更多车道的公路，中间一般都设中间带或做成分离式路基而构成"双幅"路。有些分离式路基为了利用地形或处于风景区等原因甚至做成两条独立的单向行车的道路。这种类型的公路设计车速高、通行能力大，每条车道能担负的交通量比一条双车道公路的还多，而且行车顺适、事故率低。我国《公路工程技术标准》中的高速公路和一级公路属于此种类型。

高速公路和一级公路的主要差别在是否全立交和全封闭以及各种服务设施、安全设施、环境美化等方面的完备程度。

（3）单车道。对交通量小、地形复杂、工程艰巨的山区公路或地方性道路，可采用单车道，我国《公路工程技术标准》中的山区四级公路路基宽度为 4.50 m，路面宽度为 3.50 m 的就属于此类。此类公路虽然交通量很小，但仍然会出现错车和超车，为此，应在不大于 300 m 的距离内选择有利地点设置错车道，使驾驶员能够看到相邻两错车道驶来的车辆。错车道处的路基宽度≥6.5 m，有效长度≥20 m。

（四）路面结构层的构成及作用

公路路面结构层分为面层、基层和垫层，如图 3-12 所示。

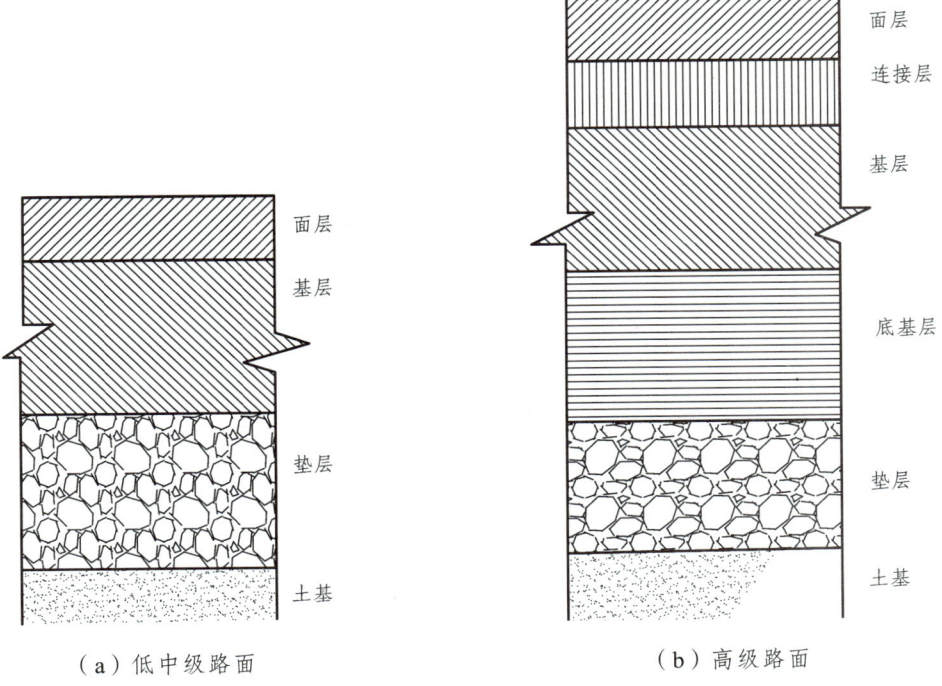

图 3-12　公路路面结构层示意图

1. 面　　层

面层位于整个路面结构的最上层。它直接承受行车荷载的垂直力、水平力以及车身后所产生的真空吸力的反复作用，同时受到降雨和气温变化的不利影响最大，是最直接地反映路面使用性能的层次。因此，与其他层次相比，面层应具有较高的结构强度、刚度和稳定性，并且耐磨、不透水，其表面还应具有良好的抗滑性和平整度。道路等级越高、设计车速越大，对路面抗滑性、平整度的要求越高。

修筑高等级道路面层所用的材料主要有沥青混凝土和水泥混凝土等。

沥青面层往往由2、3层构成。表面层有时称磨耗层，用来抵抗水平力和轮后吸力引起的磨耗和松散，可用沥青玛蹄脂碎石混合料或沥青混凝土铺筑。中面层、下面层为主面层，它是保证面层强度的主要部分，可用沥青混凝土铺筑。

面层由承重层、磨耗层和保护层组成。其中，①承重层主要承受车辆的垂直载荷，是面层的主要部分。②耗散层承受车轮的水平力和吸附力，同时也受到气温、湿度等自然因素的影响。③保护层的主要作用是保护磨耗层，延长磨耗层使用寿命。

2. 基　　层

基层位于面层之下，垫层或路基之上。基层主要承受面层传递的车轮垂直力的作用，并把它扩散到垫层和土基，基层还可能受到面层渗水以及地下水的侵蚀。故需选择强度较高，刚度较大，并有足够水稳性的材料。

用来修筑基层的材料主要有水泥、石灰、沥青等稳定土或稳定粒料（如碎石、砂砾），工业废渣稳定土或稳定粒料，各种碎石混合料或天然砂砾。

基层可分两层铺筑，其上层称基层或上基层，起主要承重作用，下层则称底基层，起次要承重作用。底基层材料的强度要求比基层略低些，可充分利用当地材料，以降低工程造价。

考虑到扩散应力的需要和施工的方便，基层的宽度应较面层每侧至少宽出 $\Delta 1$（cm），底基层每侧比基层至少宽出 $\Delta 2$（cm）。透水性基层、级配粒料基层的宽度宜与路基同宽。

3. 垫　　层

垫层是介于基层与土基之间的层次。并非所有的路面结构中都需要设置垫层，只有在土基处于不良状态，如潮湿地带、湿软土基、北方地区的冻胀土基等，才应该设置垫层，以排除路面、路基中滞留的自由水，确保路面结构处于干燥或中湿状态。

垫层主要起隔水（地下水、毛细水）、排水（渗入水）、隔温（防冻胀、翻浆）作用，并传递和扩散由基层传来的荷载应力，保证路基在容许应力范围内工作。

修筑垫层的材料，强度不一定很高，但隔温、隔水性要好，一般以就地取材为原则，选用粗砂、砂砾、碎石、煤渣、矿渣等松散颗粒材料，或采用水泥、石灰煤渣稳定的密实垫层。一些发达国家采用聚苯乙烯板作为隔温材料。

值得注意的是，如果选用松散颗粒透水性材料作垫层，其下应设置防淤、防污用的反滤层或反滤织物（如土工布等），以防止路基土挤入垫层而影响其工作性能。

垫层宽度每侧应比底基层至少宽出 25 cm，或与路基同宽。

（五）路面的等级与分类

1. 分　　级

不同等级的公路对路面的技术要求也不同，路面按照使用材料及技术品质的不同，可分为高级、次高级、中级和低级路面4级，见表3-2。

表 3-2 路面等级及要求

公路等级	路面等级	面层类型	设计使用年限（年）
高速公路	高级	沥青，混凝土	15
一级公路	高级	沥青，混凝土	12
二级公路	次高级	热拌沥青碎石混合料，沥青灌入式	10
三级公路	次高级	热拌沥青碎石混合料，沥青表面处理	8
四级公路	中级	水结碎石、泥结碎石	5
	低级	半整齐石块路面粒料改善土	

2. 分 类

路面按荷载作用下工作特性，分为：

（1）柔性路面是指刚度较小，抗弯拉强度较低，主要靠抗压、抗剪强度来承受车辆荷载作用的路面。如沥青混凝土、沥青贯入式碎石、砾石路面、水泥结碎石路面。

（2）刚性路面是指面层板体刚度较大，抗弯拉强度较高的路面。如混凝土路面。

（3）半刚性路面，它的工作特性介于刚性、柔性路面之间。如石灰或水泥加固路面、煤渣灰土路面、煤矿灰碎（砾）石路面。

二、高速公路

高速公路，简称高速路，是指专供汽车高速行驶的公路。高速公路在不同国家地区、不同时代和不同的科研学术领域有不同规定。根据中国《公路工程技术标准》（JTG B01—2014）规定：高速公路为专供汽车分向行驶、分车道行驶，全部控制出入的多车道公路。高速公路年平均日设计交通量宜在15 000辆小客车以上，设计速度为80~120 km/h。高速公路是经济发展到一定阶段的必然产物，是一个国家现代化水平的重要标志之一。

（一）高速公路的建设背景

1970年，台湾兴建北起基隆、南至高雄的南北高速公路，于1978年10月竣工通车，全长373 km。1984年6月27日，沈阳至大连高速公路（最初为一级公路标准）动工建设，为中国内地第一条开工兴建的高速公路，并先于中国首条规划的京津塘高速公路施建。1988年10月31日，沪嘉高速公路建成通车，为中国内地首条投入使用的高速公路。截至2001年，中国高速公路总里程位居世界第二，已达1.9万千米。2004年12月17日，中国国务院讨论通过《国家高速公路网规划》，于次年1月13日公布"7918"工程。2013年6月20日，中华人民共和国国新办新闻发布厅公布《国家公路网规划（2013年—2030年）》，中国国家高速公路网改为"71118"工程（即7条首都放射线、11条南北纵线、18条东西横线）；11月21日，中国首条重载高速公路内蒙古准兴高速公路建成通车，全长265 km，可承载100 t重货车，设计每年货运量1.5亿吨。截至2020年12月31日，中国高速公路总里程已达16万千米，居世界第一。

（二）高速公路的线路设计

高速公路全程控制车辆进出，一级公路可根据需要部分控制车辆进出。高速公路是全封闭汽车专用公路，一级公路可以是全封闭、半封闭或开放式公路，适用场合比高速公路广泛，但技术指标相对较低。

高速公路是根据技术等级划分出来的公路类型，级别高于一级公路、二级公路、三级公路、四级公路和等外公路。高速公路与路网地位等级分类下的国道或省道，互为交叉关系，即高速公路在路网中是国道或省道的一部分。在城市道路系统中，快速路可以采用高速公路标准建设，因为高速路与快速路的基本结构特点是一致的。高速公路网与高速公路概念不同，高速公路网不仅包含满足技术等级标准的高速公路线路，而且涵盖一部分承担高速运输职能的快速路线路，其多为封闭式一级公路，常与其他高速公路联网收费。高速公路与一级公路同属于高等级公路。中国内地高速公路主要技术指标见表 3-3。

表 3-3　中国高速公路主要技术指标

设计速度	80 km/h、100 km/h、120 km/h，60 km/h（特殊路段）
道路规模	双向四车道以上、单向两车道以上
车道宽度	3.75 m、3.5 m（应急车道）
曲线半径	400 m、700 m、1 000 m（设计速度 80 km/h、100 km/h、120 km/h 下的一般值）
最大纵坡	3%～6%
通行能力	日均 15 000 辆次小客车以上（双向四车道）
载荷等级	公路-Ⅰ级
使用年限	15 年以上

（三）高速公路的结构功能

高速公路相比普通公路道路平直、线路顺畅、纵坡缓和，其整体结构有以下特征：
（1）设汽车专用道，禁止非机动车和行人使用，彻底杜绝其他路面交通工具的干扰。
（2）设中央分隔带，将往返方向车辆完全隔离，避免相对方向的车辆发生擦剐或相撞。
（3）采用跨线立交，全程路段没有平面交叉口，消除其他公路、铁路等的横向阻碍。
（4）全部控制出入，设特定进出口与互通立交，车辆在指定点进入或离开高速公路。
（5）铺设高级路面，常采用大半径曲线形设计，既要避免长直线又要避免急转弯。
（6）桥隧结合为主，以节约土地资源、降低环境污染，以及适应不同地形条件等。

高速公路全线路段以立体交叉形式越过其他交通线路，并在适当位置与其他重要公路线路衔接互通。线路经大城市时多为绕城而过，如必须直穿城市内部交通繁忙区，以高架桥或隧道形式贯通。

高速公路平面线形以圆曲线加缓和曲线为主，并重视平、纵、横三维空间立体线形设计。路面多采用磨光值高的坚质材料（如改良沥青），以减少路表液面飘滑和射水现象。为了保障行车安全，路缘带用行车道的外侧标线或用与路面不同颜色材料铺成。硬路肩为临时停车用，也需用较高级材料铺成。在陡而长的上坡路段，当重型汽车较多时，还要在车行道外侧另设爬坡车道。必要时，每隔 2～5 km 在车行道外侧加设宽 3 m、长 10～20 m 的专用临时停车带。高速公路途经山岭重丘地段时，常采用拉长距离、降缓坡度的方式（如设 U 形弯道或其他展线），以减少连续下坡或陡峭斜坡所带来的安全隐患。

（四）高速公路的组成部分

高速路面包括主道、匝道和辅助车道三大部分。主道即车行道，根据不同数量由左向右依次设为超车道、快车道和慢车道（行车道）。匝道形式复杂多样，根据具体功能细分为立交匝道、加速车道、减速车道、引道、集散车道以及转向匝道等。辅助车道有应急车道（紧急停车带）、掉头车道、爬坡车道、避险车道以及降温池车道等。有些高速公路为保留原有普通公路的功能，还需在主道两侧设平行辅道。除路面车道外，高速公路还包括路基、路堤边坡、边沟、路肩（硬路肩和保护性路肩）等基础构造部分。

（五）高速公路的种类形式

根据道路规模，高速公路分为双向四车道、双向六车道和双向八车道 3 种，对应交通量分别为每日小型载客汽车为 15 000～55 000 辆次、45 000～80 000 辆次和 60 000～100 000 辆次。

根据设计速度高速公路分为 60 km/h（极端情况）、80 km/h、100 km/h 和 120 km/h 四个等级，分别对应山岭区、重丘区、微丘区和平原区（实际情况，部分山岭重丘路段提速至 100 km/h 以上）。

根据路网地位，高速公路分为国家高速公路和省级高速公路，省级高速公路还细分次干线和支线路段。

根据线位走向，高速公路分为纵线、横线、放射线、环线、联络线和支线，采用不同编号方式加以区分。

根据具体功能，高速公路在以上分类的基础上，进一步细分出环城高速公路、机场高速公路等多种类型。

其他分门别类还可分为山区高速公路、城镇高速公路、沙漠高速公路、省（州）际高速公路、合资高速公路等。

随着技术发展，高速公路呈现多种新形态，如可供飞机起降的交通战备高速公路、可供车辆充电的超级高速公路。

（六）高速公路的配套设施

1. 安全设施

高速公路安全设施主要有标志标线、电子显示、防撞护栏、视线诱导、防眩挡板、隔离栅栏、防落网、防风沙雪栅、积雪标杆、减速带、桥隧应急逃生通道及其防火通风排水等设施，设置多种自然灾害预警系统。在山岭重丘路段，常设有加水站、检修站、降温池，并设有警示作用的交通路牌标线，还有特殊防撞护墙。中央分隔带开始逐渐采用预应力防撞护栏，既不影响活动开口功能，又改善活动开口处防撞等级低的缺点，如图 3-13 所示。

2. 服务设施

高速公路沿线平均每隔 50 km 处设服务区，内设加油站、停车场、休息室、餐饮店、卫生间和汽修厂等。服务区是高速公路内部重要的配套设施，能为长距离行车提供必要的安全保障。其建筑设计与景观设计相结合，科学选址，需要与周边山水环境相协调，注重社会信息传递与交流，合理规划复杂功能布局，保留特色建筑风貌和传统聚落空间格局，实现服务区内人车分流和安全通畅，区内设施运用节能技术保护环境，如图 3-14 所示。

图 3-13　高速公路边坡防护

图 3-14　高速公路服务区

3. 管理设施

高速公路管理设施包括通信、配电、监控、照明、收费和养护等，沿线设有管理中心以及交警大队站点。通信、监控和收费是高速公路的三大管理系统，可远程监视交通状况、控制车辆进出高速公路。当发生道路交通事故时，指挥中心通过无线通信方式联系现场，派出救援车或直升机，现场也能通过道路侧配置的应急电话联系指挥中心寻求帮助，如图 3-15 所示。照明方式主要分为路灯和反光标志两种，设计日趋多元化。

4. 绿化设施

高速公路拥有专门的绿化工程，主要集中在中央分隔带和两侧护栏外。绿化工程不仅能保持公路沿线自然景观，美化道路，而且能防止夜间对向车辆的眩光干扰驾驶，增强行车安全，还能防止沿线山体边坡泥石脱落，维护植被。当高速公路经过城镇建筑区域时，为降低噪声污染，采用声屏障技术，设置声障墙和防噪堤，同时采用低噪声路面，配合绿化林可将噪声减小至几分贝，还能吸收汽车排出的污染气体，增强沿线环境保护，如图 3-16 所示。

图 3-15　高速公路监控中心

图 3-16　高速公路降噪屏障

（七）高速公路的主要特点

1. 优　点

（1）提高行车速度。高速公路线路笔直、无交叉口，行车速度最低 80 km/h，最高 120 km/h 以上，节约旅行时间。

（2）增强通行效率。双向四车道高速公路正常情况下的通行能力可达每日 5 万辆次，相当于 5~16 条普通公路的通过能力。

（3）降低运输成本。高速公路行车速度快且不间断，相比普通公路，车辆每千米油耗和运费可分别降低 25%～42%、53%。

（4）减少交通事故。根据各国报道，高速公路比其他普通干线公路，事故率下降 56%～89%，每亿千米事故费用下降 30%。

（5）节约土地资源。单条高速公路占地面积比普通公路大，但结合交通量分配比计算，每 100 km 就可节约 $400×10^6$ m² 的土地。

公路运输具有门到门直达灵活性，能够覆盖铁路无法深入的地区，适宜于客运和鲜货、集装箱的零担运输，高速公路的这种特性更为突出。各国高速公路里程一般只占公路总里程的 1%～2%，但其所担负的运输量占公路总运输量的 20%～25%。

2. 缺　点

（1）造价昂贵。高速公路每千米造价数千万至上亿元不等，视不同地理环境情况而定，最贵可达将近两亿元人民币。

（2）影响环境。高速公路单条线路占地面积比普通公路大，且常服务中远距离，线路较长，从而对生态环境影响大。

（3）工程较长。高速公路整体施工要求比普通公路高很多，如建设过程遇阻不能及时解决，容易导致工期大幅延长。

（4）事故严重。高速公路虽然事故率比普通公路低，但一旦发生车辆交通事故，通常性质更严重，堵车不易疏散。

（5）运力局限。高速公路的运输能力不如轨道交通，易受恶劣天气影响，部分线路难以适应日趋增长的汽车流量。

高速公路运输方式在能耗方面比铁路大，运费高和污染重，中远距离速度较慢，且安全系数低于铁路运输。

（八）高速公路的行车安全

1. 禁行车辆

根据《高速公路交通管理办法》规定，行人、非机动车、拖拉机、农用运输车、电瓶车、轮式专用机械车、全挂牵引车、设计最高速度低于 70 km/h 的机动车禁行高速公路。实习期驾驶员禁止驾车进入高速公路。

2. 行车准备

（1）注意收听天气预报和交通广播信息，在极端天气下，高速公路将关闭通行。

（2）检查所驾车辆的技术状况，如加速性能状态，车辆转向、制动、轮胎、灯光、后视镜等设备是否正常。

（3）检查燃料、冷却装置及其液体剩余量，散热器盖是否有拧紧，机油量是否充足，风扇皮带有无损伤。

（4）检查货物装载状况，高速行驶时货物易滚落飞散，货物捆扎应平衡牢固。

（5）随车携带故障车警告标识牌、三脚架等停车显示器材，以及车用灭火器。

（6）安排好行车计划，避免疲劳驾驶，尽量不在午夜行车。

3. 行车方式

（1）在加速匝道上提高车速，驶入主车道时不得妨碍已在主车道行驶的车辆，且应先在外侧车道行驶。

（2）汽车驾驶员和前排乘坐人应系好安全带，货车除驾驶室和车厢经核准设有固定座位外，不得载客。

（3）小客车在左、中间行车道行驶，大型客车、货运汽车在右边行车道行驶。

（4）需变更车道或超车时，必须提前开启转向灯，夜间还须变换使用远、近光灯，确认安全后再变更车道，不得持续占用超车道，不得持续骑压车道分界线行驶。

（5）行车最高限速120 km/h（小客车）、100 km/h，最低限速60 km/h，实际根据道路限速指示牌要求行驶。

（6）高速行驶中避免猛打方向盘，如遇有大风时，方向盘不易控制，需降低速度，谨慎驾驶，注意横风。

（7）车辆在高速公路上不得倒车、逆行，不准穿越中央分隔带掉头或者转弯，不得进行试车和驾驶教练，不得在匝道上超车或随意停车。

（8）车辆载运危险物品，或者载物长度、宽度、高度超过道路交通管理有关车辆装载规定的，须经主管公安机关批准后，按指定路线、时间、车道、速度行驶。

（9）同一车道的后车与前车之间，必须保持安全间距。遇大风、雨、雪、雾天等恶劣天气时应减速行驶。

（10）车辆驶离高速公路，应按出口预告标志提前进入与出口相接车道减速行驶。从匝道驶离高速公路时，须提前开启右转向灯，驶入减速车道后经匝道驶离，若错过出口，必须继续前行至下个出口才能驶离。

4. 交通事故

车辆在高速公路行驶中发生交通事故，司机应及时向后续车辆发出危险信号，立即开启危险报警闪光灯，夜间还需同时开启示宽灯和尾灯。司机和乘车人必须迅速转移到右侧路肩上或者紧急停车带内，并在肇事车后100 m处放置故障车警告标志牌，立即通过紧急电话报告给交通警察或高速公路监控室，简要叙述以下内容：事故地点、时间、状态（碰撞、翻车或燃烧等）、规模以及人员伤亡情况。其他人员应采取措施，救护伤员和保护现场。如有需要立即送医院救治的伤员，可向过往车辆发出求救信号，但不能试图强行拦截车辆求助或自行在行车道上抢救伤者。

5. 车辆故障

车辆在高速公路行驶中因故障等需要临时停车检修时，必须驶离行车道，停在紧急停车带内或右侧路肩上，并开启危险报警闪光灯和在车身后100 m处放置故障车警告标志牌，夜间还须同时开启示宽灯和尾灯，以引起后续车辆注意。在行车道、加速车道、减速车道等车道上因故障不能行驶时，应迅速用就近紧急电话或其他通信设备通知交警呼叫清理车。采取必要的安全措施后要离开汽车，站到波纹钢护栏以外的路肩上或其他安全地带避险。需清除滚落、飞散在高速公路上的货物时，要使用紧急电话请求有关部门协助清理。

三、公路运输载运工具——汽车

目前道路车辆主要指的是各类汽车，在三级公路、四级公路，尤其是在乡村道路上，还包括拖拉机、农用车、畜力车、人力车等。

1. 汽车的分类和分级

按照中国标准划分为微型轿车（排量为1.0 L以下）、普通级轿车（排量为1.0～1.6 L）、中级轿车（排量为 1.6～2.5 L）、中高级轿车（排量为 2.5～4.0 L）、高级轿车（排量为 4.0 L 及以上）。

我国汽车的分类主要有载货汽车、越野汽车、自卸汽车、牵引车、专用汽车、客车、轿车、半挂车等几种类型。

货车——有微型货车、轻型货车、中型货车、重型货车。

越野汽车——有轻型越野车、中型越野车、重型越野车、超重型越野车。

自卸汽车——有轻型自卸车、中型自卸车、重型自卸车、矿用自卸车。

牵引车——有半挂牵引车、全挂牵引车。

专用汽车——有箱式汽车、罐式汽车、起重举升车、仓栅式车、特种结构车、专用自卸车。

客车——有微型客车、轻型客车、中型客车、大型客车、特大型客车。

轿车——有微型轿车、普通级轿车、中级轿车、中高级轿车、高级轿车。

半挂车——有轻型半挂车、中型半挂车、重型半挂车、超重型半挂车。

2. 汽车的总体构造

汽车是公路运输中重要的货物运载工具，其类型较多，但无论何种类型的汽车，其总体构造均由发动机、底盘、车身和电气设备 4 部分组成。

（1）发动机是汽车的动力装置，其作用是使供入其中的燃料经过燃烧而变成热能，并转化成动能，通过底盘的传动系统驱动汽车行驶。

（2）底盘用来支撑车身，接受发动机产生的动力，并保证汽车能够正常行驶。底盘本身又可分为传动系统、行驶系统、转向系统和制动系统 4 种装置。

传动系统是将发动机产生的动力传给驱动车轮。它由离合器、变速器、万向传动装置、驱动桥中的主减速器、差速器和半轴组成。

行驶系统是把汽车各总成、部件连接成一个整体，支承全车载荷，保证汽车行驶。它由车架、车桥（前桥和后桥）、车轮和悬架等组成。

转向系统是保证汽车能够按照驾驶员所需的方向行驶。它由带转向盘的转向器总成和转向传动机构（横、直拉杆）等组成。

制动系统能够对汽车的减速过程进行人为的控制，必要时并能在最短的距离内停车，以保证行车安全。它由车轮制动器、手制动器和制动传动装置等组成。

（3）车身用来乘坐驾驶员、旅客或装载货物。轿车有一整体的车身，载货汽车车身则包括车头、驾驶室与车厢三部分组成。

（4）电气设备包括电源、发动机起动系以及汽车照明等用电设备组成。在强制点火的发动机中还包括发动机点火系。

3. 机动车设计车辆及其外廓尺寸

机动车设计车辆及其外廓尺寸应符合表 3-4 的规定。

表 3-4　机动车设计车辆及其外廓尺寸

车辆类型	总长（m）	总宽（m）	总高（m）	前悬（m）	轴距（m）	后悬（m）
小客车	6	1.8	2.0	0.8	3.8	1.4
大型车	12	2.5	4.0	1.5	6.5	4.0
铰接车	18	2.5	4.0	1.7	5.8～6.7	3.8

其中，总长为车辆前保险杠至后保险杠的距离（m）。

总宽为车厢宽度（不包括后视镜）（m）。

总高为车厢顶或装载顶至地面的高（m）。

前悬为车辆前保险杠至前轴轴中线的距离（m）。

轴距指双轴车时为前轴轴中线至后轴轴中线的距离，铰接车时为前轴轴中线至中轴轴中线的距离及中轴轴中线至后轴轴中线的距离（m）。

后悬为车辆后保险杠至后轴轴中线的距离（m）。

单元三　道路运输行政管理

一、公路路政管理

路政管理是指县级以上人民政府交通主管部门或者其设置的公路管理机构，为维护公路管理者、经营者、使用者的合法权益，根据《中华人民共和国公路法》（2017年修订）和2011年施行的《公路安全保护条例》及其他有关法律、法规和规章的规定，对公路、公路用地及公路附属设施（以下统称"路产"）实施保护的行政管理。

公路路政管理业务主要包括公路两侧建筑控制区管理、超重超限运输车辆管理、公路费收与税收管理及其他涉及路产和路权的事务管理等，本节主要介绍前两项内容。

（一）公路建筑控制区管理

1. 公路建筑控制区

公路建筑控制区是指根据法律规定在公路两侧一定的范围内禁止修建永久性建筑物和构筑物，原有的建筑物和构筑物不得扩建，埋设管线、电缆及修建临时性工程设施应经交通主管部门批准的划定区域。

公路建筑控制区和公路用地不同。公路用地是指公路两侧边沟（或者截水沟）以外不少于1 m范围以内的公路实际占用的土地，是公路路产的一部分，属于国家建设用地，在公路建设之初已先行征为国有。而公路建筑控制区则是公路两侧对建筑物和构筑物建设进行控制管理的区域，对土地所属性质未加限制（即权属性质不变）。

2. 公路建筑控制区的范围

公路建筑控制区的范围是指公路两侧边沟外缘以外禁止修建固定筑物和地面构筑物区域的水平宽度。它不仅要对一般建筑物和地面构筑物规定范围，对规划和新建的村镇、开发区也应规定范围。

按《中华人民共和国公路法》和《公路安全保护条例》规定，公路建筑控制区范围从公路用地外缘起向外的距离标准为：国道不少于20 m，省道不少于15 m，县道不少于10 m，乡道不少于5 m。高速公路的公路建筑控制区范围从公路用地外缘起向外的距离标准不少于30 m。公路弯道内侧、互通立交以及平面交叉道口的建筑控制区范围根据安全视距等要求确定。《公路安全保护条例》新建、改建公路的建筑控制区的范围，应自公路初步设计批准之日起30d内，由公路沿线县级以上地方人民政府依照《公路安全保护条例》划定并公告。公路建筑控制区与铁路线路安全保护区、航道保护范围、河道管理范围或者水工程管理和保护范围重叠的，经公路管理机构和铁路管理机构、航道管理机构、水行政主管部门或者流域管理机构协商后划定。

在公路建筑控制区内，除公路保护需要外，禁止修建建筑物和地面构筑物；公路建筑控制区划定前已经合法修建的不得扩建，因公路建设或者保障公路运行安全等原因需要拆除的应当依法给予补偿。在公路建筑控制区外修建的建筑物、地面构筑物以及其他设施不得遮挡公路标志，不得妨碍安全视距。

新建村镇、开发区、学校和货物集散地、大型商业网点、农贸市场等公共场所，与公路建筑控制区边界外缘的距离应当符合下列标准，并尽可能在公路一侧建设，国道、省道不少于50 m，县道、乡道不少于20 m。

（二）超限运输车辆行驶公路管理

1. 超限运输车辆

为加强超限运输车辆行驶公路管理，保障公路设施和人民生命财产安全，根据《中华人民共和国公路法》《公路安全保护条例》等法律、行政法规制定，由交通运输部于2016年8月19日发布《超限运输车辆行驶公路管理规定》，自2016年9月21日起施行，于2021年8月11日修订。超限运输车辆通过公路进行货物运输，应当遵守本规定。

《超限运输车辆行驶公路管理规定》中规定，有下列情形之一的货物运输车辆：

（1）车货总高度从地面算起超过4 m。
（2）车货总宽度超过2.55 m。
（3）车货总长度超过18.1 m。
（4）二轴货车，其车货总质量超过18 000 kg。
（5）三轴货车，其车货总质量超过25 000 kg；三轴汽车列车，其车货总质量超过27 000 kg。
（6）四轴货车，其车货总质量超过31 000 kg；四轴汽车列车，其车货总质量超过36 000 kg。
（7）五轴汽车列车，其车货总质量超过43 000 kg。
（8）六轴及六轴以上汽车列车，其车货总质量超过49 000 kg，其中牵引车驱动轴为单轴的，其车货总质量超过46 000 kg。

前款规定的限定标准的认定，还应当遵守下列要求：

（1）二轴组按照二个轴计算，三轴组按照三个轴计算；
（2）除驱动轴外，二轴组、三轴组以及半挂车和全挂车的车轴每侧轮胎按照双轮胎计算，若每轴每侧轮胎为单轮胎，限定标准减少3 000 kg，但安装符合国家有关标准的加宽轮胎的除外；
（3）车辆最大允许总质量不应超过各车轴最大允许轴荷之和；
（4）拖拉机、农用车、低速货车，以行驶证核定的总质量为限定标准；
（5）符合《汽车、挂车及汽车列车外廓尺寸、轴荷及质量限值》（GB1589—2016）规定的冷藏车、汽车列车、安装空气悬架的车辆，以及专用作业车，不认定为超限运输车辆。

交通运输部负责全国超限运输车辆行驶公路的管理工作。县级以上地方人民政府交通运输主管部门负责本行政区域内超限运输车辆行驶公路的管理工作。公路管理机构具体承担超限运输车辆行驶公路的监督管理。县级以上人民政府相关主管部门按照职责分工，依法负责或者参与、配合超限运输车辆行驶公路的监督管理。交通运输主管部门应当在本级人民政府统一领导下，与相关主管部门建立治理超限运输联动工作机制。

2. 超限运输与超重运输

我国对超重与超限运输车辆管理的法规依据和管理部门不同。

（1）超重运输

超重货物运输是指实际装载的货物质量超过核定载重质量的运输车辆在公路运营的情况。

我国超重运输管理由公安交通管理部门负责实施，超重运输车辆的界定主要依据《中华人民共和国道路交通安全法》和《公路交通安全保护条例》的相关规定。公安交管部门根据国家标准和实际车辆的技术条件核定营运车辆是否超重并对其进行管理。

超重管理的主要目的是从汽车性能和行车安全角度出发，保证车辆的各项动力性能和承载性能，防止由于车辆原因造成交通事故，保护人民生命财产安全。

（2）超限运输

超限货物运输是指装载货物的高度和宽度，超过相关法规规定限制的运输车辆在公路运营的情况。

我国超限运输管理由交通运输部门的路政机构负责实施，对于超限车辆的界定主要依据《中华人民共和国公路法》的相关规定。

二、道路运政管理

道路运政管理包括公路和城市道路的运政管理。其目的是维护道路运输市场秩序，保障道路运输安全，保护道路运输有关各方当事人的合法权益，促进道路运输业的健康发展。

我国道路运政管理由交通运输部门主管，各级运输管理机构具体负责，法规依据是《中华人民共和国道路运输条例》和交通运输部颁布的有关道路运输管理规定。

根据《中华人民共和国道路运输条例》规定，道路运政管理的范围包括道路客运管理、道路货运管理、道路运输相关业务管理3个方面。其中，道路运输相关业务包括站（场）经营、机动车维修经营、机动车驾驶员培训等。

（一）道路客运管理

道路客运经营是指使用客车运送旅客、为社会公众提供服务、具有商业性质的道路客运活动，包括班车（加班车）客运、包车客运、旅游客运。班车客运是指客车在城乡道路上按照固定的线路、时间、站点、班次运行的一种客运方式。加班车客运是班车客运的一种补充形式，是在客运班车不能满足需要或者无法正常运营时，临时增加或者调配客车按客运班车的线路、站点运行的方式。包车客运是指以运送团体旅客为目的，将客车包租给用户安排使用，提供驾驶劳务，按照约定的起始地、目的地和路线行驶，由包车用户统一支付费用的一种客运方式。旅游客运是指以运送旅游观光的旅客为目的，在旅游景区内运营或者其线路至少有一端在旅游景区（点）的一种客运方式。

道路客运管理是指国家各级交通主管部门对道路客运经营的行政管理，主要任务包括道路客运市场需求管理和市场秩序管理两个方面。为规范道路旅客运输及道路旅客运输站经营活动，维护道路旅客运输市场秩序，保障道路旅客运输安全，保护旅客和经营者的合法权益，交通运输部于2020年7月2日经第21次部务会议通过了《道路旅客运输及客运站管理规定》。从事道路客运经营以及道路客运站经营的，应当遵守本规定。

道路客运和客运站管理应当坚持"以人为本、安全第一"的宗旨，遵循公平、公正、公开、便民的原则，打破地区封锁和垄断，促进道路运输市场的统一、开放、竞争、有序，满足广大人民群众的美好出行需求。道路客运及客运站经营者应当依法经营，诚实守信，公平竞争，优质服务。鼓励道路客运和客运站相关行业协会加强行业自律。

交通运输部主管全国道路客运及客运站管理工作，县级以上地方人民政府交通运输主管部门负责组织领导本行政区域的道路客运及客运站管理工作，县级以上道路运输管理机构负责具体实施道路客运及客运站管理工作。

1. 道路客运经营管理

客运经营者应当按照道路运输管理机构决定的许可事项从事客运经营活动，不得转让、出租道路运输经营许可证件。

道路客运班线属于国家所有的公共资源。班线客运经营者取得经营许可后，应当向公众提供连续运输服务，不得擅自暂停、终止或者转让班线运输。

在重大活动、节假日、春运期间、旅游旺季等特殊时段或者发生突发事件，客运经营者不能满足运力需求的，道路运输管理机构可以临时调用车辆技术等级不低于二级的营运客车和社会非营运客车开行包车或者加班车。非营运客车凭县级以上道路运输管理机构开具的证明运行。

客运班车应当按照许可的起讫地、日发班次下限和备案的途经路线运行，在起讫地客运站点和中途停靠地客运站点（以下统称配客站点）上下旅客。客运班车不得在规定的配客站点外上客或者沿途揽客，无正当理由不得改变途经路线。客运班车在遵守道路交通安全、城市管理相关法规的前提下，可以在起讫地、中途停靠地所在的城市市区、县城城区沿途下客。重大活动期间，客运班车应当按照相关道路运输管理机构指定的配客站点上下旅客。

客运经营者不得强迫旅客乘车，不得将旅客交给他人运输，不得甩客，不得敲诈旅客，不得使用低于规定的类型等级营运客车承运，不得妨碍其他经营者的正常经营活动。

严禁营运客车超载运行，在载客人数已满的情况下，允许再搭乘不超过核定载客人数 10% 的免票儿童。

客车不得违反规定载货。客运站经营者受理客运班车行李舱载货运输业务的，应当对托运人有效身份信息进行登记，并对托运物品进行安全检查或者开封验视，不得受理有关法律法规禁止运送、可能危及运输安全和托运人拒绝安全检查的托运物品。客运班车行李舱装载托运物品时，应当不超过行李舱内径尺寸、不大于客车允许最大总质量与整备质量和核定载客质量之差，并合理均衡配重；对于容易在舱内滚动、滑动的物品应当采取有效的固定措施。

客运经营者应当遵守有关运价规定，使用规定的票证，不得乱涨价、恶意压价、乱收费。

2. 客运经营站管理

客运站经营者应当按照道路运输管理机构决定的许可事项从事客运站经营活动，不得转让、出租客运站经营许可证件，不得改变客运站用途和服务功能。客运站经营者应当维护好各种设施、设备，保持其正常使用。

客运站经营者和进站发车的客运经营者应当依法自愿签订服务合同，双方按合同的规定履行各自的权利和义务。

客运站经营者应当依法加强安全管理，完善安全生产条件，健全和落实安全生产责任制。客运站经营者应当对出站客车进行安全检查，采取措施防止危险品进站上车，按照车辆核定载客限额售票，严禁超载车辆或者未经安全检查的车辆出站，保证安全生产。

客运站经营者应当将客运线路、班次等基础信息接入省域道路客运联网售票系统。鼓励客运站经营者为旅客提供网络售票、自助终端售票等多元化售票服务。鼓励电子客票在道路客运行业的推广应用。

鼓励客运站经营者在客运站所在城市市区、县城城区的客运班线主要途经地点设立停靠点，提供售检票、行李物品安全检查和营运客车停靠服务。

客运站经营者设立停靠点的，应当向原许可机关备案，并在停靠点显著位置公示客运站"道路运输经营许可证"等信息。

客运站经营者应当禁止无证经营的车辆进站从事经营活动，无正当理由不得拒绝合法客运车辆进站经营。客运站经营者应当坚持公平、公正原则，合理安排发车时间，公平售票。

客运站经营者应当公布进站客车的班车类别、客车类型等级、运输线路起讫停靠站点、班次、发车时间、票价等信息，调度车辆进站发车，疏导旅客，维持秩序。

客运站经营者应当设置旅客购票、候车、乘车指示、行李寄存和托运、公共卫生等服务设施，按照有关规定为军人、消防救援人员等提供优先购票乘车服务，并建立老幼病残孕等特殊旅客服务保障制度，向旅客提供安全、便捷、优质的服务，加强宣传，保持站场卫生、清洁。客运站经营者在不改变客运站基本服务功能的前提下，可以根据客流变化和市场需要，拓展旅游集散、邮政、物流等服务功能。客运站经营者从事前款经营活动的，应当遵守相应的法律、行政法规的规定。

3. 监督检查

（1）县级以上道路运输管理机构应当每年对客运车辆进行一次审验。审验内容包括：车辆违法违章记录、车辆技术等级评定情况、车辆类型等级评定情况、按照规定安装、使用符合标准的具有行驶记录功能的卫星定位装置情况、客运经营者为客运车辆投保承运人责任险情况。审验符合要求的，道路运输管理机构在"道路运输证"中注明；不符合要求的，应当责令限期改正或者办理变更手续。

（2）县级以上道路运输管理机构应当加强对道路客运和客运站经营活动的监督检查。县级以上道路运输管理机构工作人员应当严格按照法定职责权限和程序，原则上采取随机抽取检查对象、随机选派执法检查人员的方式进行监督检查，监督检查结果应当及时向社会公布。

（3）道路运输管理机构及其工作人员应当重点在客运站、旅客集散地对道路客运、客运站经营活动实施监督检查。此外，根据管理需要，可以在公路路口实施监督检查，但不得随意拦截正常行驶的道路运输车辆，不得双向拦截车辆进行检查。

（4）道路运输管理机构的工作人员实施监督检查时，应当有2名以上人员参加，并向当事人出示合法有效的交通运输行政执法证件。

（5）道路运输管理机构的工作人员在实施道路运输监督检查过程中，发现客运车辆有超载行为的，应当立即予以制止，移交相关部门处理，并采取相应措施安排旅客改乘。

（6）道路运输管理机构的工作人员可以向被检查单位和个人了解情况，查阅和复制有关材料，但应当保守被调查单位和个人的商业秘密。被监督检查的单位和个人应当接受道路运输管理机构及其工作人员依法实施的监督检查，如实提供有关资料或者说明情况。

（7）县级以上道路运输管理机构应当对客运经营者拟投入车辆和聘用驾驶员承诺、进站承诺履行情况开展检查。

客运经营者未按照许可要求落实拟投入车辆承诺或者聘用驾驶员承诺的，原许可机关可以依法撤销相应的行政许可决定；班车客运经营者未按照许可要求提供进站协议的，原许可机关应当责令限期整改，拒不整改的，可以依法撤销相应的行政许可决定。

原许可机关应当在客运站经营者获得经营许可60日内，对其告知承诺情况进行核查。客运站经营者应当按照要求提供相关证明材料。客运站经营者承诺内容与实际情况不符的，原许可机关应当责令限期整改；拒不整改或者整改后仍达不到要求的，原许可机关可以依法撤销相应的行政许可决定。

（8）客运经营者在许可的道路运输管理机构管辖区域外违法从事经营活动的，违法行为发生地的道路运输管理机构应当依法将当事人的违法事实、处罚结果记录到"道路运输证"上，并抄告作出道路客运经营许可的道路运输管理机构。

（9）道路运输管理机构应当在道路运政管理信息系统中如实记录道路客运经营者、客运站经营者、网络平台、从业人员的违法行为信息，并按照有关规定将违法行为纳入有关信用信息共享平台。

（二）道路货运管理

为规范道路货物运输和道路货物运输站（场）经营活动，维护道路货物运输市场秩序，保障道路货物运输安全，保护道路货物运输和道路货物运输站（场）有关各方当事人的合法权益，根据《中华人民共和国道路运输条例》及有关法律、行政法规的规定，制定《道路货物运输及站场管理规定》，截至2023年11月10日交通运输部已对其进行了七次修订。从事道路货物运输经营和道路货物运输站（场）经营的，应当遵守本规定。

1. 相关概念

道路货物运输经营是指为社会提供公共服务、具有商业性质的道路货物运输活动。道路货物运输包括道路普通货运、道路货物专用运输、道路大型物件运输和道路危险货物运输。

道路货物专用运输是指使用集装箱、冷藏保鲜设备、罐式容器等专用车辆进行的货物运输。

道路货物运输站（场）（以下简称"货运站"），是指以场地设施为依托，为社会提供有偿服务的具有仓储、保管、配载、信息服务、装卸、理货等功能的综合货运站（场）、零担货运站、集装箱中转站、物流中心等经营场所。

根据《超限运输车辆行驶公路管理规定》规定，大型物件是指符合下列条件之一的货物：外形尺寸长度在14 m以上或宽度在3.5 m以上或高度在3 m以上的货物；质量在20 t以上的单体货物或不可解体的成组（捆）货物。

危险货物运输是指使用专用车辆，对按国家有关规定属于易燃、易爆、有毒、有腐蚀性、有放射性等危险货物，通过道路运输进行的经营或非经营性活动。《道路危险货物运输管理规定》规定：凡从事营业性危险货物运输装卸的经营业户和从事非经营性道路危险货物运输的企事业单位，都必须经设区的市级道路运输管理机构审查批准，除具备一般货物运输的开业条件外，还应具备危险货物运输的开业条件或运输条件。

道路货运管理是指国家交通主管部门对道路货运经营活动的行政管理，其核心内容是对道路货运市场进行管理，包括对货运市场的需求和监督管理。其中，交通运输部主管全国对道路货物运输和货运站的管理工作；县级以上地方人民政府交通运输主管部门负责组织领导本行政区域的道路货物运输和货运站管理工作。县级以上道路运输管理机构具体实施本行政区域的道路货物运输和货运站管理工作。

2. 货运经营管理

道路货物运输经营者应当按照"道路运输经营许可证"核定的经营范围从事货物运输经营，不得转让、出租道路运输经营许可证件。

道路货物运输经营者应当按照国家有关规定在其重型货运车辆、牵引车上安装、使用行驶记录仪，并采取有效措施。在道路货物运输中，为防止驾驶人员疲劳驾驶，连续驾驶时间不超过4个小时。

道路货物运输经营者应当聘用按照规定要求持有从业资格证的驾驶人员。道路货物运输经营者应当要求其聘用的车辆驾驶员随车携带按照规定要求取得的"道路运输证"。"道路运输证"不得转让、出租、涂改、伪造。

运输的货物应当符合货运车辆核定的载重量，载物的长、宽、高不得违反装载要求。禁止货运车辆违反国家有关规定超限、超载运输。禁止使用货运车辆运输旅客。

从事大型物件运输的车辆，应当按照规定装置统一的标志和悬挂标志旗；夜间行驶和停车休息时应当设置标志灯。

道路货物运输经营者不得运输法律、行政法规禁止运输的货物。道路货物运输经营者在受理法律、行政法规规定限运、凭证运输的货物时，应当查验并确认有关手续齐全有效后方可运输。货物托运人应当按照有关法律、行政法规的规定办理限运、凭证运输手续。

道路货物运输经营者不得采取不正当手段招揽货物、垄断货源。不得阻碍其他货运经营者开展正常的运输经营活动。道路货物运输经营者应当采取有效措施，防止货物变质、腐烂、短少或者损失。

道路货物运输经营者和货物托运人应当按照《中华人民共和国民法典》合同编的要求，订立道路货物运输合同。鼓励道路货物运输经营者采用电子合同、电子运单等信息化技术，提升运输管理水平。

国家鼓励实行封闭式运输。道路货物运输经营者应当采取有效的措施，防止货物脱落、扬撒等情况发生。

道路货物运输经营者应当制定有关交通事故、自然灾害、公共卫生以及其他突发公共事件的道路运输应急预案。应急预案应当包括报告程序、应急指挥、应急车辆和设备的储备以及处置措施等内容。

发生交通事故、自然灾害、公共卫生以及其他突发公共事件，道路货物运输经营者应当服从县级以上人民政府或者有关部门的统一调度、指挥。

道路货物运输经营者应当严格遵守国家有关价格法律、法规和规章的规定，不得恶意压价竞争。

3. 货运站经营管理

货运站经营者应当按照经营许可证核定的许可事项经营，不得随意改变货运站用途和服务功能。

货运站经营者应当依法加强安全管理，完善安全生产条件，健全和落实安全生产责任制。货运站经营者应当对出站车辆进行安全检查，防止超载车辆或者未经安全检查的车辆出站，保证安全生产。

货运站经营者应当按照货物的性质、保管要求进行分类存放，危险货物应当单独存放，保证货物完好无损。

货物运输包装应当按照国家规定的货物运输包装标准作业,包装物和包装技术、质量要符合运输要求。

货运站经营者应当按照规定的业务操作规程进行货物的搬运装卸。搬运装卸作业应当轻装、轻卸,堆放整齐,防止混杂、洒漏、破损,严禁有毒、易污染物品与食品混装。

货运站经营者应当严格执行价格规定,在经营场所公布收费项目和收费标准。严禁乱收费。

进入货运站经营的经营业户及车辆,经营手续必须齐全。货运站经营者应当公平对待使用货运站的道路货物运输经营者,禁止无证经营的车辆进站从事经营活动,无正当理由不得拒绝道路货物运输经营者进站从事经营活动。

货运站经营者不得垄断货源、抢装货物、扣押货物。

货运站要保持清洁卫生,各项服务标识醒目。

货运站经营者经营配载服务应当坚持自愿原则,提供的货源信息和运力信息应当真实、准确。

货运站经营者不得超限、超载配货,不得为无道路运输经营许可证或证照不全者提供服务;不得违反国家有关规定,为运输车辆装卸国家禁运、限运的物品。

货运站经营者应当制定有关突发公共事件的应急预案。应急预案应当包括报告程序、应急指挥、应急车辆和设备的储备以及处置措施等内容。

货运站经营者应当建立和完善各类台账和档案,并按要求报送有关信息。

4. 监督检查

道路运输管理机构应当加强对道路货物运输经营和货运站经营活动的监督检查。道路运输管理机构工作人员应当严格按照职责权限和法定程序进行监督检查。

县级以上道路运输管理机构应当定期对配发"道路运输证"的货运车辆进行审验,每年审验一次。审验内容包括车辆技术等级评定情况、车辆结构及尺寸变动情况和违章记录等。审验符合要求的,道路运输管理机构在"道路运输证"审验记录中或者IC卡注明;不符合要求的,应当责令限期改正或者办理变更手续。

道路运输管理机构及其工作人员应当重点在货运站、货物集散地对道路货物运输、货运站经营活动实施监督检查。此外,根据管理需要,可以在公路路口实施监督检查,但不得随意拦截正常行驶的道路运输车辆,不得双向拦截车辆进行检查。

道路运输管理机构的工作人员实施监督检查时,应当有2名以上人员参加,并向当事人出示交通运输部统一制式的交通行政执法证件。

道路运输管理机构的工作人员可以向被检查单位和个人了解情况,查阅和复制有关材料。但是,应当保守被调查单位和个人的商业秘密。

被监督检查的单位和个人应当接受道路运输管理机构及其工作人员依法实施的监督检查,如实提供有关情况或者资料。

道路运输管理人员在货运站、货物集散地实施监督检查过程中,发现货运车辆有超载行为的,应当立即予以制止,装载符合标准后方可放行。

取得道路货物运输经营许可的道路货物运输经营者在许可的道路运输管理机构管辖区域外违法从事经营活动的,违法行为发生地的道路运输管理机构应当依法将当事人的违法事实、处罚结果记录到"道路运输证"上,并抄告作出道路运输经营许可的道路运输管理机构。

道路货物运输经营者违反本规定的,县级以上道路运输管理机构在作出行政处罚决定的过程中,可以按照行政处罚法的规定将其违法证据先行登记保存。作出行政处罚决定后,道路货物运输经营者拒不履行的，作出行政处罚决定的道路运输管理机构可以将其拒不履行行政处罚决定的事实通知违法车辆车籍所在地道路运输管理机构，作为能否通过车辆年度审验和决定质量信誉考核结果的重要依据。

道路运输管理机构的工作人员在实施道路运输监督检查过程中，对没有"道路运输证"又无法当场提供其他有效证明的货运车辆可以予以暂扣，并出具"道路运输车辆暂扣凭证"。对暂扣车辆应当妥善保管，不得使用，不得收取或者变相收取保管费用。违法当事人应当在暂扣凭证规定时间内到指定地点接受处理。逾期不接受处理的，道路运输管理机构可依法作出处罚决定，并将处罚决定书送达当事人。当事人无正当理由逾期不履行处罚决定的，道路运输管理机构可申请人民法院强制执行。

三、运输车辆管理

（一）机动车管理

机动车管理主要包括机动车的登记、牌证、标志、保险、检验、报废等内容。

1. 机动车的登记

国家对机动车实行登记制度。机动车经公安机关交通管理部门登记后，发放"机动车登记证书"（见图3-17）方可上道路行驶。尚未登记的机动车，需要临时上道路行驶的，应当取得临时通行牌证。申请道路行驶尚未登记的机动车，需要临时上道路行驶的，应当取得临时通行牌证。申请机动车登记，应当提交以下证明、凭证：机动车所有人的身份证明；机动车来历证明；机动车整车出厂合格证明或者进口机动车进口凭证；车辆购置税的完税证明或者免税凭证；法律、行政法规规定应当在机动车登记时提交的其他证明、凭证。

2. 机动车的牌证

机动车登记证书、号牌和行驶证由公安机关交通管理部门审查和发放。公安机关交通管理部门以外的任何单位或者个人不得发放机动车号牌或者要求机动车悬挂其他号牌，法规另有规定的除外，如图3-18所示。机动车登记证书、号牌、行驶证的式样由国务院公安部门规定并监制。驾驶机动车上道路行驶，应当悬挂机动车号牌，放置检验合格标志、保险标志，并随车携带机动车行驶证。机动车号牌应当按照规定悬挂并保持清晰、完整，不得故意遮挡、污损。任何单位和个人不得收缴、扣留机动车号牌。

3. 机动车的标志

警车、消防车、救护车、工程救险车应当按照规定喷涂标志图案，安装警报器、标志灯具。其标志图案的喷涂以及警报器、标志灯具的安装、使用规定，由国务院公安部门制定。其他机动车不得喷涂、安装、使用上述车辆专用的或者与其相类似的标志图案、警报器或者标志灯具。警车、消防车、救护车、工程救险车应当严格按照规定的用途和条件使用。公路监督检查的专用车辆，应当依照公路法的规定，设置统一的标志和示警灯。

4. 机动车的保险

国家实行机动车第三者责任强制保险制度，设立道路交通事故社会救助基金。税务部门、保险机构可以在公安机关交通管理部门的办公场所集中办理与机动车有关的税费缴纳、保险合同订立等事项。

图 3-17 机动车登记证书

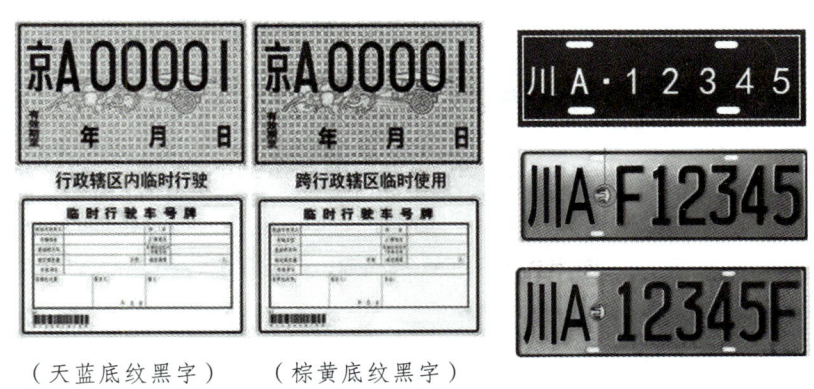

（天蓝底纹黑字）　（棕黄底纹黑字）

（a）机动车临时号牌　　　　（b）机动车正式号牌

图 3-18　机动车的牌证

5. 机动车的检验

准予登记的机动车应当符合机动车国家安全技术标准。申请机动车登记时，应当接受对该机动车的安全技术检验。但是，新车在出厂时经检验符合机动车国家安全技术标准，并获得有效检验合格证的，免予安全技术检验。对登记后，上路行驶的机动车，应按规定定期进行安全技术检验，具体检验周期按国家有关规定。对符合机动车国家安全技术标准的，公安机关交通管理部门应当发给检验合格标志。对机动车的安全技术检验实行社会化。机动车安全技术检验实行社会化的地方，任何单位不得要求机动车到指定的场所进行检验。公安机关交通管理部门、机动车安全技术检验机构不得要求机动车到指定的场所进行维修、保养。机动车安全技术检验机构对机动车检验收取费用，应当严格执行国务院价格主管部门核定的收费标准。

6. 机动车的报废

国家实行机动车强制报废制度，根据机动车的安全技术状况和不同用途，规定不同的报废标准。到报废标准的机动车不得上路行驶，应当报废的必须及时办理注销登记。报废的大型客、货车及其他营运车辆应当在公安机关交通管理部门的监督下解体。

（二）机动车驾驶人管理

机动车驾驶人管理主要包括驾驶培训、驾驶规则、记分处罚等事项。

1. 驾驶培训

驾驶机动车，应当依法取得机动车驾驶证。申请机动车驾驶证，应当符合国务院公安部门规定的驾驶许可条件，经考试合格后，由公安机关交通管理部门颁发给相应类别的机动车驾驶证。机动车的驾驶培训实行社会化，由交通主管部门对驾驶培训学校、驾驶培训班实行资格管理，其中专门的拖拉机驾驶培训学校、驾驶培训班由农业（农业机械）主管部门实行资格管理。驾驶培训学校、驾驶培训班应当严格按照国家有关规定，对学员进行道路交通安全法律、法规、驾驶技能的培训，确保培训质量。任何国家机关以及驾驶培训和考试主管部门不得举办或者参与举办驾驶培训学校、驾驶培训班。

2. 驾驶规则

驾驶人应当按照驾驶证载明的准驾车型驾驶机动车，驾驶机动车时，应当随身携带机动车驾驶证。驾驶人驾驶机动车上道路行驶前，应当对机动车的安全技术性能进行认真检查；不得驾驶安全设施不全或者机件不符合技术标准等具有安全隐患的机动车。机动车驾驶人应当遵守道路交通安全法律、法规的规定，按照操作规范安全驾驶、文明驾驶。饮酒、服用国家管制的精神药品或者麻醉药品，或者患有妨碍安全驾驶机动车的疾病，或者过度疲劳影响安全驾驶的，不得驾驶机动车。任何人不得强迫驾驶人违规驾驶机动车。

3. 记分处罚

公安机关交通管理部门对机动车驾驶人违反道路交通安全法律、法规的行为，除依法给予行政处罚外，实行道路交通安全违法行为累积记分制度，记分周期为 12 个月。机动车驾驶人在一个记分周期内记分未达到 12 分，所处罚款已经缴纳的，记分予以清除；记分虽未达到 12 分，但尚有罚款未缴纳的，记分转入下一记分周期。对在一个记分周期内记分达到 12 分的，由公安机关交通管理部门扣留其机动车驾驶证，该机动车驾驶人应当按照规定参加道路交通安全法律、法规的学习并接受考试。考试合格的，记分予以清除，发还机动车驾驶证；考试不合格的，继续参加学习和考试。机动车驾驶人在一个记分周期内记分 2 次以上达到 12 分的，除按一次达到 12 分的情况处理外，还应当接受驾驶技能考试。以上机动车驾驶人拒不参加公安机关交通管理部门通知的学习和不接受考试的，由公安机关交通管理部门公告其机动车驾驶证停止使用。具体记分分值按公安部门规定。

（三）机动车驾驶证管理

机动车驾驶证是机动车驾驶人的驾车凭证。我国机动车驾驶证的申领与使用管理由公安部主管。直辖市公安机关交通管理部门车辆管理所、设区的市或者相当于同级的公安机关交通管理部门车辆管理所负责办理本行政辖区内机动车驾驶证业务。县级公安机关交通管理部门办理机动车驾驶证业务的范围由省级公安机关交通管理部门确定。公安机关交通管理部门以外的任何单位或者个人，不得发放、收缴、扣留机动车驾驶证。车辆管理所办理机动车驾驶证业务，应当遵循公开、公正、便民的原则，应当依法受理申请人的申请，审核申请人提交的资料，对符合条件的，按照规定程序和期限办理机动车驾驶证。

申领机动车驾驶证的人应当如实向车辆管理所提交规定的资料，如实申报规定的事项。车辆管理所应当使用机动车驾驶证计算机管理系统核发、打印机动车驾驶证，不使用计算机管理系统核发、打印的机动车驾驶证无效。机动车驾驶证计算机管理系统的数据库标准和软件全国统一，能够完整、准确地记录和存储申请受理、科目考试、机动车驾驶证核发等全过程和经办人员信息，并能够实时将有关信息传送到全国公安交通管理信息系统。省级公安机关交通管理部门应当在互联网上建立主页，发布信息，便于群众查阅办理机动车驾驶证的有关规定，下载、使用有关表格。公安部 2006 年 12 月 20 日发布修订后的《机动车驾驶证申领和使用规定》，自 2007 年 4 月 1 日起施行，最新修订版于 2025 年 1 月 1 日实施。机动车驾驶证的有关具体规定如下：

1. 机动车驾驶证记载和签注的内容

（1）机动车驾驶人信息：姓名、性别、出生日期、国籍、住址、身份证号码（机动车驾驶证号码）、照片。

（2）车辆管理所签注内容：初次领证日期、准驾车型代号、有效期起始日期、有效期限、核发机关印章、档案编号。

2. 机动车驾驶证的种类

机动车驾驶证按准驾车型及代号共分为大型客车（A1）、牵引车（A2）、城市公交车（A3）、中型客车（B1）、大型货车（B2）、小型汽车（C1）、小型自动挡汽车（C2）、低速载货汽车（C3）、三轮汽车（C4）、普通三轮摩托车（D）、普通二轮摩托车（E）、轻便摩托车（F）、轮式自行机械车（M）、无轨电车（N）、有轨电车（P）共15种。

3. 机动车驾驶证的有效期

机动车驾驶证的有效期分为6年、10年和长期3种。有效期是指机动车驾驶证件本身，与持证人驾驶资格并无关系。驾驶人只要合法取得驾驶资格，未经法律特别规定被依法取消时，就一直具有合法的驾驶资格。规定驾驶证的有效期，主要是考虑证件本身的质量特点以及驾驶人照片的准确性等因素。驾驶证的基本有效期定为6年，这是因为以往是6年，为避免给管理系统带来大的更新成本，没有必要更改。以后可以换领有效期为10年和长期的驾驶证，对驾驶人来说是鼓励机制，对车辆管理机构来说，也可以节约管理成本。

（四）机动车通行规定

（1）机动车上道路行驶，不得超过限速标志标明的最高时速。在没有限速标志的路段，应当保持安全车速。

夜间行驶或者在容易发生危险的路段行驶，以及遇有沙尘、冰雹、雨、雪、雾、结冰等气象条件时，应当降低行驶速度。

（2）同车道行驶的机动车，后车应当与前车保持足以采取紧急制动措施的安全距离。有下列情形之一的，不得超车：

①前车正在左转弯、掉头、超车的。

②与对面来车有会车可能的。

③前车为执行紧急任务的警车、消防车、救护车、工程救险车的。

④行经铁路道口、交叉路口、窄桥、弯道、陡坡、隧道、人行横道、市区交通流量大的路段等没有超车条件的。

（3）机动车通过交叉路口，应当按照交通信号灯、交通标志、交通标线或者交通警察的指挥通过；通过没有交通信号灯、交通标志、交通标线或者交通警察指挥的交叉路口时，应当减速慢行，并让行人和优先通行的车辆先行。

（4）机动车遇有前方车辆停车排队等候或者缓慢行驶时，不得借道超车或者占用对面车道，不得穿插等候的车辆。

在车道减少的路段、路口，或者在没有交通信号灯、交通标志、交通标线或者交通警察指挥的交叉路口遇到停车排队等候或者缓慢行驶时，机动车应当依次交替通行。

（5）机动车通过铁路道口时，应当按照交通信号或者管理人员的指挥通行；没有交通信号或者管理人员的，应当减速或者停车，在确认安全后通过。

（6）机动车行经人行横道时，应当减速行驶；遇行人正在通过人行横道，应当停车让行。机动车行经没有交通信号的道路时，遇行人横过道路时，应当避让。

（7）机动车载物应当符合核定的装载质量，严禁超载；载物的长、宽、高不得违反装载要求，不得遗洒、飘散载运物。

机动车运载超限的不可解体的物品，影响交通安全的，应当按照公安机关交通管理部门指定的时间、路线、速度行驶，悬挂明显标志。在公路上运载超限的不可解体的物品，并应当依照公路法的规定执行。

机动车载运爆炸物品、易燃易爆化学物品以及剧毒、放射性等危险物品，应当经公安机关批准后，按指定的时间、路线、速度行驶，悬挂警示标志并采取必要的安全措施。

（8）机动车载人不得超过核定的人数，货运机动车不得违反规定载货。

（9）禁止货运机动车载客。货运机动车需要附载作业人员的，应当设置保护作业人员的安全措施。

（10）机动车行驶时，驾驶人、乘坐人员应当按规定使用安全带，摩托车驾驶人及乘坐人员应当按规定戴安全头盔。

（11）机动车在道路上发生故障，需要停车排除故障时，驾驶人应当立即开启危险报警闪光灯，将机动车移至不妨碍交通的地方停放；难以移动的，应当持续开启危险报警闪光灯，并在来车方向设置警告标志等措施扩大示警距离，必要时迅速报警。

（12）警车、消防车、救护车、工程救险车执行紧急任务时，可以使用警报器、标志灯具；在确保安全的前提下，不受行驶路线、行驶方向、行驶速度和信号灯的限制，其他车辆和行人应当让行。警车、消防车、救护车、工程救险车非执行紧急任务时，不得使用警报器、标志灯具，不享有前款规定的道路优先通行权。

（13）道路养护车辆、工程作业车进行作业时，在不影响过往车辆通行的前提下，其行驶路线和方向不受交通标志、标线限制，过往车辆和人员应当注意避让。洒水车、清扫车等机动车应当按照安全作业标准作业；在不影响其他车辆通行的情况下，可以不受车辆分道行驶的限制，但是不得逆向行驶。

（14）高速公路、大中城市中心城区内的道路，禁止拖拉机通行。其他禁止拖拉机通行的道路，由省、自治区、直辖市人民政府根据当地实际情况规定。在允许拖拉机通行的道路上，拖拉机可以从事货运，但是不得用于载人。

（15）机动车应当在规定地点停放。禁止在人行道上停放机动车。在道路上临时停车的，不得妨碍其他车辆和行人通行。

单元四　城市道路交通

城市交通系统有广义与狭义之分，广义的城市交通系统包括城市道路交通系统、城市轨道交通系统、城市水运系统、城市航空运输系统等；狭义的城市交通系统仅指城市道路系统。通常含义下的城市交通是指城市各功能用地之间的人和物的流动，这些流动都是以一定的城市用地而进行的，主要是城市道路上的交通。城市道路交通是城市社会、经济和物质结构的基本组成部分，是城市交通系统的主体。

一、城市道路交通网络

（一）城市道路

城市道路交通是指供城市内车辆与行人交通使用，提供人们工作、生活、文化娱乐活动出行，担负着市内各区域通达并与城市对市外交通相连的道路的总称。为适应不同的交通方式（工具），多划分出机动车道、非机动车道和人行道，同时又是敷设城市管线的走廊（地上杆线和地下管线)。为优化城市环境,城市道路还在分隔带和建筑控制线内布置绿化带或雕塑艺术品。

根据《城市道路工程设计规范》(CJJ37—2016),城市道路按道路在道路网中的地位、交通功能以及对沿线的服务功能等,分为快速路、主干路、次干路和支路4个等级。

1. 快速路

快速路是为流畅地处理城市大量交通建筑的道路,要平顺的线形,与一般道路分开,使汽车交通安全、通畅和舒适地行驶。与交通量大的干路相交时应采用立体交叉,与交通量小的支路相交时可采用平面交叉,但要有控制交通的措施。两侧有非机动车时,必须设完整的分隔带。横过车行道时,需经由控制的交叉路口或地道、天桥。

2. 主干路

主干路是连接城市各主要部分的交通干路,是城市道路的骨架,主要功能是交通运输。主干路上的交通要保证一定的行车速度,故应根据交通量的大小设置相应宽度的车行道,以供车辆通畅地行驶。线形应平顺,交叉口宜尽可能少,以减少相交道路上车辆进出的干扰,平面交叉要有控制交通的措施,交通量超过平面交叉口的通行能力时,可根据规划采用立体交叉。机动车道与非机动车道应用隔离带分开。交通量大的主干路上快速机动车如小客车等也应与速度较慢的卡车、公共汽车等分道行驶。主干路两侧应有适当宽度的人行道。应严格控制行人横穿主干路。主干路两侧不宜修建吸引大量人流、车流的公共建筑物如剧院、体育馆、大商场等。

3. 次干路

次干路是一个区域内的主要道路,是一般交通道路兼有服务功能,配合主干路共同组成干路网,起联系城市各部分与集散交通的作用,一般情况下快慢车混合行驶。条件许可时也可另设非机动车道。道路两侧应设人行道,并可设置吸引人流的公共建筑物。

4. 支　路

支路是次干路与居住区的联络线,为地区交通服务,也起集散交通的作用,两旁可有人行道,也可有商业性建筑。

各级城市道路的设计速度应符合规定,见表3-5。

表3-5　各级道路的设计速度

道路等级	快速路			主干路			次干路			支　路		
设计速度(km/h)	100	80	60	60	50	40	50	40	30	40	30	20

(二)城市步行系统

步行是人们重要的出行方式,为了方便人们出行和保障出行安全,在道路系统中由人行道、人行横道、人行天桥、人行地道、步行街和步行道、城区中山边、林边和水边修建的绿道,与城市中的各类集散广场等构成完整的城市步行系统。

步行交通设施应符合无障碍交通的要求,规划步行交通系统时应以步行人流的流量、流向为基本依据,因地制宜,保障行人的交通安全性和连续性。

各步行设施的设置要求如下:

1. 人行道

人行道指道路中用路缘石或护栏及其他类似的设施加以分隔,专供行人通行的道路,如图

3-19 所示。人行道的标高一般高于机动车道，按照行人通行的需要，沿人行道常栽有行道树、设置公共交通停靠站和停车亭等设施，人行道中还常设有供盲人行走的盲道。人行道宽度=一条行人带的宽度×带数，中国一般取每条行人带宽度为 0.75～1.00 m，通行能力为 800～1 000 人/h，带数由人流大小决定。

2. 人行横道

人行横道是在机动车道中设置的专供行人横穿道路，用标线划定的为行人过街的地方，如图 3-20 所示。人行横道的标线方式有条纹式（或称斑马纹式）人行横道线和平行式人行横道线两种。斑马线的宽度、长度、间隔，是有国际标准的。斑马线基本长度为 3～5 m，横跨人行道外的道路斑马线每条的宽度在 45 cm 或 60 cm，斑马线的宽度还可以根据行人数量以 1 m 为一级予以加宽，行人越多的地方，斑马线越宽。在一段路上，斑马线的设置间隔一般为 150～500 m，较为合理的设置间隔为 350～400 m，也就是说，在城市中，最好每隔 350～400 m 就设置一段斑马线，便于行人通行。学校、幼儿园、医院、养老院门前的道路没有行人过街设施的，应当规划人行横道线，并设置提示标志。城市主要道路的人行道，应当按照规划设置盲道。

在人行横道行人有先行权，按《中华人民共和国道路交通安全法》第 47 条规定，机动车行经人行横道时，应当减速行驶；遇行人正在通过人行横道，应当停车让行。机动车行经没有交通信号的道路时，遇行人横过道路，应当避让。

在城市的主干路和次干路的路段上，人行横道或过街通道的间距宜为 250～300 m；当道路宽度超过 4 条机动车道时，人行横道应在车行道的中央分隔带或机动车道与非机动车道之间的分隔带上设置行人安全岛。

图 3-19　人行道

图 3-20　人行横道

3. 人行天桥及地道

人行天桥指的是跨越道路或轨道交通线供行人通过的专用桥梁，简称天桥，如图 3-21 所示。下穿道路或轨道交通线供行人通过的专用地下通道，简称地道，如图 3-22 所示。人行天桥及地道是当单位时间横穿道路的行人数量超过相关规定时，为避免冲突，而将人流和车流彻底分离的立体交通设施。

有下列情况之一的，可设置天桥或地道。其中机动车交通量应按每小时当量小汽车交通量（辆/时，即 pcu/h）计。

（1）路段上双向当量小汽车交通量达 1 200 pcu/h，且过街行人交通量超过 5 000 人/h。

（2）铁路与城市道路相交道口，因列车通过一次阻塞人流超过 1 000 人次或道口关闭时间超过 15 min。

（3）复杂交叉路口，机动车行车方向复杂，行人通过路很危险。

①进入交叉口总行人交通量达到 18 000 人/h，或交叉口的一个进口横过马路的行人交通量超过 5 000 人/h，且同时在交叉口一个进口或路段上双向当量小汽车交通量超过 1 200 pcu/h。

②进入环形交叉口总行人交通量达 18 000 人/h，且同时进入环形交叉口的当量小汽车交通量达 2 000 pcu/h。

（4）城市地面快速路上的天桥或地道间距为 300～400 m。

（5）有特殊需要可设专用天桥或地道。

图 3-21　天桥

图 3-22　地道

（三）城市道路交叉口

城市中道路与道路相交的部分称为道路交叉口，是城市道路相交的节点路网中最容易产生延误和拥堵的关键部位。城市道路交叉口主要分为平面交叉和立体交叉两种类型。

1. 平面交叉

平面交叉是指各相交道路中心线在同一高程相交的路口。平面交叉的形式取决于道路系统规划、交通量、交通性质和交通组织，以及交叉口用地和周围建筑的布局，常见形式有十字形、X 形、T 形、Y 形、错位交叉和复合交叉等几种。

2. 立体交叉

立体交叉是利用跨线构造物使道路与道路或道路与铁路在不同高程处相互交叉的连接方式，简称立交桥。其特点是各相交道路上的车流互相不干扰，可以各自保持原有的行车速度通过交叉口。

立体交叉主要由正线（主线、被交线）、匝道、构造物（跨线桥或隧道）、出入口变速车道等 4 部分组成。

（四）城市道路网布局

为了优化城市用地布局，提高城市的运转效能，提供安全、高效经济、舒适和低公害的交通条件，城市道路网络的布局必须经过科学、合理的规划。

国内外常见的城市道路网布局结构形式可抽象地归纳为方格网式、条带式、放射式、环形放射式、自由式和混合式 6 种，如图 3-23 所示。

1. 方格网式路网

公元前 5 世纪，希腊建筑师就已提出方格形道路网（棋盘式道路网）的设计理论，公元前 4—前 3 世纪小亚细亚的米利都城的道路网就是这种形状（见希波丹姆规划模式）。古罗马时代，有的城市先定主轴和次轴，确定十字街方位，在十字街相交处设为城市的中心，在十字街尽端开设城门，次要道路都与十字街平行或垂直，形成整齐的方格形道路网。

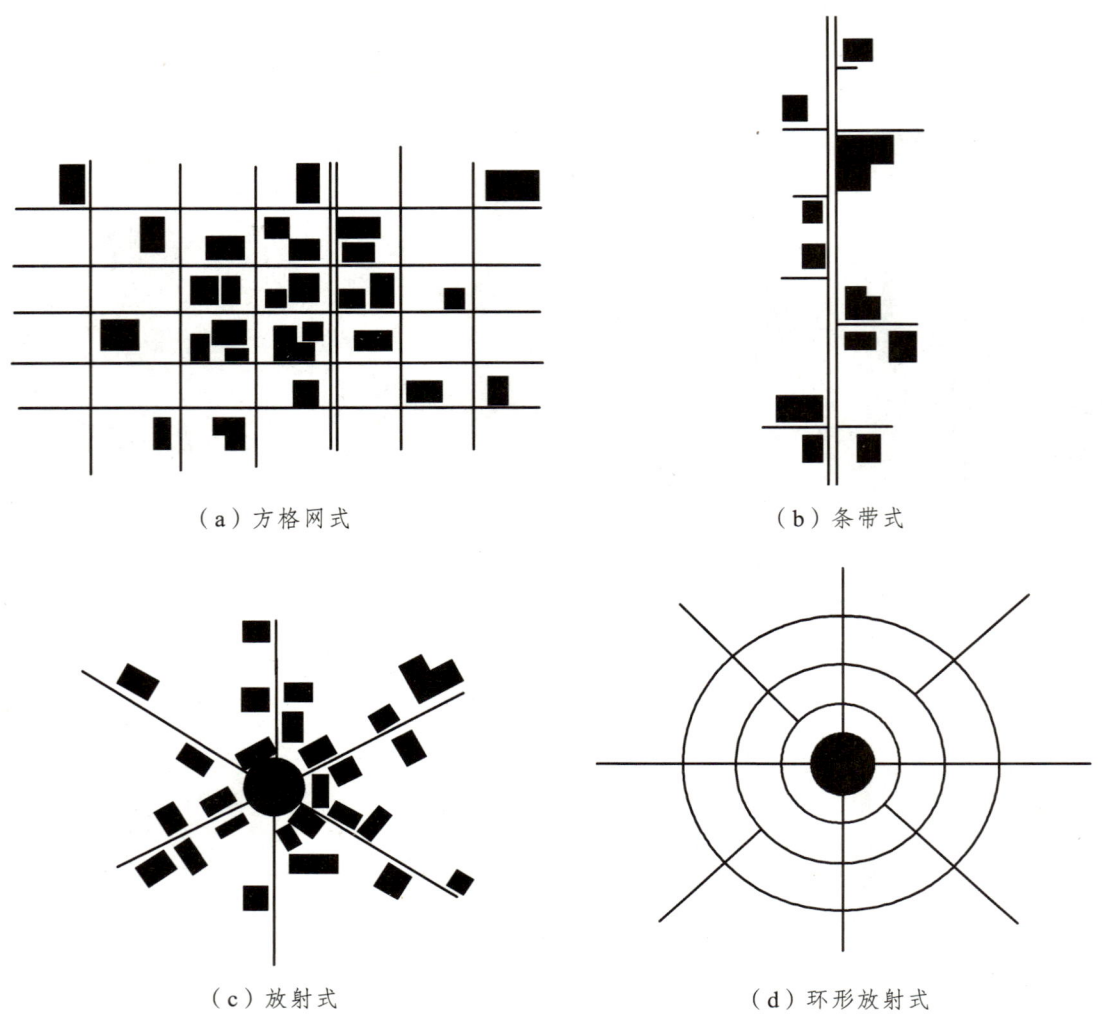

（a）方格网式　　　　　　　　　　（b）条带式

（c）放射式　　　　　　　　　　（d）环形放射式

图 3-23　城市道路网

中国古代城市规划很重视城市道路网的规划。《考工记》中提出的方格形道路系统是中国古代都城、地方城市道路系统的模式。长江以南河网地区的城市，水运发达，街道一般平行或垂直于河流布置。房屋建在街道和河流之间，前面朝街，后面朝河，水陆交通便利。街坊多数呈扁长形。

方格网式（又称棋盘式），是最重要的一种城市道路网布局类型，有利于交通流的调节，从出发地到目的地可以有多条路线可供选择。交通受阻时，可以改变行车路线。直线式道路施工方便，有利于建筑布置，街坊也比较整齐。小方格道路网的缺点是道路分工不明确，交叉口太多。方格形道路网适用于地势平坦的地区。其几何图形多为规则的长方形，即每隔一定的距离设置平行的干道，在干道之间再设置次要的道路，将用地划分为大小合适的街区，不适用于地形复杂的城市。

我国的北京、洛阳、郑州、西安、石家庄等采用了这种路网形状，如图 3-24 所示。美国纽约、英国新城密尔顿·凯恩斯等也是方格网式路网的代表性实例。

2. 条带式路网

受地形所限，建筑物沿交通轴线两侧铺开，公共交通路线呈条带式布置在主要交通干道范围内。横向靠步行或非机动车，有利于公共交通布线和组织，但容易造成纵向主干道交通压力过大，不易形成市中心，有时可布置几条平行线，在功能上合理分工，如河北承德采用了这种路网形状，如图 3-25 所示。

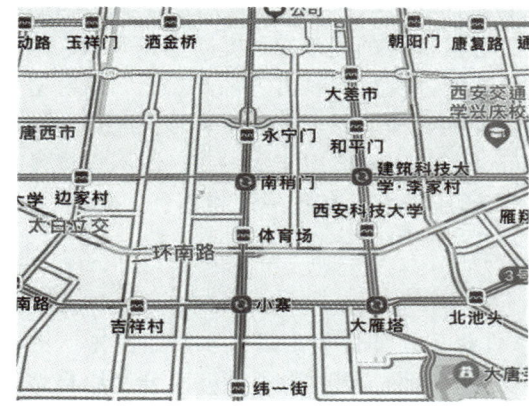

图 3-24　方格网式路网（西安）　　　　　图 3-25　条带式路网（承德）

3. 放射式路网

放射式路网以广场为布局中心，街道形成放射状的道路网。古希腊罗马时代，在神庙、市政厅等建筑物前面设置广场作为公共活动和放射形道路的中心。后来欧洲的城市继承了这种传统，利用轴线构图和道路的引导来加强广场和城市造型的表现力。其代表作有巴黎凡尔赛宫的总体布局和巴黎市区的改建方案等。这种风格对其他国家影响很大。1791 年法国军事工程师 P.C. 朗方编制的华盛顿规划，以国会大厦和白宫为两个中心点，形成放射形道路网，就带有这种传统形式的色彩。

放射形道路系统的特点是在一条轴线上连续布置几个广场，以强调轴线的作用；用道路沟通广场之间的联系，街道笔直如矢而以广场为聚焦点。城市各主要广场之间的交通路线最短，但处在聚焦点上的广场的交通则比较复杂；被道路分割的不规则形状的用地不利于建筑的布置。应用广场作为组织建筑群体的中心，对广场、建筑、庭院、道路进行整体性设计，构成完整的几何形图案。放射式路网在构图上有强烈的向心作用，如法国巴黎采用的就是这种路网，如图 3-26 所示。

图 3-26　放射式路网（巴黎）

4. 环形放射式路网

干道由城市中心向外辐射,并且沿着城市的周边建设同心圆式环路(或利用拆除原城墙的墙基建筑环形道路),两者结合形成道路网。四川成都经过几代人的建设形成的道路网就是一个比较完整的环形放射式路网系统。

20世纪50年代以来,大城市边缘地区迅速城市化,市区面积不断扩大,同心圆式的城市平面结构,使市中心区日益增加的过境车辆和本城的车辆相混杂,交通流量超过原有道路的负担能力,加剧交通的拥堵。改善的措施一般是改造中心区周围的内环路,提高道路等级,建设立体交叉等。用吸引和管制的办法,迫使穿越市中心区的过境车辆改由外环路绕行。辐射型干线是联系市中心区和外围地区的走廊,环路主要担负横向交通联系,并把外来的交通量均衡地分配到各放射线路上。放射环式道路网结构不适用于小城市。一般用于大城市,但不宜将过多的放射线引向市中心,造成市中心交通过分集中,交通压力大且布置建筑物不利,如图3-27所示。

5. 自由式路网

自由式路网的形成一般都和城市的自然地形条件相关,如位于山区或水网密集地区的城市,道路的走向受到地形条件的限制,难以形成较规则的路网,同时为了能够充分利用自然地形、减少道路建设的造价和工程量,城市道路往往随地势而建,形成了不规则的自由式路网系统。设计合理的自由式路网在满足便捷交通联系的同时,还能够最大限度地减少对自然环境和景观的破坏,有利于形成非常独特的城市道路景观。我国的重庆、青岛、海口、南宁、九江等城市采用了这种路网形式,如图3-28所示。

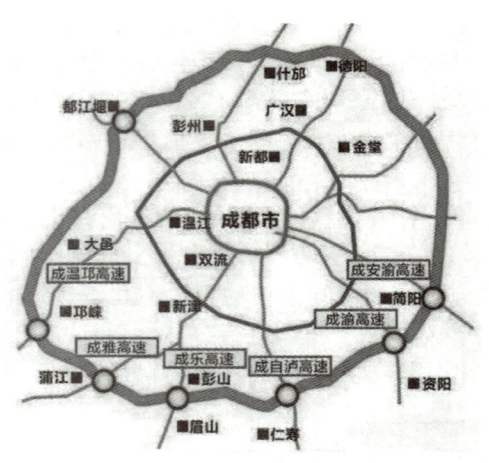

图3-27 环形放射式路网(四川成都)　　图3-28 自由式路网(重庆)

6. 混合式路网

混合式路网是结合城市的条件,采用几种基本形式的道路网组合而成。有的城市因城市分段发展而成为混合式路网。"方格网+环形放射式"的混合式路网是大城市、特大城市发展后期形成的效果较好的一种道路系统,如图3-29(a)所示的北京市混合式路网。"链式"道路网是由一两条主要交通干路作为组合型城市或带状发展的组团式城市,如图3-29(b)所示的兰州市混合式路网。

（a）"方格网+环形放射式"路网（北京）　　　　（b）"链式"道路网（兰州）

图 3-29　混合式路网

（五）城市停车系统

城市停车设施是城市道路交通系统的组成部分之一。根据城市交通的停车要求，可以将停车设施分为以下 6 类。

1. 城市出入口停车设施

城市出入口停车设施是为外来或过境货运机动车服务的停车设施。其作用是从城市安全、卫生和对市内交通的影响出发，截留外来车辆或过境车辆，经检验后方可按指定时间进入城市装卸货物。这类停车设施应设在城市外围的主要出入干道附近，附有车辆检查站、车辆小修设施、旅馆、饭店、商店等服务设施，还可配备一定的文娱设施。

2. 交通枢纽停车设施

交通枢纽停车设施是在城市对外客运交通枢纽（如长途汽车站、火车站）和城市客运交通换乘枢纽（如地铁-公交、轻轨-公交的换乘站）配备的停车设施，为疏散交通枢纽的客流、完成客运转换服务。这类停车设施一般都结合交通枢纽布置。

3. 大型集散场所停车设施

这类设施包括体育场馆、中心广场、大型公园以及交通限制区边缘干道附近的停车设施，这类停车设施的停车量大而且集中，高峰期明显，要求集散迅速。停车场以停放客车为主，并考虑自行车停车场地的设置。

4. 商业服务设施附近的社会公用停车设施

这类设施是在大型商业服务设施附近设置的社会公用停车场，其中包括一定规模的自行车停车场地。

5. 生活居住区停车设施

城市生活居住区停车设施是按城市政府公布的停车配建标准设置的相应规模的机动车、

自行车停放场地。

6. 路边临时停车设施

为避免沿道路任意停车造成交通混乱，在那些需要经常停车的地点，由交通管理部门在道路面积内设置的路边临时停车位。

为保证城市道路交通正常运转和符合城市交通发展的需要，要设置足够数量的各类停车设施。目前，我国大多城市因停车用地太少，尤其是社会公共停车场严重不足导致停车泊位不能满足实际需要，占用车行道、人行道乱停车的现象十分普遍，已严重削弱了道路的通行能力，影响了城市道路系统的正常运转。

（六）城市交通管理设施

中国城市的交通秩序主要是由各类交通设施引导和管理的。城市道路交通管理设施包括常规交通管理设施和智能交通管理设施。本章主要简单介绍常规交通管理设施，包括交通信号设备、交通标志、交通标线、交通隔离等。

1. 交通信号设备

城市道路主、次干道交叉口由于交通流量大，一般都设置交通信号设备指挥交叉口交通。常见的信号设备有指挥信号灯、车道信号灯和人行横道信号灯等。

（1）指挥信号灯由红、黄、绿3色信号灯组成，有水平排列和竖直排列两种。水平排列时，靠近路口内侧的为红灯，外侧为绿灯，中间为黄灯；竖直排列时，上方为红灯，下方为绿灯，中间为黄灯，如图3-30所示。

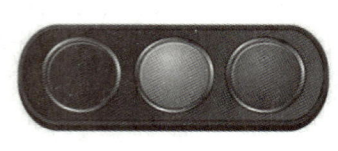

（a）水平排列　　　　　　　　　　（b）竖直排列

图 3-30　指挥信号灯

（2）车道信号灯由绿色箭头灯和红色箭头灯组成，设在具体车道上，只对本车道起作用。绿色箭头灯亮时，准许本车道车辆按指示方向通行；红色箭头灯亮时，禁止本车道车辆通行，如图3-31所示。

图 3-31　指挥信号灯

（3）人行信号灯有绿灯亮、红灯亮两种信号。绿灯亮时，准许行人通过人行横道；红灯亮时，禁止行人进入人行横道，但是已经进入人行横道的可以继续通过或者在道路中心线处停留等候，如图 3-32 所示。

2. 交通标志

交通标志是用图形、符号、颜色和文字向交通参与者传递特定信息的交通管理设施。我国现行的《道路交通标志和标线 第 2 部分 道路交通标志》(GB5768.2—2022)规定了道路交通标志的分类、颜色、形状、字符、尺寸、图形等一般要求，以及设计、制造、设置和施工的要求。交通标志适用于公路、城市道路等场所。

图 3-32 指挥信号灯

道路交通标志分为主标志和辅助标志两大类。主标志又分为警告标志、禁令标志、指示标志、指路标志、旅游区标志和告示标志 6 种。

（1）警告标志

警告标志起警告作用，共有 49 种。警告车辆、行人注意危险地点的标志。颜色为黄底、黑边、黑图案，形状为顶角朝上的等边三角形，如图 3-33 所示。

（a）注意安全　　　　　　　（b）当心触电　　　　　　　（c）当心绊倒

图 3-33 警告标志

（2）禁令标志

禁令标志起到禁止某种行为的作用，共有 43 种。禁止或限制车辆、行人交通行为的标志。除个别标志外，颜色为白底、红圈、红杠、黑图案，图案压杠；形状为圆形、八角形、顶角朝下的等边三角形，如图 3-34 所示。设置在需要禁止或限制车辆、行人交通行为的路段或交叉口附近。

（a）禁止通行　　　　　　　（b）禁止驶入　　　　　　（c）禁止机动车通行

图 3-34 禁令标志

（3）指示标志

指示标志起指示作用，共有 29 种。它指示车辆、行人行进的标志。颜色为蓝底、白图案，形状分为圆形、长方形和正方形，如图 3-35 所示。设置在需要指示车辆、行人行进的路段或交叉口附近。

（a）直行　　　　　　（b）向左转弯　　　　　（c）向右转弯

图 3-35　指示标志

（4）指路标志

指路标志起指路作用，共有 146 种。它传递道路方向、地点、距离信息的标志。颜色除里程碑、百米桩外，一般为蓝底、白图案；高速公路一般为绿底、白图案；形状除地点识别标志、里程碑、分合流标志外，一般为长方形和正方形，如图 3-36 所示。设置在需要传递道路方向、地点、距离信息的路段或交叉口附近。

（a）丁字交叉路口　　（b）交叉路口预告　　（d）十字交叉路口　　（d）出口预告

图 3-36　指路标志

（5）旅游区标志

旅游区标志共有 17 类，它是旅游景点方向、距离的标志。颜色为棕色底、白色字符图案，形状为长方形和正方形，如图 3-37 所示。旅游区标志又可分为指引标志和旅游符号两大类，设置在需要指示旅游景点方向、距离的路段或交叉口附近。

（a）旅游区方向　　　（b）旅游区距离　　　（c）问询处

图 3-37　旅游区标志

（6）告示标志

告知路外设施、安全宣传信息以及其他信息的标志，用以提醒车辆驾驶人和行人注意，共有 26 种。其中，道路施工区标志共有 20 种，用以通告高速公路及一般道路交通阻断、绕行等情况，如图 3-38 所示。设在道路施工、养护等路段前适当位置。

（a）车辆慢行　　　　　　　　　　　（b）向左行驶

图 3-38　道路施工安全标志

（7）辅助标志

辅助标志是在主标志无法完整表达或指示其内容时，为维护行车安全与交通畅通而设置的标志，为白底、黑字、黑边框，形状为长方形，附设在主标志下，起辅助说明作用。

3. 交通标线

交通标线是指在道路的路面上用线条、箭头、文字、立面标记、凸起路标和轮廓标等向交通参与者传递引导、限制、警告等交通信息的标识。其作用是管制和引导交通，可以与标志配合使用，也可单独使用。

道路交通标线按功能可分为以下3类：

①指示标线：指示车行道、行车方向、路面边缘、人行道等设施的标线。

②禁止标线：告示道路交通的遵行、禁止、限制等特殊规定，车辆驾驶人及行人需严格遵守的标线。

③警告标线：促使车辆驾驶人及行人了解道路上的特殊情况，提高警觉，准备防范应变措施的标线。

4. 交通隔离

交通隔离是用来分隔行人与车辆、车辆与车辆的交通设施，防止车辆或行人越界，使交通流有序隔离，保证各类交通流分道行驶、各行其道、互不干扰。最常见的交通隔离是分隔对向行驶机动车的中央护栏，以及分隔同向行驶的非机动车和机动车的非隔离栏（墩）。

二、城市交通方式和交通工具

交通方式是指人们出行或运输时所采取的方法，它与交通工具有密切联系。研究交通方式的目的是要做到既满足城市人的交通需求，又合理解决城市交通问题。

（一）城市交通方式

城市交通方式通常指城市人的出行方式。现代城市的主要交通方式按是否使用公共交通工具可分为私人交通、公共交通，按所选的交通工具方式又可分为步行、道路交通、轨道交通和其他公共交通等。

1. 私人交通

私人交通一般是指只为个人、自家或本单位（企业、学校，机关和团体）服务的交通行为。私人交通不面向社会提供服务，不以营利为目的，是非营利性的交通方式。

相对营运车，私人交通的特点是出行频率低、运行没规律、车辆使用率低，但是平时占用停车场地多。随着我国汽车工业的发展和人民生活水平的提高，汽车迅速普及，私家车和单位车不断增加，增长速度及数量远远超过营运车。私人交通在给私人（或单位）提供方便的同时，也因占用公共道路资源多，而成为城市交通拥堵的主要原因之一。我国有多个特大城市先后出台了地方政策，限制工作日私人交通车辆的出行，以抑制和控制城市中交通总量的增长速度。

2. 公共交通

公共交通是指城市中为方便人们出行，供大众乘用的、经济方便的公共交通设施资源的总称。城市公共交通系统是由多种模式组成的，包括常规公共汽（电）车、出租车、快速公交系统（BRT）、城市轨道等。

相对于私人交通，公共交通出行频率高、运行有规律、车辆使用率高、行驶时载客量大、人均占用道路面积少、平时占用停车面积少，其拥有量可由城市交通运输部门调控。

当今世界各大城市（尤其是特大城市）都确立了优先发展公共交通的政策，大部分特大城市都建立了以轨道交通为骨干、常规公交为主力、出租车为补充的综合公共交通系统，并日趋完善。城市中公交出行比例提高，能使城市中的交通总量降低，所以优先发展公共交通是大城市有效解决交通系列问题的唯一出路。

（二）城市交通工具

城市交通工具是指城市中人们出行所乘用的用以代步工具。城市交通工具按动力形式可分为机动车和非机动车，按经营方式可分为私人交通工具和公共交通工具。

现代城市主要的客运交通工具有自行车、摩托车、乘用小汽车、出租车、公共汽车、无轨电车、有轨电车、地铁列车、轻轨列车、磁悬浮列车、快速有轨电车等。

1. 自行车

自行车属非机动车，在城市道路上行驶时应走非机动车道。

2. 摩托车

摩托车为机动车，分为轻便摩托车、普通两轮摩托车和三轮摩托车。驾驶摩托车应取得相应的机动车驾驶证，在城市道路上行驶时应走机动车道。

3. 乘用小汽车

乘用小汽车包括轿车、小客车（俗称面包车）、乘用越野车和专用车。乘用小汽车长度不超过 6 m，包括驾驶员在内的座位数不超过 9 个。

4. 公共汽车

公共汽车指在城市道路上循环固定路线，由车载动力源驱动，用以载乘旅客出行的营运客车。按驱动力和结构形式，公共汽车可分为以下 4 类。

（1）内燃机动力公共汽车指完全以汽油或柴油为驱动力的公共汽车，是我国城市常规公交的主力，占公共汽车总拥有量的 90% 以上。

（2）混合动力公共汽车是一种采用传统动力，同时配以电动机、发电机和大容量电池作为动力系统的公共汽车。在混合动力系统中，内燃机仍是主动力，其主要作用是直接驱动汽车或带动发电机发电，电动机的主要作用是直接或协助内燃机驱动汽车，发电机的作用是发电供给电动机电源或储进蓄电池，蓄电池用于储存电能。当汽车速度较低时，可以关停内燃机，由蓄电池供电，用电动机单独驱动，实现"零"排放。

（3）纯电动公共汽车是一种以车载电源为动力，用电动机驱动的公共汽车，简称电动公交车。其核心部分是电源，在使用中的主要问题是电能的补充，因为蓄电池容量有限，电动公交车每行驶 100 km 左右就要更换电池或充电。

（4）双层公共汽车是一种车厢上有上、下两层的公交车。一般而言，一辆长 10 m 的单层公交车可运载约 60 名旅客，而长度相近的双层公交车则能运载 130 名乘客。但因其车身过高，乘客上下车不方便，还影响城市中立交桥下的通过高度设计，所以不宜大量使用。

5. 无轨电车

无轨电车是指采用外接电源和橡胶轮胎，在道路上不依赖固定轨道行驶的电动公交车。

由于需要外接电力驱动,所以开通无轨电车线路需增设电线。无轨电车突出的优点是使用的电能来自发电厂,不依赖石油能源,比较环保,故无轨电车有"绿色公交"之称。

6. 有轨电车

有轨电车是指采用外接电源和金属车轮,在固定无碴轨道上行驶的电动公交车。其优点与无轨电车相同,因需要固定轨道行驶,则需要占用道路敷设固定轨道,且要经常维护,对其他方式交通有影响。随着小汽车、轻轨、地铁的普及,很多国家的有轨电车已完全消失,但在瑞士、德国、奥地利、比利时等国仍然保留了这种环保的公共交通工具并被现代化。

7. 地铁列车

地铁列车是指以轨道和电网为基础设施,以编组地铁列车为载运工具的大运量轨道客运系统。

8. 轻轨列车

轻轨列车是指以轨道和电网为基础设施,以编组地铁列车为载运工具的中运量轨道客运系统,客运能力和造价在地铁和无轨电车之间,在一些大、中城市中使用。

9. 磁悬浮列车

磁浮系统在常温条件下,利用电导磁力悬浮技术使列车上浮,因此,车厢不需要车轮、车轴、齿轮传动机构和架空输电线网,列车运行方式为悬浮状态,采用直线电机驱动行驶,现行标准轨距为 2 800 mm,主要在高架桥上运行,特殊地段也可在地面或地下隧道中运行。

磁浮列车适用于城市人口超过 200 万的特大城市,是重大客流集散区域或城市群市际之间较理想的直达客运交通,也是中运量轨道运输系统的一种先进技术客运方式。

目前,磁浮系统主要有两种类型,一种是高速磁悬浮列车,其最高行车速度可达 500 km/h,另一种是中低速磁悬浮列车,其最高行车速度可达 100 km/h。

10. 出租汽车

出租汽车是指在城市道路上无固定线路和班次,经营者按乘客要求的目的地或路线运行,按行驶里程或包用时间计费的一种公共客运小汽车。出租车载客少,但可以随叫随到,能提供机动灵活的服务,是现代城市不可缺少的一种辅助公共交通工具。出租车的特点是颜色鲜艳、统一格式、需安装顶灯、收费计价器等。

巩固测练

一、判断题

1. 狭义的道路运输是指汽车运输。（　　）
2. 道路运输按运输对象可分为道路旅客运输和道路货物运输两大类。（　　）
3. 道路运输按照性质只有营业性道路运输。（　　）
4. 公路建设过程中,环境保护措施是可有可无的。（　　）
5. 公路运输主要由路段、桥梁与涵洞、隧道、公路渡口、防护及支撑工程、公路用土地及公路附属设施组成。（　　）
6. 路面结构一般由面层、基层、底基层与垫层组成。（　　）

7. 单孔跨径小于 4 m 或多空跨径之和小于 8 m 称为涵洞,大于这一规定值则称为桥梁。（ ）

8. 环形放射式道路网布局,如兰州,具有通达性好、非直线系数小,有利于城市扩展和过境交通分流等优点。（ ）

9. 棋盘式道路网,对角线两点间绕行路程长,增加市内两点间行程,交通工具使用效率降低。（ ）

10. 公路运输的设施设备仅指运输车辆,不包括其他相关设施。（ ）

11. 汽车专用公路等级分为 6 个等级。（ ）

12. 公路等级越高,其设计速度、车道数等指标越低。（ ）

13. 高速公路,简称高速路,是指专供汽车高速行驶的公路。（ ）

14. 高速路路面包括主道和匝道两部分组成。（ ）

15. 公路运输设施设备包括停车场、加油站、维修站等。（ ）

16. 汽车总体构造包括发动机、底盘、车身和电气设备 4 个部分组成。（ ）

17. 运输限运、凭证运输货物的,道路货物运输托运人应当按照有关法律、行政法规的规定办理有关手续。（ ）

18. 道路货物运输经营者应当制定有关交通事故的道路运输应急预案。（ ）

19. 道路货物运输站（场）可以不对出站车辆进行安全检查,但必须采取措施防止超载车辆出站运行。（ ）

20. 公路用地范围内,不得修建非路用房屋,开挖渠道,埋设管道、电缆、电杆。（ ）

21. 路政管理的对象包括人、社会组织、物资资源、时空资源和信息资源。（ ）

22. 根据《公路路线标识规则和国道编号》规定,编号结构以 G 开头的为国道,以 X 开头的为乡道。（ ）

23. 公路建筑控制区范围从公路用地外缘起向外距离标准为：国道不少于 20 m,省道不少于 15 m,县道不少于 10 m,乡道不少于 5 m。（ ）

24. 公路路政管理主要业务包括公路两侧建筑控制区管理,超重超限管理、公路费收及税收管理及其他路产和路权事务管理。（ ）

25. 道路运政管理范围包括道路客运管理,道路货运管理,道路运输相关业务管理。（ ）

26. 严禁营运客车超载运行,在载客人数已满的情况下,允许再搭乘不超过核定载客人数的 5%的免票儿童。（ ）

27. 县级以上的道路运输管理机构应当每年对客运车辆进行一次审验；实施监督检查时,应当有 1 名以上人员参加,并向当事人出示合法有效的交通运输行政执法证件。（ ）

28. 大型货物为外形尺寸长度 14 m 以上或宽度 3.5 m 以上或高度 3 m 以上的货物；质量 25 t 以上的单体货物或不可解体的成组货物。（ ）

29. 机动车驾驶证有效期分为 6 年、10 年和长期三种。（ ）

30. 道路运输行政管理主要负责公路建设、养护、运营等方面的管理工作。（ ）

31. 道路运输行政管理机构负责制定和实施道路运输政策、法规。（ ）

32. 广义的城市交通系统包括：城市道路交通系统、城市轨道交通系统、城市水运系统、城市航空运输系统,狭义仅指城市道路系统。（ ）

33. 城市道路交通仅指城市内的道路,不包括城乡接合部的道路。（ ）

34. 城市道路按道路网的地位、交通等功能分为快速路、主干路、次干路3个等级。（   ）
35. 在道路系统中由人行道、人行横道、人行天桥及地道、步行街和步行道、城区中山边、林边和水边修建的绿道组成。（   ）
36. 城市道路交叉口主要分为平面交叉和立体交叉两种类型。（   ）
37. 城市道路交通规划应充分考虑公共交通、步行、非机动车等出行方式。（   ）
38. 三幅路适用于机动车交通量较大，非机动车交通量较少的主干路、次干路。（   ）
39. 平面交叉是两条道路在不同高程上交叉，两条道路上的车流互不干涉，各自保持原有车速通行。（   ）
40. 单幅路适用于机动车交通量较大，非机动车交通量较小的主干路、次干路。（   ）
41. 交通信号设备有车道信号灯和人行横道信号两种。（   ）
42. 道路交通标志分为主标志和辅助标志两大类。（   ）
43. 城市道路网布局分为：方格网式、条带式、放射式、环形放射式、自由式5种。（   ）
44. 交通工具方式分为步行、道路交通、轨道交通和其他公共交通。（   ）
45. 驾驶证记分周期为12个月，一个周期12分。（   ）

二、单项选择题

1. 下列不属于公路隧道的是（   ）。
   A. 山岭隧道　　　　B. 水底隧道　　　　C. 城市隧道　　　　D. 海底隧道
2. 沥青混凝土路面属于（   ）。
   A. 高级路面　　　　B. 中级路面　　　　C. 低级路面　　　　D. 次高级路面
3. 主要承受面层传来荷载，并把它扩散到下层的是（   ）。
   A. 面层　　　　　　B. 基层　　　　　　C. 垫层　　　　　　D. 路基
4. 公路路基的主要作用是什么？（   ）
   A. 提供行车舒适性　　　　　　　　　B. 分散车辆荷载
   C. 排水防渗　　　　　　　　　　　　D. 支撑路面结构
5. 我们经常看到的公路编号G85表示（   ）。
   A. 高速公路　　　　　　　　　　　　B. 高等级公路
   C. 国家公路　　　　　　　　　　　　D. 国家高速公路
6. 中国高速公路使用年限是（   ）。
   A. 10年　　　　　　B. 12年　　　　　　C. 15年　　　　　　D. 20年
7. 下列不属于高速路设计速度是（   ）km/h。
   A. 80　　　　　　　B. 100　　　　　　 C. 120　　　　　　 D. 140
8. 下列不属于高速路缺点的是（   ）。
   A. 造价昂贵　　　　　　　　　　　　B. 影响环境
   C. 能耗和运输成本高　　　　　　　　D. 事故严重
9. 高速公路配套设施高速公路沿线平均每隔（   ）km处设服务区。
   A. 40　　　　　　　B. 50　　　　　　　C. 60　　　　　　　D. 70
10. 发生交通事故，司机乘客必须迅速转移到紧急停车带内，并在肇事车后（   ）m处放置故障车辆警告标志牌，并报警。

  A. 50   B. 80   C. 100   D. 120

11. 中国普通公路编号按行政等级 S 代表（ ）。
  A. 国道或国家高速   B. 省道或省级高速
  C. 县道   D. 乡道

12. 高速公路的公路建筑控制区范围从公路用地外缘起向外距离标准不少于（ ）m。
  A. 15   B. 20   C. 25   D. 30

13. 公路按技术等级分为几个等级？（ ）
  A. 3 个   B. 4 个   C. 5 个   D. 6 个

14. 我国高速公路的最高设计速度为（ ）km/h？
  A. 80   B. 100   C. 120   D. 150

15. 公路运输设施设备中，以下（ ）不属于公路基础设施？
  A. 隧道   B. 桥梁   C. 加油站   D. 车辆

16. 道路运政管理的主体是各级（ ）部门。
  A. 公安   B. 交通   C. 工商   D. 运输

17. 公路路政管理的主体是（ ）。
  A. 县级以上地方人民政府交通主管部门
  B. 乡级以上地方人民政府交通主管部门
  C. 省级以上地方人民政府交通主管部门
  D. 市级以上地方人民政府交通主管部门

18. 以下不满足新建公路建筑控制区用地范围是（ ）。
  A. 国道两侧边沟外缘 20 m 外   B. 省道两侧边沟外缘 10 m 外
  C. 县道两侧边沟外缘 10 m 外   D. 乡道两侧边沟外缘 5 m 外

19. 道路运政管理的对象不包括（ ）。
  A. 从事道路客货运输经营的主体
  B. 从事道路运输相关业务经营的主体
  C. 道路客货运输经营主体的经营活动
  D. 从事道路设计、规划活动的企事业单位

20. 下列（ ）不属于道路运政管理的范围？
  A. 道路客运管理   B. 场站经营
  C. 道路货运管理   D. 道路运输管理

21. 县级以上道路运输管理机构应当每年对客运车辆进行（ ）次审验。
  A. 1   B. 2   C. 3   D. 4

22. 道路运输行政管理的核心是（ ）？
  A. 制定政策   B. 实施法规   C. 监督管理   D. 提供服务

23. 我国超重运输管理由（ ）部门负责实施。
  A. 公安交通管理部门   B. 交通运输部门
  C. 交通运输部门路政机构   D. 运输管理部门

24. 机动车登记证、号牌和行驶证由（ ）审查和发放。
  A. 公安机关交通管理部门   B. 交通运输部门
  C. 交通运输部门路政机构   D. 运输管理部门

25. 城市道路交通规划的主要目的是（　　）？
    A. 提高道路通行能力　　　　　　　　　B. 保障交通安全
    C. 优化交通结构　　　　　　　　　　　D. 降低交通污染
26. 以下（　　）不属于公路养护内容？
    A. 路面清扫　　　　　　　　　　　　　B. 路面修补
    C. 绿化养护　　　　　　　　　　　　　D. 信号灯维护
27. 以下（　　）不属于城市道路交通组成部分？
    A. 人行道　　　　　　　　　　　　　　B. 非机动车道
    C. 高速公路　　　　　　　　　　　　　D. 公交专用道
28. 快速路设计时速为（　　）km。
    A. 60~100　　　　B. 40~60　　　　C. 30~50　　　　D. 20~40
29. 下列关于城市道路横断面选择与组合的表述，不准确的是（　　）。
    A. 交通性主干路宜布置在为分向通行的两块板横断面
    B. 机、非分行的三块板横断面常用于生活性主干路
    C. 次干路可布置为一块板横断面
    D. 支路宜布置为一块板横断面
30. 重庆市的路网体系结构属于（　　）。
    A. 方格网式道路网　　　　　　　　　　B. 环形放射式道路网
    C. 自由式道路网　　　　　　　　　　　D. 混合式道路网
31. 某城市道路车速高、流量大、采用分向、分车道、全立交，则该道路属于（　　）。
    A. 主干路　　　　B. 次干路　　　　C. 支路　　　　D. 快速路
32. 旅游类标志颜色为（　　）底、白色字符图案。
    A. 白色　　　　　B. 蓝色　　　　　C. 黄色　　　　D. 棕色
33. 道路分为城市道路和公路，以下属于城市道路特有组成的是（　　）。
    A. 机动车道　　　　　　　　　　　　　B. 非机动车道
    C. 分隔带　　　　　　　　　　　　　　D. 地下给水、排水设施
34. 以下哪种交通工具通常被认为是城市公共交通的骨干？（　　）
    A. 自行车　　　　B. 公共汽车　　　C. 私家车　　　D. 步行
35. 在道路货物运输中，为防止驾驶人员疲劳驾驶，连续驾驶时间不超过（　　）个小时。
    A. 3　　　　　　B. 4　　　　　　　C. 5　　　　　　D. 6

三、多项选择题

1. 路面结构一般由（　　）组成。
    A. 面层　　　　　B. 基层　　　　　C. 底基层
    D. 垫层　　　　　E. 路面
2. 公路的结构通常由哪些层次组成？（　　）
    A. 路基　　　　　B. 路面　　　　　C. 基层
    D. 面层　　　　　E. 路肩
3. 下关于公路路基的说法，哪些是正确的？（　　）
    A. 路基是公路的基础，承担着路面的全部荷载
    B. 路基必须具有良好的排水性能

C. 路基的稳定性直接影响公路的使用寿命
D. 路基施工不需要考虑地质条件
E. 路基材料的选择对公路质量没有影响

4. 高速路路面包括（　　）三大部分。
   A. 主道　　　　　　B. 匝道　　　　　　C. 辅助车道
   D. 爬坡车道　　　　E. 避险车道

5. 高速公路根据道路规模可分为（　　）。
   A. 双向两车道　　　B. 双向四车道　　　C. 双向六车道
   D. 双向八车道　　　E. 双向十车道

6. 高速公路设置绿化设施的作用，包括（　　）。
   A. 美化道路　　　　　　　　　　　B. 增加交通事故发生率
   C. 降噪防污染　　　　　　　　　　D. 吸收汽车排出的污染气体
   E. 防止夜间车辆对向车辆的眩光干扰驾驶

7. 高速公路网编号由哪两部分组成？（　　）
   A. 字母标识符　　　B. 阿拉伯数字编号　C. 汉字
   D. 英文字母　　　　E. 图案

8. 道路运政管理的调节作用，主要体现在（　　）等方面。
   A. 调节运输市场供求关系　　　　　B. 调节、核定运价的批准事项
   C. 超重运输管理　　　　　　　　　D. 协调解决市场中出现的问题
   E. 调节道路运输与国民经济各部门及其他运输方式的协作关系

9. 道路运政管理的范围包括道路旅客运输（　　）。
   A. 交通安全　　　　B. 道路货物运输　　C. 道路搬运装卸
   D. 车辆维修　　　　E. 运输辅助服务

10. 汽车总体构造由那些（　　）组成。
    A. 发动机　　　　　B. 底盘　　　　　　C. 车身
    D. 电气设备　　　　E. 动力装置

11. 机动车管理主要包括机动车的（　　）等内容。
    A. 登记　　　　　　B. 牌证　　　　　　C. 标志
    D. 保险　　　　　　E. 检验、报废

12. 属于限运或凭证运输的货物是（　　）。
    A. 粮食　　　　　　B. 烟草　　　　　　C. 食盐
    D. 麻醉药品　　　　E. 水果

13. 道路运政管理的对象包括（　　）。
    A. 从事道路客货运输经营的主体
    B. 从事道路运输相关业务经营的主体
    C. 道路客货运输经营主体的经营活动
    D. 道路运输相关业务经营主体的经营活动
    E. 从事道路设计、规划活动的企事业单位

14. 我国城市道路按道路在道路交通网中的地位等分为（　　）。
    A. 快速路　　　　　B. 主干路　　　　　C. 次干路
    D. 街坊路　　　　　E. 支路

15. 城市道路网布局形式主要有（　　）。
   A. 方格网式　　　　B. 环形放射式　　　C. 自由式
   D. 井字式　　　　　E. 混合式
16. 机动车驾驶证有效期分为（　　）。
   A. 6 年　　　　　　B. 10 年　　　　　　C. 20 年
   D. 15 年　　　　　 E. 长期

四、简答题

1. 简述公路构筑物的组成及作用。
2. 简述高速公路的功能特点和国家高速公路网的布局。
3. 我国公路运输的载运工具有哪些类型？
4. 简述我国公路路政运政管理的基本内容。
5. 公路运输中的大型物件和危险货物有哪些？
6. 简述我国城市道路交通网络的组成。
7. 简述道路交通标志的类型，并举例说明。
8. 常规交通管理设施有哪些？

五、材料分析题

第一题

背景材料：2024 年，某省的一段高速公路在短短一个月内连续发生了三起因超限运输导致的桥梁损坏事件。具体情况如下：

事件一：一辆载重超过 100 t 的货车在通过一座桥梁时，由于重量超限，导致桥梁结构出现裂缝，被迫关闭维修，造成了数日的交通拥堵。

事件二：另一辆超限货车在夜间行驶时，由于司机对车辆载重情况不了解，导致车辆在通过一座桥梁时，桥梁承重梁发生弯曲，造成了桥梁部分损毁。

事件三：在一座已经存在安全隐患的桥梁上，一辆超限货车在试图通过时，桥梁突然坍塌，所幸没有造成人员伤亡，但造成了巨大的经济损失和交通中断。

这些事件引起了当地政府和交通管理部门的高度重视。在采取了一系列措施后，该省在接下来的几年内成功降低了超限运输导致的公路损坏事件，提高了公路和桥梁的安全水平。

问题：

1. 【判断】道路网的布局应满足城市交通的需求，保证交通的快速流通和安全。
   （　　）
2. 【判断】超重运输和超限运输均是由公安交通管理部门负责实施。　（　　）
3. 【单选】以下哪个选项是公路超限运输的主要原因？　（　　）
   A. 货物体积过大　　　　　　　　B. 货物质量过重
   C. 车辆数量过多　　　　　　　　D. 驾驶员操作不当
4. 【多选】公路超限运输的危害包括以下哪些？（　　）
   A. 加速路面磨损　　　　　　　　B. 增加交通事故
   C. 影响道路美观　　　　　　　　D. 降低道路通行能力
5. 【多选】公路超限运输管理的主要目的是什么？（　　）
   A. 保护公路基础设施　　　　　　B. 保障公路交通安全
   C. 提高货物运输效率　　　　　　D. 防止环境污染

6. 【多选】以下哪些措施可以用来控制公路超限运输？（　　）
   A. 设置固定超限检测站　　　　　　　B. 对超限车辆进行罚款
   C. 实施货物分装　　　　　　　　　　D. 提高货物运输成本
7. 【简答】有哪些措施可以帮助解决公路超限运输问题？

第二题

背景材料：以下图片是某城市道路网规划图，试回答下列问题。

问题：

1. 【判断】超限运输车辆对公路设施的损害主要是由于货物体积过大造成的。（　　）
2. 【判断】城市道路网的密度越高，通常意味着该城市的交通拥堵问题越严重。（　　）
3. 【单选】以下哪种措施不属于城市道路网交通拥堵缓解策略？（　　）
   A. 增加道路容量　　　　　　　　　　B. 实施交通信号优化
   C. 限制车辆行驶　　　　　　　　　　D. 提高道路设计标准
4. 【单选】城市道路网的基本类型不包括以下哪一种？（　　）
   A. 网格状道路网　　　　　　　　　　B. 环形放射状道路网
   C. 自由式道路网　　　　　　　　　　D. 随机式道路网
5. 【多选】城市道路网规划的主要目标包括以下哪些？（　　）
   A. 提高交通效率　　　　　　　　　　B. 保障交通安全
   C. 促进城市经济发展　　　　　　　　D. 减少环境污染
   E. 增加道路面积
6. 【多选】以下关于城市道路网功能的描述，哪些是正确的？（　　）
   A. 城市道路网是城市交通的载体，承担着城市交通的流通功能
   B. 城市道路网规划应考虑城市发展的长远需求
   C. 城市道路网的设计应保证交通的快速流通，不考虑行人安全
   D. 城市道路网应具备良好的可达性和疏散能力
   E. 城市道路网的密度越高，交通拥堵问题就越严
7. 【简答】该城市道路网的布局类型主要是什么？这种布局类型有哪些优点？

扫一扫：参考答案

模块四 航空运输

 学习目标

【知识目标】

1. 了解航空运输的发展历史、现状，以及发展趋势；
2. 熟悉航空运输的基本概念与特点；
3. 掌握用航空器的分类和结构、掌握民用飞机的性能及其参数；
4. 掌握民用机场的分类和构成；
5. 熟悉空中交通服务、空域管理和空中交通流量管理；
6. 熟悉低空经济的概念、低空飞行器的类型及适用场景。

【能力目标】

1. 能识别不同类型的航空器，并分析其使用场景；
2. 能识别民用机场的不同组成部分，并分析其特点和在运输中发挥的作用；
3. 能区分空域的类型，并分析不同空域管理的特点和适用的飞行要求；
4. 能区分低空经济与传统航空运输的差异，并能从国家和地方经济发展的角度，结合本地的发展现状，分析其在低空经济领域的发展趋势。

【素养目标】

1. 培养学生对航空运输的兴趣和热爱，从而形成行业自豪感；
2. 引导学生树立"爱护设备，勤于劳动"的岗位初心意识；
3. 引导学生树立"敬业专注，规范操作"的工作匠心意识；
4. 引导学生树立"追求卓越，交通强国"的专业信心意识。

> 📖 **思政领航**
>
> **翱翔蓝天　逐梦未来——中国民用航空的崛起、创新与民族自强**
>
> 从早期的气球、飞艇到现代的喷气飞机，再到未来的智能化和绿色化航空，航空发展史不仅见证了人类科技的飞跃，也深刻改变了社会的面貌。民用航空业是国家综合国力的重要组成部分，也是一个国家科技水平、制造能力和国际影响力的重要体现。长期以来，民用航空市场被少数几个西方国家垄断，特别是大型客机领域，波音和空客两家公司占据主导地位。中国作为一个拥有 14 亿人口的大国，对民用航空的需求巨大，但过去只能依赖进口飞机，这不仅花费巨大外汇，也制约了我国民航业的自主发展。面对挑战，中国航空人没有退缩，而是选择了迎难而上，自力更生，艰苦奋斗。C919 大型客机研制成功、ARJ21 新支线飞机投入运营等，标志着我国在民用航空领域取得了举世瞩目的成就，实现了从追赶到引领的伟大跨越。随着科技的发展，以及对环保的重视，我国在自动驾驶飞机、智慧机场与空地互联、无人机与低空经济、电动飞机与新型燃料等领域也均取得可喜的成就。未来，我国民用航空将朝着更智能化、绿色化与全球化发展继续迈进，为全球航空业的可持续发展提供了"中国方案"。
>
> ❓ 想一想：
>
> 1. 从"天空禁区"到"空中丝路"，如何从中国民航百年奋飞的发展史中，汲取和树立民族自豪感和自信心？
> 2. 如何理解创新对中国民航发展的重要意义？
> 3. 中国民航在服务国家重大战略、服务人民群众出行等方面发挥了哪些作用？
> 4. 中国民航如何更好地参与国际合作，为构建人类命运共同体贡献力量？

单元一　航空运输概述

航空是指在地球周围稠密大气层内的航行活动。民用航空是指使用各类航空器从事除了军事性质（包括国防、警察和海关）以外的所有航空活动。民用航空包括航空运输和通用航空。使用航空器（飞机、直升机等）运送人员、货物、邮件的运输方式，称为航空运输。通用航空是指在航空运输之外的所有民用飞行活动，如农业植保、林业消防、摄影、勘探、观测与巡视、搜索与救援、新闻播报等方面的飞行活动。

航空运输是使用飞机、直升机及其他航空器运送人员、货物、邮件的一种运输方式。具有快速、机动的特点，是现代旅客运输，尤其是远程旅客运输的重要方式，为国际贸易中的贵重物品、鲜活货物和精密仪器运输所不可缺的。

航空运输具有商品性、服务性、国际性、准军事性、资金、技术及风险密集性和自然垄断性六大特点。航空运输按照不同的标准可以分为不同的类型。航空运输起源于 1871 年，由于近几年国际经济低迷使得航空运输产业遭遇瓶颈，但是未来航空运输事业依然有广阔的发展空间值得我们发掘。

一、航空运输分类

根据不同的分类标准，航空运输可划分为不同的种类。

1. 从航空运输的性质出发

从航空运输的性质出发，一般把航空运输分为国内航空运输和国际航空运输两大类。

根据《中华人民共和国民用航空法》第107条的定义，国内航空运输，是指根据当事人订立的航空运输合同，运输的出发地点、约定的经停地点和目的地点均在中华人民共和国境内的运输。而所谓国际航空运输，是指根据当事人订立的航空运输合同，无论运输有无间断或者有无转运，运输的出发地点、约定的经停地点和目的地点之一不在中华人民共和国境内的运输。

2. 从航空运输的对象出发

从航空运输的对象出发，可分为航空旅客运输、航空货物运输和航空邮件运输3类。

旅客运输：指使用飞机运送旅客的运输方式，包括国内和国际航线。

货物运输：指使用飞机运送货物的运输方式，包括普通货物、鲜活易腐货物、危险品等。

邮件运输：指使用飞机运送邮件的运输方式。

较为特殊的是航空旅客行李运输既可附属于航空旅客运输中，也可看作是一个独立的货物运输过程。航空邮件运输是特殊的航空货物运输，一级情况下优先运输，受《中华人民共和国邮政法》及相关行政法规、部门规章等调适，不受《中华人民共和国民用航空法》相关条文规范。

3. 从运营模式出发

按运营模式的不同，可分为定期航班、包机航班和货运航班。

定期航班：按照预先制定的航班时刻表运行的航班。

包机航班：根据客户需求临时安排的航班，可以是整架飞机包租。

货运航班：专门用于货物运输的航班，可能由客货两用飞机或全货机执行。

包机运输是指民用航空运输使用人根据一定的目的包用公共航空运输企业的航空器进行载客或载货的一种运输形式，其特点是包机人需要和承运人签订书面的包机运输合同，并在合同有效期内按照包机合同自主使用民用航空器，包机人不一定直接参与航空运输活动。

二、航空运输的特点

1. 航空运输的优点

（1）高速直达，因为空中较少受自然地理条件限制，航线一般取两点间的最短距离。

（2）安全性能高，随着科技进步飞机不断地进行技术革新，使其安全性能增强、事故率低、保险费率相应较低。

（3）经济性良好，使用年限较长。

（4）包装要求低，因为空中航行的平稳性和自动着陆系统降低了货换的频次，所以可以降低包装要求，而且有避免货物丢失和损坏的明显优势。

（5）库存水平低。

（6）保持竞争力和扩大市场。

2. 航空运输的缺点

（1）受气候条件的限制在一定程度上影响了运输的准确性和正常性。

（2）需要航空港设施所以可达性差。

（3）设施成本高、维护费用高。
（4）运输能力小、运输能耗高。
（5）运输技术要求高、人员飞行员空勤人员培训费高。
由于航空运输特点，所以空运一般用于以下作业：
（1）成为国际运输的重要工具，对于对外开放促进国际技术经济合作与文化交流有重要作用。
（2）适用于高附加值、低质量、小体积的物品运输。
（3）在大多数情况下日常的基础上进行作业的。
（4）快捷运输途径。
（5）邮政运输手段。
（6）它是实现国际多式联运的一种新型运输方式。

三、航空运输的基本要素

实现航空运输的要素主要包括航空站、航空器、航线、航班和航空公司等。

1. 航空站

航空站，俗称机场，又称航空港，是供飞机起飞行活动的场所。

2. 航空器

广义上的航空器泛指所有能够借助空气的反作用在大气中获得支持的机器。狭义上的航空器指的是飞机。本模块所指的航空器主要是指狭义上的飞机。

3. 航　线

航线是经过批准开辟的连接两个或几个地点进行定期或不定期飞行，经营运输业务的航空交通线。航线规定了航线的明确方向、经停地点以及航路的宽度和飞行的高度等。为了飞行安全、维持空中交通秩序，民航从事运输飞行，必须按照规定的航线飞行。

4. 航　班

飞机由始发站起飞按照规定航线经过经停站至终点站的飞行称为航班。航班要根据班机时刻表在规定的航线上使用规定的机型，按照规定的日期、规定的时刻飞行。即具有"定航线、定机型、定日期、定时刻"的"四定"特征。

5. 航空公司

航空公司是指拥有航空器并从事航空运输服务的公司。航空公司具有如下特点：
（1）必须拥有一定数量的飞机，这是航空公司成立的前提条件。
（2）必须有与其能力相适应的航空运输业务。
（3）航空公司最主要的业务是把旅客和货物从一个地方运至另一地方。

四、航空运输的发展现状

2024年，民航全行业在以习近平同志为核心的党中央坚强领导下，坚持以习近平新时代中国特色社会主义思想为指导，全面贯彻落实党的二十大精神和中央经济工作会议精神，坚决贯彻落实党中央、国务院决策部署，按照"三新一高"部署要求，坚持稳中求进，统筹安全运行、恢复发展，民航高质量发展迈出坚实步伐。

1. 运输周转量

如图 4-1 所示，2024 年，全行业完成运输总周转量 1 485.17 亿吨千米，比上年增长 25.0%。国内航线完成运输总周转量 975.65 亿吨千米，比上年增长 12.5%，其中，港澳台地区航线完成 14.18 亿吨千米，比上年增长 41.8%；国际航线完成运输总周转量 509.52 亿吨千米，比上年增长 58.7%。

图 4-1　2020—2024 年民航运输总周转量

如图 4-2 所示，2024 年全行业完成旅客周转量 12 914.7 亿人千米，同比增长 25.3%。国内航线完成旅客周转量 10 200.8 亿人千米，同比增长 12.4%，其中，港澳台航线完成同比亿人千米，同比增长 48.6%；国际航线完成旅客周转量同比增长亿人千米，同比增长 120.7%。

图 4-2　2020—2024 年民航旅客周转量

如图 4-3 所示，2024 年，全行业完成货邮周转量 353.89 亿吨千米，比上年增长 24.8%。国内航线完成货邮周转量 82.41 亿吨千米，比上年增长 17.0%，其中，港澳台地区航线完成 2.03 亿吨千米，比上年增长 10.6%；国际航线完成货邮周转量 271.47 亿吨千米，比上年增长 27.4%。

2. 旅客运输量

如图 4-4 所示，2024 年，全行业完成旅客运输量 7.30 亿人次，同比增长 67.4%。国内航线完成旅客运输量 6.65 亿人次，同比增长 12.6%，其中，港澳台航线完成 985.08 万人次，同比增长 43.3%；国际航线完成旅客运输量 6 555.55 万人次，同比增长 125.6%。

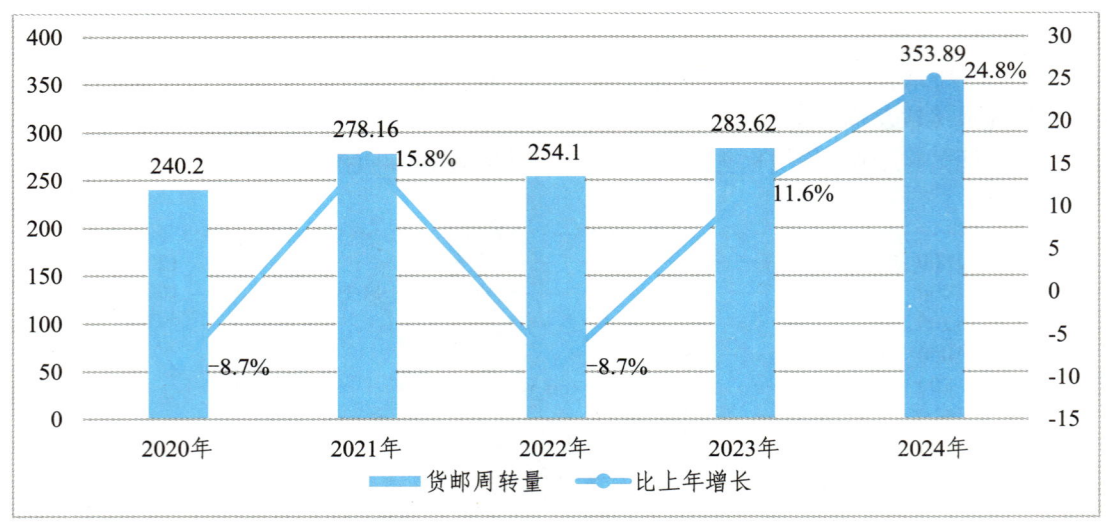

图 4-3　2020—2024 年民航货邮周转量

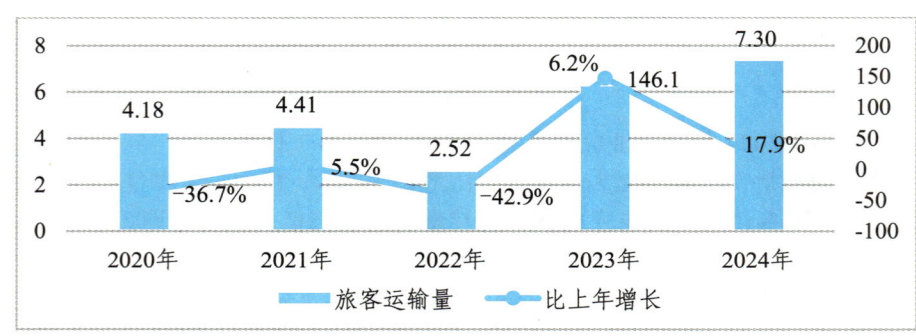

图 4-4　2020—2024 年民航旅客运输量

3. 货邮运输量

如图 4-5 所示，2024 年，全行业完成货邮运输量 898.16 万吨，同比增长 22.10%。国内航线完成货邮运输量 575.56 万吨，同比增长 17.8%，其中，港澳台航线完成 16.39 万吨，同比增长 8.4%；国际航线完成货邮运输量 360.60 万吨，同比增长 29.3%。

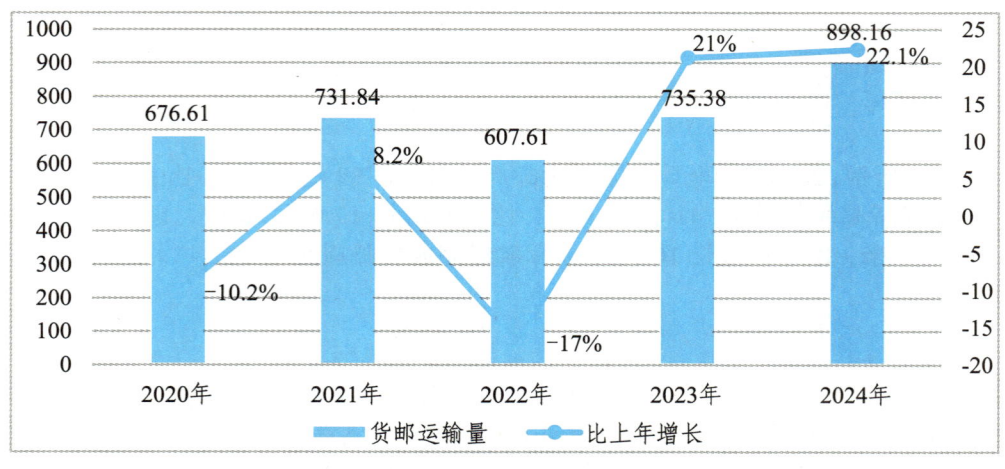

图 4-5　2020—20234 年民航货邮运输量

4. 飞行小时和起飞架次

2024 年,全行业运输航空公司完成运输飞行小时 1 382.17 万小时,同比增长 13.2%。国内航线完成运输飞行小时 1 150.79 万小时,同比增长 5.3%,其中,港澳台航线完成 17.22 万小时,同比增长 42.6%;国际航线完成运输飞行小时 231.38 万小时,同比增长 80.6%。

2024 年,全行业运输航空公司完成运输起飞架次 537.95 万架次,同比增长 9.3%。国内航线完成运输起飞架次 491.48 万架次,同比增长 5.1%,其中,港澳台航线完成 7.05 万架次,同比增长 36.1%;国际航线完成运输起飞架次 46.47 万架次,同比增 89.5%。

2024 年,全行业运输航空公司完成全年完成非生产飞行小时 3.76 万小时,其中,训练飞行 1.16 万小时;完成非生产起飞架次 5.16 万架次。

5. 运输航空企业数量

截至 2024 年底,我国共有运输航空公司 66 家,与上年持平。按不同所有制类别划分:国有控股公司 39 家,民营和民营控股公司 27 家。在全部运输航空公司中,全货运航空公司 13 家,中外合资航空公司 8 家,上市公司 8 家。

6. 运输机队

截至 2024 年底,民航全行业运输飞机期末在册架数 4 394 架,比上年底增加 124 架,见表 4-1。其中,客运飞机 4 126 架、增加 113 架,货运飞机 268 架、增加 11 架。

表 4-1　2024 年运输飞机数量

飞机分类	飞机数量(架)	比上年增加(架)	在运输机队占比(%)
合计	4 394	124	100.0
客运飞机	4 126	113	93.9
其中:宽体飞机	464	-9	10.6
窄体飞机	3 380	104	76.9
支线飞机	282	18	6.4
货运飞机	268	11	6.1
其中:大型货机	102	8	2.3
中小型货机	166	3	3.8

7. 航线网络

截至 2024 年底,我国共有定期航班航线 5 334 条,国内航线 4 513 条,其中,港澳台航线 73 条,国际航线 821 条。按重复距离计算的航线里程为 1 307.64 万千米,按不重复距离计算的航线里程为 958.60 万千米。

截至 2024 年底,定期航班国内通航城市(或地区)258 个(不含我国香港、澳门和台湾地区)。我国航空公司国际定期航班通航 62 个国家的 141 个城市,内地航空公司定期航班从 30 个内地城市通航香港,从 12 个内地城市通航澳门,大陆航空公司从 14 个大陆城市通航台湾地区。

8. 运输航空(集团)公司生产

2024 年,中航集团完成飞行小时 295.50 万小时,比上年增长 13.5%;完成运输总周转量 330.17 亿吨千米,比上年增长 29.4%;完成旅客运输量 15 211.18 万人次,比上年增长 20.3%;完成货邮运输量 185.92 万吨,比上年增长 26.8%。

2024年，东航集团完成飞行小时267.89万小时，比上年增长14.1%；完成运输总周转量294.76亿吨千米，比上年增长29.0%；完成旅客运输量14 056.24万人次，比上年增长21.6%；完成货邮运输量155.61万吨，比上年增长7.7%。

2024年，南航集团完成飞行小时314.74万小时，比上年增长10.8%；完成运输总周转量362.12亿吨千米，比上年增长21.5%；完成旅客运输量16 475.05万人次，比上年增长15.9%；完成货邮运输量183.43万吨，比上年增长15.7%。

2024年，其他航空公司共完成飞行小时504.03万小时，比上年增长14.2%；完成运输总周转量498.12亿吨千米，比上年增长22.4%；完成旅客运输量27 278.86万人次，比上年增长15.9%；完成货邮运输量373.20万吨，比上年增长30.6%。

2024年，上述几大航空（集团）公司运输总周转量比重如图4-6所示。

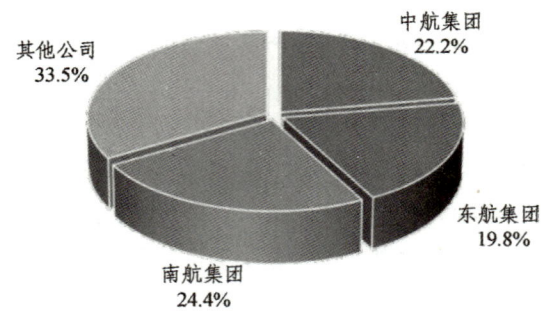

图4-6　2024年几大航空（集团）公司运输总周转量比重

9. 运输机场

截至2024年底，我国境内运输机场（不含香港、澳门和台湾地区）263个，比上年底净增4个。2024年新增机场有：河北邢台裕涟机场、新疆奇台江布拉克机场、新疆和静巴音布鲁克机场、黑龙江绥芬河东宁机场。

颁证运输机场按飞行区指标5分类：4F级机场15个，4E级机场39个，4D级机场37个，4C级机场167个，3C级机场4个，3C级以下机场1个。

10. 机场业务量

如图4-7所示，2024年，全国民航运输机场完成旅客吞吐量14.60亿人次，比上年增长15.9%。

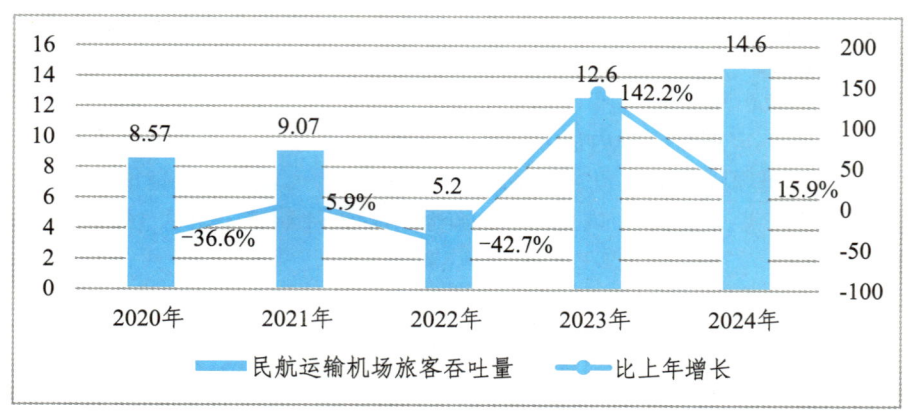

图4-7　2020—2024年民航运输机场旅客吞吐量

其中，2024年东部地区完成旅客吞吐量7.57亿人次，比上年增长18.6%；中部地区完成旅客吞吐量1.61亿人次，比上年增长12.8%；西部地区完成旅客吞吐量4.49亿人次，比上年增长12.6%；东北地区完成旅客吞吐量0.93亿人次，比上年增长15.8%。

如图4-8所示，2024年，全国民航运输机场完成货邮吞吐量2 006.19万吨，比上年增长19.2%。

其中，2024年东部地区完成货邮吞吐量1 376.68万吨，比上年增长14.1%；中部地区完成货邮吞吐量240.19万吨，比上年增长58.5%；西部地区完成货邮吞吐量325.27万吨，比上年增长21.9%；东北地区完成货邮吞吐量64.05万吨，比上年增长10.0%。

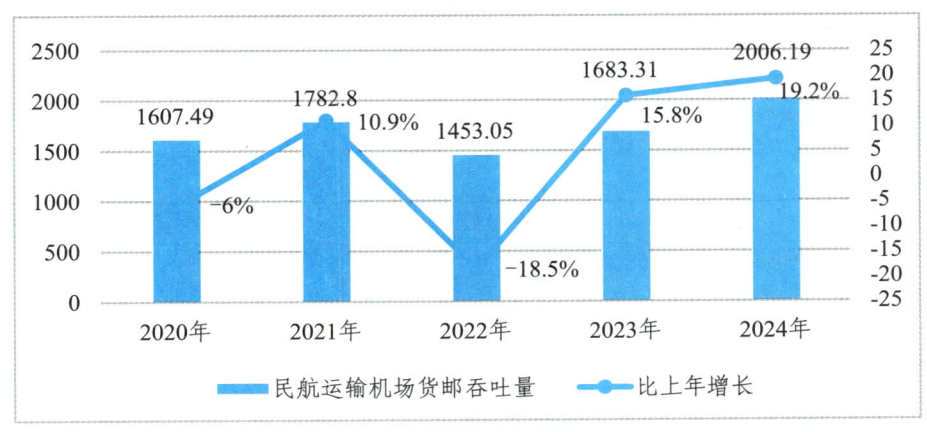

图4-8 2020—2024年民航运输机场货邮吞吐量

2024年，全国民航运输机场完成起降架次1 240.05万架次，比上年增长5.9%。其中，运输架次1059.40万架次，比上年增长8.0%。

2024年，年旅客吞吐量1 000万人次（含）以上的运输机场有40个，其中，北京、上海和广州三大城市机场旅客吞吐量占全部境内机场旅客吞吐量的21.8%，比上年提高1.7%。其中，北京、上海和广州三大城市机场国际航线旅客吞吐量占全部境内机场国际航线旅客吞吐量的59.4%，比上年下降1.4%。

2024年按旅客吞吐量分类的机场数量见表4-2。

表4-2 2024年按旅客吞吐量分类的机场数量

年旅客吞吐量	机场数量（个）	比上年增加（个）	吞吐量占全国比例
1 000万人次（含）以上	40	2	83.4%
200万人次（含）~1000万人次	37	1	10.4%
200万人次以下	186	1	6.2%

2024年，年货邮吞吐量1万吨以上的运输机场67个，其中，北京、上海和广州三大城市机场货邮吞吐量占全部境内机场货邮吞吐量的41.7%，比上年下降1.1%。

2024年按货邮吞吐量分类的机场数量见表4-3。

表 4-3　2024 年按货邮吞吐量分类的机场数量

年货邮吞吐量	机场数量（个）	比上年增加（个）	吞吐量占全国比例
10 万吨（含）以上	34	3	93.0%
1 万吨（含）~10 万吨	33	1	6.0%
1 万吨以下	196	0	1.1%

11. 运输效率

2024 年，全行业在册运输飞机平均日利用率为 8.89 小时，比上年增加 0.77 小时。其中，大中型飞机平均日利用率为 9.08 小时，比上年增加 0.75 小时；小型飞机平均日利用率为 6.64 小时，比上年增加 1.18 小时。

2024 年，正班客座率平均为 83.3%，比上年提升 5.4%；正班载运率平均为 72%，比上年提升 4.3%，见表 4-4。

表 4-4　2024 年正班客座率和正班载运率

指标	指标值	比上年提高百分点（%）
正班客座率	83.3	5.4
国内航线	84.5	5.7
其中：港澳台地区航线	76.6	5.2
国际航线	79.1	7.3
正班载运率	72.0	4.3
国内航线	73.3	5.8
其中：港澳台地区航线	62.9	7.0
国际航线	69.5	1.2

12. 经济效益

据初步统计，2024 年，全行业累计实现营业收入 11 341.5 亿元，比上年增长 10.8%；利润总额 1.2 亿元，比上年减亏增盈 206.1 亿元。其中，航空公司实现营业收入 7 656.4 亿元，比上年增长 13.6%；利润总额 44.7 亿元，比上年减亏增盈 102 亿元。机场实现营业收入 1 136.7 亿元，比上年增长 8.5%；利润总额 -130.6 亿元，比上年减亏 66.1 亿元。保障企业实现营业收入 2 548.3 亿元，比上年增长 4.3%；利润总额 87.2 亿元，比上年增加 38.2 亿元。

据初步统计，2024 年，航空运输收入水平为 4.72 元/吨千米，比上年降低 9.9%。其中，旅客运输收入水平 5.49 元/吨千米，比上年降低 11.5%；货邮运输收入水平 2.29 元/吨千米，比上年升高 3.2%。

据初步统计，2024 年，民航全行业应交税金 411.8 亿元，比上年增加 13.8 亿元。

13. 航空安全

2024 年，民航安全运行平稳可控，运输航空百万架次重大事故率十年滚动值为 0.024。通用航空事故万架次率为 0.026。

2024 年，全年共发生运输航空征候 618 起，其中运输航空严重征候 4 起，人为责任原因征候 8 起。2024 年，全行业共有 5 家运输航空公司发生人为责任征候。

2024 年，运输航空严重征候万时率为 0.002 9，同比下降 11.67%，各项指标均较好控制在年度安全目标范围内。

单元二　航空运输载运工具与站场

一、航空运输载运工具——飞机

用于航空运输的航空器主要是飞机。直升机在一定的场合也能用于人员与货物的运输。

在地球大气层内飞行的飞行器称为航空器。任何航空器都需要产生升力以克服自身重力才能升空飞行。按照产生升力的原理，可将航空器分为两类，即靠空气静浮力升空飞行的航空器（习惯上称为轻于空气的航空器）和靠航空器与空气相对运动产生升力升空飞行的航空器（习惯上称为重于空气的航空器）。航空器的分类如图4-9所示。

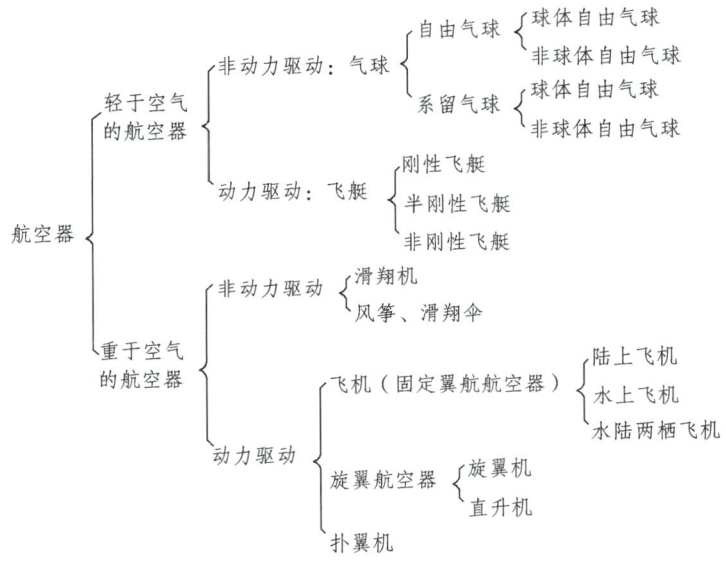

图 4-9　航空器的分类

重于空气的航空器包括有动力驱动的和无动力驱动的。动力驱动的航空器按照机翼形式又可分为固定翼航空器、旋翼航空器和扑翼机。固定翼航空器包括陆上飞机、水上飞机、水陆两栖飞机，由固定的机翼产生升力。旋翼航空器包括直升机和旋翼机，由旋转的机翼产生升力。

飞机是最主要的、应用范围最广的航空器，其特点是装有提供拉力或推力的动力装置、产生升力的固定机翼、控制飞行姿态的操纵面。以动力驱动的旋翼作为主要升力来源，能垂直起降的重于空气的航空器称为直升机。直升机装有一副或几副类似于大直径螺旋桨的旋翼，由动力装置驱动，能在静止空气和相对气流中产生向上的升力。旋翼受自动倾斜器操纵又可产生向前、向后、向左或向右的水平分力，使直升机既能垂直上升下降、空中悬停，又能向前后左右任一方向飞行。直升机可以在狭小的场地上垂直起飞和降落，无须跑道。

（一）飞机的分类

飞机按用途可分为军用飞机和民用飞机两大类。军用飞机是按各种军事用途设计的飞机，主要包括歼击机（战斗机）、截击机、歼击轰炸机、强击机（攻击机）、轰炸机、反潜机、侦察机、预警机、电子干扰机、军用运输机、空中加油机和舰载飞机等。民用飞机泛指一切非军事用途的飞机，分为用于航空运输的航线飞机和用于通用航空的通航飞机两大类。

1. 航线飞机

航线飞机又称运输机,分为运送旅客的客机和专门运送货物的货机,以及由客机改装成的客货混装的飞机。航线飞机是航空运输的主体,其中客机又占了最大部分。航线飞机的吨位大、产值高。

客机按航程的远近可以分为远程客机,中程客机和短程客机。依据国际上通常的标准,航程在 3 000 km 以下者为短程客机, 3 000~8 000 km 为中程客机,在 8 000 km 以上为远程客机。有时把航程在 5 000 km 以内的飞机称为中短程客机, 5 000 km 以上者称为中远程客机。一般而言,飞机航程越远,起飞重量越大,设备也越先进。

客机根据发动机类型,可分为活塞式飞机和喷气式飞机。1958 年以前,航线上主要使用的是活塞式飞机,之后大量地使用喷气式飞机。活塞式飞机速度慢、效益低,目前只在短航程上有少量使用。喷气式客机速度快、载客量大。20 世纪 70 年代初出现了机身加宽、载量增大的客机,称为宽体客机。例如,1970 年投入使用的波音 747,机体宽 5.96 m,每排有 10 个座位,中间为两条走道,载客量为 352 人。目前对宽体客机的定义是机身直径在 3.75m 以上,机内有两条通道的客机。机内只有一条通道、直径在 3.75 m 以下的客机称为窄体客机。

按照所飞航线的不同,我国经常把客机分为干线客机和支线客机。干线客机是指使用于国际航线和国内主要大城市之间主干航线上的客机;而支线客机是用于大城市和中小城市之间,在一定区域内飞行的客机。支线客流量小,一般把 100 座以下航程在 3 000 km 以内的飞机划为支线客机,而 100 座以上飞机算作干线客机。干线飞机载客多,设备先进,是航空运输的主力,但只能在设备齐全、有足够强度和长度跑道的大型机场起降。

2. 通航飞机

通用航空使用的都是小型飞机,起飞重量不超过 50 t,一般可分为公务机、私人飞机、农业用机、教练机、体育竞赛飞机等。

(二)飞机的结构

飞机自诞生以来,结构形式虽然在不断变化,但到目前为止,除了极少数特殊形式的飞机之外,主要组成部分是相同的。飞机的主要组成部分有机翼、机身、起落架、尾翼、动力装置、操纵系统和机载设备,如图 4-10 所示。

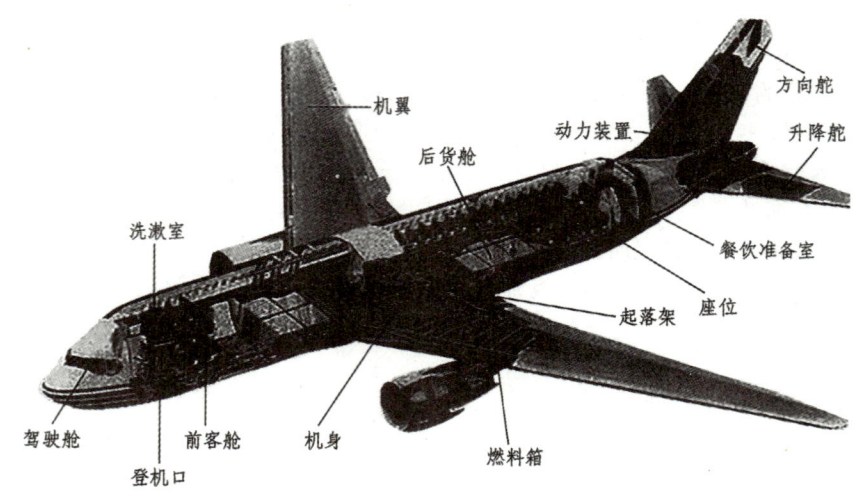

图 4-10 客机结构示意图

1. 机　翼

机翼的主要作用是产生升力，并起一定的稳定和操纵作用。通常在机翼上还装有副翼、襟翼、起落架、发动机、油箱等。机翼的平面形状多种多样，常见的有矩形翼、梯形翼、后掠翼、三角翼、双三角翼、箭形翼、边条翼等。现代飞机一般都是单翼机，但历史上也曾流行过双翼机、三帆翼和多翼机。

翼剖面（简称翼型）是用平行于飞机机身对称平面的切平面切割机翼所得的剖面。最早飞机所采用的翼型就是平板和弯板。后经实践的反复证明，才了解到流线型的翼型能提高飞机的飞行性能。

2. 机　身

机身用来装载人员、物资和各种设备，它还把飞机其他部分连接起来组成一个整体。早期飞机仅有一个连接各部件的构架。后来为了减少阻力，发展出流线外形的机身，并用以装载货物、人员和设备等体积较大的承载物。如果飞机足够大，能将人员、货物、燃油等全部装在机翼内部。如果飞机比较小，则可以取消机身，成为机翼式飞机，简称飞翼。

3. 起落架

起落架用于起飞、着陆滑跑和滑行停放时支撑飞机，一般由承力支柱、缓冲器、带刹车的机轮(或滑橇、滚轮)和收放机构组成。在低速飞机上用不可收放的固定式起落架以减轻重量，在支柱和机轮上有时装整流罩以减少阻力。陆地上或舰上起落的飞机采用机轮，冰上或雪上起落的飞机用滑橇代替机轮，浮筒式水上飞机则代之以浮筒。

4. 尾　翼

尾翼是安装在飞机后部，起稳定和操纵作用的部件。尾翼一般分为垂直尾翼和水平尾翼。垂直尾翼简称垂尾，由固定的垂直安定面和可动的方向舵组成，主要起方向稳定和方向操纵的作用。根据垂尾的数目，飞机可分为单垂尾、双垂尾、三垂尾和四垂尾飞机。水平尾翼简称平尾，由固定的水平安定面和可动的升降舵组成，主要起纵向稳定和俯仰操纵的作用。有的飞机为了提高俯仰操纵效率，采用的是全动平尾，即平尾没有水平安定面，整个翼面均可偏转。

水平尾翼一般位于机翼之后，但也有飞机把"水平尾翼"放在机翼之前，这种飞机称为鸭式飞机。此时，将前置"水平尾翼"称之为"前翼"或"鸭翼"。有一种特殊的V字形尾翼，兼起垂直尾翼和水平尾翼的作用。没有水平尾翼（甚至没有垂直尾翼）的飞机称为无尾飞机。这种飞机的俯仰操纵、方向操纵、滚转操纵均由机翼后缘的活动翼面或发动机的推力矢量喷管控制。

5. 动力装置

飞机动力装置包括产生推力的发动机和保证发动机正常工作所需的附件和系统，如发动机的起动、操纵、固定、燃油、滑油、散热、防火、灭火、进气和排气等装置和系统。

6. 操纵系统

飞机的操纵系统包括驾驶杆（盘）、脚蹬、拉杆、摇臂或钢索、滑轮等。为了改善操纵性和稳定性，现代飞机操纵系统中还配备有各种助力系统（包括液压式和电动式）、增稳装置和自动驾驶仪。

7. 机载设备

飞机的机载设备包括飞行仪表、通信、导航、环境控制、生命保障、能源供给等设备，以及与飞机用途有关的一些设备，如战斗机的武器和火控系统、旅客机的客舱生活服务设施等。

（1）通信设备

用于与地面电台或其他飞机进行联系的通信设备包括高频通信系统、甚高频通信系统和选择呼叫系统。

①高频通信系统一般采用两种制式工作，即调幅制和单边带制，以提供飞机在航路上长距离的空对地或空对空的通信。它工作在短波波段，频率范围一般为 2～30 MHz。

②甚高频通信系统一般采用调幅方式，主要提供飞机与地面、飞机与飞机之间近距离视线范围的话音通信。它工作在超短波波段，频率范围一般为 113～135.975 MHz。

③选择呼叫系统，选择呼叫指地面塔台通过高频或甚高频通信系统对指定飞机或一组飞机进行联系。当被呼叫飞机的选择呼叫系统收到地面的呼叫后，指示灯亮、钟响，提示飞行员与地面进行联系。

（2）导航系统

飞机导航主要依赖于无线电导航系统，其设备有甚高频全向无线电信标、测距仪系统，无方向性无线电信标系统以及仪表着陆系统等。

①甚高频全向无线电信标系统（VOR）是一种近程无线电导航系统，由地面发射台和机载设备组成。地面设备通过天线发射从 VOR 台到飞机的磁方位信息，机载设备接受和处理该信息，并通过有关指示器指示出飞机到 VOR 台的磁方位角。测距机是为驾驶员提供距离信息的设备，由机载测距机和地面测距信标台配合工作。一般情况下，地面测距台与 VOR 台安装在一起，形成极坐标近程定位导航系统。它是通过询问应答方式来测量距离的。

②无方向性无线电信标系统也称为导航台，是用来为机上无线电罗盘提供测向信号的发射设备。根据要解决的导航任务，导航台可以设置在航线上的某些特定点，终端区或机场。航线上导航台可以引导飞机进入空中走廊的出、入口，或到某一相应的导航点以确定新的航向。终端区的导航台用来将飞机引导到所要着陆的机场，并保证着陆前可机动飞行穿云下降，也用来标志该机场的航线出口位置。机场着陆导航台用来引导飞机进场，完成机动飞行和保持着陆航向。

③仪表着陆系统是应用最广泛的飞机精密进近和着陆引导系统。地面发射两束无线电信号实现航向道和下滑道指引，建立一条由跑道指向空中的虚拟路径。飞机通过机载接收设备，确定自身与该路径的相对位置，使飞机沿正确方向飞向跑道并且平稳下降，最终实现安全着陆。仪表着陆系统能在低天气标准或无目视参考的天气下，引导飞机进近着陆。

（三）民用飞机的主要性能

不同用途的飞机，对飞机性能的要求有所不同。现代民用飞机主要性能指标如下：

1. 速度性能

飞机在水平直线飞行条件下，把发动机推力加到最大所能达到的最大速度（此速度要能维持 3 km 以上的距离）。一般喷气飞机的最大平飞速度都是在 11 000 m 以上的高空达到的。对于军用飞机来说，低空飞行能力具有重要的意义。

发动机每千米消耗燃料最少情况下的飞行速度，称为巡航速度。飞机的巡航速度并不是固定不变的，要根据飞机飞行的距离、所需的时间、载荷要求、飞行的安全性、发动机的耐久性和经济性，以及气候条件等情况确定。对于长途飞行的飞机而言，巡航速度非常关键。

2. 爬升性能

爬升性能主要指飞机的最大爬升速度和升限。飞机起飞后，在爬升过程中，单位时间内所能上升的最大高度即为最大爬升速度。其值越大，上升到预定高度的时间越短。

飞机的爬升高度受到发动机推力的限制，因为高度越高，发动机的推力就越小。升限指飞机能够上升的最大高度。当飞机爬升到某一高度，发动机的推力只能克服平飞阻力时，飞机就不能再继续爬升了，这一高度称为飞机的理论升限。通常使用的概念是实用升限，即飞机还能以 0.5 m/s 的垂直速度爬升时的飞行高度。提高升限主要依靠改善发动机性能或减轻飞机质量。

3. 续航性能

续航性能主要指航程和续航时间（航时）。航程是指飞机起飞后，爬升到平飞高度平飞，再由平飞高度下降落地，且中途不加燃油和润滑油，所获得的水平距离的总和。简单地说，航程是指飞机一次加油在空中所能飞行的水平距离。飞机的航程既取决于飞机的载油量和飞机单位飞行距离耗油量，也和其业务载重量有关。飞机的最大航程是指飞机在最大载油量和飞机单位飞行距离耗油量最小的情况下飞行所获得的航程。续航时间是指飞机一次加油在空中所能持续飞行的时间。

4. 起降性能

飞机的起降性能包括飞机起飞离陆速度、离陆距离、飞机着陆速度和着陆距离。

在地面滑跑的飞机，当其前进速度所产生的升力略大于飞机的起飞质量，就能够离陆起飞。离陆距离包括起飞滑跑距离和起飞爬升距离两部分。起飞滑跑距离是指飞机从松开刹车沿跑道向前滑跑至机轮离开地面所经过的距离。起飞爬升距离指机轮离开地面到升高至规定的安全高度，飞机沿地平线所经过的距离。飞机发动机的推力越大，最小平飞速度越小，其离陆距离也就越短。

飞机着陆速度分为着陆进场速度和着陆接地速度。着陆进场速度是指飞机下滑至安全高度进入着陆区时的速度。着陆接地速度（又称为着陆速度）即为飞机在着陆区接触陆地时的速度。着陆距离可分为着陆下滑距离和着陆滑跑距离。着陆下滑距离指飞机开始下滑着陆至机轮接触地面时所经过的距离。着陆滑跑距离指从机轮着地开始滑跑至刹车时止所经过的距离。

二、航空运输站场——机场

机场也称航空站或者航站，是供飞机起飞、着陆、停驻、维护、补充给养及组织飞行保障活动所用的场所。机场是航空运输网络中的节点，是航空运输的起点、终点和经停点。机场可实现运输方式的转换，是空中运输和地面运输的转接点。

（一）机场分类

机场按使用性质分为军用机场、民用机场和军民合用机场。民用机场主要包括商业运输机场和通用航空机场。商业运输机场可以按照以下方式进行分类。

1. 国内机场和国际机场

按航线业务范围，商业运输机场分为国内机场和国际机场。

国内机场指供飞国内航线的飞机使用的机场。国际机场是指国际航线出入境并设有海关、边防检查（移民检查）、卫生检疫、植物检疫和商品检验等联检机构的机场。国际机场又分为国际定期航班机场、国际定期航班备降机场和国际不定期航班机场。国际定期航班机场指可安排国际通航的定期航班飞行的机场，国际定期航班备降机场指为国际定期航班提供备降的机场，国际不定期航班机场指可安排国际不定期航班飞行的机场。

2. 枢纽机场、干线机场、支线机场

按在航空运输系统中的作用，商业运输机场分为枢纽机场、干线机场和支线机场。

枢纽机场指国际、国内航线密集的机场，旅客可以很方便地中转到其他机场。枢纽机场可以分为门户机场、大型枢纽机场、中型枢纽机场及小型枢纽机场。

门户机场一般位于国家的政治、文化或经济中心城市，是国家对外开放的大型机场，是国家或地区的航空运输中心，例如我国的北京首都国际机场、上海虹桥国际机场和浦东国际机场。这种机场是航空旅客中转的地方，往往是城市的交通枢纽，承担着占全国很大比例的旅客吞吐量及飞机起降架次。它必须是国际旅客的枢纽机场，同时也是国内旅客的枢纽机场。

大型枢纽机场是地区航空运输中心城市的机场。这些中心城市是地区政治、文化和经济中心，是地区运输枢纽。大型枢纽机场往往是大型航空公司的基地。这些航空公司常在大型枢纽机场周围选择备用机场。当大型枢纽机场空中及地面交通拥挤时，可以使用备用机场缓解大型枢纽机场的交通压力。有时航空公司的目的地机场由于天气等原因航班不能随机着陆，必须使用备用机场。

干线机场是主要供国内干线航班使用的机场。国内干线一般是指跨三省以上、航程在 800 km 以上、由干线飞机（通常座级在 100 座以上）飞行的航线。

支线机场是主要供支线航班使用的机场。支线一般指省内或跨邻省飞行，航程在 800 km 以下、由支线飞机（通常座级在 100 座以下）飞行的航线。

3. Ⅰ、Ⅱ、Ⅲ、Ⅳ类机场

按机场所在城市的地位和性质，商业运输机场分为Ⅰ、Ⅱ、Ⅲ、Ⅳ类机场。

Ⅰ类机场指全国政治、经济、文化中心城市的机场，是全国航空运输网络和国际航线的枢纽。其运输业务量特别大，除承担直达客货运输外，还具有中转功能。北京首都机场、上海浦东机场、上海虹桥机场、广州白云机场即属于此类。

Ⅱ类机场指省会、自治区首府、直辖市和重要经济特区，以及开放城市，旅游城市或经济发达、人口密集城市的机场。此类机场可以全方位建立跨省、跨地区的国内航线，是区域或省区内航空运输的枢纽，有的可开辟少量国际航线。Ⅱ类机场也可称为国内干线机场。

Ⅲ类机场指国内经济比较发达的中小城市，或一般的对外开放和旅游城市的机场，能与有关省区中心城市建立航线。Ⅲ类机场也可称为次干线机场。

Ⅳ类机场指支线机场及直升机机场。

4. 始发/目的地机场、经停（过境）机场、中转（转机）机场

按旅客乘机目的，商业运输机场可分为始发/目的地机场、经停（过境）机场、中转（转机）机场。

除以上 4 种类别的划分标准外，从安全飞行角度考虑还应为预定着陆机场安排备降机场。备降机场是指在飞行计划中事先规定的，当预定着陆机场不宜着陆时，飞机可以前往着陆的机场。起飞机场也可以是备降机场。备降机场由中国民用航空局事先确定。如太原武宿国际机场、天津滨海国际机场和大连周水子国际机场均为北京首都国际机场的备降机场。

（二）机场的构成

机场主要由飞行区、候机楼区及进出机场的地面交通系统构成，如图 4-11 所示。

图 4-11 机场的构成

1. 飞行区

飞行区分空中部分和地面部分。空中部分指机场的空域，包括飞机进场和离场的航路。地面部分包括跑道、滑行道和停机坪，以及一些为维修和空中交通管制服务的设施和场地，如机库、塔台、救援中心等，如图 4-12 所示。

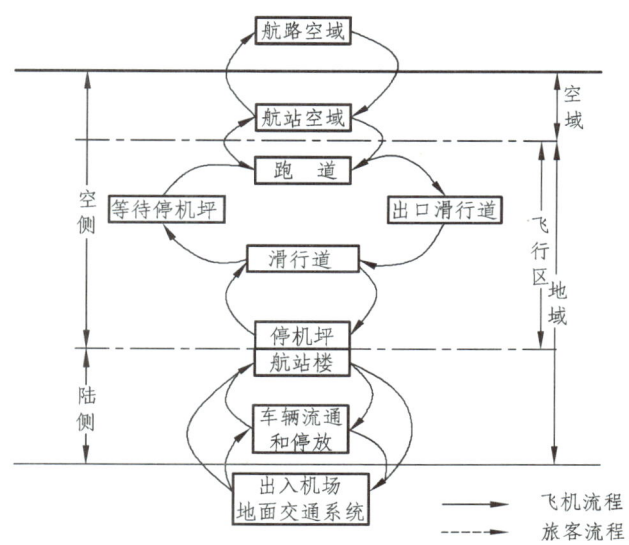

图 4-12 飞行区

（1）跑　道

机场跑道是指飞机场内用来供应航空飞行器起飞或降落的超长条形区域，直接供飞机起飞滑跑和着陆滑跑之用。跑道是机场工程的主体，机场的构型主要取决于跑道的数目、方位以及跑道与航站区的相对位置。跑道应有足够的长度、宽度、强度、粗糙度、平整度、规定的坡度。

我国民航机场的跑道通常用水泥混凝土筑成，也有用沥青混凝土筑成的。一般民航机场只设一条跑道，运输量大的机场设置两条或更多的跑道。按其作用可以分为主要跑道、辅助跑道和起飞跑道。主要跑道是指在条件许可时比其他跑道优先使用的跑道，按使用该机场最大机型的要求修建，长度较长，承载力也较高。辅助跑道也称次要跑道，是指因受侧风影响，飞机不能在主跑道上起飞着陆时，供辅助起降用的跑道，由于飞机在辅助跑道上起降都有逆风影响，所以其长度比主要跑道短些。起飞跑道是指只供起飞用的跑道。

跑道构型是指跑道数量、位置、方向和使用方式。跑道的构型主要有单条跑道、平行跑道、交叉跑道和开口 V 形跑道等，如图 4-13 所示。

飞行区跑道道肩可以减少飞机一旦冲出或偏离跑道时有损坏的危险，也减少雨水从邻近土质地面渗入跑道下的土基基础的作用，确保土基强度。跑道安全带的作用是在跑道的四周划出一定的区域来保障飞机在意外情况下冲出跑道时的安全，有时也成为升降带。包括侧安全地带和跑道端安全地带。

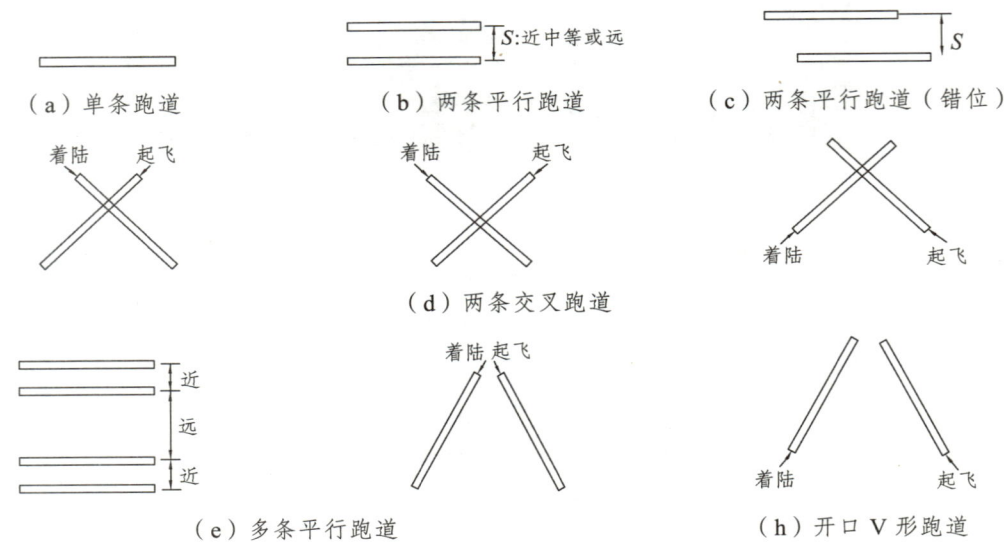

图 4-13　跑道的构型

（2）滑行道

滑行道指飞行区中供飞机地面滑行使用的通道，它从机坪开始连接跑道两端。在交通繁忙的跑道中段设有一个或几个跑道出口和滑行道相连，以便降落的飞机迅速离开跑道。

滑行道的宽度由使用机场最大的飞机的轮距宽度决定。滑行道的强度要和配套使用的跑道强度相等或更高，因为在滑行道上飞机运行密度通常要高于跑道，飞机的总质量和低速运动时的压强也会比跑道略高。

滑行道在和跑道端的接口附近有等待区，地面上有标出标志线。这个区域是为了飞机在进入跑道前等待许可指令而设的。等待区与跑道端线保持一定的距离，以防止等待飞机的任何部分进入跑道，成为运行的障碍物或产生无线电干扰。

（3）机坪与净空区

机坪是飞机停放和旅客登机的地方，机坪又分为停放机坪和登机坪。飞机在登机机坪装卸货物、加油，在停放机坪过夜、维修和长时间停放。机坪的面积要足够大，且应标出运行线，以便飞机按照进出和停放。登机坪也是候机楼区的一部分。

机场净空区（进近区）：机场附近沿起降航线一定范围内的空域不能有地面的障碍物来妨碍导航和飞行区域，其范围大小应满足国际民航组织的要求。净空区主要有供飞机在跑道两端上空爬升或下滑、供飞机在跑道两侧上空目视盘旋等功能，机场净空区是机场的重要组成部分。

2. 候机楼区

候机楼区是航空运输业务（旅客和货物）的陆、空交换区域的统称，包括旅客航站、货物及航客机坪、航站区管制中心、供应服务设施和航站交通及停车场等。

航站楼又称航站大厦、候机楼、客运大楼。航厦是机场内，提供飞机乘客转换陆上交通与空中交通的设施，方便乘客上下飞机。在航站楼内，乘客购票后需办理报到、托运行李，并经过安全检查及证照查验方能登机。航站楼由五项设施组成，包括地面交通的设施、办理各种手续的设施、连接飞机的设施、服务设施和航空公司营运和机场必要的管理办公室与设备等。航站楼需要具有鲜明、清晰的地方性，清楚的导向性，形式上朴素、明快、简洁、形式多样，布局上要有相当的可扩性，工程结构上要有较大的灵活性。

确定航站楼位置的基本原则主要有：

（1）通常设置在飞行区中部。

（2）当飞行区只有一条跑道，为了便于旅客与城市联系、航站楼应设在靠近城市的跑道一侧。

（3）当飞行区有两条跑道时，航站楼宜设在两条跑道之间。

（4）航站楼要离开跑道足够的距离，并设置在既平坦又较高的地方。

航站楼常用的形式主要有：

（1）一层式航站楼的离港和到港活动都在同一层平面内，适用于客运量较小的机场。

（2）一层半式的航站楼是两层，楼前车道是一层。通常第一层供到港旅客用，第二层供离港旅客用，适用于客运量中等的机场。

（3）二层式是航站楼与楼前车道都是二层。通常第一层供到港旅客用，第二层供离港旅客用，适用于客运量大的机场。

货物航站是含有货物的交运和提取、分拣、编码、储存、发送的设施和营运机构，货机坪上货物的装卸，站房和城市间的交通组织。货物航站用精确的手段将需要运送的货物及时地装上航线上的飞机及从飞机上卸下到站的货物。

货物航站主要由货物收发分拣区，高架的集装箱和散件储存库，管理和控制机构，陆侧或市侧（货物航站靠城市的一侧）的交货、提货部分，空侧（货物航站靠站坪的一侧）的装卸部分组成。

登机机坪是指旅客从候机楼上机时飞机停放的机坪，其要求是能使旅客尽量减少步行上机的距离。按照旅客流量的不同，登机机坪的布局可以有单线式、指廊式、卫星厅式、车辆运送式形式，如图4-14、4-15、4-16所示。

图4-14　单线式

图4-15　指廊式

图4-16　卫星厅式

3. 地面交通系统

地面交通系统是车辆和旅客活动的区域，其功能是把机场和附近城市连接起来（公路、铁路、地铁等），将旅客和货邮及时运进或运出的航站楼。机场是城市的交通中心之一，进出机场的地面交通系统的状况直接影响空运业务。从城市进出机场的通道是城市规划的一个重要部分。大型城市为了保证机场交通的通畅，修建了市区到机场的专用公路或高速公路，乃至地铁或高架铁路。

（三）机场设施

飞机起飞和着陆阶段是飞行事故多发阶段。机场导航设施、灯光系统、跑道标志组成一个完整系统，以保证飞机的安全起飞和着陆。

机场导航设施也称为终端导航设施，其作用是引导飞机安全、准确地进近和着陆。机场导航设备分为非精密进近设备和精密进近设备。进近是指飞机下降时对准跑道飞行的过程。非精密进近设备是指有方位引导，但没有垂直引导的仪表进近。如甚高频全向信标台（VOR）、测距台（VOR-DME）、无方向性标台（NDB）及机场监视雷达等设备。精密进近设备是使用精确方位和垂直引导，并根据不同的运行类型规定相应最低标准的仪表进近。如仪表着陆系统、精密进近雷达系统、卫星导航着陆系统等。

夜间或能见度很低的白天，飞机在机场进近降落时，无论是仪表飞行还是目视飞行，都需要地面灯光助航。机场灯光系统包括跑道灯光（包括着陆区灯、跑道边灯、中线灯、跑道端灯）、滑行道灯光、机坪灯光、进近灯光（顺序闪灯、红色进近灯、白色校验灯）等。

机场的其他设施还包括测量基转点、供油设施、应急救援设施、动力与电信系统、环保设施、旅客服务设施、保安设施、货运区及航空公司区等。基地航空公司（或分公司）基地所在的机场，应相应安排停机坪、机库、维修车间和航材库等。

三、机场维护区及环境

机场维护区包括飞机维修区、安全保卫设施、供油设施、救援与消防设施、空中交通管理设施、行政办公区等。

机场周围环境的保护，使得机场建设和营运不至于对周围环境造成不良影响。做好机场营运环境的保护，使航空运输安全、舒适、高效进行。

机场环境污染主要有声环境污染、空气环境污染、水环境污染和固体废弃物。声环境污染通过用低噪声的飞机、夜间不飞或少飞、提高飞机的上升率或减小油门，使飞机较高地飞越噪声敏感区等方法来改善。邻近飞行区一侧植树，树的种类应不会招引鸟类，可以降低空气环境污染。雨水直接排放，生活污水等经处理后排放，可以改善水环境污染。固体废弃物按照城市垃圾的处理办法进行处置。

单元三　航空运输组织管理

航空运输是一个复杂的生产过程，需要地面保障和空中服务等多方面工作的密切配合，通过各生产体系中有关部门的综合协调共同完成。

一、空中交通管理

（一）空中交通服务

空中交通管制单位应当为飞行中的民用航空器提供空中交通服务，包括空中交通管制服务、飞行情报服务和告警服务。

提供空中交通管制服务，旨在防止民用航空器同航空器、民用航空器同障碍物体相撞，维持并加速空中交通的有秩序地活动。

提供飞行情报服务，旨在提供有助于安全和有效地实施飞行的情报和建议。

提供告警服务，旨在当民用航空器需要搜寻援救时，通知有关部门，并根据要求协助该有关部门进行搜寻援救。

（二）空域管理

空域又称可航空间，是航空器在大气空间中的活动范围。空域管理是指在给定空域结构内，根据不同用户的需要，通过时间和空间的划分，以最大限度地利用空域资源。

空域管理主要有3个目标，首先，最大限度利用空域，即在给定的空域结构内通过"实时性"，有时根据不同空域使用者（民航、军航）的短时要求，将空域分隔开，以求实现对可用空域的最大利用。其次，使空域要有足够的灵活性。例如，若军方申请某一划定范围进行临时性训练，空域管理机构在与有关各方协商后，可以批准这样的申请。在该任务完成后，此空域即被撤销。最后，建立起能与周边国家航线网络相衔接的航路布局。

空域分类是指将连续空域划分为若干个不同类别的空域。不同类别的空域对航空器的使用条件要求不同，管制单位对在不同类别空域内活动的航空器提供的空中交通服务类别也不相同。

根据对飞行的航空器提供空中交通管制服务与否，可以把空域划分为管制空域和非管制空域两种。国际民航组织把管制空域划分为A、B、C、D、E五大类，在各类管制空域中分别提供不同的服务等级、飞机速度的限制、飞机之间的距离及无线电通信。非管制空域则划分为F、G两大类。非管制空域是指民航或军事当局需要控制的区域以外的空域，但并不意味着不需要控制或没有控制，只是因为空中交通不多，把它留给通用航空使用。

2023年前，我国原则上民航管制空域只包括机场区、主要航路的航路区，在这些区域之外全部是军事管制区域，而且是绝对管制区。2023年12月21日，中国民用航空局发布了中央空管委制定的《国家空域基础分类方法》，旨在最大化地利用国家的空域资源，并规范其划分与管理。根据飞行规则、飞行器性能要求、空域环境及空中交通管理服务的不同，空域被分类为A至E类管制空域和G、W类非管制低空空域。这一划分标志着我国首次明确设立非管制空域，预期将显著提高空域资源的利用效率。

A类空域（高空管制空域）：通常标准气压高度6 000 m（含）至标准气压高度20 000 m（含）。这个类别的空域为所有飞行提供空中交通管制服务，并配备间隔。通常仅允许仪表飞行，且航空器与空中交通管理部门之间必须保持持续双向无线电通信。航空器必须安装二次雷达应答机，且飞行计划需经过审批。

B类空域（中低空管制空域）：划设在民用运输机场上空，高度根据民用机场跑道（单、双、三）类别而划分，范围包括机场标高600 m（含）至标准气压高度6 000 m（含）。例如，民用三跑道以上机场通常划设半径20 km、40 km、60 km的3环阶梯结构。在此空域内的航空器可以按照仪表飞行规则飞行，如果符合目视飞行规则的条件，经飞机驾驶员申请，并经中低空管制室批准，也可以按照目视飞行规则飞行，并接受空中交通管制服务。

C类空域（进近管制空域）：划设在建有塔台的通用航空机场上空，通常为半径5 000 m、跑道道面至机场标高600 m（含）的单环结构。它是中低空管制空域与塔台管制空域之间的连接部分。在此空域内的航空器可以按照仪表飞行规则飞行，如果符合目视飞行规则的条件，经飞机驾驶员申请，并经中低空管制室批准，也可以按照目视飞行规则飞行，并接受空中交通管制服务。

D类空域（塔台管制空域）：A、B、C、G类空域以外，根据运行需求和安全要求选择划设。标准气压高度20 000 m以上统一划设为D类空域。

E类空域：A、B、C、G类空域以外，可根据运行需求和安全要求选择划设。

G类空域：通常为B、C类空域以外真高300 m以下空域（W类空域除外），以及平均海平面高度低于6 000 m、对军事飞行和民航公共运输飞行无影响的空域。

W类空域：通常为G类空域内真高120 m以下部分空域。

G类空域和W类空域的划分，进一步优化了低空空域的管理，为通用航空、无人机等低空飞行活动提供了更多的便利。

（三）空中交通流量管理

空中交通流量管理（ATFM）是指有助于空中交通安全、有序和快捷地流通，以确保最大限度地利用空中交通管制服务的容量，并符合有关空中交通服务当局公布的标准和容量而设置的服务。

空中交通流量管理的目的主要是在需要和预期需要超过空中交通管制（ATC）系统的可用容量期间内，为空中交通安全、有序和流量的加速提供服务，确保最大限度地利用ATC容量，保证空中交通最佳地流向或通过这些区域，为飞机运营者提供及时、精确的信息以规划和实施一种经济的空中运输，以尽可能准确地预报飞行情报而减少延误。

二、航空公司生产组织管理

航空公司也就是航空运输企业，它们掌握航空器并从事生产运输。其他类型的航空企业如油料、航材、销售等，都是围绕着航空运输企业开展活动的。航空公司运输生产的组织与管理主要包括航班计划、市场销售、飞行的组织与实施等。

（一）航班计划

1. 航班计划主要内容

航班指飞机由始发站按规定的航线起飞，经过经停站至终点站或不经经停站直达终点站的运输飞行。航班有正班飞行、加班飞行和专包机飞行。

航班从起飞到下一次着陆之间的飞行路段称为航段。直达航线只有一个航段，非直达航线则有两个或两个以上航段，如乌鲁木齐-武汉-广州航线就是由乌鲁木齐-武汉、武汉-广州两个航段所组成。由于各地区的地理位置和经济环境不同，空运业务量的大小也有区别，因此有必要将航线分解为航段。通过航段运量统计可观察每个航段上空运业务量的大小和运输能力的利用情况，以便更准确地反映航空运输生产状况，为规划航线、安排航班、调配运力提供统计信息。

航班计划是规定正班飞行的航线、机型、班次和班期时刻的计划。正班飞行是按照对外公布的班期时刻表进行的航班飞行。正班飞行的航线、机型、班次和班期时刻，实际上就是航空公司向社会承诺提供的航空运输服务产品。从这个意义上说，航班计划是航空公司最重要的生产作业计划，是组织与协调航空运输生产活动的基本依据。从飞机调配、空勤组排班、到座位销售、地面运输服务组织、航空公司运输生产过程的各个环节，都要依据航班计划进行组织和安排。

航班计划主要内容包括航线、机型、航班号、每周班次、班期、时刻。

2. 航班计划编排

航空运输具有较强的季节性，航空公司一般每年编制两期航班计划：夏秋航班计划和冬春航班计划。航班计划提前10个月左右开始编制；提前半年做出航班计划草案，报中国民用航空局审核；执行前2个月左右进入销售系统；在执行前1个月左右以班期时刻表的形式向社会公布。

航班计划的编制，应综合考虑航空运输的外部环境和内部条件，即国际国内政治经济形势；各航线的市场需求状况；主要竞争对手的发展情况；有关机场的情况；原有航线的成本与效益情况；企业的长远发展战略目标；企业的航空运输能力；上期计划和上年同期计划的有关数据及执行情况；各驻外办事处与各业务部门对上期航班计划执行情况的意见反馈等。

对于原有航线，应根据市场需求、经营状况和企业运力情况决定是否进行调整。运量增长较大、效益好的航线，不仅要继续执飞，还应考虑是否需要增加运力投放（增加航班或使用较大机型）；运量不足、效益差，且无望扭转的航线，或由于国际形势变化难以保证飞行安全的航线，应考虑停飞；对于旅客和货物的流向有了较大变化的航线，则应当考虑航线延伸、增加或减少经停点、与其他航班的衔接等，以适应市场需求的变化。

对于准备开辟的新航线，要进行充分的调查研究，摸清技术上的可行性和经济上的合理性（包括航班的经济效益和对公司整个航线网络的贡献），提出开航报告，报请主管部门批准后才能列入航班计划。

无论开辟新航线还是调整原有航线，最重要的依据都是航空运输需求，尤其要注意摸清旅客、货物航空旅行的原始出发地和最终目的地。

（二）市场销售

市场销售是航空公司市场销售部门以及销售代理根据航班计划，在公布的订座期限内进行航班座位销售。市场销售是航空公司回收投资的主要环节，销售渠道有以下4类。

1. 本企业的销售部门

本企业的销售部门是指航空公司设在市区和空港的销售网点。近年来，也有航空公司通过自己的网站直接销售客票，这种方式可以节省佣金，降低成本。

2. 旅游代理

机票是旅行社安排旅行计划的核心内容之一。旅行社和航空公司签订协议，代理销售旅游计划中的客票，既方便了旅行社，也为航空公司提供了稳定的客源，提高了运载率。

3. 销售代理

在民用航空比较发达的国家，民航运输销售的绝大部分是代理企业销售的。销售代理企业受民航运输企业的委托，在约定的经营范围内以委托人的身份处理航空运输（包括客、货运输）

销售及相关的业务。

销售代理业的出现，更加方便旅客购票，也使航空运输公司集中力量于运输服务，减少了大量销售方面的经费和成本。销售代理企业成为航空运输企业的直接大宗客户，通过佣金赢得利润。

4. 航空企业之间的代理销售

航空企业之间的代理销售的方式最早出现在联程航空运输上。一个航空公司为了在它没有航线的地区和在这一地区有航线的航空公司的航班衔接，代销后者的机票。这样既方便了旅客，也扩大了两家航空公司的运输业务。干线公司和支线航空公司合作一般采用这种形式，双方互利互惠。对于国际航线和国内航线的衔接，这种形式显得也十分重要，由于一般经营国际航线的公司没有在其他国家经营国内航线的权力，通过这种代理方式可以把两家航空公司的航班衔接起来，提高旅行的服务质量，并保证了双方的客源。

（三）飞行的组织与实施

飞行的组织与实施包括飞行预先准备、飞行直接准备、飞行实施和飞行讲评。

1. 飞行预先准备阶段工作

机组的预先准备，通常于飞行前一日进行，只有时间来不及进行准备时、紧急任务，方可与飞行直接准备合并进行。其工作主要是：

（1）研究起飞、降落和备降机场、航线和作业区的有关资料，了解天气形势。
（2）了解航线或飞行区内的特殊飞行规定。
（3）准备航图，进行领航作业。
（4）了解飞行航线和区域内的航行通告，并且核对所飞航线和区域的航行资料。
（5）根据培训带飞计划，研究科目，讲解要领，提出要求。
（6）研究特殊情况的处置方法和机组的协作配合。
（7）参加或了解航空器的准备情况。
（8）国际航线飞行时，准备有关证件。

2. 飞行直接准备的工作

机组的直接准备时间，根据航空器的型别分别规定，但不得迟于航空器预计起飞前 1h 到达工作岗位。其主要工作是：

（1）研究天气，进行领航准备，按照飞行手册的规定，确定起飞质量。
（2）研究飞行中气象条件变坏或发生特殊情况时的处置方案。
（3）取得最新的通告摘要，校正航、通、导资料，提交申报飞行计划，再检查飞行文件。
（4）听取工程机务人员关于航空器准备情况的报告，接受与检查航空器燃油量。
（5）检查与了解货物装载情况，办理载运手续。
（6）检查航空器上服务用品是否配备齐全。
（7）不迟于航空器预计起飞前 30 min 办理商务、边防、海关手续。
（8）与飞行签派员共同研究并做出能否放行航空器的决定，并在飞行放行单上签字。

3. 飞行实施阶段的工作

机组在飞行实施过程中，按照飞行的有关规定、程序和操纵规程实施飞行，主要工作是：

（1）严格执行检查单制度。

（2）严格按照飞行计划飞行。

（3）正确使用发动机和机上设备，合理节约燃料。

（4）按时向有关的空中交通管制部门发送位置报告和飞行情况，向航空公司飞行签派机构报告主要飞行情况。

（5）由于天气、机械和身体的原因，没有信心继续完成飞行任务时，主动向飞行签派机构和空中交通管制部门报告。

（6）降落后，向签派机构报告飞行情况，向机务人员反映航空器的工作情况，向航行情报部门反映有关通信导航、机场设施的不正常和变更情况，以便及时查询核实。

4. 飞行讲评阶段的工作

机组的讲评，在每次飞行任务结束后进行。对完成任务的情况，飞行安全和质量，机组的协作配合等做出正确评价。对于发现的问题，尤其是安全、质量和技术方面的问题，认真分析原因，总结经验，吸收教训，提出应对措施。

（四）航空货物运输

航空货物运输包括急快件货物运输（如商业信函票证、生产部件、急救用品、救援物资以及紧急调运物品等运输）、易腐货物运输（如鲜花、海鲜、应时水果等运输）和常规货物运输。

航空货物运输需要通过吨位控制提高载运率。换言之，货运既要考虑货物的体积，还要考虑货物的质量。因此，吨位控制的任务是通过舱位预订与分配提高货舱的载运率，避免吨位浪费、超售和装运过载。

航空货运可以用全货机或客货混装型飞机运输，两者吨位控制和配载管理的原则不完全相同。采用全货机方式运输时，吨位控制和配载过程比较单一，主要控制货物体积（不能超高，超长）、形状（易于固定），不能超重。客货混装方式运输，由于必须首先考虑运送旅客，因此货运吨位控制和配载要在保证客运的前提下，按照飞机的配载要求，控制货物的质量和位置，保证飞机飞行平稳安全，充分提高飞机的载运率。

单元四　低空经济

近年来，随着科技的进步与社会经济的发展，低空经济逐渐成为一个备受瞩目的新兴领域。2023年12月中央经济工作会议明确提出"打造生物制造、商业航天、低空经济等若干战略性新兴产业，开辟量子、生命科学等未来产业新赛道"，2024年低空经济首次写入政府工作报告，低空经济作为战略性新兴产业迎发展新机遇，低空经济也成为被越来越多城市看准的"新赛道"。

一、低空经济概述

（一）低空经济的定义与发展历史

低空经济是以低空飞行活动为核心，以无人驾驶飞行、低空智联网等技术组成的新质生产力与空域、市场等要素相互作用，带动低空基础设施、低空飞行器制造、低空运营服务和低空飞行保障等领域发展的综合性经济形态。

低空经济的产业链长，辐射范围广，具体包括：上游：主要为构建中游各类低空产品的原材料（包括金属原材料、特种橡胶与高分子材料等）与核心零部件（包括电池、电机、飞控、机体等）；中游：主要为低空产品的制造、低空飞行、低空保障与综合服务等；下游：主要为运营和各种应用场景（包括旅游业、物流业、文旅业与巡检业等）。

我国低空经济的发展历史可以分为几个阶段：

早期阶段（2010年之前）：在这一时期，低空经济主要停留在概念层面。由于技术和政策的限制，低空飞行活动相对有限，主要集中在军事侦察和攻击等特定领域。民用无人机技术尚未成熟，市场应用相对有限。

概念提出与探索阶段（2010—2020年）：2010年，低空经济的术语首次被提出。这一阶段，无人机技术取得了显著突破，随着无人机技术的不断改进和成本的降低，商业化的无人机开始逐渐进入市场。无人机航拍、农业植保、环境监测等领域的应用逐渐兴起。国家和地方政府也开始对低空经济进行政策探索。

政策推动与快速发展阶段（2021年至今）：2021年，中共中央、国务院印发《国家综合立体交通网规划纲要》，首次将"低空经济"概念写入国家规划，明确提出要发展低空经济，标志着其正式成为国家战略的一部分。2023年，低空经济被提升至战略性新兴产业的高度，并在2024年被正式写入政府工作报告。这一时期，低空经济在政策扶持和科技发展的推动下，开始在多个领域得到深度运用，其产业链逐渐形成并快速发展。

（二）通用航空和低空经济发展现状

1. 通用航空企业数量

截至2024年底，获得通用航空经营许可证的传统通用航空企业760家，比上年底净增70家。其中，华北地区140家，东北地区48家，华东地区222家，中南地区161家，西南地区125家，西北地区37家，新疆地区27家。

2. 通用航空机队规模

2024年底，通用航空在册航空器总数达到3 232架，其中，教学训练用飞机1 252架。

3. 通用机场

截至2024年底，全国在册管理的通用机场数量达到475个，比上年底净增26个，其中，A类通用机场172个。

4. 通用航空飞行小时

2024年，全国通用航空共完成飞行134.1万小时，比上年下降2.2%。其中，载客类完成2.4万小时，比上年下降12.5%，载人类完成17.8万小时，比上年增长22.6%，其他类完成64.1万小时，比上年下降8.0%；非经营性作业完成49.8万小时，比上年下降0.6%。

5. 民用无人驾驶航空情况

截至2024年底，获得无人机运营合格证的单位19 979家。其中，华北地区3 000家，东北地区2 399家，华东地区5 397家，中南地区4 218家，西南地区2 983家，西北地区1 561家，新疆地区421家。

截至 2024 年底，全行业无人机拥有者注册用户 161.9 万个，比上年底增长 80.4 万个，其中，个人用户 152.1 万个，企业、事业、机关等法人登记用户 9.8 万个。

截至 2024 年底，全行业注册无人机共 217.7 万架，比上年底增长 98.5%。

截至 2024 年底，共颁发无人机操控员执照 27.33 万本，其中，有效执照 24.73 万本。

2024 年，全年无人机累计飞行时数 2 666.7 万小时，同比增长 15.4%。

（三）低空空域范围

低空空域通常是指真高 1 000 m 以下的飞行区域，而随着近些年低空应用的不断发展，根据不同地区特点和实际需要可延伸至 3 000 m。我国在低空空域的管理改革，历经了以下阶段。

1. 低空空域管理改革筹划论证阶段（2000—2010 年）

这一阶段通过大量国内外调研论证、召开会议统一思想认识。在 2009 年的全国低空空域管理改革研讨会上，有关方面提出将 3 000 m 以下的空域分为 3 类：管制空域、监视空域、报告空域。

管制空域通常划设在飞行比较繁忙的地区，如机场起降地带、空中禁区、空中危险区、空中限制区、地面重要目标、国（边）境地带等区域的上空。在此空域内的一切空域使用活动，必须经过飞行管制部门批准并接受飞行管制，管制空域会为飞行活动提供空中交通管制服务、飞行情报服务、航空气象服务、航空情报服务和告警服务。

监视空域通常划设在管制空域周围。在此空域内的一切空域使用活动，空域用户向飞行管制部门报备飞行计划后，即可自行组织实施并对飞行安全负责，飞行管制部门严密监视空域使用活动，并提供飞行情报服务和告警服务。

报告空域通常划设在远离空中禁区、空中危险区、空中限制区、国（边）境地带、地面重要目标以及飞行密集地区、机场管制地带等区域的上空。在此空域内的一切空域使用活动，空域用户向飞行管制部门报备飞行计划后，即可自行组织实施并对飞行安全负责，飞行管制部门根据用户需要提供航行情报服务。

2. 第一轮：低空空域分类化管理改革（2010—2014 年）

2010 年，国务院、中央军委印发《关于深化我国低空空域管理改革的意见》，首次明确了深化低空空域管理改革的总体目标、阶段步骤和主要任务，拉开了开发低空资源、促进通航发展的序幕。从 2013 年起，航空管制放松，低空空域开放将在全国铺开，湖北等中南地区 5 省 37 片空域将开放。放开低空领域对整个国家的经济，尤其是"大交通"系统的发展和确立有着重要的意义。2014 年 11 月 23 日闭幕的全国低空空域管理改革工作会议确定真高 1 000 m 以下空域将实行分类管理有序放开。全国 14 个省自治区直辖市相关地区进行试点（占全国空域的 33%）。

3. 第二轮：低空空域精细化管理改革（2015—2018 年）

优化空域审批制度、动态灵活使用、建立低空空管服务保障示范、加强"低慢小"航空器安全管控等着力解决空域管理粗放、使用效率不高的问题。

2016 年 5 月 13 日，国务院办公厅印发《关于促进通用航空业发展的指导意见》，将通用航空业定位为战略性新兴产业体系。及时总结推广低空空域管理改革试点经验，实现真高 3000 米以下监视空域和报告空域无缝衔接，划设低空目视飞行航线，方便通用航空器快捷机动飞行，并在珠三角和海南地区试点运行。

4. 第三轮：低空空域协同化管理改革（2018 至今）

将原低空空域由军民航分块管理转变为军地民三方协同管理，将低空飞行由管制指挥模式转变为目视自主飞行模式，并简化了审批流程。在四川省、湖南省、江西省、安徽省试点拓展。2023 年 12 月 21 日，中国民用航空局发布了国家空管委制定的《国家空域基础分类方法》，首次将低空空域划分为 G、W 类非管制空域，为低空空域充分使用释放空间。这一举措标志着我国低空空域管理向更加精细化、科学化的方向迈进，将极大地促进低空经济的发展。同时，多个地方政府积极构建数字化空域使用监管系统，运用大数据、人工智能等新技术提升管理服务水平，加快推动无人机物流、应急救援、警务巡防等典型应用场景落地，为低空空域的充分利用积累了丰富的实践经验。

（四）低空经济适用的场景

低空经济由于其在经济性、便捷性、环境友好性和安全性方面具有优势，催生出各种"低空经济+"的应用场景，包括物流配送、农业植保、旅游观光、交通运输、城市管理、应急救援、环境监测、航空研学等领域。

1. 低空物流

利用无人机进行货物运输和配送，尤其是在地形复杂或者交通不便的地方，无人机可以快速、高效地完成配送任务。

针对固定航线、固定时刻的快递场景，顺丰集团旗下丰翼科技已在深圳常态化运营部分路线，重点聚焦快递件及包括疫苗、血清等医疗物资。针对固定航线、不固定时刻的外卖配送场景，美团也以核心商圈为中心，开通由商场至周边社区的航线，配送餐饮、药品、电子消费品等物资。如 2024 年 6 月 28 日，成都成功实现国内首个"干—支—末"跨省低空物流首航，从贵阳以固定翼通航飞机将货物运至成都淮州机场，再通过无人机运输至快递集散点，减少物流运输中转时长 8 小时，提升服务配送效率 20%。

2. 农业植保

无人机在农业中的应用，如作物监测、病虫害防治、施肥、块地管理等，使得植保作业更加精准、高效、环保，有助于提升农业生产的整体水平。

3. 航测与遥感

利用无人机进行地形测绘、资源调查和环境监测，为城市规划、灾害评估和自然资源管理提供数据支持。

4. 交通监控

在交通管理中，无人机可以用于实时监控交通状况，帮助管理部门及时响应交通拥堵或事故。

5. 紧急救援

在自然灾害或紧急情况下，无人机可以快速到达现场，进行情况评估和救援物资投放。

6. 警务安防

无人机在安防领域的应用，如监控、巡逻、追踪嫌疑人等，提高了警务工作的效率和安全性。

7. 旅游观光

提供空中观光体验，尤其是在风景优美的旅游区，无人机或轻型飞机可以提供独特的观光视角。

8. 个人娱乐

如无人机竞速、航拍等，为个人用户提供娱乐体验。

9. 环境监测

监测空气质量、水体污染、野生动物保护等环境问题。

10. 电力巡检

无人机在电力线路巡检中的应用，可以减少人工巡检的风险，提高巡检效率。

11. 通信中继

在移动通信网络覆盖不足的地区，无人机可以作为临时通信中继站。

12. 城市管理应用

大疆作为行业级无人机运营方不断探索与供电局、公安局等部门合作，将无人机批量应用于电力巡检工作，涉及工作包括日常巡检、红外测温、故障定位和清除外飘物等。

二、低空飞行器

低空经济产业的先进飞行器主要以垂直起降型飞机（eVTOL）与无人驾驶航空器为载体，按照高度可分为：载人飞行器（1 000~6 000 m）、行业级无人机（120~1 000 m）、消费级无人机（120 m 以下）。其中，应用于载货、载人、城市管理等场景的行业无人机正不断涌现，不断提升居民生活质量，完善城市保障体系，带动低空产业升级。常见低空飞行器类型见表 4-5。

表 4-5　常见低空飞行器类型

飞行高度（m）	飞行器类型		飞行器参数		
			续航	载重	飞行速度
1 000~6 000	载人飞行器	直升机*	600 km	3 000 kg	70 m/s
300~1 000		eVTOL	30 km	200 kg	30~40 m/s
120~300	行业级：快递物流		15 km	10~20 kg	10~15 m/s
120 以下	行业级无人机：即时物流配送、城市管理等		10 km	<10 kg	10~15 m/s
	消费级无人机		15~30 km	—	10~20 m/s

*直升机以贝尔 407 为例。

（一）无人机（UAV）

1. 无人机的组成及类型

无人机（Unmanned Aerial Vehicle，UAV）是利用无线电遥控设备和自备的程序控制装置操纵的不载人飞机，或者由机载计算机完全地或间歇地自主地操作。无人机由飞机机体、飞行控制系统、数据链系统、发射回收系统、动力系统等部分组成，具有成本相对较低、无人员伤亡风险、生存能力强、机动性能好、使用方便等特征。

按类型的不同，可分为固定翼无人机、旋翼无人机、扑翼无人机、伞翼无人机和无人飞艇等。

按飞行高度的不同，可分为超低空无人机（<100 m）、低空无人机（100~1 000 m）、中空

无人机（1 000~7 000 m）、高空无人机（7 000~18 000 m）和超高空无人机（>18 000 m）。

近年来，无人机行业快速发展，成为全球范围内战略性新兴产业的重要组成部分。其广泛应用领域包括国防安保、农林植保、航空拍摄、物流运输、城市规划、环境监测、巡检应急等。我国的民用无人机市场自20世纪80年代起步，经过近40年的发展，已形成成熟的民用无人机市场，并在全球市场中占据领先地位。特别是大疆无人机，在民用无人机市场中独领风骚，截至2024年底，已稳居全球无人机市场超过70%的份额，并在德国市场占据高达80%的市场份额。此外，还有纵横股份、亿航智能、极飞科技等企业在工业级无人机领域具有较强的竞争力。

2. 无人机未来的发展前景

（1）快递物流——最具前景的应用场景

工业无人机在快递物流中的应用空间预计将远大于地理测绘和农林植保需求端，虽然目前快递物流场景中的无人机应用规模占比不及地理测绘、农林植保，但有国内庞大的物流需求做基础，其未来市场空间预计将远大于地理测绘和农林植保类应用场景。具体数据看，2019—2024年，我国快递业务总量迅速增长，2024年快递业务量达到1 750.84亿件，同比增长21%。高需求拉动下，物流无人机需求也爆发性增长。根据深圳市无人机行业协会的数据，2019年我国物流领域无人机市场规模仅为0.01亿元，而2020年便已达到16.8亿元，预计2024—2029年，我国低空经济物流行业市场规模由330亿元增长至1 920亿元，CAGR42%。

政策方面，国家各部委以及地方政府部门在不同的重要文件中均强调了对低空物流的政策支持。如2024年工信部等四部委联合印发《通用航空装备创新应用实施方案（2024—2030）》、《交通运输标准提升行动方案（2024—2027年）》等从顶层设计角度对无人机物流进行了规划；2月25日，《民用航空法（修订草案）》征求意见稿发布，明确允许通用航空企业从事部分定期运输业务，合并准入审批程序（运营许可证替代原有双证），实施分类管理以增强市场活力；地区层面，国内大部分地区均出台了相应的低空规划。我们总结一下政策文件的共通点，主要集中在五个方面。

第一，基建先行。多地规划建设通用机场、垂直起降点及无人机物流节点。例如深圳2025年底建成1 000个以上起降点、1 000条以上低空商业航线，苏州2026年底建成200个起降点、100条以上无人机航线。

第二，场景分层。按"干—支—末"分级布局，干线覆盖城际运输（如新疆羊肉运输）、支线服务山区/海岛（如浙江桐庐）、末端聚焦即时配送（如南京跨江航线）。

第三，资金激励。成都、深圳等地通过补贴（单架次最高90元）、税收优惠（如研发费用加计扣除）直接降低企业成本。

第四，技术融合。推动5G、RISC-V芯片（如东风DF30芯片）与低空物流结合，提升设备智能化水平。

第五，应急协同。多地将低空物流纳入应急体系（如四川森林防火、重庆航空救援），强化社会服务功能。

（2）末端已进入商业应用，支线由试点向规模化过渡，干线技术储备与空域改革并行

中国物流运输体系以"干线—支线—末端"三级网络为核心框架，得益于电商的高速发展，目前已形成覆盖全国、辐射全球的高效流通网络。

干线运输（1 000 km+）是连接核心物流枢纽的"大动脉"，承担跨区域、长距离、大批量货物运输，分铁路干线（京沪线、大秦铁路等）、公路干线（如G4京港澳高速）、航空干线，其核心价值在于规模经济效应和战略资源调配能力，支撑产业链基础物资流通（如煤炭、钢铁）

和高附加值商品（如电子产品）的跨区域转移。

支线运输（100~1 000 km）是干线网络的延伸，承担枢纽到城市或城市群内部的中短途集散任务，其核心价值在于资源二次分配和服务柔性化，如冷链支线确保生鲜产品从产地仓到区域分拨中心的品质稳定。

末端运输（<10 km）是物流网络的"神经末梢"，覆盖城市社区、农村村落及特定场景，其核心价值在于精准触达和用户体验优化。

目前无人机末端物流已进入规模化商业应用阶段，以传统快递物流企业为主导，如顺丰、美团、京东等，2023 年国内末端无人机产量占比达 99%，远超支线与干线。在区域低空航线运营上，地区发展并不平衡，其中珠三角领跑全国，深圳宝安区单区贡献全国 30%的末端物流航线，2024 年低空物流飞行量达 25.84 万架次，广州市计划 2027 年前开通 500 条城际低空航线；长三角聚焦特色场景，如上海—舟山跨海岛礁配送、杭州电商物流试点构成差异化竞争力；中西部呈追赶态势，目前也在试点各条低空航线，但商业化规模仍较小。

（3）传统快递物流企业自研中小型无人机

根据中国民用航空局颁布的《无人驾驶航空器飞行管理暂行条例》，最大起飞重量 7~25 kg/25~150 kg/重于 150 kg 的无人机分别为小/中/大型无人机。小型无人机无需取得适航许可，中大型无人机需要申请适航，其中大型无人机适航管理要求更高，不仅需满足适航标准，还需进行更为复杂的测试和验证，确保其安全性和可靠性。目前多旋翼或复合翼是末端或短途支线物流的主力机型，已步入商业化运营，主要厂商包括美团、顺丰、京东、迅蚁、大疆、亿航等。大型无人机由传统无人机企业研发主导，多采用固定翼架构，如壹通无人机、白鲸航线、航天时代飞鹏、天域航通、四川腾盾等，目前大部分机型尚在适航审定过程中。

（二）电动垂直起降飞行器（eVTOL）

电动垂直起降飞行器（eVTOL）是一种新型的航空器，它结合了直升机垂直起降的能力和固定翼飞机快速、高效的巡航能力。以电能作为推进系统的全部或部分能源的飞机，其电能全部或部分来自蓄电池、燃料电池、发电机等供电装置。

eVTOL 适用范围广，应用场景丰富。目前 eVTOL 可以满足少量乘客的城市飞行或包裹递送，小型 eVTOL 在军事、航模、农业、安防等领域已有大量应用。随着全球 eVTOL 量产，应用场景将大幅拓展至城市客运（UAM）、区域客运（RAM）、城市物流配送、商务出行、紧急医疗服务、私用飞行器等多种场景模式，大致可分为载人客运、载物货运、公共服务、警务安防、国防军事及私人飞行等六大类行业场景。

1. eVTOL 构型及种类

eVTOL 构型种类较为丰富，其总体构型可进行多种创新性的"气动-推进"一体化设计和非常规气动布局设计，具体可细分为多旋翼型、复合型、矢量推进型（包括倾转旋翼型及倾转涵道型）。

多旋翼型：适航认证难度相对较低，占地空间较小，具有垂直起降能力，灵活性和稳定性较高，技术难度较低，但能效低，航程短，仅适用于短途运输。

复合型：能效较高，具有高速和长航程的能力，但有效载荷低，占地面积大，重量大，不易折叠，灵活性较差。

倾转旋翼型：具有较高的速度和航程，且可满足不同的出行需求，既可垂直起降，又可长距离飞行，但开发技术难度大，研发风险和成本高，且对载荷及乘员数量有限制，难以实现大规模运输。

倾转涵道型：具有高速和长航程能力，效率较高且兼具舒适性和安全性，但技术难度极高，投资较大，产品开发与测试周期长。

电动垂直起降飞行器的类型及参数见表 4-6。

表 4-6　电动垂直起降飞行器的类型及参数

类型 主要参数	多旋翼型	升力与巡航复合型	倾斜旋翼型	倾转涵道型
架构要点	通过多个（通常多于 4 个）固定螺旋桨实现起降和巡航动作	升力与巡航用的螺旋桨是独立的，分别实现垂直起降和巡航	通过倾旋不同螺旋桨或机翼方向实现飞行姿态与起降	通过改变涵道推力方向，实现不同场景下的垂直起降与巡航
载重（人）	1~3	2~5	2~5	4~7
最高速度（km/h）	80~150	150~200	180~250	200~300
最大航程（km）	20~50	150~250	200~250	175~300
主要应用场景	空中出租车（市内点对点交通；（市郊至市中心往返交通）；低空旅游；短途紧急救援等	空中出租车；机场接驳；城际短途航班；物流运输等	空中出租车；机场接驳；城际短途航班；物流运输等	城际中长距离航班；紧急救援；观光旅游等

2. eVTOL 的性能特征

eVTOL 性能优势明显，竞争能力突出，发展前景广阔。eVTOL 主要具有六大性能特征：飞行安全性、运行可靠性、绿色环保性、运营经济性、智能自主性、体验舒适性。

（1）飞行安全性。由于 eVTOL 用电池代替燃油箱、用电机代替发动机、用旋翼取代螺旋桨，采用分布式动力系统、自动避障、自主驾驶、敏捷机动以及冗余配置、应急恢复等技术，或配备整机降落伞，大幅提升了飞行安全性。关于 eVTOL 安全参数，美国 FAA 第 23 部分认证要求是使发生事故的概率在千万分之一，而欧盟 EASA 要求的是十亿分之一的事故

（2）运行可靠性。eVTOL 运营环境复杂，对运行可靠性要求更高。eVTOL 主要采取纯电推进和混电推进两大类型新能源动力系统，应用分布式电力推进（DEP）技术耦合、碳纤维复合和钛合金材料制造等，通过创新设计推进机身集成，优化机体设计与布局，以提高推进效率、减少飞行器阻力、提高升力或控制能力，同时减轻整机重量，提高载客人数或载货重量。

（3）绿色环保性。eVTOL 基于电动化，没有发动机，以及可以减少城市内的交通拥堵，符合碳达峰、碳中和的航空交通未来趋势和环保要求；同时能够大幅降低噪声，提升乘坐体验和舒适度。

（4）运营经济性。相对于直升机，eVTOL 拥有更少部件，更易于维护、飞行更安全且操作成本更低无论是设计、生产、维护、运营都降低了成本。eVTOL 的有效载荷直接关乎未来运营的经济效益，要真正开展规模化、常态化运行，要在最低能源使用量、维护要求和飞行时间之间、更高载荷或更多乘客与更大起飞重量及噪声之间取得平衡。随着规模化和供应链不断成熟，未来 eVTOL 运营成本将进一步降低，更加大众化、普适化。

（5）智能自主性。eVTOL 拥有智能驾驶技术，主要包括感知、决策和控制三部分。可实现对低空气象环境的感知、决策与控制，以及在遇到不确定情况或错误时，能够快速实现应急恢复与安全降落。

（6）体验舒适性。相比传统飞机，乘坐 eVTOL 改变了"机场到机场"的传统航空运输方式，可以实现数字化出行、城内及城际空中交通"门到门"，无缝中转，行程时间更短，通勤效率更高，干扰噪声小，沉浸式空中观光更佳，以及环保可持续的零碳飞行。

民用航空器只有经过中国民用航空局适航审定合格才能够进入中国民航市场。根据中国民用航空局（CAAC）发布的《中华人民共和国民用航空法》和《民用航空产品和零部件合格审定规定》，适航审定分为三个阶段，分别是型号合格审定、生产许可审定和适航合格审定。对于 eVTOL 来说，取证路径也要遵循民航要求进行各环节流程认证和审批。一般来说，一款 eVTOL 的适航审批流程为适航证 AC（试飞）、型号合格证 TC（机型可商业化，但每架产品需单独申请 AC）、生产许可证 PC（批量化 AC 授权）。

目前，亿航 EH216-S 是全球首个三证齐全的 eVTOL 飞行器。2023 年 10 月 13 日，亿航 EH216-S 无人驾驶航空器获得 eVTOL 领域全球首张型号合格证（TC）。2023 年 12 月 21 日，EH216-S 无人驾驶载人航空器获得由中国民用航空局颁发的标准适航证（AC），成为全球首个获得适航证的 eVTO 航空器，取得行业领先，正式开启商业化交付。2023 年 12 月 28 日，首批完成适航认证的 EH216-S 无人驾驶载人航空器分别在广州、合肥两座城市完成了商业首飞演示，标志着 EH216-S 在当地景区将开展常态化空中商业飞行，稳步推进商业化运营。2024 年 4 月 7 日，EH216-S 无人驾驶载人航空器获得由中国民用航空航局颁发的生产许可证（PC），这是全球 eVTOL 行业内首张生产许可证，标志着 EH216-S 率先迈入规模化生产阶段，为下一步商业化运营提供重要保障。

巩固测练

一、判断题

1. 旅客航空运输又称民用航空运输，是指民用航空运输企业以取得报酬为目的，使用民用航空器运送旅客、行李或者货物的活动。（   ）
2. 用于航空运输的航空器主要是飞机。（   ）
3. 重于空气的航空器包括有动力驱动和无动力驱动两类。（   ）
4. 客机按照所飞航线不同，分为活塞式飞机和喷气式飞机。（   ）
5. 机场主要由飞行区、候机楼区及进出场的地面交通构成。（   ）
6. 民用机场包括临时机场。（   ）
7. 通用机场属于军民合用机场。（   ）
8. 绿化好的机场就是绿色机场。（   ）
9. 重庆江北机场是我国的三大门户复合枢纽之一。（   ）
10. 成都双流机场是我国的第三大机场。（   ）
11. 直升飞机是飞机。（   ）
12. 机场跑道只有平行的形式。（   ）
13. 可损坏机场安全防护设施。（   ）
14. 航站楼通常设置在飞行区中部。（   ）
15. 航空运输的成本通常高于铁路和公路运输。（   ）

16. 航空公司可以根据需求随时增加航班数量。（   ）
17. 航空运输的安全性在所有运输方式中是最高的。（   ）
18. 机场的滑行道用于连接跑道和停机位，供飞机在地面移动。（   ）
19. 机场的等级越高，其服务和设施就越完善。（   ）
20. 低空经济主要指在1 000 m以下（部分地区可达3 000 m）的空域进行的经济活动。（   ）
21. 无人驾驶航空器飞行管理暂行条例规定所有无人机必须进行实名注册。（   ）
22. E类空域对无人机开放，无需申请飞行许可。（   ）
23. 航班计划主要内容：航线、机型、航班号、每周班次、班期、时刻。（   ）
24. 飞行的组织与实施包括飞行预先准备、飞行直接准备、飞行实施。（   ）
25. 航空货物运输包括货物运输、救援物资、易腐货物运输三大类。（   ）
26. 无人机在电力巡检中的应用主要是为了提高工作效率和减少成本。（   ）
27. eVTOL（电动垂直起降飞行器）是一种仅依靠电池驱动的飞行器，不需要任何化石燃料。（   ）

二、单项选择题

1. 下列不属于按照航空运输对象分类的（   ）运输。
   A. 航空旅客运输　　　　　　　　　　B. 航空旅客行李运输
   C. 航空货物运输　　　　　　　　　　D. 国际航空运输
2. 下列不属于航空运输的主要要素是（   ）。
   A. 航空站　　　　B. 航空器　　　　C. 机型　　　　D. 航空公司
3. 下列不属于航空运输的优点的是（   ）。
   A. 安全性高　　　　　　　　　　　　B. 经济性良好
   C. 运输能力大　　　　　　　　　　　D. 受自然地理条件限制较少
4. 下列不属于航班的"四定"（   ）。
   A. 定航班　　　　B. 定日期　　　　C. 定旅客　　　　D. 定时刻
5. 运输机按用途分类分为（   ）类。
   A. 1　　　　B. 2　　　　C. 3　　　　D. 4
6. 以下哪个不是民用航空飞机的主要分类？（   ）。
   A. 宽体飞机　　　　B. 窄体飞机　　　　C. 超音速飞机　　　　D. 水上飞机
7. 下列不属于飞机的主要性能的是（   ）。
   A. 速度性能　　　　B. 爬升性能　　　　C. 续航性能　　　　D. 着陆性能
8. 机场分为民用机场、（   ）和军民合用机场。
   A. 直升机场　　　　B. 军用机场　　　　C. 喷气机机场　　　　D. 国际机场
9. 机场按航线业务分为，商业运输机场分为国内机场和（   ）。
   A. 枢纽机场　　　　B. 国际机场　　　　C. 支线机场　　　　D. 干线机场
10. 机场主要由飞行区、（   ）、进出场的地面交通系统组成。
    A. 跑道　　　　B. 净空区　　　　C. 机坪　　　　D. 候机楼区
11. 大多数机场跑道构型的基本形式是（   ）。
    A. 两条平行跑道　　　　　　　　　　B. 两条不平行或交叉的跑道
    C. 多条平行的跑道　　　　　　　　　D. 单条跑道

12. 机场净空区是指飞机起飞、着陆所涉及的范围，应符合（   ）的要求。
    A. 世贸组织					B. 国家航空航天局
    C. 国际飞行协会				D. 国际民航组织
13. 机场跑道的数目取决于航空（   ）的大小。
    A. 客流量		B. 货流量		C. 运输量		D. 预测量
14. A 类空域是指（   ）。
    A. 高空管制空域				B. 中低空管制空域
    C. 进近管制空域				D. 塔台管制空域
15. 飞机机载设备包括通信设备、（   ）。
    A. 无线电信标				B. 导航系统
    C. 呼叫系统				D. 仪表着陆系统
16. 空域管理的目标是（   ）。
    A. 实现对可用空域的最大利用
    B. 建立的空域要有灵活性，以保证空域使用各方的地位平等
    C. 考虑空中交通的国际性，建立能与周边国家航路网络相衔接的航路布局
    D. 以上都是
17. 航空运输中，货物通常按照什么方式分类？（   ）
    A. 体积		B. 重量		C. 价值		D. 危险性
18. 下列哪个空域分类适用于所有类型的飞行器？（   ）
    A. A 类空域	B. B 类空域	C. C 类空域	D. G 类空域
19. 在航空空域管理中，下列哪一项是指为航空器提供空中交通服务、飞行情报服务、告警服务以及遇险搜索与救援服务的机构？（   ）
    A. 空中交通管理部门			B. 航空公司
    C. 中国民用航空局			D. 飞行员协会
20. 以下哪个领域不是无人机的主要应用领域？（   ）
    A. 农业植保				B. 快速物流
    C. 航空测绘				D. 互联网服务
21. 以下哪种空域类型适用于低空飞行器（如无人机）飞行？（   ）
    A. A 类空域	B. B 类空域	C. C 类空域	D. W 和 G 类空域
22. 无人机在农业植保中的主要作用是什么？（   ）
    A. 喷洒农药	B. 收割作物	C. 播种		D. 土壤检测
23. 以下哪种无人机不属于《无人驾驶航空器飞行管理暂行条例》中规定的分类？（   ）
    A. 消费级无人机				B. 工业级无人机
    C. 无人战斗机				D. 农业植保无人机
24. 以下哪个品牌在全球无人机市场中占据领先地位？（   ）
    A. 纵横股份	B. 大疆		C. 亿航智能	D. 极飞科技

三、多项选择题

1. 重庆江北机场为旅客提供的是（   ）。
    A. 行李手推车				B. 行李寄存、行李打包
    C. 母婴室、吸烟室、更衣室			D. 饮用水、无障碍设施

2. 以下属于门户复合枢纽机场的是（　　）。
   A. 北京首都机场　　　　　　　　　　B. 广州白云机场
   C. 重庆江北机场　　　　　　　　　　D. 上海浦东/虹桥机场
3. 下列各选项中，属于民用飞机的是（　　）。
   A. 战斗机　　　B. 医疗救护机　　　C. 货机　　　D. 预警机
4. 航空运输的优点是（　　）。
   A. 速度快　　　B. 舒适性好　　　　C. 占地少　　D. 安全性高
5. 飞机的航程取决于（　　）。
   A. 载油量　　　　　　　　　　　　　B. 单位飞行距离的油耗量
   C. 业务载重量　　　　　　　　　　　D. 最大飞行速度
6. 以下（　　）在机场附近发生可能导致机场净空问题？
   A. 无人机飞行　　　　　　　　　　　B. 放烟花爆竹
   C. 架设高压输变电线　　　　　　　　D. 修建电气化铁路
7. 机场的环境污染包括（　　）。
   A. 噪声环境污染　　　　　　　　　　B. 空气环境污染
   C. 水环境污染　　　　　　　　　　　D. 固体废弃物污染
8. 航空运输在国际贸易中的作用包括？（　　）
   A. 缩短运输时间　　　　　　　　　　B. 降低运输成本
   C. 提高货物安全性　　　　　　　　　D. 促进全球化
9. 以下哪些因素会影响航空运输的效率？（　　）
   A. 天气状况　　　　　　　　　　　　B. 空中交通管制
   C. 机场设施　　　　　　　　　　　　D. 地面交通堵塞
10. 以下哪些因素可能影响机场的等级划分？（　　）
    A. 跑道长度　　　　　　　　　　　　B. 年旅客吞吐量
    C. 航站楼设施　　　　　　　　　　　D. 停车场容量
11. 以下哪些是低空经济的主要组成部分？（　　）
    A. 无人机　　　　　　　　　　　　　B. eVTOL
    C. 直升飞机　　　　　　　　　　　　D. 互联网服务
12. 以下哪些是无人机的主要应用领域？（　　）
    A. 航空摄影　　　　　　　　　　　　B. 培训教育
    C. 航空测绘　　　　　　　　　　　　D. 快速物流
13. 以下哪些是中国政府为促进无人机产业发展所采取的措施？（　　）
    A. 制定行业标准　　　　　　　　　　B. 提供财政补贴
    C. 建立测试基地　　　　　　　　　　D. 限制国际竞争
14. 以下哪些空域类型可能适用于无人机进行农业植保作业？（　　）
    A. G 类空域　　　　　　　　　　　　B. B 类空域
    C. C 类空域　　　　　　　　　　　　D. W 类空域
15. 低空飞行器在商业应用中可能面临的挑战包括（　　）。
    A. 气候变化对飞行器性能的影响　　　B. 公众对噪声和隐私的担忧
    C. 技术成熟度和可靠性问题　　　　　D. 法规和政策的限制

四、简答题

1. 航空运输有什么特点？
2. 飞机由哪些部分组成？
3. 机场由哪些部分组成？
4. 机场造成的环境污染有哪些？
5. 什么是低空空域？
6. 简述低空经济适用的场景。

五、材料分析题

第一题

背景材料：根据国际航空运输协会（IATA）的数据，2024年全球航空客运量超过疫情前的水平，达到2019年客运总量的103%。这表明了旅客对于航空旅行的需求依然强烈。随着客运量的回升，航空公司的盈利能力也有所增强。2024年，全球航空客运量突破47亿人次，收入将达到9 640亿美元，而货运预计收入将达到1 110亿美元。中国航空运输业在2023年以来快速回暖，其中国内客运恢复迅速，而国际客运恢复至2019年水平仍有较大空间。2024年，中国民航业全面拉动航空市场需求，完成旅客运输量6.9亿人次，同比增长11%。总的来说，航空运输业在疫情后逐渐恢复，并展现出积极的发展前景，但同时也面临着一些挑战和机遇。

问题：

1. 【判断】航空运输是唯一能够实现国际快速连接的运输方式。（   ）
2. 【判断】航空运输不受地理条件限制，可以到达任何地点。（   ）
3. 【单选】以下哪项不是航空运输的优点？（   ）
   A. 速度快   B. 舒适性高   C. 成本低   D. 安全性相对较高
4. 【单选】以下哪种类型的机场通常规模最大，服务设施最完善？（   ）
   A. 国内机场   B. 国际机场
   C. 军用机场   D. 商用机场
5. 【多选】航空运输面临的挑战包括以下哪些？（   ）
   A. 环境污染   B. 噪声扰民
   C. 安全风险   D. 运输成本高
   E. 不受天气影响
6. 【多选】机场的跑道系统通常包括以下哪些部分？（   ）
   A. 跑道   B. 滑行道   C. 停机位
   D. 塔台   E. 安检区
7. 【简答】简述航空运输在现代社会的重要性。

第二题

背景材料：近年来，重庆和成都共同推进了多项政策和项目，以加强在低空经济领域的协同发展。在产业布局方面，重庆和成都正在实施以"33618"现代制造业集群为核心的现代化产业体系，促进新兴产业和未来产业的集聚。此外，成都作为西部科技创新中心之一，正朝着"西部低空经济中心城市"的目标迈进。重庆也在低空领域积极布局，已成功签约22个项目，协议投资总额达240亿元人民币。2024年五一假期间，首届重庆低空飞行消费周取得了显著成果,活动期间人流量超过 50.57 万人次,飞行架次 2 220 次,飞行总时长 1 108 小时。

此外,成渝地区还计划构建"成渝双城低空经济走廊",以充分发挥两地各自的独特优势,形成互补效应,共同推动低空经济的快速发展。2025 年 3 月 28 日至 30 日,在成都举办的中国低空经济产业链(成都)博览会将进一步推动成渝双城低空经济走廊"的发展,汇聚全球低空经济领域的先进技术和优秀企业,展示成渝地区乃至整个西部地区在低空经济方面的成就和发展潜力。

问题:

1. 【判断】无人机是低空经济中的重要组成部分。（　　）
2. 【判断】低空经济的发展完全依赖于技术的进步,法律法规的完善对其影响不大。（　　）
3. 【单选】以下哪项是低空经济的一个主要优势？（　　）
   A. 节省土地资源　　　　　　　　B. 提高交通效率
   C. 减少噪声污染　　　　　　　　D. 降低通信成本
4. 【单选】以下哪项不是低空经济的主要应用领域？（　　）
   A. 无人机物流　　　　　　　　　B. 空中游览
   C. 国际长途航空运输　　　　　　D. 紧急救援
5. 【多选】低空经济的发展需要考虑以下哪些因素？（　　）
   A. 空中交通管理系统的建立　　　B. 飞行器技术的持续创新
   C. 公众对低空飞行安全性的担忧　D. 政府对低空经济活动的监管和支持
   E. 全球范围内的气候变化
6. 【多选】低空经济的发展需要以下哪些技术的支持？（　　）
   A. 卫星导航系统　　　　　　　　B. 氢燃料电池技术
   C. 大数据分析　　　　　　　　　D. 5G 通信技术
   E. 无人机技术
7. 【简答】简述低空经济对如何促进区域经济发展。

扫一扫:参考答案

模块五 水路运输

 学习目标

【知识目标】

1. 了解水路运输的发展历史、现状及发展趋势；
2. 熟悉水路运输的基本概念与特点；
3. 掌握航道、航标、港口等水路运输基础设施的特点、组成及功用；
4. 掌握运输船舶的类型、性能、构造及功用；
5. 了解水路运输的运营特性、水路运输组织管理的流程要素。

【能力目标】

1. 能识别并区分航道的类型，并分析其适航条件；
2. 能识别航标的类型，并分析其设置位置及功用；
3. 能识别港口的各组成部分，能看懂港口布局图，并分析各组成部分的功用；
4. 能识别不同类型的船舶，并分析其适用的运输情况；
5. 能看懂水路运输组织的基础文件；
6. 能从国家宏观规划的角度，结合本地的地理位置，分析其在国家水路规划中的地位和作用。

【素养目标】

1. 培养学生对水路运输的兴趣和热爱，从而形成行业自豪感；
2. 引导学生树立"爱护设备，勤于劳动"的岗位初心意识；
3. 引导学生树立"敬业专注，规范操作"的工作匠心意识；
4. 引导学生树立"追求卓越，交通强国"的专业信心意识。

> 📖 **思政领航**
>
> **千年水运　扬帆远航——中国水路运输的传承、创新与担当**
>
> 　　水路运输是人类最早的运输方式之一,在我国有着悠久的历史。从古代的独木舟到现代的智能化巨轮,从京杭大运河到 21 世纪的"一带一路",水路运输见证了中华民族的奋斗历程,也承载着国家发展的重任。近年来,我国水路运输在传承历史的基础上,积极拥抱新技术,北斗导航、5G 通信、人工智能、大数据和物联网技术等新技术在水运领域的应用,推动了智慧港口、智能船舶、无人航运、智能航道监控系统等的发展,都展现了我国在水运智能化方面的领先地位。取得了举世瞩目的成就,为经济社会发展注入了强劲动力。
>
> ❓ 想一想:
>
> 1. 如何理解"水运兴则国兴,水运强则国强"这句话的深刻内涵?
> 2. 举例说明科技创新对中国水运发展的推动作用。
> 3. 水运在"一带一路"建设中发挥着怎样的作用?
> 4. 水运在绿色低碳发展方面有哪些优势?

单元一　水路运输概述

　　水路运输是交通运输体系中的一种重要的运输方式,承担着社会交通需求的较大比重的任务。在经济发展中尤其是在国内、国际贸易中占有重要的地位。水路运输与其他运输方式一样,表现为生产过程在流通领域内的继续,是实现商品流通的重要手段。

　　18 世纪后半叶,工业革命爆发,以煤炭为燃料、蒸汽机为动力的机械化生产方式的出现,对煤炭、矿石、原料和钢铁产品等大宗散货运输的需求急剧增加。1807 年,蒸汽机船的试航成功,为经济提供了一种运能大、成本低的现代运输方式。从工业革命初期开始直到大规模修筑铁路之前,大部分欧美国家都经历了一次水运大发展和运河大建设时期,极大地促进了这些国家社会经济的高速发展。

　　水路运输利用天然航道,因而投资少、成本低、占用土地少、运输能力大。海洋和内河条件好的国家,都积极发展和充分利用水运。如美国、德国和日本等,尤其是日本,它是一个海洋型国家,海岸线长度约为 30 000 km。1945 年后,日本便将发展海运业作为大进大出、振兴经济的战略之路。1988 年,日本国内海运货物周转量约占全国货物周转量的 44%,比重之高堪称充分利用海运资源的典范。我国水运资源也十分丰富,拥有海岸线长度约 18 000 km,内河航道里程约 109 192 km,1990 年,水路运输货物周转量约占全社会货物总周转量的 44%。近年来,我国海运外贸货运量约占我国外贸总货运量的 80%~90%,居各种运输方式之首,水运已成为我国综合运输的重要组成部分。

　　发达国家在工业化初期,在大力发展铁路的同时,首先考虑的就是充分利用廉价的内河运输。为了充分利用内河水源、电力资源和运输资源,一方面是整治和渠化内河,建成现代化的航道,另一方面就是沿河建设工厂,形成了所谓的工业走廊。沿河的企业一方面利用了天然的资源，降低了产品的成本，同时也给内河运输提供了充足的货源。在世界经济趋于一体化的今天，海运和海港不仅是一种运输方式和运输设施，而且对经济发展速度起到很关键的作用。目前世界的绝大部分、中国 90%的国际贸易货物是通过海运进行的。就对经济的作用而言，世界各国经济的腾飞如日本及东南亚等国都充分利用海运、港口优势发展外向型经济有关。其经济的快速发展几乎是和海运、港口迅速发展同步的。改革开放以来，我国沿海地区的经济发展速度大大快于内地，也和充分利用港口和海运优势有直接关系。

水路运输作为交通运输体系中的一种方式，对社会进步及经济的发展起到极其重要的作用。随着市场经济的发展和全球经济一体化趋势，社会分工越来越细，各国产业结构都有了较大的变化，因此商品交换就会越来越频繁。运输对商品的流通规模、范围、速度和效益都有着重要的影响。在各种运输方式中，水路运输属于低速运输，虽然运输速度会加快商品的流通速度，从而加快社会再生产的速度，但从节约商品所追加的社会运输劳动消耗的观点来看，并非所有的商品均需采取较高速度运输，其中低值、大宗物资，适宜采取较低速度运送，这方面水运具有自己的优势，水运业也是促进工业合理布局的有力杠杆。生产力布局的经济需求是生产单位产品所消耗的社会劳动最少。运输费用是产品生产费用的重要组成部分，采用经济的运输方式就可以减少产品的生产费用。因此，运输成为生产力布局的重要因素。在各国，尤其是工业发达国家，将工业配置在临水地区，甚至开凿运河，以充分利用水运，已成为工业布局的一项重要原则。在欧洲，仅长 1 330 千米的莱茵河，横跨四国，它首先是工矿企业密集的工业走廊，继而成为运量巨大的运输大动脉。我国许多工业基地紧邻海、河，既获得了充足的水源，又可利用量大价廉的水运工具。沿水建厂充分利用水路运输，不仅货畅其流，而且节约大量的运输费用，具有较大的经济效益。

一、水路运输的特点

水路运输作为运输方式之一，具有运输业的一般特点，具体如下。

1. 运输能力大

一条水运干线所具有的通过能力，以及运输超重、超高、超长的大型现代化技术设备的特殊能力，为其他运输方式所不及。这对于运量动辄万吨，技术设备庞大的现代化企业，特别是采抛、冶金、化工企业十分重要。水运业的优势在于担负长距离大宗货物的运输，水运的经济性是随着货物发送批量的增加和运距的延长而不断提高的。在按吨千米计算的世界货物周转量中，水运占 50%，铁路占 33.3%。在近年来全国货物周转量中，水运所占的比重在 50%左右。其中 60%左右是长距离的远洋货物运输周转量。在通常情况下，我国一支大型内河拖驳船队的载重量已超过万吨，相当于铁路列车载重量的 4~5 倍。美国最大的顶推船队的载重量超过了 3~4 万吨。在海洋中，目前世界上最大的超巨大型油轮载重量达 50 万吨，矿石船为 28 万吨，集装箱船为 20 万吨。运输条件良好的航道，通过能力很大，如在我国沿海和长江中下游，运输几乎不受限制。目前世界上最繁忙的海上通道如苏伊士运河可通航 15 万吨的满载货轮；巴拿马运河可通过吃水在 12 m 左右、载重量 6 万吨级的船舶；马六甲海峡可供 20 万吨级的巨轮通过。近年来，由于各种专用船、兼用船、多用途船、集装箱船、滚装船等新型船舶的出现和发展，给水运业注入了新的活力。水运既可运货，又可运客，通用性较好。同时，船舶舱容量大，可载体积大的货物。

2. 水运建设投资少，运输成本低

水运的航道主要利用天然的河、湖、海，除建设港口购置船舶外，海上航道几乎不需投资，

整治河道也比铁路建设投资少,而且节省资源。通常治理一千米航道的投资只需几万到几十万元,而且内河航道的建设还可以与兴修水利和水电站相结合,可取得良好的综合经济效益。我国沿海运输成本只有铁路运输成本的 2/5,美国沿海运输只及铁路运输的 1/8;长江干线运输成本为铁路运输的 84%,而美国密西西比河干流的运输成本只有铁路的 1/3~1/4。水运最大的经济性是出船舶大小和航程远近所决定的,吨位越大的船则每千米平均运输成本越低。但其条件是必须有足够大的运量和相应的港口吞吐能力。另外,航程越远单位成本摊到的港口费用越低,水运经济性越好。远洋运输适用于运距远、载运量大,因而运输成本也最低。

3. 运输速度慢

现在海船速度每小时一般只能航行 30 千米左右,内河航行的速度更慢,货物在途时间长,增加了船货方的流动资金占用量。另外,水运的机动性较差,经常需要借用其他运输方式来集散客货,因此运输过程中的换装、倒载环节多,易造成货差、货损。

4. 受自然条件影响较大

临海和拥有江河湖泊的国家,本身就具备了一种自然优势,这种优势古代人利用了几千年。我国的江河湖海也在对经济的发展发挥着巨大的贡献。在现代社会中,如何发挥水路运输的优势不仅是一个天然的运输资源的有效利用问题,同时也涉及国家的经济发展速度问题,但水运受自然条件的影响较大,在运输布局中有一定的局限性。如有时河流的走向不完全一致,内河航道和某些港口受季节影响较大,难以保证全年通航等。

水路运输虽然在国民经济的发展中占有重要的地位,但是它依然受到很多因素的影响。首先,生产力水平是影响水运发展的重要因素。生产力发展的水平,会影响到社会产业结构发生重大变化,进而影响着运输需求的变化,货物流动的数量与种类发生较大的变化会对运输有不同的需求。另外,由于生产力水平的提高和市场竞争的激烈,时间价值观念更为突出,因此从 19 世纪中叶的水路运输占有统治地位变为当今五种运输方式协调发展,各自发挥自身优势的格局。其次,自然条件和资源是影响水运发展的因素。一般来说,国土面积狭小的国家,客货运输以公路为主;地域辽阔的国家,货运以铁路为主,长途和中短途货运则分别以民航和公路为主;海洋型国家和具有发展内河航运良好条件的国家,都优先发展和充分利用水运。再次,国家的经济政策也是影响水运发展的重要因素。水路运输的成长和发展,没有投资保障是无法实现的。政府对水运的连续大规模投资,必然会使其发展,反之,则必然导致萎缩和衰落。运价通过对运量分配的调整和企业收入的增减等方式,以达到扶植或者制约水路运输的发展。对水运实行的税收、金融、征地等政策,会改变水路运输企业的成本构成及自我发展能力,影响到用户对水路运输方式的选择。另外,技术进步对水路运输的影响也是不可忽视的。技术进步为水运提供更新的、更有效的技术装备、经营手段和设施,使得水路运输的运能不断扩大、效率不断提高及专业性更强,使成本降低利润增加,从而得到了更快的发展,占有更大的市场份额。

二、水路运输的分类与组成

1. 水路运输的分类

根据航行水运性质,水运分海运和河运两种,它们是以海洋和河流作交通线的。海运即海洋运输,是使用船舶等水运工具经海上航道运送货物和旅客的一种运输方式。它具有运量大、成本低等优点,但运输速度慢,且受自然条件影响。河运即内河运输,用船舶和其他水运工具,在国内的江、河、湖泊、水库等天然或人工水道运送货物和旅客的一种运输方式。它具有成本低、耗能少、投资省、少占或不占农田等优点，但其受自然条件限制较大，速度较慢，连续性差。需要通航吨位较高的船舶，窄的河道要加宽，浅的要挖深，有时还得开挖沟通河流与河流之间的运河，才能为大型内河船舶提供四通八达的航道网。

水路运输按其航行的区域，大体上可划分为远洋运输、近海运输、沿海运输和内河运输4种形式。沿海运输是使用船舶通过大陆附近沿海航道运送客货的一种方式，一般使用中、小型船舶。近海运输是使用船舶通过大陆邻近国家海上航道运送客货的一种运输形式，视航程可使用中型船舶，也可使用小型船舶。远洋运输是使用船舶跨大洋的长途运输形式，主要依靠运量大的大型船舶。内河运输是使用船舶在陆地内的江、河、湖、川等水道进行运输的一种方式，主要使用中、小型船舶。

2. 水路运输的组成

一般来说，水路运输的主要对象是旅客和货物，而为了输送他们就需要有船舶和港口，所以水路运输系统的主要组成是船舶和港口。船舶是运送旅客和货物的水上交通工具。现代港口是水陆运输工具的汇集点，是交通运输的枢纽，它所担负的工作就更为繁杂。在一般情况下，港口所在地的规划建设部门要统一研究附近海、河岸线并充分与合理使用，由航务工程部门负责港区码头的勘测设计与施工，而港口机械制造部门则需在码头泊位装备各种先进的装卸机械，使来港车船能在最短时间里将货物卸下或装上，以加速运输工具的周转。

为保证水上运输工作的顺利进行，还有许多部门密切协同，相互支援。如有船舶的燃料、淡水和生活物资的供应部门，通信导航部门，业务代理与理货公司，甚至还有发生海难后的救援打捞机构等。所有上述各系统汇合起来组成了完整的水运系统。

水路运输的主要技术设施和设备包括船舶（驳、舟、筏等）、航道、港口、通信与导航设备等。

三、我国水路运输发展

（一）基础设施

1. 内河航道

由图 5-1 可知，截至 2024 年年底，全国内河航道通航里程 12.87 万千米，比上年末增加 528 千米。等级航道通航里程 6.84 万千米，占内河航道通航里程比重为 53.2%，其中三级及以上航道通航里程 1.60 万千米、占内河航道通航里程比重为 12.4%。

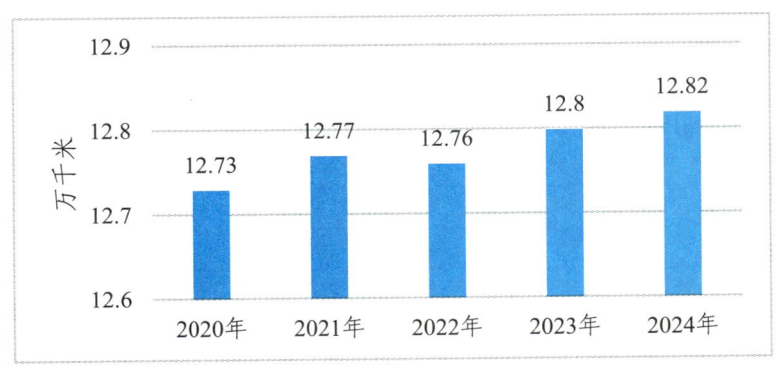

图 5-1　2020—2024 年全国内河航道通航里程

2024年末，等级内河航道通航里程分别为：一级航道 2 192 千米，二级航道 4 470 千米，三级航道 9 304 千米，四级航道 11 811 千米，五级航道 7 380 千米，六级航道 16 248 千米，七级航道 16 992 千米。等外航道 6.03 万千米。

2. 港口

2024年末，全国港口生产用码头泊位 22 219 个，比上年末增加 196 个。其中，内河港口生产用码头泊位 16 489 个、增加 56 个，沿海港口生产用码头泊位 5 730 个、增加 75 个。

2024年末，全国港口万吨级及以上泊位 2 971 个，比上年末增加 93 个。从分布结构看，内河港口万吨级及以上泊位 487 个、增加 18 个，沿海港口万吨级及以上泊位 2 484 个、增加 75 个，见表 5-1。

表 5-1　2024 年年末全国港口万吨级及以上泊位数量

泊位吨级	全国港口年末数（个）	比上年末增加（个）	沿海港口年末数（个）	比上年末增加（个）	内河港口年末数（个）	比上年末增加（个）
合计	2 971	93	2 484	75	487	18
3 万吨级以下	963	31	758	14	205	17
3~5（不含）万吨级	470	3	340	2	130	1
5~10（不含）万吨级	1 013	47	870	46	143	1
10 万吨级及以上	525	12	516	13	9	-1

从用途结构看，专业化万吨级及以上泊位 1 579 个、增加 35 个，通用散货万吨级及以上泊位 698 个、增加 34 个，通用件杂货万吨级及以上泊位 463 个、增加 16 个，客货万吨级及以上泊位 3 个、与去年持平，多用途万吨级及以上泊位 193 个、增加 10 个，见表 5-2。

表 5-2　2024 年末全国万吨级及以上泊位构成

泊位用途	年末数（个）	比上年末增加（个）
专业化泊位	1 579	35
其中：集装箱泊位	397	17
煤炭泊位	269	-6
金属矿石泊位	92	0
原油泊位	104	3
成品油泊位	164	3
液体化工泊位	317	11
散装粮食泊位	39	0
其他	197	7
通用散货泊位	698	34
通用件杂货泊位	463	16
客货泊位	3	0
多用途泊位	193	10
其他泊位	35	-2

（二）运输装备

由图 5-2 和表 5-3 可知，2024 年，全国拥有水上运输船舶 11.02 万艘，比上年末减少 0.81

万艘，净载重量 3.12 亿吨、增加 0.12 亿吨，载客量 78.31 万客位、减少 2.94 万客位，集装箱箱位 323.21 万标准箱、增加 18.97 万标准箱。

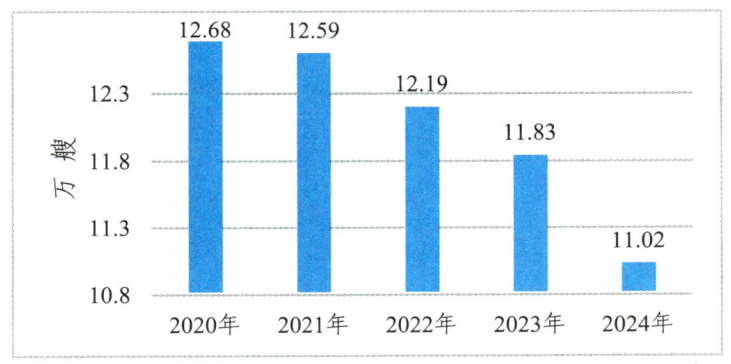

图 5-2　2020—2024 年全国水上运输船舶拥有量

表 5-3　2024 年末全国水上运输船舶构成（按航行区域分）

指标	单位	年末数	比上年末增长（%）
运输船舶合计			
运输船舶数量	万艘	11.02	6.9
净载重量	万吨	31 237.98	3.9
载客量	万客位	78.31	-3.6
集装箱箱位	万标准箱	323.21	6.2
其中：内河运输船舶			
运输船舶数量	万艘	9.87	-7.5
净载重量	万吨	15 134.75	-1.9
载客量	万客位	54.49	-2.3
集装箱箱位	万标准箱	60.61	-2.9
沿海运输船舶			
运输船舶数量	艘	10 245	4.0
净载重量	万吨	9 466.82	-3.3
载客量	万客位	22.95	-5.3
集装箱箱位	万标准箱	85.81	24.7
远洋运输船舶			
运输船舶数量	艘	1217	25.2
净载重量	万吨	6 636.40	37.5
载客量	万客位	0.87	-31.3
集装箱箱位	万标准箱	176.79	2.2

（三）运输服务

2024 年全年完成营业性货运量 98.11 亿吨，比上年增长 4.7%，完成货物周转量 141 423 亿吨千米、增长 8.8%。其中，内河货运量 49.53 亿吨、增长 3.4%，内河货物周转量 21 833 亿吨千米、增长 5.1%；海洋货运量 48.58 亿吨、增长 6.1%，海洋货物周转量 119 590 亿吨千米、增长9.5%。

2024年完成营业性客运量2.60亿人次，比上年增长0.8%，完成营业性旅客周转量54.67亿人千米、增长1.7%。

2024年完成港口货物吞吐量175.95亿吨，比上年增长3.7%。其中，内河港口货物吞吐量63.78亿吨、增长3.9%，沿海港口货物吞吐量112.18亿吨、增长3.5%；外贸货物吞吐量53.97亿吨、增长6.9%，内贸货物吞吐量121.98亿吨、增长2.3%。完成集装箱吞吐量3.32亿标准箱，增长7.0%。

2024年完成港口旅客吞吐量7 890.71万人次，比上年增长0.6%。其中，内河港口旅客吞吐量371.49万人次、增长8.0%，沿海港口旅客吞吐量7 519.21万人次、增长0.3%。

（四）交通固定资产投资

2024年，完成水路固定资产投资2 208亿元，比上年增长9.5%。其中，内河建设完成1 191亿元、增长13.2%，沿海建设完成981亿元、增长7.6%。

（五）安全生产

2024年共发生运输船舶水上交通事故（等级事故）66起，比上年下降25.8%，死亡失踪63人、下降19.2%，沉船15艘、下降37.5%。全国各级海上搜救中心共组织、协调搜救行动1516次，在我国搜救责任区内成功搜救832艘中外遇险船舶、8422名中外遇险人员。

全年公路水运工程建设领域未发生重特大事故，发生安全生产事故61起、死亡75人。

单元二　水路运输线路与站场

水路运输基础设施主要包括航道、航标、港口及其附属设施。

一、水路运输线路——航道

如图5-3所示，航道是供船舶航行的水道，以组织水路运输为目的所规定或设置的船舶航行通道。随着运输生产与科学技术的发展，船舶尺度的增大，船舶运行密度的增加和纵横水运网的逐步形成，现代水上航道已不仅是天然航道，而是包括人工运河、进出港航道以及保证航行安全的航行标志系统和现代通信导航设备系统在内的工程综合体。

图5-3　航道

（一）航道的分类

（1）按形成原因，航道分为天然航道和人工航道。

天然航道是指自然形成的江、河、湖、海等水域中的航道，包括水网地区在原有较小通道上拓宽加深的那一部分航道，如广东的东平水道、小榄水道等。

人工航道是指在陆上人工开发的航道，包括人工开辟或开凿的运河和其他通航渠道，如平原地区开挖的运河，山区、丘陵地区开凿的沟通水系的越岭运河，可供船舶航行的排、灌渠道或其他输水渠道等。

（2）按使用性质，航道分为专用航道和公用航道。

专用航道指由军事、水利电力、林业、水产等部门以及其他企业事业单位自行建设、使用的航道。

公用航道由国家各级政府部门建设和维护、供社会使用的航道。

（3）依通航船舶类别，航道分为内河船航道、海船进江航道、副航道、缓流航道和短捷航道。

内河船航道是指只能供内河船舶或船队通航的内河航道。

海船进江航道是指内河航道中可供进江海船航行的航道，其航线一般通过增设专门的标志辅以必要的"海船进江航行指南"之类的文件加以明确，主航道是指供多数尺度较大的标准船舶或船队航行的航道。

副航道是指为分流部分尺度较小的船舶或船队而另行增辟的航道。

缓流航道是指为使上行船舶能利用缓流航行而开辟的航道，这种航道一般都靠近凸岸边滩。

短捷航道是指分汊河道上开辟的较主航道航程短的航道，这种航道一般都位于可在中洪水期通航的支汊内。

（二）航道的航行条件

海上航道的通过能力除受恶劣气候条件限制外一般不受限制。影响内河航道通行能力的因素较多，如航道的深度、宽度、转弯半径、水流速度、潮汐及季节性水位变化，过船建筑物尺度以及航道的气象条件及地理环境。这些因素对港口建设、船型选择及运输组织往往具有决定性影响。为了保证船舶正常安全航行和获得一定的运输效益，航道必须具备一定的航行条件。

1. 要有足够的航道深度

航道深度是河流通航的基本条件之一，是限制船舶吨位和通过能力的主要因素，是全航线中所具有的最小通航保证，取决于航道上关键性的区段和浅滩上的水深。航道深浅是决定船舶吃水量和载重量的主要因素。增加航道深度，可以航行吃水更深、载重量更大的船舶，但会使整治和维护的费用增高。因此，设计航道深度时，应全面考虑各种因素，一般可按以下公式计算：

最小通航深度=船舶满载吃水+富余水深

其中，富余水深应根据河床土质、船舶类型、航道等级确定。一般沙质河床可取 $0.2\sim0.3$ m，砾石河床则取 $0.3\sim0.5$ m。

2. 要有足够的航道宽度

航道宽度视航道等级而定。通常单线航行的情况极少，双线航行最普遍，在运输繁忙的航道上还应考虑三线航行。航道宽度一般可按以下公式计算：

航道宽度=同时交错的船队或船舶宽度之和+富余宽度

其中，富余宽度一般采用"同时交错的船队或船舶宽度之和"的 1.5~2.5 倍。

3. 要有适宜的航道转弯半径

航道转弯半径是指航道中心线上的最小曲率半径。一般航道转弯半径不得小于最大航行船舶长度的 4~5 倍。若河流转弯半径过小，将造成航行困难，应加以整治。受自然条件限制，航道转弯半径最低不得小于船舶长度的 3 倍，且航行时要特别谨慎，以防止事故发生。

4. 要有合理的航道许可流速

航道许可流速是指航线上的最大流速。船舶航行时，上水行驶和下水行驶的航线往往不同，下水就流速大的主流行驶，上水则尽量避开流速大的水区而在缓流区内行驶。船舶航行速度与流速关系如下：

下水（顺水）航行时：航速=船舶静水速度+流速

上水（逆水）航行时：航速=船舶静水速度−流速

航道上的流速不宜过大，否则不经济。比较经济的船舶静水速度一般为 9~13 km/h，即 2.5~3.6 m/s。因此，航道上的流速以不大于 3 m/s 为宜。

5. 要有符合规定的水上外廓

水上外廓是保证船舶水面以上部分通过所需要的高度和宽度。水上外廓的尺度按航道等级来确定，通常一、二、三、四级航道上的桥梁等建筑物的净空高度取 20 年一遇的洪水期最高水位来确定，五、六级航道则取 10 年一遇的洪水期最高水位来确定。

航行在航道的上述要求中，最主要的是航道水深。无论江河湖海和水库，只要有足够的水深，船舶航行一般没有大的问题。上述这些自然条件，通常人为改变的部分较少，更多的还是尽量去适应，即在大多数情况下总是根据航道条件设计港口，选择船舶和组织运输。此外，航行还要考虑航道的冰冻期及水下障碍等情况。

（三）航道的等级

根据《内河通航标准》（GB 50139—2014），我国内河航道可分为 7 级：

（1）Ⅰ级航道：可通航 3 000t 内河船舶的航道。

（2）Ⅱ级航道：可通航 2 000t 内河船舶的航道。

（3）Ⅲ级航道：可通航 1 000t 内河船舶的航道。

（4）Ⅳ级航道：可通航 500t 内河船舶的航道。

（5）Ⅴ级航道：可通航 300t 内河船舶的航道。

（6）Ⅵ级航道：可通航 100t 内河船舶的航道。

（7）Ⅶ级航道：可通航 50t 内河船舶的航道。

二、水路运输信号标志——航标

（一）航标的概念与主要功能

1. 航标的概念

如图 5-4 所示，航标是助航标志的简称，指标示航道方向、界限与碍航物的标志，也叫信号浮标，包括过河标、沿岸标、导标、过渡导标、首尾导标、侧面标、左右通航标、示位标、泛滥标和桥涵标等，是帮助引导船舶航行、定位和标示碍航物与表示警告的人工标志，为各种水上活动提供安全信息的设施或系统。设于通航水域或其近处，以标示航道、锚地、滩险及其他碍航物的位置，表示水深、风情，指挥狭窄水道的交通。永久性航标载入各国出版的航标表和海图。

2. 航标的主要功能

为了保证进出口船舶的航行安全，每个港口、航线附近的海岸均有各种助航设施。航标的主要功能是为航行船舶提供定位信息，提供碍航物及其他航行警告信息，根据交通规则指示航行方向，指示特殊区域，如锚地、测量作业区、禁区等。

图 5-4　航标

永久性航标的位置、特征、信号、灯质（如灯火的颜色、高度、射程）等已载入各国出版的航标和海图。

（二）航标的分类

按照工作原理分类，航标分为视觉航标、音响航标与无线电航标。

按照设置地点分类，航标分为内河航标与海区航标。内河航标是设在江、河、湖泊、水库航道上的助航标志，用以标示内河航道的方向、界限和碍航物，为船舶航行指示安全航道。海区航标建立在沿海和河口地段，引导船舶沿海航行及进出港口航行。

1. 内河航标

内河航标的主要作用是准确标出江河航道的方向、界限、水深和水中障碍物，预告洪汛，指挥狭窄和急转弯水道的水上交通，引导船舶安全航行。

内河航标一般分为三等。在航运发达的航道上设置一等航标，由岸标和浮标交互组成，夜间全部发光，保证船舶昼夜都能从一个航标看到次一个航标。在航运较为发达的河段上设置二等航标，密度较一等的稀，夜间只有主航道上的航标发光，亮度也较弱。在航运不太发达的河段上设置三等航标，密度稀，夜间不发光，船舶只能利用航标和天然物在白天航行。

内河航标的种类很多，各国不尽相同。我国目前分为3类，即航行标志，信号标志和专用标志，共计 19 种。

（1）航行标志用于标示内河安全航道的方向和位置等，有过河标、接岸标、导标、过河导标、首尾导标、桥涵标 6 种。

（2）信号标志用于标示航道深度、架空电线和水底管线位置，预告风汛，指挥弯曲狭窄航道的水上交通，有水深信号杆、通行信号杆、鸣笛标、界限标，电缆标、横流浮标、风讯信号杆等 7 种。

（3）专用标志用于指示内河中有碍航行安全的障碍物，有三角浮标、浮鼓、棒形浮标、灯船、左右通航浮标、泛滥标等 6 种。

我国确定江河左、右岸的原则是：面向江河下游，左手一侧的河岸为左岸，反之为右岸。左岸的航标，标顶漆白色，标杆漆黑白相间的横纹，夜间发白光或绿光；右岸航标，标顶漆红色，标杆漆红白相间的横纹，夜间发红光。

当船舶由下游驶向上游时，左舷（即河流右岸）应是红浮标，右舷应是白浮标。见到接岸标，船舶应贴近该岸航行；遇过河标，则应转向另一岸航行；在狭窄航道航行时，信号台发出准许通行的信号才能通过；浅水航道处的信号杆标示了该处最浅水深为3.6m，若船舶吃水超过此数值，则应停驶，采取减载措施，减少船舶吃水深度，然后通过。

我国内河航标的详细管理办法及技术规范见中华人民共和国交通部颁布的《内河航标管理办法》（交通部令1996年第2号）、《内河航道维护技术规范》（JTJ 287—2005）等规范和标准。

2. 海区航标

海区航标是指在海上的某些岛屿、沿岸及港内重要地点所设的航标。航标白天以形状、颜色，夜间以灯光颜色、时间长短、次数来区别各自的作用。海区航标分为视觉航标、音响航标、无线电航标3种。

（1）视觉航标白天以形状，颜色和外形，夜间以灯光颜色、发光时间间隔、次数、射程及高度来显示，使驾驶人员通过直接观测迅速辨明水域、确定船位、安全航行，使用最多最方便的航标。常见的视觉航标有灯塔、灯桩、立标、浮标、灯船和各种导标。

灯塔是海上航行的重要航标，设在港口附近和海上某些岛屿的高处。大的灯塔夜间能照射20~30n mile，小的能照射5~6n mile。

灯船设于不能设置灯塔而又很重要的航道进出口附近（如上海长江口）。灯船涂有红白两色，灯光射程一般为10n mile。

浮标用锚碇泊于水中的航标，设在港口附近及进出港航道上，用于表示航道、浅滩和障碍物等，发光的称灯浮标。浮标又分方位标志、侧面标志、中线标志、专用标志等。

（2）音响航标是能发出规定响声的助航标志。它可在雾、雪等能见度不良的天气中向附近船舶表示有碍航物或危险，包括雾号、雾笛、雾钟、雾锣、雾哨、雾炮等，通常指雾号（即下雾时按照规定的识别特征发出的音响信号），一般听程仅为几海里。根据工作原理雾号又分为气雾号、电雾号与雾情探测器。气雾号用压缩空气驱动发声，电雾号以电能驱动发声，雾情探测器能自动测量能见度和开启电雾号。

（3）无线电航标是利用无线电波的传播特性向船舶提供定位导航信息的助航设施，包括无线电指向标、无线电导航台、雷达应答标、雷达指向标和雷达反射器等。

三、水路运输站场——港口

港口是具有水陆联运设备和条件，供船舶安全进出和停泊的运输枢纽，是水陆交通的集结点和枢纽，是工农业产品和外贸进出口物资的集散地，船舶停泊、装卸货物、上下旅客、补充给养的场所。港口是联系内陆腹地、海洋运输和国际航空运输的一个重要衔接点。

港口由水域和陆域两大部分组成。水域是供船舶进出港，以及在港内运转、锚泊和装卸作业使用的，因此要有足够的水深和面积，水面基本平静，流速和缓，以便船舶的安全操作。陆域是供旅客上下船，以及货物的装卸、堆存和转运使用的，因此必须有适当的高程、岸线长度和纵深，以便在这里安置装卸设备、仓库和堆场、铁路、公路，以及各种必要的生产、生活措施等。

（一）港口的作用

港口是一个国家或地区的门户，交通运输的枢纽，对外贸易的重要出入口。港口具有运输、工业和商业等多种功能，是一个国家和地区的重要经济资源。世界上的发达国家一般都有自己的海岸线和功能较为完善的港口。港口的作用主要有以下4个方面：

1. 物流服务

港口首先应该为船舶、汽车、火车、飞机、货物、集装箱提供中转、装卸和仓储等综合物流服务，尤其是提供多式联运和流通加工的物流服务。

2. 信息服务

现代港口不但应该为用户提供市场决策的信息及其咨询，而且还要建成电子数据交换（EDI）系统的增值服务网络，为客户提供订单管理、供应链控制等物流服务。

3. 商业功能

港口的存在既是商品交流和内外贸易存在的前提，又促进了它们的发展。现代港口应该为用户提供方便的运输、商贸和金融服务，如代理、保险、融资、货代、船代、通关等。

4. 产业功能

建立现代物流需要具有整合生产力要素功能的平台，港口作为国内市场与国际市场的接轨点，已经实现从传统货流到人流、货流、商流、资金流、技术流、信息流的全面大流通，是货物、资金、技术、人才、信息的聚集点。

（二）港口的分类

港口因其地理位置和服务对象的不同，可作如下分类。

（1）港口按用途可分为商港、渔港、工业港、军港、旅游港和避风港 6 类。

商港。主要供旅客上下和货物装卸转运的港口，又可分为一般商港和专业商港。一般商港用于旅客运输和装卸转运各种货物的港口，如上海港、天津港等。专业港是指专门进行某一种货物（或以此种货物为主）装卸的港口，如秦皇岛港（主要以煤炭和石油装卸为主）。

渔港专为渔船服务的港口。渔船在渔港停靠，并卸下捕获物冷藏加工，同时进行淡水、冰块、燃料及其他物资的补给，如舟山的定海港。

工业港固定为某一工业企业服务的港口，专门负责该企业原料、产品及所需物资的装卸转运工作，如大连地区的甘井子码头等。

军港专供停泊舰艇并能取得舰艇所需的各种补给的港口。

旅游港也称为邮轮港或游轮码头，是专门为旅游船（尤其是大型邮轮）提供停靠、上下客、补给和旅游服务的港口。如上海吴淞口国际邮轮港、美国的迈阿密港和西班牙的巴塞罗那港等都是世界有名的旅游港。

避风港供大风情况下船舶临时避风的港口。避风港一般很少有完善的停靠设施，通常仅有一些简单的系靠设备。

（2）港口按地理位置可分为海港、河港、湖港、极地港和水库港。

海港在自然地理条件和水文气象方面具有海洋性质，而且是为海船服务的港口。海港又可细分为海湾港、海峡港、河口港。海湾港是指位于海湾内，常有岛屿等天然屏障作保护，不需要或只需要较少的人工防护即可防御风浪侵袭的港口，如旅顺港。海峡港是指处于大陆和岛屿或岛屿与岛屿之间的海峡地段上的港口，如湛江港。河口港是指位于入海河流河口地段的港口，如上海港。

河港位于沿河两岸，并且具有河流水文特性的港口，如武汉港。

极地港位于地球的极地地区，通常用于科学研究、资源开发和旅游。

湖港与水库港位于湖泊和水库岸边的港口。

（3）港口按潮汐的影响可分为开敞港、闭合港和混合港。

开敞港港内水位潮汐的变化与港外相同的港口。

闭合港与开敞港正好相反，在港口入海处设有闸，将港内水域与外海分开，使港内水位不随海上潮汐的变化而变化（以保证在低潮时，港内仍有足够的水深）的港口。

混合港兼有开敞港和闭合港特性的港口。

（4）港口按航行范围可分为国际港、国家性港和地区性港3类。

国际性港主要停泊来自世界各国港口的船舶。

国家性港主要停泊往来于国内港口的船舶。

地区性港主要停泊往来于国内某一地区港口的船舶。

（5）港口按规模可分为小型、中型、大型、特大型和巨型。

港口可以根据其年货物吞吐量或年旅客吞吐量来划分规模。货物吞吐量分类标准如下：

小型港口：年货物吞吐量通常在 100 万吨以下。

中型港口：年货物吞吐量在 100 万吨~1000 万吨。

大型港口：年货物吞吐量在 1000 万吨~5000 万吨。

特大型港口：年货物吞吐量在 5000 万吨~1 亿吨。

巨型港口：年货物吞吐量在 1 亿吨以上。

旅客吞吐量分类标准如下：

小型旅游港：年旅客吞吐量通常在 10 万人次以下。

中型旅游港：年旅客吞吐量在 10 万人次~50 万人次。

大型旅游港：年旅客吞吐量在 50 万人次~100 万人次。

特大型旅游港：年旅客吞吐量在 100 万人次~500 万人次。

巨型旅游港：年旅客吞吐量在 500 万人次以上。

（三）港口水域设施

港口水域是指港口界线以内的水域面积。它一般需满足两个基本要求：一是船舶能安全地进出港口和靠离码头；二是能稳定地进行停泊和装卸作业。港口水域主要包括码头前水域、进出港航道、船舶转头水域、锚地等 4 部分。

1. 码头前水域（港池）

码头前水域内要求风浪小，水流稳定，具有一定的水深和宽度，能满足船舶靠离装卸作业的要求。按码头布置形式，码头前水域可分为顺岸码头前的水域和突堤码头间的水域。港池的大小按船舶尺度、靠离码头的方式，水流和强风的影响、转头区布置等因素确定。

（1）开敞式港池，港池内水面随水位升降变化，不设闸门或船闸。它是海、河港口的一种最普遍的形式，是相对于封闭式港池而言的。

（2）封闭式港池是一种建筑在潮差很大的地区，用闸门或船闸与港池外水域分隔开的港池。它的优点是：使港池内的水面保持在一个比较稳定的高水位上，因而在建设港池时可以减少土方开挖量和码头建筑物的高度；可以减少泥沙淤积；保证船舶靠泊的稳定和改善货物装卸作业条件。缺点是：船舶进出港口（港池）要过闸，不太方便；要相应增加一部分管理费用。

（3）挖入式港池是在岸上开挖出来的港池，在地形条件适宜或岸线不足时可建这种港池。优点是：可延长码头岸线，多建泊位；掩护条件较好。缺点是：开挖土方量较大；在含沙量大的地方易受泥沙回淤的影响；在寒冷地区封冻时间较长。

2. 进出港航道

进出港航道指船舶进出港区水域并与主航道连接的通道。一般设在天然水深良好，泥沙回淤量小，尽可能避免横风、横流和受冰凌等干扰的水域。其方向一般顺水流呈直线形布置。根据船舶通航的频繁程度可分别采用单行航道或双行航道。

3. 船舶转头水域

转头水域又称回旋水域，指船舶在靠离码头、进出港口需要转头或改换航向时专设的水域。其大小与船舶尺度、转头方式、水流、风速、风向有关。转头水域一般可与港内航行水域合并在一起布置。

转头水域的深度，在海港最小水深一般按大型船舶乘潮进出港口的原则考虑；在内河港最小水深一般不小于航道控制段最小通航水深。

4. 锚 地

锚地是专供船舶（船队）在水上停泊及进行各种作业的水域，如装卸锚地、停泊锚地、避风锚地、引水锚地及检疫锚地等。装卸锚地为船舶在水上过驳的作业锚地；停泊锚地包括到离港锚地，供船舶等待靠码头、候潮和编解使用的锚地；避风锚地指供船舶躲避风浪时的锚地；检疫锚地为外籍船舶到港后进行卫生检疫的锚地，有时也和引水、海关签证等共用。

（四）港口陆域设施

港口陆域是指港口范围内的陆地面积，一般包括装卸作业地带和辅助作业地带两部分，并包括一定的预留发展地。装卸作业地带布置有仓库、货场、铁路、道路、站场、通道等设施；辅助作业地带布置有车库、工具房、变（配）电站、机具修理厂、作业区办公室、消防站等设施。

1. 港区生产设施

生产性建筑物为水运企业实施主要生产工艺过程的建筑物。在港口中，生产性建筑物有码头、仓库、货场、客运站、铁路、道路等；在修造船企业中，生产性建筑物有船坞、船台、轮机车间、船体车间等。

生产辅助建筑物为水运企业辅助生产服务的建筑物，如港口的流动机械库、修理厂（所）、供应站、航修站、变电所、候工室、作业区办公室、消防站、通信建筑及港务管理办公建筑等。

港区作业调度室是港口日常装卸作业、生产的指挥中心。调度室一般设在港口装卸作业最中心的位置，并装设有与各有关方面联系的有线和无线电话及各种先进的电子装置。

2. 港口集疏运设施

港区道路是港内通行各种流动机械、运输车辆和人行的道路。港区道路联系码头、仓库、货场、前后方之间和港内与港外之间的交通，为减少行车干扰，便利消防，一般布置成环行系统。在主要装卸区车辆、机械行驶较多的地区，路面多铺设混凝土和沥青混凝土。

港口铁路在港口范围内专为港口货物装卸、转运的铁路线路及设备，一般由港口车站、港区车场、码头线和库场货物线等组成。在作业量不是很大，距路网上编组站较近时，港口车站可与之合并；如作业量较小，车流性质较单纯时，港口专用线可直接与路网上的编组站或其他车站相连接。

3. 码头、泊位

码头是供船舶停靠，装卸货物和上下游客的水工建筑物，是港口的主要组成部分。码头按用途可分为一般件杂货码头、专用码头（渔码头、油码头、煤码头、矿石码头、集装箱码头等）、客运码头、供港内工作船使用的工作船码头以及为修船和造船工作而专设的修船码头、舾装码头。

泊位是指一艘标准船型停靠码头所占用的岸线长度。泊位长度一般包括船舶的长度 L 和船与船之间的必要安全间隔 d。d 值的大小根据船舶大小而变化,一个万吨级泊位为 15~20m。泊位的数量与大小是衡量一个港口或码头规模的重要标志。一座码头可能由一个或几个泊位组成,视其布置形式和位置而定。

4. 港区仓库

专供进出港口的货物临时或短期存放保管的建筑物称为仓库。它是港口的重要组成部分,其主要作用是便于货物储存、集运,加快车、船周转,提高港口通过能力,保证货运质量。为了流动机械、车辆能在库内作业、通行,仓库的建筑结构要求跨度大、净空高、库门宽。港区仓库按存放货物的种类分为件货仓库、散货仓库、危险品仓库及冷藏库等;按其位置分为前方仓库和后方仓库;按其特点分为专用仓库、通用仓库、单层仓库与多层仓库等。

前方仓库是设在码头前方第一线与船舶装卸作业直接相关的建筑物。其容量一般要与泊位通过能力相适应。后方仓库是与前方仓库相对而言的,位于港区的后方,距离码头泊位比较远的建筑物。堆存时间较长的货物通常保管在后方仓库(场)。为加快车、船周转,避免港口堵塞,卸在前方仓库(场)的货物如超过堆存期限,物资部门仍未提货,港口会将其转到后方仓库(场)堆存保管。后方仓库的容量要根据货物集散的速度和港口所在地区的要求而定。

5. 港区货场

在港内堆存货物用的露天场地称为货场,它的性质和作用与仓库相同。凡不需进库的货物一般在货场存放。货场有件杂货场和散杂货场两类。件杂货场一般都需要进行铺砌,所用材料视货物种类和装卸设备类型而异,有混凝土、沥青混凝土、块石、碎石等。根据场地所在位置,货场也有前、后方之分。场地要有一定的坡度,便于排水;要留有通道,便于车辆、装卸机械通行和消防。

6. 港口机械

港口装卸机械是完成港口货物装卸的重要手段,用于完成船舶与车辆的装卸、货物的堆码、拆垛与转运等。港口流动的装卸机械有较大型的轮胎起重机、履带式起重机、浮式起重机和各种装卸搬运机械(如叉式装卸车、单斗车、牵引车)等;固定装卸机械有门座起重机、岸边起重机、集装箱起重机和各种连续输送机械(如带式输送机、斗式提升机、气力输送机、螺旋输送机和油气管道)等。

7. 港口给排水和供电

港口给水系统是为船舶和港口的生产、生活、环境保护与消防提供用水,且根据不同用途提供不同的水量、水压和水质。

港口排水系统的任务是及时地排除港区的生产水、生活污水及地面雨水,对有害的污水进行净化处理,达到环境保护的要求后排放,以防止对环境水域的污染。

港口供电对象主要是装卸机械、维修设备、港口作业辅助设施,以及照明、通信与导航设施等。

8. 船舶基地

为了保证生产与安全,港口需要配备有各种辅助船舶,如拖船、供水船、燃料供应船,起重船、垃圾船、巡逻艇、搜救船等。船舶基地主要用于各种辅助船舶的停泊与维护。

综上所述，港口的设施数量是非常庞大的，犹如一个独立的小城市。然而就生产作业来说大体上可归纳为船舶航行作业、装卸作业、货物存储以及集疏运四大部分。船舶航行作业部分包括港内外航道、锚地、港池和船舶回转水域，还有保证安全航行的通信、导航设施。装卸作业部分包括码头、水上装卸锚地以及各种装卸设备。货物存储部分主要包括陆域上的仓库和堆场以及库场的机械设备。对于有旅客运输的港口，在陆域上还必须特别注意建设客运站等设施。集疏运部分除了水路外主要就是铁路与公路。

（五）港口的水工建筑物

水工建筑物是指建筑物的大部分处于水中，或经常与水接触。这类建筑物要遭受海水的侵蚀等有害作用，因此对它们的结构和材料有特殊的要求，应该异常坚固又经久耐用。根据各种不同的用途，港口水工建筑物可分为防波堤、码头建筑物、护岸建筑物、修船和造船水工建筑物四大类。

1. 防波堤

防波堤是位于港口水域外围，用以抵御风浪、保证港内有平稳水面的水工建筑物。这种建筑物在水域外围的深海中，要经受巨大的波浪和冲击力，因此要建造得既稳定又坚固，规模往往也很大。突出水面、伸向水域与岸相连的防波堤称突堤。立于水中与岸不相连的防波堤称岛堤。堤头外或两堤头间的水面称为港口口门。口门数和口门宽度应满足船舶在港内停泊、进行装卸作业时水面稳静及进出港航行安全、方便的要求。有时防波堤也用于防止泥沙和浮冰侵入港内。防波堤内侧常兼作码头。

在港口工程中，防波堤按其断面形状及对波浪的影响可分为以下4种，如图 5-5 所示。

（1）直立式防波堤如图 5-5（a）所示，它可分为重力式和桩式。重力式一般由墙身、基床和胸墙组成，墙身大多采用方块式沉箱结构，靠建筑物本身重量保持稳定，结构坚固耐用，材料用量少，其内侧可兼作码头，适用于波浪大及水深而地基较好的区域。缺点是波浪在墙身前反射，消波效果较差。桩式一般由钢板桩或大型管桩构成连续的墙身，板桩墙之间或墙后填充块石，其强度和耐久性较差，适用于地基土质较差且波浪较小的区域。

（2）斜坡式防波堤如图 5-5（b）所示，它对地基承载力的要求较低，可就地取材，施工较为简易，不需要大型起重设备，损坏后易于修复。波浪在坡面上破碎，反射较轻微，消波性能较好。这类防波堤一般适用于软土地基。缺点是材料用量大，护面块石或人工块体因重量较小，在波浪作用下易滚落走失，须经常修补。

（3）半直立式防波堤如图 5-5（c）所示，它适用于高水时间较长而低水时间较短的情况。

（4）半斜坡式防波堤如图 5-5（d）所示，它适用于枯水时间较长而高水时间较短的情况。

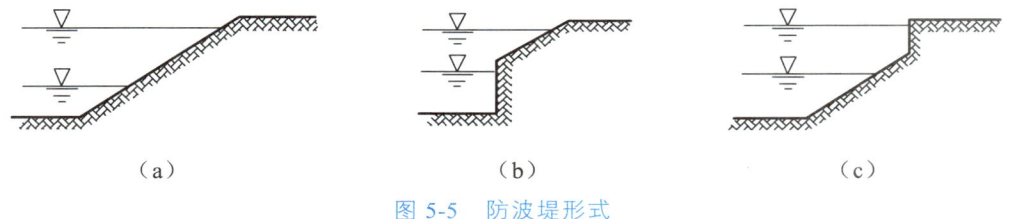

图 5-5　防波堤形式

2. 码头建筑物

码头是港口的主要组成部分，码头建筑物也是港口的主要水工建筑物，供船舶停靠、装卸货物和上下旅客。直立式码头是各港口广泛采用的码头类型，便于船舶停靠和机械直接开到码头前沿，以提高装卸效率。内河水位差较大的地区也可采用斜坡式码头，斜坡道前方设有趸船作码头使用。这种码头由于装卸环节多，机械难以靠近码头前沿，装卸效率低。在水位差较小的河流，湖泊中和受天然或人工掩护的海港港池内也可采用浮码头，借助活动引桥把趸船与岸连接起来。这种码头一般用作客运码头、卸鱼码头、轮渡码头以及其他辅助码头。

码头的类型较多，根据不同的分类方法有不同的类型。

（1）按用途可分为客运码头、货运码头、轮渡码头、工作船码头、渔码头、修船码头等。而货运码头中又可分为件杂货码头、散货码头、油码头、集装箱码头等。

（2）按平面布置可分为顺岸式码头、突堤式码头和墩式码头等。

（3）按断面形式可分为直立式、斜坡式、半直立式和半斜坡式等。

（4）按结构形式可分为重力式、板柱式、离桩板梁式等。

另有主要用作浮码头使用的趸船。趸船是一种无动力装置的矩形平底船，通常固定在岸边，用于装卸货物或供行人上下，也被用作商业、娱乐及水上学校等。

3. 护岸建筑物

港口陆域和水域的交接地带，除停靠船舶的码头岸线外，其他未被利用的天然岸坡因经常遭受着潮汐、水流和波浪的作用，若边坡土质比较松软，非常容易被冲刷而引起坍塌，进而影响陆域及其上面建筑物的安全，同时也会影响水域的深度。因此要对这些岸边进行加固，须修建护岸建筑物。最常见的护岸建筑物有护坡和护墙。护坡用块石或混凝土板铺砌而成；护墙是用混凝土制成的挡土墙。

4. 修船和造船水工建筑物

修船和造船水工建筑物有船台滑道型和船坞型两种。待修船舶通过船台滑道被拉拽到船台上，修好船体水下部分以后沿相反方向下水，再于修船码头进行船体水上部分的修理和安装或更换船机设备。新建船舶在船台滑道上组装并油漆船体水下部分后下水，在舾装码头安装船机设备和油漆船体水上部分。

船坞分为干船坞和浮船坞。

（1）干船坞为一低于地面、三面封闭、一面设有坞门的水工建筑物。待修船舶进坞后，关闭坞门，把水抽干，修好船体水下部分后灌水，使船起浮，打开坞门，使船出坞。新建船舶在坞内组装船体结构，油漆船体水下部分和安装部分船机设备后出坞，然后进行下一步工作。

（2）浮船坞由侧墙和坞底组成。修船时先向坞舱灌水使坞下沉，拖入待修船舶后，排出坞舱水，使船舶坐落坞底进行修理。浮船坞新建船舶和干船坞相似。浮船坞可系泊在船厂附近水面上，也可用拖船拖至他处使用。船台滑道和船坞均要求有坚固的基础以承受船体传下的巨大压力，在软弱地基上修建时一般采用桩基础。在透水性土上修建大型船坞时，一般采用减压排水式结构，用打板桩或采取人工排水设施降低地下水位，减少空坞时地下水对坞底板产生的巨大浮托力和坞墙的侧压力。

单元三　水路运输载运工具

水路运输载运工具主要指利用螺旋桨、喷射水流在水中的推力而在水上行驶的载运工具，如各种螺旋桨船舶、水翼船、气垫船等。

运输船舶是指载运旅客与货物的船舶,通常又称为商船。在几千年的船舶发展史中,船舶类型大致经历了舟筏、木帆船及蒸汽机船 3 个阶段,目前正处于以柴油机为主要动力的钢船时代。随着世界经济的发展,现代运输船舶已形成了种类繁多,技术复杂及高度专业化的运输船舶体系。

一、船舶的种类

运输船舶可按用途、航行区域、航行状态、推进方式、动力装置和船体材料及船体数目等进行分类。按用途可分为货船、客船和其他船舶等。

(一)货 船

货船是专门运输各种货物的船。它包括以下几种类型:

1. 杂货船

杂货船是装载一般包装、袋装、箱装和桶装普通货物的船。杂货船在运输船中占有较大的比重。一般所说的万吨级货船,是指它的载重量在 1 万吨左右或 1 万吨以上,而其总载重量和满载排水量则还要大得多。

万吨杂货船一般都是双层甲板船,有 4~6 个货舱,每个货舱的甲板上有货舱口,货舱口上装有能起重 5~20 t 的吊货杆。有些船上还备有起吊重货的重型吊杆,起重能力可达 60~150 t。为了提高装卸效率,有些货船还装有回转式的起吊车。

货船按机舱位置的不同,有中机型船、尾机型船和中后机型船。中机型船的机舱位置在船体中央部分;尾机型船的机舱设在船的尾部;中后机型船的机舱设在偏尾部。

近年来发展出一种多用途的干货船,既可运载一般的包装杂货,又可装运散货和集装箱货等。这种货船比装运单一货物的一般杂货船适应性大,运输效率高。

2. 散货船

散货船是专门用来装运糖、盐、谷物、煤、矿砂等散装货物的船舶,与杂货船不同的地方是它运输的货物品种单一,货源充足,装载量大。依照不同的散货品种,这类船舶装卸时可采用大抓斗、吸粮机、装煤机、皮带输送机等专门的机械,运输效率高,装卸速度快。

散货船驾驶室和机舱都设在尾部,货舱口比杂货船的货舱口大,有较多的压载水舱,作为空载返航时压载之用。散货船都为单甲板船,甲板下面两舷与舱口边做成倾斜的顶边舱,可以限制散货向左右两舷移动,以保持船的稳定性。

运输单一货物的散货船存在一个问题,就是货运是单向的,在回程时免不了有空载返航的损失。为了提高船舶的利用率,于是出现了矿-油和矿-油散货等两用和三用船。多数的散货船在结构上都采取了独特的设计,以适应运输不同货物的需要。

3. 集装箱船

集装箱船是用于载运集装箱的专门运输船舶。根据国际标准化组织(ISO)公布的统一规格,集装箱一般都使用 20 ft 和 40 ft 两种,其中 20 ft 集装箱被定为统一标准箱(TEU)。集装箱船可分全集装箱船和半集装箱船两种。全集装箱船是将全部货舱及上甲板都用于装载集装箱;而半集装箱船是只有部分舱室用于装载集装箱,其余货舱则用来装运件杂货。

集装箱船在结构与船型上与杂货船有明显不同,船型尖瘦,航速高(一般在 20~37 kn),舱口尺寸大(舱口宽度占船宽的 70%~80%,便于装卸)。机舱及上层建筑位于船尾,以便有更多的甲板和货舱面积用于堆放集装箱，主甲板之下的船舱内一般可堆码 3~9 层集装箱，而主甲板之上则可堆码 2~4 层集装箱。船上一般不设装卸设备，而由码头上的专用机械设备操作，以提高装卸效率。集装箱的船舷采用双层船壳，以平衡大舱口对抗扭强度的不利影响，且通过压载调整船舶的重心高度以确保船舶具有足够的稳定性。

集装箱船具有装卸效率高，航行速度快，经济效益好等优点，因此得以迅速发展。它按载箱数量分为第一代、第二代、第三代等，载箱数大致分别为 1 000 TEU、2 000 TEU 及 3 000 TEU。现已发展到第五代、第六代集装箱船，载箱数为 5 000 TEU 以上。

4. 油 船

油船是专门运载石油类液货的船舶。它在外形上和布置上很容易与一般的干货船区别开来。油船上层建筑和机舱设在尾部，上甲板纵中部位布置纵通全船的输油管和步桥。石油分别装在各个密封的油舱内，装卸石油时用油泵和输油管输送，不需要起货吊杆和起货机，甲板上也没有大的货舱开口。

油船各油舱内装有蒸汽加热管路。当温度低时，石油的黏度增加，不容易流动，有了加热管为舱内的石油加温，就可使石油流动，便于装卸。

油船的机舱多设在尾部，可以避免桨轴通过油舱时可能引起的轴隧漏油和挥发出可燃气体引起爆炸的危险。此外，机舱设在尾部，烟囱排烟时带出的火星向后吹走，也不致落入油舱的通气管内而引起火灾。

油船船体结构通常是单层甲板、单层低结构，但目前也有双层低结构的。油船的干舷很小，满载航行时甲板离水面很近。

在液货船中，还有专门运载液化气的运输船。这种船舶上装有特殊的高压液舱，先把天然气或石油气体液化，再用高压泵打入液舱内。液舱一般分薄膜液舱和环型液舱。液化天然气在运输途中要蒸发，可把这部分蒸发的天然气送到锅炉去燃烧。除此之外，还有少数散装植物油、化工液货等的船舶，和油船一起统称为液体货船。

5. 滚装船

滚装船是专门装运以载货车辆为货物单元的运输船舶，英文名为 Rollon and Roll off Ship (Ro-Ro Ship)。装船或卸船时类似于汽车与火车渡船，载货车辆从岸上通过滚装船的跳板开到船上，到港后再从船上经跳板开到岸上。

滚装船具有纵通全船的主甲板和多层车辆甲板，不设舱口和装卸设备。主甲板下通常是纵通的无横舱壁的甲板间舱，净空高，适用于装车。各层甲板之间用斜坡道或升降平台连通，便于车辆在多层甲板间行驶。上层建筑位于船首或船尾，且首尾设有跳板，供车辆上下船用。机舱设在尾部甲板下面，多采用封闭式。主甲板以下两舷多设双层船壳。主甲板两侧还设有许多通风筒排放车辆产生的废气。

滚装船的最大优点是船和码头都不需要设置装卸设备，载货汽车可以自行上船或下船，速度快，效率高。另外，滚装船对货种的适应性强，除可装运各种车辆外，还可装运集装箱、钢材、管材和重型机械设备等长大件货物。这种船适用于装卸繁忙的短程航线，也有向远洋运输发展的趋势。滚装船的载重量一般为 6 000~26 000 t，航速 18~20 kn（最高可达 25 kn）。

6. 载驳船

类似于集装箱运输方式的，还有载驳船。载驳船也称子母船，是专门装运以载货驳船为货物单元的运输船舶。其运输方法是先将货物或集装箱装载在规格统一的驳船（子船）上，再把驳船装上载驳船（母船）。到达目的港后，将驳船卸到水中，由拖船或推船将其分送内河各地。载驳船则再装载另一批等候在锚地的满载货驳开航驶向新的目的港。驳船的装卸方式有3种：利用尾部门式起重机、尾部驳船升降平台或浮船坞原理装卸驳船。目前，比较常见的载驳船有"拉希"（LASH）型和"西比"（Sea-bee）型两种，分属上述装卸方式中的前两种。"拉希"型载驳船的载重吨位为30 000～40 000 t，航速18kn；"西比"型载驳船的载重吨位为38 000 t，航速20 kn。

载驳船的最大优点是装卸效率高，运输成本比其他货船低。载驳船不受港口水深影响，不需占用码头泊位，不需装卸机械。采用载驳船装运货驳的运输方式，已经成为目前实现海河直达运输的有效方法。

7. 冷藏船

冷藏船是专门运输鲜活易腐货物的船舶，可装运新鲜的鸡、鸭、鱼、肉、蛋、水果、蔬菜和冷冻食品等。冷藏船就像一座水上活动的冷库。

冷藏船按所装货物的品种不同，要求不同的冷藏温度。专用的冷藏船航速较高，船的吨位不大，通常在数百吨到数千吨。有些客船上也兼带冷藏鲜货。

（二）客 船

客船是用来载运旅客及其行李并兼带少量货物的运输船舶。纯粹载客不装货物的船舶是很少的。以载客为主兼运一部分货物的船舶叫作客货船。

客船首先是安全可靠，既有良好的适航性和居住条件，又有较快的航行速度。

客船都是用于定期定点的航线，有远洋客船、近海客船、沿海客船和内河客船之分。远洋客船的排水量一般都在万吨以上；近海客船的排水量为5 000～10 000 t；沿海客船的排水量一般在5 000 t以下；内河客船更小些。

为了保证旅客的安全，客船在船体结构上必须设双层底，配备有足够的救生设备（如救生艇、救生筏、救生圈和救生衣等）。对防火要求也有严格的规定，例如要求较高的客船上的舱室设备、家具和床上用品等需经防火处理。此外，客船上还有完善的通信、照明设备，有的还设有空气调节系统。对于要求较高的客船，为了使船舶在海洋中航行平稳，船上装有减摇水舱或减摇鳍等。

客船的造型美观大方，上层建筑庞大，有的拥有7～8层甲板（一般的内河船舶也有五层甲板）。上层建筑物内除有住舱外，还有供旅客用的餐厅、浴室、盥洗室、诊疗室、阅览室和小卖部，并有宽敞的甲板走廊供旅客活动。大型的远洋客船还设置休息室、文娱活动室、体育活动室、电影放映室、露天游泳池和室外运动场等。

客船与其他交通工具比，具有客运量大、费用低、比较安全、旅客活动面积大等优点。近年来远程航空客机迅速发展，渐渐取代了远洋客船的地位，远洋客船的客运量已有所下降，客船逐渐转向为短程运输和为旅游观光服务，由此新型豪华旅游船、汽车客船、滚装客船和小型高速船等发展起来。

1. 海洋客船

海洋客船主要包括远洋、近海与沿海几种形式。这类船舶一般吨位大、航速高、设备齐全。在航空运输兴起之前，国际邮件主要靠这类船舶输送，故又称为邮船。远洋客船的吨位一般在2万～3万吨，最大的可达7万吨（均为重量吨）。航速为29 kn左右，最高可达36 kn。近海、沿海客船的吨位在1万吨左右，航速为18～20 kn。

2. 旅游船

旅游船在 20 世纪 60 年代兴起,供旅游者旅行、游览之用。其船型与海洋客船相似,但吨位较小。船上设备齐全,能为旅客提供疗养娱乐等综合服务。

3. 内河客船

内河客船指运行在江河湖泊上的客船。其载客量较小,速度较低,设备也较海洋客船简单。

4. 汽车客船

汽车客船是 20 世纪 60 年代以后兴起的船种。它除载客外,还能同时载运一定数量的旅客自备汽车。这种客船在船中或船尾设置跳板,以供旅客自备的小型客车驶进船上的车库。

5. 小型高速客船

小型高速客船主要有水翼船和气垫船,多用于沿海及内河的短途航行。

水翼船是一种依靠装在船体下的水翼上、下压强差产生的升力来支持船体全部或部分升离水面而高速航行的船舶。目前,水翼船的航速可达 40~60 kn,排水量为 100~300 t,最多可设 300 个客位。如波音公司开发的民用水翼船渡轮(JetFoil 929 型),属全浸式水翼船,水翼可以收起,以进入浅水的地区。船身长 90ft,以铝合金制造,净重约 100 t,载客量可达 250 人,航速达 45 kn。推进的动力来自两部劳斯莱斯 Allison 501k 燃气发动机,用喷水器推进。

气垫船又叫"腾空船",是一种利用高压空气在船底与水面间形成气垫,使船体部分或全部垫升而实现高速航行的船舶。气垫通常是由持续不断供应的高压气体形成。气垫船主要用于水上航行和冰上行驶,还可以在某些比较平滑的陆地和浮码头登陆。气垫船是高速船的一种,行走时因为船身升离水面,水阻降低,以致航行速度比同样功率其他船舶快。目前,气垫船的航速为 60~100 kn,最高可达 130 kn,客位为 100~200 个。气垫船亦可用非常缓慢的速度行驶,在水面上悬停。

(三)其他船舶

1. 渡 船

在交通运输船中,除了上述的大型船舶以外,还有作为短途运输的渡船。渡船用于江河两岸或海峡、河口、岛屿间的运输,航程较短,船上的设备也比较简单。

渡船按用途可分为旅客渡船、列车渡船和汽车渡船。

城市过江渡船,有的一小时内可来回好几次,靠离码头时间极短。还有航行于市区和岛屿之间的短途客船(如上海市和崇明岛之间的客船),航程仅几小时,船上只设旅客座位,不设铺位。双体旅客渡船是一种比较新型的渡船,是由两条相同尺寸的船体中间用联桥结合起来的,每个片体各装一个主机和推进器,行驶时同时运转。

列车渡船在我国使用的时间较早。如行驶在粤海铁路琼州海峡的跨海火车渡船"粤海铁1号",于 2002 年 7 月正式下水,2003 年 1 月投入运营。"粤海铁1号"总长 165.4 m,宽 22.6 m,排水量为 12 400 t,载重量 4 200 t。主甲板上敷设 4 股轨道,可以载货运列车车辆 40 节或客运列车车厢 18 节,旅客 1 360 人。船的头部和尾部都装有螺旋桨,靠离码头操纵灵活。首尾和两舷有平衡水舱,用以调节纵倾和横倾。

汽车渡船是载运汽车专用的船舶。这种船舶通常是首尾对称的方形船,驾驶室设在舷侧高处,便于驾驶人员观察和控制。其甲板宽敞平坦,两端有跳板,在靠岸时放下跳板,使汽车能迅速上下。大型的汽车渡船可载配数百辆汽车。这类渡船航线较长,航速较快,可兼载运旅客。

2. 驳船

驳船是一种专供沿海、内河、港内驳载和转运物资的吨位不大的船舶。船上设备比较简单，本身没有起货设备。其载重量从几十吨到几百吨，大型的货驳也有数千吨级的。驳船一般为非机动的，本身没有推进装置（少数有推进器的驳船称为机械驳），移动或航行时需要用拖船拖带或推船顶推。驳船用于驳运大型货船上装卸的货物，或者组成驳船船队运输货物。

按装货方式的不同，驳船可分为货物装在货舱内的舱口驳和货物装在甲板上的甲板驳。根据驳船装运的货物品类的不同，又可分为一般的货驳和专用的油驳、矿砂驳、泥驳、牲畜驳和化学品驳等。

驳船船队可以航行于狭窄的水道和浅水航道，并可按运输货物的品类随机编组，适应内河各港口货物运输的需要。驳船的优点是船的结构和设备简单、造价低、管理维修费用低、船的利用率高等。因此，驳船在内河运输中占有重要地位。在我国长江干线和其他内河航线的货物运量中，驳船运输占有较大的比例。

3. 液化气船

液化气船分为液化石油气（LPG）船、液化天然气（LNG）船和液化化学气（LCG）船。液化气船的液舱结构与其他货船的货舱结构不同，采用的是全封闭金属罐。

通常采用常温加压方式运输的液化气体，装载于固定在船上的球形或圆筒形的耐压容器内；而采用冷冻方式运输的液化气体，装入耐低温的特种钢材制成的薄膜形或球形容器中，外面包有绝热材料，并装有冷冻系统。加压式适用于小型船舶，载重量在 4 000t 以上的船舶以冷冻方式较多。此外，还有一种低温低压式液化气船，又称半冷冻式液化氩船，采用在一定压力下使气体冷却液化的方式运输。

液化气船的吨位一般在 6 万～13 万立方米（通常用货舱容积的立方米数表示）。大型远洋液化气船的航速为 19～20 kn，近海液化气船的航速均在 15～18 kn 范围以内。

4. 液体化学品船

液体化学品船是用于载运各种液体化学品如醚、苯、醇、酸等的专用运输船舶。液体化学品大多具有剧毒、易燃、易挥发和腐蚀性强等特点，因此运输此类化学品的船舶对防火、防爆、防毒和防腐蚀等有很高的要求。液体化学品船因载运货物的品种多，所以货舱分隔多、货泵多，而且按规定须设双层底。除双层底外，货舱区均为双层壳结构，有透气系统和温度控制系统，根据需要还设有惰性气体保护系统。货舱区与机舱、住舱及淡水舱之间均由隔离舱分隔开来。

根据所运载货物的危险性大小，液体化学品船分为Ⅰ、Ⅱ、Ⅲ级。Ⅰ级船危险性最大，其货舱容积要求小于 1 250 m³；Ⅱ级船则应小于 3 000 m³；Ⅲ级船装载危险性较小的液体化学品。

5. 拖船和推船

拖船和推船是专门用于拖曳或顶推其他船舶、驳船队、木排或浮动建筑物的机动船。其本身不载旅客和货物，是一种多用途的工作船，被称为水上的"火车头"。

拖船多为单甲板船，且尺度较小，船型短而宽。船上除了有一般的航行设备外，在拖船的后部还装有专门的拖曳设备。衡量拖船能力大小是主机的功率和拖力，目前我国干线运输拖船的功率可达 1 500 kW。

推船一般呈方形，装有顶推架，用缆绳或机械钩合装置连接驳船。顶推设备和连接装置装于推船首部。为便于驾驶，推船驾驶台较高。目前我国长江干线上常见的推船功率为 1 900 kW。

二、船舶尺度和性能

(一)船舶的主要尺度

船舶的主要尺度是表示船体外形大小的基本量度,有船总长 L、型宽 B、型深 H 和吃水 T。

(1)船总长 L,指船舶首端至尾端的最大水平距离。

(2)型宽 B,指沿船体设计水线自一舷的肋骨外缘量至另一舷的肋骨外缘之间的最大水平距离,一般在船长的中点处。

(3)型深 H,指在船长中点处,沿舷侧自龙骨上缘量至上甲板下缘的垂直距离。

(4)吃水 T,指在船长中点处,从龙骨上缘量至设计水线的垂直距离。

(二)船舶的技术营运性能

船舶的技术营运性能包括船舶的航行性能、船舶的重量性能、船舶的容积性能、船舶的航速与船级等。

1. 船舶的航行性能

船舶为了完成运输生产任务,经常在风浪、急流、险滩等航行条件极为复杂的情况下工作。因此,要求船舶必须具有良好的抗风浪能力,能够有效控制船舶的航行性能(主要包括浮性、稳性、抗沉性、快速性、适航性和操作性)。

浮性指船舶在各种装载情况下,保持一定浮态的性能。

稳性指船舶受到外力的作用后,离开平衡位置而倾斜,当外力消除后能够自行恢复到原来平衡位置的能力。

抗沉性指船舶破损浸水后仍保持一定的浮性和稳定性的能力。

快速性指主机以较小的功率消耗而达到较高航速的性能。

适航性指船舶在多变的海况中运动的性能。

操作性指船舶能保持或改变航向的能力。船舶保持航向不变的能力叫航向稳定性,船舶改变其航向的能力叫回转性。

2. 船舶的重量性能

船舶的重量性能是指船舶的载重量和排水量,计算单位是 t,可表示为重量吨位和排水量吨位。

重量吨位即船舶载重量,表示船舶在营运过程中所允许装载的重量。船舶的重量吨位可用于对货物的统计,租船时作为计算月租金的依据,表示船舶的载运能力,也可用于计算新船造价及旧船售价。重量吨位可分为总载重吨位和净载重吨位。

排水量吨位指船舶在空载、满载或不满载时所排开水的吨数,分为空船排水量、满载排水量和实际排水量 3 种。

3. 船舶的容积性能

船舶容积性能以船舶的容积吨位来表示。船舶的容积吨位是各海运国家为船舶注册而规定的一种以 t 为计算和丈量的单位,是将船舶内部封闭容积以 2.83 m^3 为 1 t 折算所得到的吨位数,一般用于船舶注册登记,又称注册吨位。

4. 船舶的航速与船级

航速是指船舶在水域里的航行速度。船舶在江河里的航行速度，其计量单位是 km/h，船舶在海里的航速计量单位是"kn"（1 kn=1.852 km/h）。船舶的航速依船型的不同而不同，散货船和邮轮的航速较慢，一般为 13～17 kn，最快的集装箱船的航速可达 24.5 kn，相当于 45 km/h。

船级是表示船舶技术状态的一种指标。根据船舶的注册吨位，将船舶划分为不同的级别，便于客户选择适当的船舶。在国际航运中，凡注册总吨在 100t 以上的海运船舶，需由船级社或船舶检验机构批准，方可建造。在建造过程中，还要受某船级社或船舶检验机构的监督。建造完毕，需由船级社或船舶检验机构对船舶的各项技术指标和性能进行鉴定，确定船级，并发船级证书。船级证书的有效期是 4 年，期满后需重新鉴定。船舶入级可保证船舶航行安全，有利于国家对船舶进行技术监督，便于船舶的营运，也便于保险公司确定船、货（客）的保险费用。世界上比较著名的船级社有英国劳埃德船级社（创建于 1760 年，是世界上历史最悠久，规模最大的船级社）、德国劳埃德船级社、挪威船级社、法国船级局、日本海事协会、美国航运局、中国船级社（前身为中华人民共和国船舶检验局）等。

三、船舶的组成与基本构造

运输船舶由船体构造、动力装置、船舶设备及船舶系统等部分组成。

（一）船体构造

船体是指主甲板以下部分，它是一个直接承受静水压力、浮力、波压力、冲击力、货载及本身质量等各种外力的空间结构。为了使船舶行驶时所受的阻力最小，船体做成流线型曲面，两端多为尖楔形或匙形。船体前端叫船首，后端叫船尾。

一般货船的中部较肥，首部与尾部较瘦。船体中部的舱容大，适宜于作货舱和机舱。首尾部常用作压载水舱和放置锚链或舵机等。船体左右两侧叫船舷。船体顶盖为一全通连续甲板，称为主甲板。主甲板架在横梁上，它是承载船舶纵向强度的重要构件，同时也支撑压在甲板上的负荷。除主甲板外，大型船舶内还有起分隔作用的第二、第三甲板。船体构造中，主船体和上层建筑是其主要部分。

1. 主船体

主船体是被外板和连续的上甲板全部包起来的水密结构，主船体的空间又被舱壁、甲板和平台分隔成不同用途的舱室。主船体由首端、中部和尾端构成。

2. 上层建筑

船舶主甲板以上，由一舷伸至另一舷的围壁建筑物称为上层建筑。上层建筑位于水密的连续甲板以上，包括船楼和甲板室。

上层建筑作为驾驶室、工作室、船员和旅客的住室和生活用舱室或安装船舶上某些设备之用。上层建筑承受风浪的局部压力和局部载荷，当它超过一定长度时其结构应加强。

（二）动力装置

船舶动力装置是保证船舶推进及其他需要提供各种能源的全部动力设备的总称，或者将它扩大为满足船舶航行、各种作业人员生活和安全等需要所设置的全部机械、设备和系统的总称。船舶动力装置由推进装置、辅助装置、管路系统、甲板机械及自动化设备组成。

1. 推进装置

推进装置也称主动力装置，是为保证船舶正常航行而设置的所有设备的总称，也是船舶动力装置中最主要的部分。它包括主机、传动设备、轴系和推进器。主机发出动力，通过传动设备及轴系驱动推进器产生的推力，使船舶克服阻力航行，再通过改变主机的转数和轴系的转动方向，控制船舶航行的快慢和进退。根据主机形式不同，船舶动力装置可分为蒸汽动力装置、燃气动力装置及核动力装置等 3 种。燃气动力装置的主机是采用直接加热式（内燃式），燃烧产生物即是工质。目前民用船舶普遍使用内燃机。柴油机具有热效率高、起动迅速、安全可靠、重量轻、功率范围大等优点。在大中型民用船舶上使用的柴油机有大型低速和大功率中速两大类。船舶动力装置由于工作条件的特殊性，要求可靠、经济、机动性好、续航能力强等。

2. 辅助装置

辅助装置是产生除推进装置所需能量以外的其他各种能量的设备，包括船舶发电站、辅助锅炉装置和压缩空气管路系统。它们分别产生电能、蒸汽和压缩空气供全船使用。

3. 管路系统

船舶管路系统是指为某一专门用途而设置的输送流体（液体或气体）的成套设备。

4. 甲板机械

甲板机械是指为保证船舶航向、停泊及装卸货物所设置的机械设备，如锚泊机械、操舵机械和起重机械等。

5. 自动化设备

自动化设备用以实现动力装置的远距离操纵与集中控制，以改善船员工作条件，提高工作效率及减少维修工作量。它主要由对主、辅机及其他机械设备进行遥控、自动调节、监测，报警等设备组成。

（三）船舶设备

为了操纵船舶、装卸货物和安全救护，船舶配备有舵、锚、系缆、起货和救生设备，统称为船舶设备。

1. 舵设备

舵设备是控制船舶航行方向的装置。它主要由舵、舵机、传动装置及操纵装置等部分组成。驾驶人员操纵舵轮或手柄，或由自动舵发出信号，通过传动装置带动舵机，由舵机带动舵的转动控制船首方向，使船舶保持航向或回转。

2. 锚设备

锚设备是船舶锚泊时所用装置和机构的总称，由锚、锚链、锚链制动装置、锚机和锚链舱等组成。锚利用它在海底的抓力（一般为锚重的 4～5 倍）以及锚链与海底表面的摩擦力制动船舶，主要用于船舶在海上锚地固定船位，同时也可作为船舶制动，控制船身和掉头的辅助手段。

3. 系缆设备

系缆设备是用来将船舶系在码头的系船柱上或其他所需要位置上的设备。系缆设备主要包括缆索、带缆桩、导缆孔、导缆器及绞缆机等。缆索一般采用柔软的钢索或麻索，近年较多地改用尼龙索。带缆桩是用铸铁或钢板焊接成的柱子，固定在甲板上，供挽牢缆索用。为了把缆索从带缆桩引出船外，在舷墙上开孔，称为导缆孔。为使缆索按照需要改变方向，在甲板上或舷墙上设有导缆器。为了收缆时卷起缆索，设有缆索卷车。在船舶靠码头过程中，缆索一端套在码头系船柱上，用船上绞缆机或锚机绞紧缆索，使船向码头靠拢。因此，在船上布置缆设备时常与锚设备、拖带设备一并考虑。

4. 起货设备

起货设备是船舶自备的、用于装卸货物的装置和机械，主要包括吊杆装置、甲板起重机和其他装卸机械。

5. 救生设备

救生设备是装在船上供船舶失事时船上人员自救和营救落水人员的设备。常用的救生设备有救生艇、救生筏、救生圈和救生衣等。

除以上这些船舶设备外，船舶大多还配备消防和堵漏设备等。它们都是保证船安全航行所必须装置的设备。

（四）船舶系统

为了保证船舶安全运转和船员、乘客生活需要，船舶上设有船底水排泄系统、压载系统、灭火系统、生活用水系统、通风系统、冷暖系统等，统称船舶系统。特殊船舶还有特殊系统，如油船的输油系统，冷藏船的冷却系统。船舶系统主要用来输送船上自用的液体和气体，如淡水、海水、热水、污水、蒸汽、空气等。其设备包括管道、泵及其他附件。

为船舶系统与船舶设备所配置的动力装置，称为辅机。

此外，船舶还有助航仪器、索具、信号等设备。

单元四　水路运输组织管理

水路运输组织就是对船舶生产活动的计划安排，主要包括规划航线系统，为航线选配适当的船舶或船队，协调各方面的工作、确定拖（推）船与驳船工作配合方式以及制定船舶运行时刻表。

一、水路运输组织概述

（一）船运生产过程与航次

1. 船运生产过程

航运生产过程即是船舶将货物从发货港运至目的港的过程。一个完整的航运生产过程应包括船舶装卸前的准备工作、船舶在发货港装货、船舶载货从发货港航行至目的港、船舶在目的港卸货等几项作业。这些作业的顺序都是固定不变的。我们称船舶完成一次整个的运输生产过程为一个生产周期。

在航运生产中，用航次来表示船舶运输的生产周期。生产周期的主要特征是它的延续时间。完成一个生产过程所需的延续时间越短，即生产周期越短，意味着在某一定时间内其产量越高。只有了解航次中各项作业的构成及其时间定额，不断优化航运生产工艺，改进航运生产组织工作，才能有效地缩短生产周期，提高生产效率。

2. 航次

（1）航次的概念

在船舶运输生产中，将船舶从事货物和旅客运输的一个完整运输生产过程（即一个生产周期）称为一个航次。对于客船、货船和驳船而言，一个航次的时间是指自上一航次终点港卸空所载货物（或下完旅客）时起，至本航次终点港卸空货物（或下完旅客）时止的时间。

航次所包括的作业有：

①基本作业包括装卸货物或上下旅客、船舶航行。

②辅助作业包括装卸货物前的准备工作、办理文件、编解船队等。

③服务作业包括供应燃料、物料、淡水、食品、备品等作业。

（2）航次的分类

根据船舶运输生产组织的特征，航次可分为简单航次和复杂航次。简单航次是指船舶在两个港口间完成一次货物（旅客）运输完整过程的航次。复杂航次是指船舶在多个港口间完成的航次，即船舶不仅运输从始发港到终点港的货物（旅客），还在中途一个或几个港口装或卸部分货物（上或下旅客）或加减驳船。

另外，在水路运输生产中还有一种往返航次的概念，它是指船舶在两个或两个以上港口间从事客、货运输，船舶到达终点港卸完货或下完客以后又重返回始发港的航次。根据运行组织形式，往返航次又分为以下 3 种：

①单向运输货物的往返航次，是指船舶在两港之间实现单向货物运输任务，而回程空载的航次。大多数散货船及石油运输船的运输组织都采用这种往返航次。

②双向运输的简单往返航次，是指船舶在两港之间运行，往返两程都重载的简单航次。船舶在这一航次中完成两个运输生产周期。

③双向运输的复杂往返航次，是指船舶在两港之间运行，往返两程都重载的复杂航次。船舶在这一航次中完成两个运输生产周期。大多数班期航线的运输组织都采用这一类航次。

（二）船舶配载与积载

船舶配载与积载是货物装船之前一项细致、复杂而又十分重要的工作，是保证船货安全、合理使用船舶、正确组织装卸、顺利完成货物运输的重要环节。

1. 船舶配载

船舶配载是指为船舶的具体航次选配货载，即船舶公司根据货物托运人提出的货物托运计划，对所属船舶的具体航次确定应装运的货物品种、数量及体积。配载的结果要编制成一张航次装货清单。

为船舶的具体航次选配货载时，应遵循以下原则：

（1）要认真贯彻执行国家的运输政策，做到急需物资、重点物资、支农物资优先运输。

（2）要适应船舶的结构、设备与营运性能的要求，且要尽量充分利用船舶的载重量和载货容积。

（3）要为积载创造有利的条件，对忌装货、到中途港的重货和要求特殊装载的货物，选配的数量不要过于集中，以利于正确地选配舱位，保证船舶安全及货运质量。

（4）要有利于加速车、船、货物的周转，应力求减少港内移泊，便于按作业流程组织港口生产，缩短货物和船舶在港停留时间。

2. 船舶积载

船舶积载是指对货物在船上的配置位置与堆装方式做出合理的安排，即船上大副或港口有关部门在配载的基础上根据装货清单确定货物在各货舱、各层仓配装的品种、数量与堆码位置与堆装工艺。积载的结果则要编制一个计划积载图，即用一个简单的示意图把船舶计划装载的各票货物的名称、装货单号、卸货港、包装形式、件数、吨数、体积及货位详细地标示出来。这个图又称货物积载图。

积载工作必须保证船舶安全，货物完好，满足船舶必要的航行技术性能要求，装卸方便及良好的营运经济效果。因此，安全、优质、快速、经济是对船舶积载的总的基本要求，具体应做到：

（1）充分利用船舶的装载能力。
（2）确保船体强度不受破坏和损伤。
（3）保证船舶具有适度的稳定。
（4）保证船舶具有适当的吃水差。
（5）保证货物的运输质量。
（6）满足中途港卸货顺序的要求。
（7）便于装卸和缩短船舶在港停泊时间。
（8）正确合理的舱面积载。

船舶配载与积载是既紧密联系又互有区别的两个阶段的工作。配载是积载的前提和依据，应为积载创造便利的条件；积载是配载的继续和具体实施，要保证配载计划的完成。

二、船舶运行组织

船舶运行组织就是根据一定时期内各企业的客货运输任务、国家的运输政策以及船舶、港口、航道等技术营运条件，综合考虑水运生产各环节及其他有关运输方式间的协调配合，对船舶运行活动所作出的合理安排。

船舶运行组织的主要内容包括：制订航线系统，为各航线选配适当的船舶或船队，协调各环节的工作，确定推船与驳船工作配合的方式以及制订船舶运行时刻表等。

（一）船舶运行组织形式

1. 航次形式

航次形式是指船舶运行没有固定始发港和终点港，船舶仅为完成某一项运输任务，按照航次计划运行的一种船舶运行组织形式。采用航次形式时，船舶完成一个航次后，便可到达它能够到达的任一港口，运输它适合运输的货物，开始另一个航次。

航次形式的优点是机动灵活，对航线形式起补充和调整的作用，是船舶运输组织不可缺少的一种形式。它的缺点是由于它的不定期性，不利于与港口工作的协调和配合，不利于组织联合运输。同时，由于它所运输的货物种类、数量、发送港、发送期限以及船舶的运行方向等主要取决于货主的运输申请书,因此,常常会造成船舶空驶,导致船舶的使用效率降低。

组织航次形式的条件主要有以下3种情况:

(1)运输计划的要求。如制订计划时,对于一些小批量的货物,不需要开辟固定航线,在规划航线和配船论证结果中,就会安排运送特种货物的航次。

(2)满足临时的运输需要。如防汛物资、救灾物资、急需的支农物资、急需的城市供应物资以及季节性的农产品运输。

(3)其他情况。如对封冻的河流,在航期开始及结束时,也可能临时采用航次形式;在船舶调动航线时,为充分利用船舶,也可临时安排一次任务。

2. 航线形式

航线形式是指船舶在固定的港口之间运行,为完成一定的运输任务,选配适合具体条件的一定数量的船舶,并按一定的工艺过程组织船舶生产活动的一种船舶运行组织形式。航线形式是由航次形式在具有稳定的运输需要的航区形成和发展起来的,是一种独立的组织形式。航线形式的组织条件,首先是要有大量而稳定的货流(客流)。

航线形式的主要优点有:

(1)有利于吸引货源(旅客),组织货流(客流),保证货物(旅客)的及时送达。

(2)有利于组织几种运输方式之间的联合运输。

(3)有利于各生产环节协调配合,保证有条不紊地工作,保持正常、稳定的生产秩序,以缩短船舶泊港时间,提高运输效率。

(4)有利于工作人员熟悉航道航行条件,确保航行安全,缩短航行时间。

(5)有利于船员安排生活。

(6)有利于对船舶的调度领导和管理。

航线形式有多种分类方法,按船舶航行区域分为内河航线、沿海航线和远洋航线,按船舶运行状态分为定期航线(班船航线)和一般航线,按航线有效期分为全年或全航期有效航线和季节性航线,按航线港口数分为简单航线和复杂航线。

3. 船舶运行组织方法的选择

在国际航行中,根据贸易与市场需要,可组织船舶以航线形式或航次形式运行。在国内的沿海及内河运输中,航线形式是船舶运输的基本组织形式,而航次形式则是一种辅助的、但不可缺少的运行组织形式。

(二)船舶运行组织特点

1. 货船运行组织特点

由于货船是一个刚性单体,吃水较深,船体较短,故抗风浪性能和操纵性能好。货船可单独生产,运行组织简单,但在整个停泊时间内,动力部分不能充分利用,影响其经济性等。因此,根据货船的技术营运性能特点,其一般适用于:

(1)海洋、海区、湖泊、水库以及河面开阔和水深的下游航段。

(2)港口装卸效率较高、水深较大、港口间距离较长的航线。

(3)特殊情况下可借助冷藏船或快速货运船,可进行快速运送的贵重货物、鲜活货(牲畜、家禽、禽蛋、水果、蔬菜等)和急需物资的运输。

如果不考虑其他条件,一般将载重量大、航速高的船舶安排在距离长、装卸定额高的航线,将更为经济。所谓"大船大线"是航线配船的一般原则。

2. 顶推（拖带）船队运行组织特点

根据顶推（拖带）船队的技术营运特点，其一般适用于：

（1）水浅、风浪小的内河航道。

（2）价格较低、运输速度要求不高的大宗货物的运输。

（3）货源不稳定、批量悬殊的多点运输。

（4）运输距离较短、装卸效率较低的港口。

3. 客船运行组织特点

客船运行组织的原则是安全、准时、舒适、方便地运送旅客。其运营特点是：

（1）需要定期、定时发船，便于旅客掌握发船规律。

（2）在主要港口，船舶的到发时间安排应考虑与其他运输方式的衔接，方便旅客。

（3）在长距离的客运航线以及旅游、休闲航线上，应配置设备较完善、航速较高的船舶。在短距离的地方性客运航线上，考虑旅客自带物品较多的特点，所配备的船舶应有较多可供堆放物品的空间。

（4）市郊和市内客运航线，为了方便旅客一般要求发船密度较大，可以采用载客量较小的船舶，并根据客流在时间上、方向上的不平衡性，有针对性地予以调整。

三、港口作业组织

（一）船舶在港作业组织

1. 船舶在港作业过程

从船舶到达港口到船舶离开港口，必须经过如下 8 个作业过程：

（1）联检。由海关、边防、卫生、港监组成的联合检查。

（2）进港。船舶在港口导航设备和引航员的引航下（有时还需要拖船的帮助），通过入港航道进入港口。

（3）待泊。在锚地等待船舶停泊。

（4）靠泊。泊位确定以后在引航员和拖船的帮助下，由港口的系缆工人将船舶系在码头的系缆桩上，完成靠泊。

（5）船舶卸货。船舶卸货之前需要办妥有关的手续。港口需要做好卸货前的一切准备工作，在船舶卸货的同时进行船舶的供给补充。

（6）移泊。船舶的装货和卸货之间可能需要移泊，移泊的过程仍然是在引航员和拖船帮助下进行。

（7）船舶装货。货物装船之前，必须办妥有关的手续，并做好装货前的各项准备工作。在货物装船之前，同时还要进行理货。

（8）联检出港。装船完毕，联检合格后引航出港。

2. 组织船舶在港作业应注意的问题

（1）组织各项作业按顺序连续进行，并尽可能缩短这些作业的延续时间。

（2）组织船舶在港的各项作业尽可能平行进行，如在装卸作业的同时完成船舶供应工作及船舶修理等。

（3）重点组织好船舶的装卸作业，缩短装卸时间。

综上所述，组织船舶在港作业的目标就是最大限度地缩短船舶在港的停泊时间。

（二）港口生产过程

港口装卸企业的生产过程主要是货物的换装过程，也就是人们按照预定的目的，在车、船到达后，在港内运用劳动工具进行装卸等各项作业，使货物在不同运输方式之间完成换装的组织过程。

1. 港口生产过程的组成

港口企业的生产过程由生产准备过程、基本生产过程、辅助生产过程、生产服务过程4方面组成。

（1）生产准备过程是指基本生产活动之前所进行的全部技术准备和组织准备工作，即编制出装卸作业计划，并且根据计划完成货操作过程，装卸工艺的确定，装卸地点，库场，接运的确定与准备，装卸机械的准备以及货运文件的准备等。

（2）基本生产过程是指货物在港内的装卸过程，又称货物的换装过程，即货物从进港到离港所进行的全部作业的总和，包括卸船、装船过程、卸车、装车过程、库场作业过程以及港内运输等。

（3）辅助生产过程是保证基本生产过程正常进行所必需的各种辅助性生产活动，如装卸机械的维修与保养、装卸工具的加工制造与管理、港口各项设施的维修及运力供应等。

（4）生产服务过程是保证基本生产和辅助性生产过程所进行各种服务活动。为基本生产服务的有理货业务、仓储业务和计量业务；为船舶服务的有技术供应、生活必需品供应、燃料和淡水供应、船舶的检验与修理、压舱污水处理等；为货主服务的有货物鉴定、检验包装等。

2. 生产过程组织的主要任务

（1）保持港口畅通，加速车、船、货的周转。

（2）保证按期、按时、安全、优质地完成车、船装卸任务，特别是重点船和货的装卸。

（3）充分合理运用港口能力和一切技术手段，完成生产任务，使物化劳动和活劳动消耗减少到最低程度。

（4）保证与港口生产过程有密切关系的其他部门（铁路、航运、外贸、货主等）之间的组织合作与全面协调。

3. 基本原则

为了从生产过程中取得最佳的经济效益，组织生产过程必须保证生产过程符合连续性、协调性、均衡性、经济性的原则。

（1）保证生产过程的连续性是指保证关键作业及主导工序的连续不间断进行。如一艘海船中有若干舱口，在作业过程中应保证重点舱装卸作业的连续性。在辅助生产过程和生产服务过程与基本生产过程之间还应尽力组织平行作业或合理安排顺序，避免发生作业中断。

（2）保证生产过程的均衡性是指在相同的间隔时间内下达的任务均衡，同时也包括各个阶段、各个工序所完成的任务相同或稳步上升。组织好港口生产过程的均衡性是生产过程组织水平的集中体现。

（3）保证生产过程的协调性是指港口生产各主要环节之间，作业线上各工序之间，在生产能力上，也即在人员、设备等各个方面配合得当。同时还要保证装卸作业与各种运输工具之间配合得当。

（4）保证生产过程的经济性是指在组织港口生产过程中不仅要考虑效率和数量，而且还要全面考虑经济效益。例如，在船舶停留时间相等的条件下，应该尽量采用装卸成本低的装卸工艺方案。

（三）港口装卸作业组织

货物的装卸是港口最基本的业务。港口根据装卸货物的品种、数量、重量等情况，配置各种类型的装卸机具和员工。货物装卸作业分为码头岸上作业和船上作业两个环节。岸上作业主要包括货物在码头前沿的搬运，堆码垛和装卸机械将货物在码头岸上与船上之间的起吊和放下等工序；船上作业是指船舶到达港口以后，由港口的码头工人操作船上装卸机械，在甲板上或船舱里整理货物或摘挂吊钩，以及打开舱盖或关上舱盖等。为保证各主要环节时间的衔接和生产率的一致性，装卸作业组织部门应编制出作业组织程序，确定出各作业环节应配备的工人数、配机台数、工具的种类和数量等，并组织装卸工人按规定工序按时、按质、按量地完成任务。

港口是交通运输枢纽，设计港口装卸工艺的目的是经济合理地完成货物在不同运输工具之间的换装。货物在港口换装有直接换装和间接换装两种形式。直接换装是指货物从一种运输工具直接换装到另一种运输工具。间接换装是指货物经过港口的仓库或堆场储存之后再换装至其他运输工具。在直接换装作业中，货物只经过一个操作过程，而在间接换装作业中，货物要经过两个以上的操作过程。一般来说，操作过程越多，港口为了完成货物换装所耗费的人力、物力越大。因此直接换装是最为简单的作业形式，在生产作业组织中应该尽可能地采用这种方式，但是车船直取作业时车船在港停时较长，故采取何种作业方案要根据具体情况确定。

巩固测练

一、判断题

1. 水路运输在历史上一直是国际贸易的主要运输方式。（　　）
2. 水路运输根据航行水运性质分为海运和河运两种。（　　）
3. 水路运输，根据航行区域分为远洋运输、近海运输、沿海运输三种。（　　）
4. 水路运输主要对象为旅客和货物，主要组成的是船舶和港口。（　　）
5. 水路运输基础设施主要包括航道、航标、港口及其附属设施。（　　）
6. 航标是助航标志的简称，指标示航道方向、界限与碍航物的标志。（　　）
7. 通航条件是航道尺度、航道断面系数和通航净空尺寸等条件的总称。（　　）
8. 航道等级，是指全国统一的航道定级标准规定的航道级别。（　　）
9. 根据我国《内河通航标准》，我国内河航道分为 7 级。（　　）
10. 港口是工农业产品和外贸进出口物资的集散地、船舶停泊、装卸货物、上下旅客、补给的场所。（　　）
11. 港口只有水域部分，不涉及陆域部分。（　　）
12. 港口的海岸线越长，港口越大。（　　）
13. 港口水工建筑物分为防波堤、码头建筑物、护岸建筑物、修船和造船水工建筑物。（　　）
14. 航道宽度是限制船舶吨位和通过能力的主要因素。（　　）
15. 码头广义上理解为码头建筑物及装卸作业地带的总和。（　　）
16. 拖船和推船是专门用于拖曳或顶推其他船舶、驳船队、木排或浮动建筑物的机动船。（　　）
17. （LPG）是液化天然气船。（　　）

18. 船舶的主要尺寸是表示船体的外形大小的基本量度，有船总长 L、型深 B 和吃水 T。 (   )
19. 船舶在海里的航速计量单位是"km"。 (   )
20. 运输船由船体构造、动力装置、船舶设备及船舶系统等部分组成。 (   )
21. 船舶运行组织内容主要内容包括：制定航线、为各航线选配适当的船舶或船队，协调各环节的工作，确定推船与驳船工作的配合及制订船舶运行时刻表。 (   )
22. 世界货物周转量中，水路运输占的比例最大。 (   )
23. 水路运输过程中的换装、倒载环节多，易造成货差、货损。 (   )
24. 航次在船舶运输生产中，将船舶从从事货物和旅客运输的一个完整运输生产过程称为一个航次。 (   )
25. 复杂航次是指船舶在多个港口间完成的航次。 (   )
26. 水路运输组织管理包括货物装卸、仓储和配送。 (   )
27. 水路运输的载运工具不包括驳船。 (   )
28. 沿海运输主要是指国内的两个港口之间的运输。 (   )

二、单项选择题

1. 水路运输适用于（   ）。
    A. 运距长，运量大，时间性强的运输
    B. 运距长，运量大，时间性不太强的运输
    C. 运距短，运量大，时间性强的运输
    D. 运距长，运量小，时间性不太强的运输
2. 通航 3 000 吨级以上船舶的航道列入（   ）航道。
    A. 1 级 B. 2 级 C. 3 级 D. 4 级
3. 下列不属于水路运输基础设施的是（   ）。
    A. 航道 B. 港口 C. 船舶 D. 航标
4. 以下不属于航标的是（   ）。
    A. 无线电航标 B. 灯标 C. 视觉航标 D. 音响航标
5. 下列不属于航标按工作原理分类的是（   ）。
    A. 视觉航标 B. 内河航标
    C. 音响航标 D. 无线电航标
6. 下列属于港口水域的是（   ）。
    A. 码头前水域 B. 港区生产设施 C. 码头、泊位 D. 港区仓库
7. 下列不属于货船的是（   ）。
    A. 杂货船 B. 集装箱船 C. 载驳船 D. 旅游船
8. 下列各选项中，属于从船舶类型上进行分类的船舶是（   ）。
    A. 顺航道行驶 B. 横越船 C. 掉头船 D. 渡船
9. 船舶主尺度是（   ）。
    A. 最大长度、最大宽度和最大高度 B. 船长、船宽、船深、吃水
    C. 登记长度、登记宽度、登记深度 D. 吃水与吨位
10. 1kn（海里）等于多少（   ）km/h。
    A. 1.842 B. 1.852 C. 1.862 D. 1.872

11. 以下不属于港口的水域设施的是（   ）。
    A. 航道   B. 锚地   C. 码头   D. 防波堤
12. 防波堤的平面布置形式，不包括（   ）。
    A. 单突堤式   B. 双突堤式   C. 三突堤式   D. 岛堤式
13. 防波堤的作用是（   ）。
    A. 阻断波浪和冲击力   B. 围护港池和维护水面平稳
    C. 方便船舶安全停泊和作业   D. 以上都是
14. 船舶涉及船舶尺寸大小时，一般以（   ）为依据。
    A. 排水量   B. 载重量   C. 总吨   D. 净吨
15. 以下哪种类型的船只主要用于内河运输？（   ）
    A. 邮轮   B. 散货船   C. 油轮   D. 驳船
16. 水路运输组织管理中，哪个环节对货物安全至关重要？（   ）
    A. 航行计划   B. 货物装卸   C. 船舶维护   D. 船员培训
17. 在单航次中，船舶通常在完成卸货后会如何行动？（   ）
    A. 立即返回装货港   B. 继续前往下一个装货港
    C. 在目的港进行长期停留   D. 直接在海上进行货物转运
18. 以下哪种船舶主要用于运送散装货物，如煤炭、矿石等？（   ）
    A. 集装箱船   B. 散货船   C. 油轮   D. 游轮
19. 以下关于船舶运行组织特点的说法，错误的是（   ）。
    A. 货船的抗风浪性能和操纵性能好
    B. 顶推（拖带）船适用于水浅、风浪小的内河航道
    C. 货运船不适用于鲜活货物和急需物资的运输
    D. 客船的到发时间安排应考虑与其他运输方式的衔接

三、多项选择题

1. 按照航标工作原理分类，航标分为（   ）。
    A. 固定航标   B. 无线电航标   C. 音响航标   D. 视觉航标
2. 水路运输的优点是（   ）。
    A. 不受天气影响   B. 运输费用低
    C. 运量大   D. 适合长距离运输
3. 集装箱船舶的类型包括（   ）。
    A. 部分集装箱船   B. 全集装箱船
    C. 小型集装箱船   D. 可变换集装箱船
4. 港口是交通运输的枢纽，是对外贸易的重要出入口，其作用体现以下哪些方面？（   ）
    A. 产业功能   B. 商业功能   C. 信息服务   D. 物流服务
5. 水路运输包括（   ）。
    A. 沿海运输   B. 近海运输   C. 内河运输   D. 远洋运输
6. 防波堤的主要功能有（   ）。
    A. 防沙   B. 防流   C. 兼作码头   D. 导流
7. 船舶配载时需要考虑的因素包括（   ）。
    A. 船舶的稳性   B. 船舶的吃水深度
    C. 货物的类型和特性   D. 航线的天气条件
8. 以下哪些船舶类型属于干货船？（   ）
    A. 集装箱船   B. 散货船   C. 冷藏船   D. 油轮

9. 以下属于港口陆上设施的（　　）。
   A. 仓库　　　　　　B. 堆场　　　　　　C. 船坞　　　　　　D. 航标
10. 以下关于港口的说法，正确的是（　　）。
    A. 按地位分类，可分为国际性港、国家性港、地区性港
    B. 按用途分类，可分为商港、渔港、军港、工业港、旅游港和避风港
    C. 按地理位置分类，可分为海港、河港、湖港、极地港和水库港
    D. 按货物吞吐量分类，可分为小型、中型、大型和特大型

四、思考题

1. 水路运输有哪些特点？
2. 影响内河航道通行能力的因素有哪些？
3. 简述航道、航标、港口等水路运输基础设施的功用。
4. 简述货运船舶的类型。

五、材料分析题

背景材料：长江是中国最长的河流，也是世界上最繁忙的内河水运通道之一。长江水系拥有广泛的航道网络，连接着多个重要的港口和工业区。某内河航运公司负责长江流域的货物运输。近年来，由于市场需求的变化，公司面临以下情况：
（1）货物运输需求从原材料向成品转变，对运输时间和安全性要求更高。
（2）公司现有的船舶老龄化严重，维护成本逐年上升。
（3）新的环保法规要求减少船舶污染排放。

问题：
1. 【判断】长江航道上的航标系统主要依赖于视觉航标，没有使用电子航标。（　　）
2. 【判断】内河运输船舶的设计必须考虑到浅水区的航行能力。（　　）
3. 【单选】航标是船舶安全行驶的关键，对于航标失修问题，航道管理部门采取的措施不包括？（　　）
   A. 定期检查和维护航标　　　　　　B. 更换老旧航标，采用新型航标
   C. 增加航标数量以提高导航准确性　D. 对航标维护人员进行专业培训
4. 【单选】以下哪种船舶主要用于内河货物运输？（　　）
   A. 集装箱船　　　　　　　　　　　B. 油轮
   C. 渡轮　　　　　　　　　　　　　D. 渔船
5. 【多选】针对市场需求的变化，上述航运公司可以采取哪些措施？（　　）
   A. 更新船舶，提高航速　　　　　　B. 改善货物装卸效率
   C. 引入先进的导航系统　　　　　　D. 增加船舶数量
6. 【多选】面对船舶老龄化问题，航运公司可以考虑以下哪些策略？（　　）
   A. 定期对船舶进行大修　　　　　　B. 逐步淘汰旧船，购置新船
   C. 对现有船舶进行节能改造　　　　D. 减少航运业务范围
7. 【简答】简述水路运输在现代运输体系中的地位。

扫一扫：参考答案

模块六 管道运输

学习目标

【知识目标】

1. 了解管道运输的发展历史、现状及发展趋势；
2. 掌握管道运输的基本概念与特点；
3. 了解管道运输基本设施与设备；
4. 了解管道运输系统的规划与管道运输生产组织管理方式与技术手段。

【能力目标】

1. 能分析管道运输适用的物品类型；
2. 能识别管道运输的基础设施和设备。

【素养目标】

1. 培养学生对管道运输的兴趣和热爱，从而形成行业自豪感；
2. 引导学生树立"爱护设备，勤于劳动"的岗位初心意识；
3. 引导学生树立"敬业专注，规范操作"的工作匠心意识；
4. 引导学生树立"追求卓越，交通强国"的专业信心意识。

> 📖 **思政领航**
>
> **地下"长城" 能通天下——中国管道运输的跨越、创新与责任**
>
> 　　管道运输，如同地下的长城，默默肩负着能源输送的重任，是我国交通运输体系的重要组成部分。新中国成立后，我国管道运输从无到有，逐步起步。1949 年，克拉玛依油田的开发标志着我国石油工业的开端，随后，我国第一条长输原油管道——克拉玛依至独山子输油管道于 1958 年建成，开启了管道运输的篇章。改革开放后，随着经济的快速发展，能源需求激增，管道运输进入快速发展期。国家加大油气管道建设力度，随着里程碑管道工程——"西气东输"工程的建设，逐步形成了覆盖全国的油气输送网络。截至 2024 年，我国已建成原油管道约 5 万千米，成品油管道 1.2 万千米，天然气管道总里程超过 10.4 万千米，形成了覆盖全国、联通海外的油气管道网络。进入 21 世纪，我国管道运输更加注重科技创新和绿色发展。通过物联网、大数据、人工智能技术、量子技术，实现管道的实时监测、故障预警和智能调度等。1 422 mm 超大口径天然气管道内检测装备和大型天然气管网仿真系统等创新成果，标志着我国在能源管道关键核心技术领域的自主创新能力获得新突破
>
> ❓ **想一想：**
> 　　1. 为什么说管道运输是国民经济的动脉？
> 　　2. 西气东输、川气东送等重大管道工程的建设，体现了哪些科技创新成果？
> 　　3. 管道运输企业应该如何履行社会责任？
> 　　4. 如何理解"一带一路"倡议下，中国与相关国家在油气管道建设方面的合作意义？

单元一　管道运输概述

　　管道运输（Pipeline transport）是用管道作为运输工具的一种长距离输送液体和气体物资的运输方式。例如，常用作由生产地向市场输送石油、煤和化学产品。管道运输是统一运输网中干线运输的特殊组成部分，如图 6-1 所示。有时气动管（PneumatiC. tube）也可以做到类似工作，以压缩气体输送固体舱，而内里装着货物。管道运输石油产品比水运费用高，但仍然比铁路运输便宜。大部分管道都是被其所有者用来运输自有产品。

一、管道运输概念

图 6-1　管道运输

　　管道运输是指用加压设施加压流体（液体或气体）或流体与固体混合物，通过管道输送到目的地的一种运输方式。管道运输是大宗流体货物运输最有效的方式。管道运输的原理是通过

压力差，使管内的流体从高压处向低压处流动。

管道运输的分类方式有多种：

（1）按输送介质可分为原油管道、成品油管道、天然气管道、油气混输管道、固体物料浆体管道，也可以笼统地分为输油管道、输气管道和固体料浆管道三大类。

（2）按敷设方式可分为埋地管道、架空管道、水下管道。

（3）按其在生产中的作用，油、气管道又分矿场集输管道、长距离输送干线管道、分配管道。

二、管道运输的特点

在五大运输方式中，管道运输有着独特的优势。在建设上，与铁路、公路、航空相比，投资要省得多。就石油的管道运输与铁路运输相比，交通运输协会的有关专家曾算过一笔账：沿成品油主要流向建设一条长 7 000 km 的管道，它所产生的社会综合经济效益，仅降低运输成本、节省运力消耗、减少运输中的损耗 3 项，每年就可以节约资金数十亿元；而且对于具有易燃特性的石油运输来说，管道运输更有着安全、密闭等特点。

在油气运输上，管道运输有其独特的优势。

（1）在于它的平稳、不间断输送，对于现代化大生产来说，油田不停地生产，管道可以做到不停地运输，炼油化工工业可以不停地生产成品，满足国民经济需要。

（2）实现了安全运输，对于油气来说，采用汽车、火车运输均存在很大的危险，而管道在地下密闭输送，具有极高的安全性。

（3）保质。管道在密闭状态下运输，油品不挥发，质量不受影响。

（4）经济。管道运输损耗少、运费低、占地少、污染低。

成品油作为易燃易爆的高危险性流体，最好运输方式应该是管道输送。与其他运输方式相比，管道运输成品油具有运输量大，劳动生产率高；建设周期短，投资少，占地少；运输损耗少，无"三废"排放，有利于环境生态保护；可全天候连续运输，安全性高，事故少；以及运输自动化，成本和能耗低等明显优势。

管道运输主要优点可大概概括为：

（1）运量大。

一条输油管线可以源源不断地完成输送任务。根据其管径的大小不同，其每年的运输量可达数百万吨到几千万吨，甚至超过亿吨。

（2）占地少。

运输管道通常埋于地下，其占用的土地很少；运输系统的建设实践证明，运输管道埋藏于地下的部分占管道总长度的 95% 以上，因而对于土地的永久性占用很少，分别仅为公路的 3%，铁路的 10% 左右，在交通运输规划系统中，优先考虑管道运输方案，对于节约土地资源意义重大。

（3）管道运输建设周期短、费用低。

国内外交通运输系统建设的大量实践证明，管道运输系统的建设周期与相同运量的铁路建设周期相比，一般来说要短 1/3 以上。历史上，中国建设大庆至秦皇岛全长 1 152 km 的输油管道，仅用了 23 个月的时间，而若要建设一条同样运输量的铁路，至少需要 3 年时间，新疆至上海市的全长 4 200 km 天然气运输管道，预计建设周期不会超过 2 年，但是如果新建同样运量的铁路专线，建设周期在 3 年以上，特别是地质地貌条件和气候条件相对较差，大规模修建铁路难度将更大，周期将更长，统计资料表明，管道建设费用比铁路低 60% 左右。

天然气管道输送与其液化船运（LNG）的比较。以输送 300 m³/a（立方米/年）的天然气为例，如建设 6 000 km 管道投资约 120 亿美元，而建设相同规模（2 000 万吨）LNG 厂的投资则需 200 亿美元以上；另外，需要容量为 12.5 万立方米的 LNG 船约 20 艘，一艘 12.5 万立方米的 LNG 船造价在 2 亿美元以上，总的造船费约 40 亿美元。仅在投资上，采用 LNG 就大大高于管道。

（4）管道运输安全可靠、连续性强。

由于石油天然气易燃、易爆、易挥发、易泄漏，采用管道运输方式既安全，又可以大大减少挥发损耗，同时可大大减少由于泄漏导致的对空气、水和土壤污染，也就是说，管道运输能较好地满足运输工程的绿色化要求，此外，由于管道基本埋藏于地下，恶劣多变的气候条件对其运输过程影响小，可以确保运输系统长期稳定地运行。

（5）管道运输耗能少、成本低、效益好。

发达国家采用管道运输石油，每吨千米的能耗不足铁路的 1/7，在大量运输时的运输成本与水运接近，因此在无水条件下，采用管道运输是一种最为节能的运输方式。管道运输是一种连续工程，运输系统不存在空载行程，因而系统的运输效率高，理论分析和实践经验已证明，管道口径越大，运输距离越远，运输量越大，运输成本就越低，以运输石油为例，管道运输、水路运输、铁路运输的运输成本之比为 1∶1∶1.7。

管道运输虽然有运量大、占地少、费用低等优点，但是也存在以下缺点。

（1）专用性强。

运输对象受到限制，承运的货物比较单一。只适合运输诸如石油、天然气、化学品、碎煤浆等气体和液体货物。

（2）灵活性差。

管道运输不如其他运输方式（如汽车运输）灵活，除承运的货物比较单一外，它也不容随便扩展管线。实现"门到门"的运输服务，对一般用户来说，管道运输常常要与铁路运输或汽车运输、水路运输配合才能完成全程输送。

（3）固定投资大。

为了进行连续输送，还需要在各中间站建立储存库和加压站，以促进管道运输的畅通。

（4）专营性强。

管道运输属于专用运输，其生产与运销混为一体，不提供给其他发货人使用。

单元二　管道运输设备

管道运输的运输设备是管道本身，以及辅助的泵机组、压缩机组等设备。但不同的输送对象可能需要不同材质和设计的管道，以及不同的输送技术和维护措施。

一、输油管道运输设备

如图 6-2 所示，输油管道是由油管及其附件所组成，并按照工艺流程的需要，配备相应的油泵机组，设计安装成一个完整的管道系统，用于完成油料接卸及输转任务。

输油管道系统，即用于运送石油及石油产品的管道系统，主要由输油管线、输油站及其他辅助相关设备组成，是石油储运行业的主要设备之一，也是原油和石油产品最主要的输送设备，与同属于陆上运输方式的铁路和公路输油相比，管道输油具有运量大、密闭性好、成本低和安全系数高等特点。

图 6-2　输油管道

输油管道的管材一般为钢管，使用焊接和法兰等连接装置连接成长距离管道，并使用阀门进行开闭控制和流量调节。输油管道主要有等温输送、加热输送和顺序输送等输送工艺。管道的腐蚀和如何防腐是管道养护的重要环节之一。目前输油管道已经成为石油的主要输送工具之一，且在未来依旧具有相当的发展潜力。

（一）输油管道的组成

长距离输油管道由输油站和管线两大部分组成。输送轻质油或低凝点原油的管道不需加热，油品经一定距离后，管内油温等于管线埋深处的地温，这种管道称为等温输油管道，它无须考虑管内油流与周围介质的热交换。对易凝、高黏油品，不能采用这种方法输送，当油品黏度极高或其凝固点高于管路周围环境温度时，就必须考虑加热输送的办法。因此，热油输送管道不仅要考虑摩擦阻力的损失，还要考虑散热损失。

（二）输油管道的主要设备

1. 输油泵与原动机

泵是一种将机械能（或其他能）转化为液体能的水力机械，也是国内外输油管道广泛采用的原动力设备，是输油管线的心脏。输油泵应满足的条件包括排量大，扬程高，效率高，可长时间连续运行，便于检修和自控。泵有各种类型，离心泵具有排量大，运行平稳，易于维修等优点，因此在长距离输油管道上得到广泛应用。但离心泵在输送高黏油品时效率较低，因此在一些高黏油品的输送管道上采用螺杆泵。

离心泵由原动机驱动叶轮高速旋转，通过离心力的作用将能量传递给液体。离心泵工作时泵内充满液体，其叶轮被带动高速旋转产生离心力，一方面使叶轮中心压力降低将液体吸入泵内，另一方面叶轮槽中的液体因此被甩向外围而流出，通过泵的不断吸入和压出，完成液体输送。

2. 加热系统

在原油输送过程中对原油采用加热输送的目的是使原油温度升高，防止输送过程中原油在输油管道中凝结，减少结蜡，降低动能损耗。因此，加热系统是加热输送管道的关键设备，也是主要的耗能设备。通常采用加热炉为原油提供热能。加热炉一般由 4 个部分组成：辐射室

（炉膛）、对流室、烟囱和燃烧器（火嘴）。按油流是否通过加热炉炉管，加热方法分为直接加热和间接加热两种方式。

3. 储油罐

油罐是19世纪60年代发展起来的一种储存石油及其产品的设备。油罐按建造方式可分为地下油罐、半地下油罐和地上油罐；按建造材料分为金属油罐和非金属油罐；按罐的结构形式分为立式圆柱形油罐、卧式油罐、双曲率形油罐。在立式圆柱形油罐中，非金属油罐有砖砌油罐、预应力钢筋混凝土油罐等；金属油罐则有锥顶油罐、悬链式无力矩顶油罐、拱顶油罐、浮顶油罐及套顶油罐等类型。

4. 管道系统

输油系统一般采用有缝或无缝钢管，大口径者可采用螺旋焊接钢管。无缝钢管壁薄、质轻、安全可靠，但造价高，多用于工作压力高、作业频繁的主要输油管线上。焊接钢管又称有缝钢管，是目前输油管路的主要用管，制造材料多为普通碳素钢和合金钢，制造工艺有单面焊和双面焊两种。

5. 清管设备

油品在运输过程中，管道结蜡使管径缩小，造成输油阻力增加，能力下降，严重时可使原油丧失流动性，导致凝管事故。处理管道结蜡有效而经济的方法是机械清蜡，即从泵站收发装置处放入清蜡球或其他类型的刮蜡器械，利用泵输送原油在管内顶挤清蜡工具，使蜡清除并随油输走。

清管器按功能可分为清蜡、封堵、检测3类。前两类清管器按结构也可分为皮碗式、球式、泡沫式和机械清管器4种。我国目前普遍应用的有机械清管器和泡沫清管器两类。机械清管器结构刮蜡效果好，使用寿命长，但遇到变形的管道和障碍物时通过能力较差，且较笨重。

6. 计量系统

为保证输油计划的完成，加强输油生产管理，长输管线上必须对油品进行计量，以及时掌握油品的收发量、库存量及耗损量。现代管道运输系统中，计量系统不仅仅用于油品的计量，还是监测输油管运行的中枢。计量系统包括流量计、过滤器、温度及压力测量仪表、标定系统及排污管等5个部分。

（三）管道输油工艺

管道输油工艺是指实现管道油品输送的技术和方法，即根据油品性质和输量，确定输送方法和流程、输油站类型和位置，选择主要设备，制定运行方案和输量调节措施。

1. 多种油品的顺序输送

在同一管道内按一定顺序连续输送多种油品的输送方式称为顺序输送。输送成品油的长距离管道一般采用这种输送方式。这是因为成品油的品种多，采用顺序输送可大大降低输油成本。在用同一条管道输送几种不同品质的原油时，为避免不同原油的掺混，也会采用顺序输送。

顺序输送的一个最大问题是，在两种油品交替时，由于其性质不同，在接触界面处将产生一段混油。对此，应采取相应的技术措施予以处理，以减少经济损失。

2. 易凝高黏原油的输送工艺

易凝高黏原油包括含蜡量较高的易凝原油（含蜡原油）和胶质沥青含量较高的高黏重质原油（俗称稠油）等。易凝高黏原油常采用降黏和减阻等方法输送，主要有：

（1）加热输送

加热油品可以提高蜡和胶质在油中的溶解度，显著降低其黏度，改善流动性。因此，传统上常采用加热的方法输送易凝高黏原油。

（2）高速流动

这种方法是利用油品在管道中高速流动时产生的摩擦热，使油品保持在一定的温度范围内输送。

（3）稀释输送

在重质原油（稠油）中掺入低黏油品，是传统的重质原油输送方法，其工艺简单、效果可靠。用作稀释剂的低黏油可以是轻质原油、原油的轻馏分油或天然气凝析液。一般来说，除非稀释油掺入量较大，重质原油稀释后仍需加热输送，但加热温度可大大降低。

（4）改性输送

在较低温度下含蜡原油流动性差，是因为其中的蜡结晶析出，并相互联结形成海绵状的蜡晶结构。因此，改善蜡晶结构就可以改善含蜡原油的低温流动性。添加降凝剂是目前最成功的含蜡原油改性输送技术。

（5）用水分散

用水分散法是使原油以很小的液滴分散于水中进行输送，具体又分水悬浮和乳化降黏两种。水悬浮是将易凝油品注入温度远低于凝固点的水中，形成凝油粒与水组成的悬浮液，输送时摩擦阻力仅略大于水。乳化降黏方法是将表面活性剂水溶液加入高黏油中，在一定条件下形成水包油型乳化液，可显著降低高黏油的黏度。上述方法的关键是如何保证悬浮液或乳化液的稳定。

（6）水环输送

水环输送的原理是在管壁附近形成稳定的水环，把高黏重质原油与管壁隔开，从而起到减阻作用。其关键技术是如何保持水环的稳定性。目前，这一技术主要适用于输送距离不长的重质原油。

二、输气管道运输设备

（一）输气管道的组成

长距离输气管道一般由干线输气管道、首站、压气站（也叫压缩机站）中间气体接收站、中间气体分输站、末站、清管站、干线截断阀室、线路上各种障碍物的穿（跨）越段等部分组成。此外，还包括通信与仪表自动化两个辅助系统。

就管网的角度而言，输气管道系统则主要由矿场集气管网、干线输气管道（网）、城市配气管网以及与此相关的站、场等设备组成。这些设备从气田的井口装置开始，经矿场集气、净化及干线输送，再经配气管网送到用户，形成一个统一的、密闭的输气系统。

（二）输气管道的主要设备

1. 矿场集气

集气过程指从井口开始，经分离、计量、调压、净化和集中等一系列过程，到向干线输送为止。集气设备包括井场、集气管网、集气站、天然气处理厂、外输总站等。

一般气田的集气有单井集气和多井集气两种流程。单井集气方式下的每一口井场除采气树外，还有一套独立完整的节流（加热）、调压、分离、计量等工艺设施和仪表设备。在多井集气方式下，主要靠集气站对气体进行节流、调压、分离、计量和预处理等工作，井场只有采气树。集气站将气体通过集气管网集中于总站，外输至净化厂或干线。

2. 输气站

输气站又称压气站，其核心设备是压气机和压气机车间，任务是对气体进行调压、计量、净化、加压和冷却，使气体按要求沿着管道向前流动。长距离输气管道沿途每隔一定距离（一般为 110～150 km）设置一座中间压气站（或称压缩机站）。首站是第一个压气站。当地层压力大至可将气体送到第二站时，首站也可不设压气机车间。压气站也可按作用分为压气站、调压计量站、储气库 3 类。

压气机（或称压缩机）是提高气体压力以输送气体的机器。它是干线输气管道的主要工艺设备，同时也是压气站的核心部分。压气机可分容积型和速度型两大类。前者通过压缩体积、增大密度提高气体压力，后者则通过提高气体速度并使其从很高的速度降低，使动能转化为压力能。输气管线上的压缩机主要是容积型的活塞式往复压缩机和速度型的离心式旋转压缩机。

输气压缩机组的原动机主要是燃气轮机和燃气发动机，在某些情况下也采用电动机和蒸汽轮机。

3. 干线输气

干线是指从矿场附近的输气首站开始到终点配气站为止。干线管路与压气机站组成一个统一的动力系统。干线上压缩机站的数量可根据管线起终点最大供气量、压缩机站最大出站压力、全线管长、末段管线长度、压缩机性能、输送介质等因素初步确定，再根据地形、地址、水、电、交通等条件最终确定。

输气管道输送的介质是可压缩的，其输量与流速、压力有关。一般来说，在各种影响因素中，管径对流量影响最大。总的来说，高压、大管径是长距离输气管道发展的方向。

4. 城市配气

城市配气指从配气站（即干线终点）开始，通过各级配气管网和气体调压所按用户要求直接向用户供气的过程。配气站是干线的终点，也是城市配气的起点与枢纽。气体在配气站内经分离、调压、计量和添味后输入城市配气管网。城市配气管网形式可分树枝形和环形两类；按压力则可分高压、次高压、中压和低压四级。不同级别管网上的管道等设施的强度不同。城市一般均设有储气库，可调节输气与供气间的不平衡。

三、固体料浆管道运输设备

（一）料浆管道的组成

用管道输送各种固体物质的基本措施是将待输送固体物质破碎为粉粒状，再与适量的液体配置成可泵送的浆液，通过长输管道输送到目的地后，再将固体与液体分离送给用户。目前料浆管道主要用于输送煤、铁矿石、磷矿石、铜矿石、铝矾土和石灰石等矿物，配制浆液主要用水，还有少数采用燃料油或甲醇等液体作载体。

料浆管道的基本组成部分与输气、输油管道大致相同，但还有一些制浆、脱水干燥设备。

以煤浆管道为例，整个系统包括煤水供应系统、制浆厂、干线管道、中间加压泵站、终点脱水与干燥装置。它们也可分为3个不同的组成部分：浆液制备厂、输送管道、浆液后处理系统。

（二）料浆管道的主要设备

1. 浆液制备系统

以煤为例，煤浆制备过程包括洗煤、选煤、破碎、场内运输、浆化、储存等环节。为清除煤中所含硫及其他矿物杂质，一般要采用淘选、浮选法对煤进行精选，也可采用化学法或细菌生物法。

从煤堆场用皮带运输机将煤输送至储仓后，经振动筛粗选后进入球磨机进行初步破碎，再经第二级振动筛筛分后进入第二级棒磨机掺水细磨，所得粗浆液进入储浆槽，由提升泵送至安全筛筛分，最后进入稠浆储罐。在进行管输前，为保证颗粒粗细和浓度符合质量要求，可用试验环管进行检验。不合格者可返回储罐重新处理。

煤浆管道首站一般与制浆厂合在一起。首站的增压泵从制浆厂的外输罐中抽出浆液，经加压后送入干线。

2. 管道和中间泵站

泵站和把每一个泵站连接起来的管道，是浆体输送的核心部分。中间泵站的任务是为煤浆补充压力能，停运时则提供清水冲洗管道。泵站内除设置主泵及其备用泵以外，还有很多辅助设施。输送煤浆的泵可分容积式与离心式两种，泵的选用要结合管径、壁厚、输量、泵站数等因素综合考虑。泵站间的距离则由管道水力计算结果和泵的功率大小决定。

3. 后处理系统

煤浆的后处理系统包括脱水、储存等部分。管输煤浆可脱水储存，也可直接储存。脱水的关键是控制煤表面的水含量。

浆体的稠化是脱水的首道工序。稠化的主要设备是浓缩池，固体颗粒在池中靠重力下沉。稠化后的浆体，尚需进一步脱水才能使用。在多数情况下，脱水采用离心分离器或过滤器。一般的煤浆脱水流程：浆液先进入受浆罐或储存池，然后再用泵输送到振动筛中区分为粗、细浆液，粗浆液进入离心脱水机，脱水后的煤粒可直接输送给用户。排出的废液输入浓缩池与细粒浆液一起，经浓缩后再经压滤机压滤脱水，最后输送给用户。

单元三　管道运输的管理工作

一、管道运输生产管理

管道生产管理是管道运行过程中利用技术手段对管道运输实行统一的指挥和调度，以保证管道在最优化状态下长期安全而平稳地运行，从而获得最佳的经济效益。

管道生产管理包括管道输送计划管理、管道输送技术管理、管道输送设备管理和管道线路管理。前两者又合称为管道运行管理，它是生产管理的中心。

1. 管道输送计划管理

根据管道所承担的运输任务和管道设备状况编制合理的运行计划，以便有计划地进行生产。管道输送计划管理首先是编制管道输送的年度计划，根据年度计划安排管道输送的月计划、批次计划、周期计划等。然后根据这些计划安排管道全线的运行计划，编制管道站、库的输入和输出计划，以及分输或配气计划。另一方面，根据输送任务和管道设备状况，编制设备维护检修计划和辅助系统作业计划。

2. 管道输送技术管理

根据管道输送的货物特性，确定输送方式、工艺流程和管道运行的基本参数等，以实现管道生产最优化。管道输送技术管理的内容包括随时检测管道运行状况参数，分析输送条件的变化，采取各种适当的控制和调节措施调整运行参数，以充分发挥输送设备的效能，尽可能地减少能耗。对输送过程中出现的技术问题，要随时予以解决或提出来研究。管道输送技术管理和管道输送计划管理都是通过管道的日常调度工作来实现的。

3. 管道输送设备管理

对管道站、库的设备进行维护和修理，以保证管道的正常运行。管道输送设备管理的内容主要包括：对设备状况进行分级，并进行登记；记录各种设备的运行状况；制定设备日常维修和大修计划；改造和更新陈旧、低效能的设备；保养在线设备。

4. 管道线路管理

对管道线路进行管理，以防止线路受到自然灾害或其他因素的破坏。管道线路管理内容主要包括：日常的巡线检查；线路构筑物和穿越、跨越工程设施的维修；管道防腐层的检漏和维修；管道的渗漏检查和维修；清管作业和管道沿线的放气、排液作业；管道线路设备的改造和更换；管道线路的抗震管理；管道紧急抢修工程的组织等。

二、管道运输运行管理

管道运输运行管理指的是用制定管道运行计划的方法，以及运用管道运行状况分析和调度等手段，充分发挥管道和设备的输送效率，实现管道安全、平稳、经济的最优化运行，是管道生产管理的主要组成部分。近代的油、气管道，一般都采用油品顺序输送工艺和全线密闭输送工艺，为了达到最好的经济效益，就要求提高管道运行管理的水平。

1. 管道的运输运行管理的必备条件

管道运行管理需要准确的资料档案，即应有能正确反映全线客观条件的资料，如全线及泵站的竣工图（包括全线线路平面图、纵断面图、全线总流程图、各站流程图及系统图等）和竣工后的更改记录。全线竣工图应准确地标记出各站间距离、各站高程、沿线阀室位置和所有穿越工程的位置；标记出管道试压点、试压值和管道变换管径的位置等。竣工后的变更记录应记录和标记出管道历次发生的事故（包括泄漏、断裂、损伤、设备故障等事故）的原因和位置；标明线路和站内设备更换的原因和时间等。为了积累运行经验，还应保存运行记录和资料。

管道运行管理需要先进、可靠的设备，如要有良好的调度设备和通信设备，以及显示各泵站运行参数及流程的电视屏幕，还要有电传打字机，随时记录各站的运行参数。在调度室有用各种灯光表示全线的走向、高程、站距和沿线截断阀位置等的设施;有标记出各站的简明流程,并用灯光显示主要机组的停、运,各站主要阀门开闭状态的设施。通过这些设施可以直观地了解全线的运行情况。在多批量运行的管道中,还必须设置批量和界面跟踪台,由专职人员经常监视和指导操作。

管道运行管理需要训练有素的调度人员,他们对管道及各站的设备、流程要熟悉了解,具有掌握现代化设备的知识和能力,具有丰富的运行管理经验。

2. 管道运输运行管理的基本步骤

管道运行管理包括分析运行资料、编制运行计划和运行调度3个基本步骤。

(1)分析运行资料:对委托管道承运的油品种类和数量、交付输送的时间和地点、油品的物性,以及对管线各泵站收发油品应具备的条件等进行分析和研究,编制出年度轮廓计划,做好完成管道年度任务的技术准备。

(2)编制运行计划:在分析运行资料的基础上,编制出指令性强的全线运行计划和各站的运行计划。编制成品油月或旬的全线运行计划时,要标明各批油品的名称、编号、物性和输量;标明各批油品到达各站的时间和进入的油罐;明确各批油品输送的顺序和分输时间、分输量;确定各批油品的运行参数;标明有无清管作业和计划性停输作业。编制月或旬的各站运行计划,要明确各站进油任务、倒罐流程;安排倒罐作业、启泵和停泵或倒换泵的作业、流量计标定和清管器接收与投入作业以及各旬的设备维修计划等。

(3)运行调度:按运行计划进行全线指挥、调整、监视等工作,以保证按运行计划完成输送任务。调度人员先对运行计划进行核对,并做适当修改,然后根据计划下达调度指令。全线运行情况均反映到调度室,调度室进行全面监视。顺序输送时跟踪各批油品界面的准确位置,预报分输站切换流程和分输的时间,同时跟踪清管器的运行位置等。

一旦发生事故,调度人员应负责立即处理,采取措施,下达指令,更换运行参数,以减小事故对计划的影响。

巩固测练

一、判断题

1. 我国是世界上最早使用管道输送天然气的国家之一。( )
2. 管道运输在我国综合运输体系中的地位很高。( )
3. 输油管道的管材一般为钢管、使用焊接和法兰等连接装置连接成长距离管道。( )
4. 管道运输的输送工具是静止不动的泵机组、压缩机组和管道。( )
5. 管道运输仅适用于运输流体物质。( )
6. 管道运输中,管道既是运输工具,又是运输渠道。( )
7. 管道运输是一种连续性强、运输能力大的运输方式。( )
8. 管道运输只能用于输送气体和液体物质。( )
9. 输气管道的主要设备包括:矿场集气、输气站、干线输气三个部分。( )
10. 输油系统一般采用有缝或无缝钢管,大口径者可采用螺旋焊接钢管。( )
11. 管道生产管理包括管道输送计划管理、管道输送技术管理、管道输送设备管理和管道线路管理。( )

12. 管道运行管理包括分析运行资料、运行调度 2 个基本步骤。（   ）
13. 运行调度就是按运行计划进行全线指挥、调整、监视等工作，以保证按运行计划完成输送任务。（   ）
14. 管道运输不需要像公路或铁路运输那样频繁地进行装载和卸载操作。（   ）
15. 管道运输的能耗通常高于铁路和公路运输。（   ）
16. 管道运输系统不需要定期维护和检查。（   ）

二、单项选择题

1. 以下哪个选项不是管道运输的优点？（   ）
   A. 运输成本低　　　　　　　　　B. 安全性高
   C. 受天气影响小　　　　　　　　D. 灵活性强
2. 下列属于料浆管道的三个组成部分之一的是（   ）。
   A. 浆液制备厂　　　　　　　　　B. 管道和中间泵站
   C. 浆液制备系统　　　　　　　　D. 后处理系统
3. 下列不属于管道运输按介质分的类的是（   ）。
   A. 输油管道　　　　　　　　　　B. 输气管道
   C. 固体料浆管道　　　　　　　　D. 水下管道
4. 下列属于管道运输的缺点的是（   ）。
   A. 专用性强　　　　　　　　　　B. 能耗和运输成本高
   C. 投资大、建设周期长　　　　　D. 连续性差，速度慢。
5. 以下哪种设备用于提高管道内流体的压力？（   ）
   A. 泵站　　　　　　　　　　　　B. 分离器
   C. 过滤器　　　　　　　　　　　D. 加热器
6. 在管道运输中，用于测量流体流量的设备是（   ）。
   A. 阀门　　　　　　　　　　　　B. 流量计
   C. 压缩机　　　　　　　　　　　D. 清管球
7. 下列不属于长距离输气管道的组成部分的是（   ）。
   A. 干线输气管道　　　　　　　　B. 首站
   C. 集气站　　　　　　　　　　　D. 末站
8. 下列不属于输油管道的主要设备的是（   ）。
   A. 输油泵与原动机　　　　　　　B. 加热系统
   C. 储油罐　　　　　　　　　　　D. 过滤器
9. 在管道运输管理中，以下哪项措施不是常规的维护工作？（   ）
   A. 定期清洗管道　　　　　　　　B. 检查阀门和泵站
   C. 更新控制系统软件　　　　　　D. 扩展管道网络
10. 管道运输在以下哪个领域中的应用较为有限？（   ）
    A. 石油和天然气行业　　　　　　B. 城市供水系统
    C. 电子产品运输　　　　　　　　D. 化工原料输送

三、多项选择题

1. 管道运输不适用于（　　）。
   A. 气体和液体货物　　B. 双向运输　　C. 固体货物　　D. 贵重货物
2. 以下属于管道运输种类的是（　　）。
   A. 输油管道　　B. 输气管道　　C. 固体料浆管道　　D. 输水管道
3. 管道运输的优势有（　　）。
   A. 工程量小、占地少
   B. 安全可靠
   C. 覆盖面广
   D. 运输量大，不受气候影响
4. 以下物品，适用于采用管道运输的有（　　）。
   A. 柴油
   B. 成品油
   C. 天然气
   D. 化工原料
5. 管道运输适用于（　　）流体货物的运输。
   A. 双向
   B. 单向
   C. 定点
   D. 运输量大

四、简答题

1. 管道运输有哪些优势？
2. 管道生产管理的主要内容有哪些？
3. 简述管道运输运行管理的基本步骤。

五、材料分析题

背景材料："西气东输"工程是中国为了实现西部大开发战略，将西部地区丰富的天然气资源输送到东部经济发达地区的一项国家级重大能源基础设施工程。该工程起点位于新疆塔里木盆地的轮南气田，终点延伸至上海市，全线覆盖多个省份。输气管道全长约4 200 km，是中国乃至亚洲最长的天然气管道。于2002年开始建设，2004年底实现全线贯通，2005年开始向东部地区供气。

"西气东输"工程是中国能源战略布局的重要组成部分，对于优化能源结构、促进区域协调发展、改善生态环境和保障国家能源安全具有重要意义。

问题：

1. 【判断】管道运输系统中的泵站是用于提供压力，以确保流体在管道中连续流动，泵站的数量和位置是由管道的总长度唯一决定的。（　　）
2. 【判断】"西气东输"工程使用的管道材料不需要考虑耐腐蚀性。（　　）
3. 【判断】管道运输是一种不受天气和气候条件影响的运输方式。（　　）
4. 【判断】管道运输网络的设计不需要考虑未来的扩展可能性，因为管道一旦铺设就无法更改。（　　）
5. 【单选】以下哪项不是"西气东输"工程在实施过程中采取的安全措施？（　　）
   A. 使用高强度管道材料
   B. 建立监测站
   C. 定期对管道进行腐蚀检查
   D. 减少管道壁厚以降低成本

6. 【多选】"西气东输"管道运输过程中，以下哪些环节是必要的？（　　）

   A. 天然气净化

   B. 天然气压缩

   C. 管道防腐

   D. 管道保温

   E. 管道巡检

7. 【多选】为了确保"西气东输"管道的安全运营，以下哪些措施是必要的？（　　）

   A. 定期对管道进行维护和检查

   B. 建立应急响应机制

   C. 提高管道输气压力

   D. 对沿线居民进行安全教育

   E. 减少管道的监测频率

8. 【简答】管道运输的对象，除了背景材料中的天然气外，还有哪些？

扫一扫：参考答案

模块七 联合运输

 学习目标

【知识目标】

1. 了解综合运输、多式联运诞生的背景、发展现状及发展趋势;
2. 熟悉综合运输体系的内涵;
3. 熟悉交通枢纽的特点、综合交通枢纽的类型;
4. 掌握多式联运的内涵、特征和类型;
5. 熟悉集装箱的标准化,以及集装箱多式联运的业务流程及交接方式。

【能力目标】

1. 能分析综合运输与物流的联系和区别;
2. 能区分综合交通枢纽的类型,并分析其功能;
3. 能分析多式联运与普通运输的差异,并区分不同多式联运类型的特点及适用情景;
4. 能从国家宏观规划的角度,结合本地的地理位置,分析其在多式联运中发挥的作用。

【素养目标】

1. 培养学生对多式联运的兴趣和热爱,从而形成行业自豪感;
2. 引导学生树立"爱护设备,勤于劳动"的岗位初心意识;
3. 引导学生树立"敬业专注,规范操作"的工作匠心意识;
4. 引导学生树立"追求卓越,交通强国"的专业信心意识。

> 📖 **思政领航**

多式联运　智领时代——中国联合运输的融合、创新与发展

近年来，随着全球经济一体化和我国经济的快速发展，单一的运输方式已不再能满足日益增长的、复杂多样的物流需求，也无法适应现代物流体系对高效、便捷、经济、环保的更高要求。为顺应时代的运输需求，我国不断加强联合运输基础设施的建设和模式的创新。中欧班列、铁水联运、江海联运等一系列重点项目相继推出；"一单制"运输、多式联运"门到门"服务、多式联运金融等运营模式不断创新。大数据、云计算、物联网、人工智能等新一代信息技术作支撑，搭建起的多式联运信息平台，实现了不同运输方式之间的信息共享和协同运作，提高了多式联运的效率。联合运输充分发挥各种运输方式的优势，实现运输效率最大化、成本最优化、环境影响最小化。在全球得到了广泛的应用和推广，成为推动交通运输行业转型升级、促进经济高质量发展的重要引擎。

❓ **想一想：**

1. 多式联运对优化运输结构、降低物流成本有何意义？
2. 智慧物流在多式联运中扮演着怎样的角色？
3. 多式联运在构建资源节约型、环境友好型社会方面有何作用？
4. 我国在国际多式联运合作中发挥了怎样的作用？

单元一　综合运输体系

运输体系是国民经济体系的组成部分，运输方式有不同的技术经济特点，适应着不同的自然地理条件和运输需要。在运输生产中，必须根据每种运输方式的技术装备，科学地组织管理，才能提高劳动生产率。旅客和货物由起运地至到达地，往往需要多种运输方式共同完成。各种运输方式在运输旅客和不同货种时，其采用的运输设备、装卸工艺、经济效益都有差异。因此，综合利用各种运输方式，充分发挥每种运输方式的优势，可用较少的劳动消耗完成运输任务。

一、综合运输概述

（一）综合运输的发展

综合运输是指综合集成各种运输方式与系统的功能，一体化高效率地完成人与货物的空间位移。综合运输其实是运输的一种特殊表现形式。它同样强调人员与物资的移动，以实现客货时空转移为目的，关注运送人员、物资的总量和输送的距离以及全程的服务水平，而实现的手段则是通过优化各种运输方式的总体结构，合理配置各种运输方式的基础设施网络，协调各种运输方式的运输组织。综合运输系统的核心是多方式联合运输，即"多式联运"。

综合运输经过长期的发展演变，其定义也在不断地丰富和变化。对于综合运输问题，西方国家常定义为：使两种以上运输工具在最佳化基础上的整合，实现旅客和货物的直达运输。而我国早期在苏联的影响下，《中国大百科全书》中对综合运输的定义是：研究综合发展和利用铁路、公路、水运、航空和管道等各种运输方式，以逐步形成和不断完善一个技术先进、网络布局和运输结构合理的交通运输体系的学科。

可见，我们早期的综合运输概念与西方国家综合运输概念有较大的差异。西方国家综合运输指的是在各种运输方式之间实现"无缝"和"连续"的一种运输，而我国指的是对各种运输方式合理使用范围、分工和投资比重等进行理论研究的学科。结合西方国家的社会经济制度和我国所处的社会历史时期，不难理解这种概念上的差异。前者是在市场经济条件下，解决运输市场出现的问题，后者是在计划经济条件下，研究解决运输部门之间出现的问题。

随着我国工业化不断向更高层次发展和城市化进程的加快，在现代物流的理念和需求的带动下，综合运输系统的提法已被官方和非官方较广泛地应用，其中心思想指的是根据全国或区域经济地理特征和各种运输方式的技术经济特点，经济合理地发展各种运输方式，并使之有机结合形成一个完整的高效的交通运输系统，为社会经济发展服务。因此，综合运输可以理解为以国家综合交通运输体系所提供的公共交通网络及设施和运载工具为依托，以现代交通运输工程管理技术和信息技术为基础，以便捷、安全、高效和经济为目标，通过多种交通运输方式的协调配合，组织实现交通运输过程的经济活动和社会活动。相对于单一方式的交通运输，综合运输是在各种交通运输方式之间实现无缝与连接，通过多种交通运输方式的协调配合，组织实现综合交通运输线网范围内的交通运输过程。

（二）综合运输对社会经济发展的作用

综合运输发展是带动经济社会可持续发展的动力源，主要体现在4个方面。

（1）促进社会化大生产。运力的不断突破，带动社会分工、企业规模、生产社会化程度随之进步，国内国际贸易及要素流动日益顺畅，资源配置效率不断提高。

（2）为生产效益最大化创造条件。综合运输体系凭借多元化的运输方式和现代化的运输管理，降低运输成本，提高运输效率；优化资源配置，促进生产效率最大化。

（3）对产业布局产生影响。经济产业发展主要依托综合交通运输网，运输通道轴线成为产业集聚与扩散的基础。同时，综合运输体系建设所产生的作用存在前向、后向的产业联系，通过加强企业间生产合作，促进产业集聚和产业融合，从而形成特定区域的优势产业。

（4）促进经济社会可持续发展。综合运输体系对运输通道内各种运输方式进行系统的规划与整合，减少运输资源浪费，减少运输过程对环境污染，并通过运输技术改革与创新、可再生能源及材料的使用，减少交通运输对资源的消耗，推动运输可持续发展，进而带动经济社会可持续发展。

二、综合运输体系

综合运输体系是指将多种运输方式通过科学规划和有效管理有机地结合在一起，形成一个高效、便捷、安全、经济的运输网络，以满足社会经济发展和人民出行需求的运输系统。综合运输体系的核心在于优化资源配置，提高运输效率，降低运输成本，减少环境污染，实现各种运输方式的优势互补和协调发展。

综合运输体系是运输生产力发展到一定阶段的产物。一方面各种运输方式在生产过程中有一定协助配合、优势互补的需要，客观上要求在运输的各个环节上连接贯通；另一方面，运输市场和技术发展促使企业相互竞争，货主在选择运输方式上要求速度、时间和方便，这样就要求各种运输方式联合起来，以满足需要。

综合运输体系一般由 3 个子系统组成。

1. 综合运输设施装备系统

综合运输设施装备系统是具有一定技术装备的综合运输网及其结合部系统，是综合运输网络系统这个大系统的硬件，由各种运输方式的线路、港、站、场、运输枢纽和各个换装点以及各种运输设备、生产工具所组成的运输网络系统，它构成了综合运输体系的物质技术基础。这些设施装备是货物和人员运输的物理通道，它们的布局、能力和质量直接影响到整个运输体系的效率和效能。

2. 综合运输服务系统

综合运输服务系统是由软硬件结合而形成的系统，包括客运、货运系统。它是综合运输体系的核心，是由各种运输方式组成的综合运输协作系统、一体化系统、区域运输系统，相互衔接和相互配合而构成的联合运输系统，它要求高效率、低能耗、高质量、低成本，充分发挥各种运输方式的能力及优势。

3. 综合运输组织管理系统

综合运输组织管理系统是综合运输体系的软件，由 3 部分组成。
（1）在各种供给方式内部及其相互之间进行组织衔接、协调的运输生产指挥系统。
（2）对某种运输方式、某一运输网及区域运输体系进行调节和控制的综合调控系统。
（3）对所有运输方式、统一运输网络和运输体系进行生产、调度、指挥所必需的通信、导航、计算机、管理信息系统。

综合交通运输体系不能看成铁路、公路、水路、民航等各种运输方式发展的简单叠加，而是一个系统工程，体现了各种运输方式的多重性、平等性和包容性，更多强调系统优化、分工协作，充分发挥各种运输方式的组合效率和比较优势，整体功能要兼顾经济社会发展需要和资源环境要求，政府和市场两只手是建设综合交通运输体系的重要力量。

三、综合运输与物流的关系

物流是指为了满足客户的需求，以最低的成本，通过运输、保管、配送等方式，实现原材料、半成品、成品或相关信息进行由商品的产地到商品的消费地的计划、实施和管理的全过程。物流是一个控制原材料、制成品、产成品和信息的系统，从供应开始经各种中间环节的转让及拥有而到达最终消费者手中的实物运动，以此实现组织的明确目标。现代物流是经济全球化的产物，也是推动经济全球化的重要服务业。

（一）综合运输与物流的联系

1. 二者具有共同的理念

综合运输与物流的发展都是建立在系统思想指导之上的，都旨在以最有效、最经济的方式实现货物从产地到消费地的流动。它们都追求成本效率、服务质量和运输安全性。综合运输强调各种运输方式的优势互补、分工合作，共同发展成一个优化的运输系统。而物流则是由各种功能、各种资源组成的一个复杂系统。

2. 二者的发展都为对方创造了条件

运输是物流最基本、最重要的功能之一，现代物流是建立在现代发达的综合运输基础之上的。因此，综合运输的发展必将促进物流的发展。另一方面，物流的发展也可以使综合运输从中发现新的机会，找到新的利润增长点和发展切入点。

（二）综合运输与物流的主要区别

1. 内涵上的区别

综合运输在本质上强调的是面向"任务"，即运输任务本身，面向"单一客户"，它追求的是准时、完好、经济地完成客户每一次交给的运输任务。它关注的是不同运输模式之间的协调和整合。而物流更多的是面向"流程"，即企业业务流程，涉及运输、仓储、库存管理、包装、装卸、信息处理等多个环节，它要求的是物品持续无间断、快速流动并保持与采购、生产、销售节拍的高度同步。物流关注的是从原材料的采购到产品的生产、分销直至最终消费者的整个供应链的优化。

2. 发展的主要动力不同

由于交通运输是国家和社会经济的基础设施，基于使运输推动社会经济发展的迫切要求和运输资源的优化配置考虑，各级政府就成为综合运输发展的主要推动者。而物流发展的主要动力则是企业基于提升自身竞争力的愿望。通俗地讲，前者发展的主要推动力来自"官方"，后者则来自"民间"。

3. 目标重点不同

综合运输的重点是提高运输效率，降低运输成本，通过多式联运来实现运输方式的最佳组合。

物流的重点是整个供应链的管理，包括成本控制、服务质量提升、响应速度加快、风险管理等。

4. 发展的方向不同

综合运输发展追求的是现代 5 种基本运输方式之间高度的一体化，使运输对象（货物或旅客）实现"无缝式"的空间位移。而物流的发展追求则是供应链上所有主体间（包括企业、其他组织和个人）供应、生产、销售各环节内部以及它们之间的高度一体化和柔性化。

总结来说，综合运输是物流的一个重要子集，专注于运输环节的优化，而物流则是一个更全面的概念，涵盖了从生产到消费整个过程中的所有物流活动。

单元二　综合交通枢纽

枢纽，《辞海》的解释为"比喻冲要的地点，事物的关键之处"。以此类推，交通枢纽自然是交通的"冲要地点"和"关键之处"。交通枢纽从宏观上指交通节点所处的区域或城市，即交通枢纽城市；微观上指交通节点上办理客货中转、发送、到达的多种运输设施（包含线路、站场、交通工具、信息等）的综合体。

一、综合交通枢纽概述

（一）综合交通枢纽的基本概念

通常条件下，交通枢纽是指两条或者两条以上交通运输线路的交会、衔接处形成的，具有运输组织与管理、中转换乘及换装、装卸存储、多式联运、信息流通和辅助服务六大功能的综合性设施。其中,服务于一种交通运输方式的交通枢纽称单式交通枢纽,如铁路枢纽、水运枢纽、公路枢纽、航空枢纽等;服务于两种或两种以上交通运输方式的枢纽称为综合交通枢纽。

综合交通枢纽具有以下3大特征:

(1)在地理位置上,运输枢纽地处两种及以上的运输方式衔接地区或客货流重要集散地;

(2)在运输网络上,运输枢纽是运输网络上多条运输干线通过或连接的交会点,是运输网络的重要组成部分,连接不同方向上的客货流,对运输网络的畅通起着重要作用;

(3)在运输组织上,运输枢纽承担着各种运输方式的客货到发,同种运输方式的客货中转及不同运输方式的客货联运等运输作业。

综合交通枢纽是国家或区域综合运输系统的重要组成部分,是不同交通运输方式的交通运输网络相邻路径的交会点,是拥有铁路、公路、水运、航空及城市交通等多种交通运输方式多连接的固定设备和活动设备为一体的共同承担着枢纽所在区域的直通作业、中转作业、枢纽地方作业以及城市对外交通相关作业等的综合运输空间结构,对所在区域的综合交通运输网络的高效运转具有重要作用。

(二)综合交通枢纽的功能

综合交通枢纽的功能主要体现在以下3个方面。

(1)为区域内部和区域对外的人员及物资交流提供集散和中转服务,带动和支撑区域经济的发展。综合交通枢纽一般地处区域主要中心城市,为所在地区或城市的经济发展和居民生活提供客货运输服务,是城市对外联系的桥梁和纽带。

(2)实现不同方向和不同运输方式间客货运输的连续性,完成运输服务的全过程。以信息化、网络化为基础,改进运输组织方式,实现各种运输方式一体化管理,完成运输服务全过程,是提高运输效率、降低运输成本、节约资源、实现交通可持续发展的有效途径,而综合交通枢纽正是实现这一目标的关键。

(3)为运输网络吸引和疏散客货流,促进交通运输产业的发展。交通运输产业发展的基础是日益增长的运输需求,在经济高度发达,需求日趋多样化的现代社会,交通运输产业的发展向着综合集成和一体化运输的方向发展,以满足客货运输多样化的需求。

综合交通枢纽作为运输网络上的结点,集各种运输方式信息、设备和组织管理于一体,吸引着大量的客货流,是交通运输产业发展的重要支撑。

二、综合交通枢纽的分类

综合交通枢纽尚未有统一的分类标准,根据目前已有的研究,综合交通枢纽的分类主要可从以下几个方面进行。

1. 按主体运输方式划分

早期各交通运输方式规划相对独立,很多综合枢纽的规划建设大多以某一运输方式作为主体运输方式,其客货运量通常较大。从这个角度看,现状综合交通枢纽一般可分为公路场站型综合交通枢纽、铁路车站型综合交通枢纽、港口型综合交通枢纽、机场型综合交通枢纽。在各种类型的综合交通枢纽中,主要交通运输方式承担的大多为长距离或大运量的客货运输,集疏运方式包括公路、轨道交通(含铁路)、内河航线和支线航空等。由于公路交通运输具有门对门机动灵活的优势,因此各种类型的综合交通枢纽都以公路作为其重要的集疏运方式。随着综合交通体系的规划建设与发展,这种分类方式将变得困难。例如在空铁联运中,综合枢纽提供高效的、多样性的、一体化的运输服务,形成铁路和航空的优势互补,主次之分已难以分辨。

2. 按交通服务区域等级划分

按照综合交通枢纽的服务区域等级分为:国际性综合交通枢纽、全国性综合交通枢纽、区域性综合交通枢纽和地区性综合交通枢纽四大类。

(1)国际性枢纽一般处于大陆桥、小陆桥及公路主框架与跨国干线公路的交会处,主要位于边境城市、沿海城市以及经济特区城市,国际性枢纽主要从事跨境运输代理和客货运业务,并与周边其他等级枢纽进行信息联网,共同经营跨境客货运业务。

(2)国家级运输枢纽一般处于水运主通道、航空和铁路干线与公路主框架的交会处,主要位于省会、中心城市和沿海开放城市及经济特区城市。国家级运输枢纽主要从事跨省、区的客货运作业,并与区域性、地域性枢纽联网共同经营区域和地域内的客货运作业。

(3)区域性运输枢纽一般位于省际接壤地区人民政府的所在地城市,主要从事跨省、区及区内的客货运作业。

(4)地区性运输枢纽一般地处县(市、旗)人民政府所在地,主要从事跨区、县及县内的客货运作业。

3. 按运输对象划分

运输枢纽按运输对象可分为 3 类:即旅客运输枢纽、货物运输枢纽、混合运输枢纽。

旅客运输枢纽是以客运作业为主,主要服务于旅客的出发、到达及中转;货物运输枢纽是以货运作业为主,主要为货物的运输提供服务;混合枢纽是指运输枢纽内的客运量和货运量没有明显差别。

4. 按枢纽的功能划分

按枢纽的功能不同可分为 3 种,即城市对外交通枢纽、城市对内交通枢纽以及为某一特定区域服务的枢纽。

(1)城市对外交通枢纽是将航空、铁路、水路以及长途汽车等交通方式与市内公共交通相连接,使旅客的长距离出行便捷顺畅。

(2)城市对内交通枢纽的作用是将市内各区域相联通。

(3)为某一特定区域服务的枢纽则是指为群众行人较为集中的如市内公园、体育场等规模较大的公共场所的集散而服务的枢纽。

三、综合交通枢纽的社会价值及发展规划

综合交通枢纽以城市作为依托,是城市发展及经济发展的功能要件之一,是城市与外界进行物资交换、资源交换、信息交换、人员往来的重要场所。综合交通枢纽与所在城市的性质和功能有着密切的联系,既是城市的组成部分,也是城市经济社会发展的重要基础平台。

(一)综合交通枢纽的社会价值

1. 交通一体化

现代城市综合交通枢纽最重要的特征就是交通一体化,就是要通过完善的交通协调,在枢

纽内部基本遵循客运"零距离换乘"和货物换装"无缝衔接"的原则。大型客运交通枢纽越来越注重多种交通方式内部多条线路在枢纽建筑物内的有效衔接，从而为乘客提供方便、舒适的换乘服务。

2. 衔接便利化

便利主要体现为从一个枢纽站换乘到另一个枢纽站的方便程度，快速主要体现在交通枢纽站之间的联系方式具有较高的速度，主要体现在行程时间可靠度上。

3. 土地集约化

世界各大城市的综合交通枢纽地区几乎都采用高密度的集中开发模式，这是由土地机制与城市规划的双重作用而决定的。

4. 功能综合化

发达国家大城市的综合交通枢纽从单一功能向多功能、综合性方向发展，其功能已不仅仅是交通功能，而是围绕着交通所带来的其他城市功能的聚集，与商业、办公、娱乐等产业联合开发，形成功能多元化的大型"交通综合体"。

5. 区域开发的发动机

区域交通可达性的提高，将会提高地区的商务潜力，带动周边土地升值。利用交通综合枢纽的建设机会，对周边地区的土地进行开发，建设大规模综合性设施，充分发挥其影响效应，实现该地区的经济开发和城市开发。

6. 促进城市经济发展

综合交通枢纽地区因其交通节点功能进而发展出经济节点功能，成为城市的副中心。推动城市经济的区域化程度提高和交通相关产业的崛起，促进产业升级，由此促进整个城市空间结构的扩展和延伸。

7. 城市区域的耦合剂

利用交通枢纽的建设将周边区域的城市街区联系起来，改善周边交通条件，提高区域的可达性，促进整体区域共同发展。

8. 提高城市门户形象

综合交通枢纽往往处于城市与外界联系的"门户地带"，因此枢纽地区往往被塑造为城市的"门户景观点"，打造城市公共空间，展示城市形象。交通枢纽的建成以及周边地区的品质提升，有利于城市营销，强化城市竞争力。

（二）我国综合交通枢纽的发展规划

2021年2月，国务院印发《国家综合立体交通网规划纲要》，2022年2月，交通运输部等多部门联合印发《现代综合交通枢纽体系"十四五"发展规划》，提出建设综合交通枢纽集群、枢纽城市及枢纽港站"三位一体"的国家综合交通枢纽系统。推进一批国际性枢纽港站、全国性枢纽港站建设。

1. 国际性综合交通枢纽集群

形成以北京、天津为中心联动石家庄、雄安等城市的京津冀枢纽集群，以上海、杭州、南京为中心联动合肥、宁波等城市的长三角枢纽集群，以广州、深圳、香港为核心联动珠海、澳门等城市的粤港澳大湾区枢纽集群，以成都、重庆为中心的成渝地区双城经济圈枢纽集群。

2. 国际性综合交通枢纽城市

建设北京、天津、上海、杭州、南京、广州、深圳、成都、重庆、沈阳、大连、哈尔滨、青岛、厦门、郑州、武汉、海口、昆明、西安、乌鲁木齐等国际性综合交通枢纽城市。

3. 国际性综合交通枢纽港站

（1）国际铁路枢纽和场站。在北京、上海、广州、重庆、成都、西安、郑州、武汉、长沙、乌鲁木齐、义乌、苏州、哈尔滨等城市以及满洲里、绥芬河、二连浩特、阿拉山口、霍尔果斯等口岸建设具有较强国际运输服务功能的铁路枢纽场站。

（2）国际枢纽海港。发挥上海港、大连港、天津港、青岛港、连云港、宁波舟山港、厦门港、深圳港、广州港、北部湾港、洋浦港等国际枢纽海港作用，巩固提升上海国际航运中心地位，加快建设辐射全球的航运枢纽，推进天津北方、厦门东南、大连东北亚等国际航运中心建设。

（3）国际航空（货运）枢纽。巩固北京、上海、广州、成都、昆明、深圳、重庆、西安、乌鲁木齐、哈尔滨等国际航空枢纽地位，推进郑州、天津、合肥、鄂州等国际航空货运枢纽建设。

（4）国际邮政快递处理中心。在国际邮政快递枢纽城市和口岸城市，依托国际航空枢纽、国际铁路枢纽、国际枢纽海港、公路口岸等建设40个左右国际邮政快递处理中心。

单元三　多式联运

一、多式联运概述

（一）多式联运的基本概念

运输按其协作程度可分为单一运输方式实现的运输和多种运输方式联合实现的运输（多式联运）。由两种及其以上的交通工具相互衔接、转运而共同完成的运输过程统称为复合运输，我国习惯上称之为多式联运。

多式联运的内涵主要包括3个方面。

（1）两种或者两种以上方式运输。这是多式联运的基本特征，即在一个运输过程中至少涉及两种不同的运输方式，如公路+铁路、水路+航空等。

（2）以同一标准化运载单元。在多式联运中，货物通常被装载在标准化的运载单元内，如集装箱、半挂车或货车整车等。这些运载单元在整个运输过程中保持不变，即在运输方式转换时，不对货物本身进行集拼或换装，而是对运载工具进行换装转运。

（3）一个经营人一票负责。多式联运通常由一个运输经营人负责整个运输过程，货主只需与这个经营人签订合同，即可享受全程的运输服务。这种方式简化了运输流程，减少了货主的操作复杂性和风险。

只有同时满足上述三个条件，才是严格意义上的多式联运。这种运输模式能够提高运输效率，降低成本，同时也为货主提供了便利和保障。

（二）多式联运的特征

1. 运输技术方面的特征

在运输过程中为了减少中间环节和避免因换装造成的货物损坏，使用同一运输单元进行处理，而不必直接处理货物，这样不仅可以简化作业流程和缩短换装作业时间，且海关部门可以直接加封验核后转关放行，运用这种技术方式能把海、铁、公、内水等多种运输方式与海关监管联合起来进行立体化作业，不但能够提高运输质量，还可以节约运输成本、压缩运输时间。集装箱一般被作为运输过程中的常用运输单元。

2. 运输方式方面的特征

多式联运的基本特征就是在整个运输过程要运用至少两种的运输方式。如果运输过程仅仅运用一种运输方式，不管运输的距离远近、中间环节如何复杂，都不能称之为多式联运。研究表明，在相同条件下的平均运价公路运输是铁路运输的 2.6 倍、水路运输的 20 倍，而且货物中转所浪费掉的成本大约能够占全程物流成本的 30%。因此承运人不会仅仅依靠公路运输，而是尽可能提高铁路运输和水路运输在整个运输过程中的比重，以取得经济效益最大化。这样多式联运就应运而生。

3. 合同形式方面的特征

一般情况下多式联运承运人只需要与委托人签订一份运输合同，在合同中注明多式联承运人与委托人之间的权利、义务以及责任豁免，确定运输性质，明确合同关系，一单到底。合同的内容和形式与一般的货物运输合同有着根本区别。

4. 运输组织方式的特征

多式联运的责任主体是多式联运承运人，承运人可以是陆路物流企业，也可以是货轮公司，也可以是专业化的多式联运经营公司。承运人与委托人签订多式联运运输合同，签发多式联运运单，收取全程费用，负责组织联运过程中的其他各种运输方式，为委托人提供"门到门"运输服务。在多式联运过程中，涉及的水路、公路、铁路承运人等都仅是实际承运人，而多式联运承运人是唯一的契约承运人，直接对货运委托人负责。其他实际承运人对多式联运承运人负责，与委托人不产生直接的合同关系。对货运委托人而言，整个多式联运输组织过程只有一个承运人，签订一次合同、缴纳一次费用、具有一张运单、统一理赔、全程负责的运输特点。多式联运能够最大化挖掘设备使用潜力，优化运输路线，合理组织运输，进一步提高运输管理水平。

（三）多式联运的类型

多式联运根据分类原则的不同而形成多种分类方式。

1. 按联运过程的组织模式分

依照联运组织过程中的方式和机制的不同，可以将多式联运分为衔接式与协作式两类。

（1）衔接式多式联运

衔接式多式联运是指多式联运承运人联合运用两种及以上运输方式，把货物由接收地点运送到达指定地点的全过程运输方式。多式联运承运人必须具备承担相应责任的能力，并且需要经过国家主管部门的审核和取得经营许可证书。在现实生活中，衔接式多式联运承运人常常由负责其中一段运输环节的承运人来承担，也可能是由货场运营人、国际货运代理公司、仓储运营人等并不拥有运输工具的经营主体来承担。衔接式多式联运过程如图 7-1 所示。

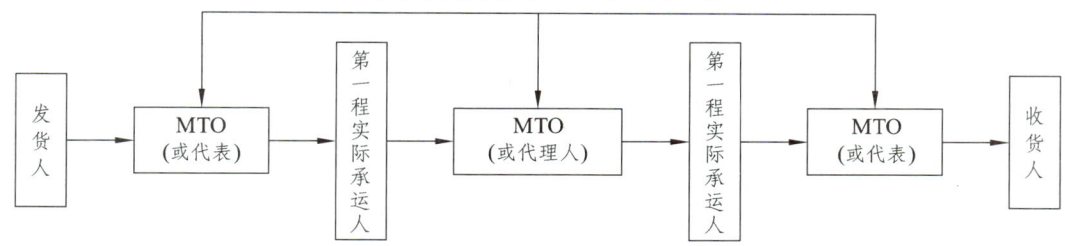

图 7-1　衔接式多式联运过程

在衔接式多式联运模式下，运输组织从整个运输生产过程中独立出来，全程运输组织工作专由多式联运承运人负责，而实际运输生产分别由各区段的实际承运人来负责。此时的多式联运承运人同时具有两种身份。相对于委托方，多式联运承运人是整个运输过程的唯一责任人，拥有签订全程承运合同、收取全程托运费用的权利，承担全程货运的相关责任；相对于各区段的实际承运人，多式联运承运人又是委托方，支付各区段的分运费用，与各区段的分运人签订运输合同。在我国，衔接式多式联运一般称为联合运输，其承运公司一般称为联合运输公司。

（2）协作式多式联运

协作式多式联运是指两种或两种以上运输方式的运输企业，按照统一的规章或商定的协议，共同将货物从接管货物的地点运到指定交付货物地点的运输。协作式多式联运是目前国内货物联运的基本形式。在协作式多式联运下，参与联运的承运人均可受理托运人的托运申请，接收货物，签署全程运输单据，并负责自己区段的运输生产，承担自己区段的承运责任。后续承运人除负责自己区段的运输生产外，还需要承担运输衔接工作。而末端环节的承运人除了承担货物运输和交付，还必须承担货物运输过程中的货损赔偿等责任。在这种体制下，参与联运的每个承运人均具有双重身份。对外而言，他们是共同承运人，其中一个承运人（或代表所有承运人的联运机构）与发货人订立的运输合同，对其他承运人均有约束力，即视为每个承运人均与货方存在运输合同关系；对内而言，每个承运人不但有义务完成自己区段的实际运输和有关的货运组织工作，还应根据规章或约定协议，承担风险，分配利益，协作式多式联运过程如图 7-2 所示。

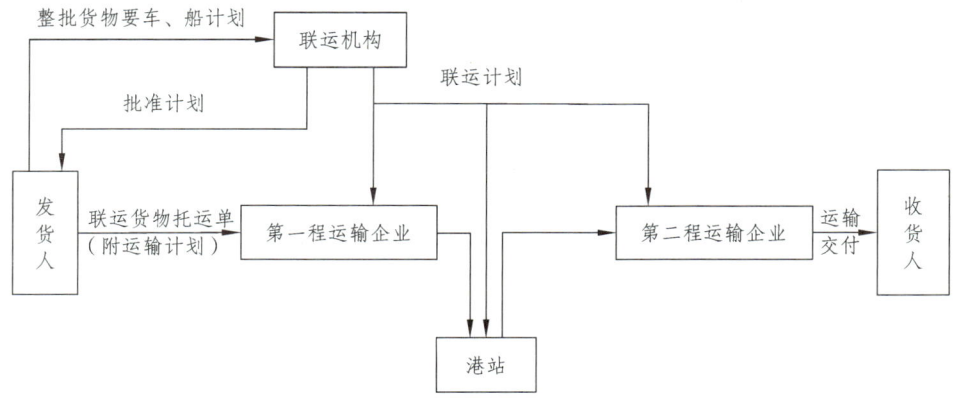

图 7-2　协作式多式联运过程

2. 按运输方式的组合形式分

根据联运过程中运输方式的组合搭配的不同，多式联运可以分为海陆联运、陆桥运输、空陆联运、海空联运、水铁联运以及海河联运等多种模式。

（1）陆海联运

陆海联运特指公路运输和海洋运输相结合的联运方式。在铁路不发达的海港口岸这种运输方式尤为常见。无论是货物仅仅通过公路、海路运输，还是中间再加上内河运输环节，我们一般都统称为陆海运输。陆海运输较为灵活便捷，无论集装箱还是散货，无论货物多少均能承接，缺点就是费用往往较高。

陆海联运是国际多式联运的主要组织形式，也是远东、欧洲多式联运的主要组织形式之一。组织和经营远东、欧洲海陆联运业务的主要有班轮公会的三联集团、北荷、冠航和丹麦的马士基等国际航运公司，以及非班轮公会的中国远洋运输公司、中国台湾长荣航运公司和德国那亚航运公司等。这种组织形式以航运公司为主体，签发联运提单，与航线两端的内陆运输部门开展联运业务，与大陆桥运输展开竞争。

"陆海新通道"是我国提出的一个跨区域、多层次的物流大通道，全称为"西部陆海新通道"。该通道起点位于中国西部，通过铁路和公路网络连接广西、重庆、四川、云南、贵州、陕西、甘肃、青海、新疆等省区市，并延伸至南海和沿海地区，以及通过海路连接至东南亚、南亚、中东、欧洲等地区。旨在加强中国西部地区与南海以及"一带一路"国家和地区的联系，促进区域经济一体化发展。陆海新通道集装箱铁海联运是陆海新通道的核心运输方式，开行线路立足《西部陆海新通道总体规划》明确的东中西三条主通道，按照"统一品牌、统一规则、统一运作"的原则，由跨区域综合运营平台整合通道沿线港口、铁路场站、口岸等关键节点，打造从重庆各铁路站点出发，铁路经陆海新通道东线湖南怀化或中线贵州贵阳至广西钦州港，再通过海运至东盟国家的国际多式联运高效组织体系。从运营组织、生态圈建设、信息平台建设、"一单制"创新应用等方面着手，在铁海联运线路运营水平提升、组织模式创新、服务区域经济发展等方面取得了显著成效。

（2）陆桥运输

"陆桥"是把大陆东西两侧的海洋运输用横贯陆地的国际铁路运输连接起来，所以陆桥运输是根据集装箱具有在不同运输方式，便于换装、联合运输的特点，将其运输从海上扩展到铁路，进行海陆或陆海等方式的联合运输。严格地讲，陆桥运输也是一种海陆联运形式。只是因为其在国际多式联运中的独特地位，故在此将其单独作为一种运输组织形式。陆桥运输是典型的国际货物多式联运方式，也是我国国际货物多式联运的重要表现形式，极具发展优势。主要表现形式有大陆桥运输、小陆桥运输和微型陆桥运输 3 种。

大陆桥运输是距离最长的，链接方式是"海—陆—海"，即用贯穿大陆的陆路运输方式把两端海洋运输连起来。世界上主要的大陆桥有 4 条：北美大陆桥、南美大陆桥、亚欧大陆桥（3 条）和南亚大陆桥。大陆桥运输是一种典型的门到门的多式联运方式，虽然会存在衔接次数多，运输时间不稳定，往返货源不平衡，铁路运输时间长，货物位置难以确定等弊端，但大大提高了货物的运输速度，降低了运输成本。

亚欧大陆桥是指连接亚洲和欧洲的陆上交通网络，中欧班列作为铁路货运服务，通过横跨亚欧大陆的铁路线路，将中国与欧洲的多个国家和城市连接起来，从而成为亚欧大陆桥的重要组成部分。这些班列通过不同的路线和口岸，如新疆的阿拉山口和霍尔果斯口岸，连接中国与中亚、俄罗斯以及更远的欧洲国家，促进了沿线国家之间的贸易和经济合作。中欧班列的概念首次于 2011 年被提出。同年 3 月 19 日，首趟中欧班列（当时称为渝新欧班列）从中国重庆出发，抵达德国杜伊斯堡，这标志着中欧班列正式投入运营。中欧班列是指按照固定车次、线路、班期和全程运行时刻开行，往来于中国与欧洲以及"一带一路"国家和地区的集装箱铁路联运班列。中欧班列充分发挥其在时效、价格、运能、安全性等方面的比较优势，逐渐被中欧广大客户所接受，成为中欧间除海运、空运外的第三种物流方式，开行数量和质量持续稳步提升，通达欧洲20多个国家，超过200个城市。2024年全年，中国26个省（自治区、直辖市）的93个城市累计开行中欧班列19 392列。其中西安3 849列位居第一，成都、重庆和郑州的开行量也均超过2 000列。广州通过中欧班列的运行，建立了铁路、公路、水（海）运的立体化国际物流体系，首次以"铁-公-水"跨境联运方式打通"中亚—广州—东南亚"物流通道。

小陆桥运输主要是指北美的小陆桥运输，链接方式是海-陆或陆-海，比大陆桥运输减少了一部分，集装箱货物先运至美国沿海港口，通过海洋运输转运至美国西海岸港口，换装铁路联运专线或公路运输方式运达美国东部港口或加勒比海港，反方向亦然。这种海陆运输方式的结合，增加了现有太平洋航线货运量，降低了船公司运营成本，也缩短了货主的运输时间。然而，这种运输也具有铁路运费高、运输时间无法保证、货源不平衡、责任难区分等问题，亟待相关法律的统一与规范。

微型陆桥运输是最短的陆桥运输方式，主要在北美大陆，从北美东西海岸以及墨西哥沿岸港口运输到美国以及加拿大的各个内陆城市。它在小陆桥运输的基础上重点通过铁路、船公司、海关、商检等各部门协商，采取一定措施解决单证问题。即使用联运提单，经美国西海岸港口，利用集装箱拖车或铁路运输将货物运至美国内陆城市，但仍旧存在和小陆桥运输一样难以解决的问题。

（3）空陆联运

空陆联运是陆路运输与航空运输相结合的国际货物多式联运方式。虽然存在着航空运输与铁路运输、公路运输的不同组合方式，但比较有代表性的是空铁联运和卡车航班。空铁联运实质上是将铁路运输作为航空运输的支线，通过铁路实现货物从航空站到目的地的运输，将航空运输的高效性与铁路运输的低成本性有效结合。卡车航班更是在国外由来已久，由航空公司开辟固定的地面运输路线国际段空运进出境，国内段卡车运输至门到门，将航空运输的高效性与卡车的低价格和灵活机动性相结合。

随着快递行业的飞速发展，空陆联运物流技术日趋成熟，空陆联运的规模也越来越大。国际上以FedEx为代表的快递物流企业已经在世界各地许多机场开设了空陆联运业务，涉及的机场数量多达数百家，拥有货运飞机超过600架、卡车接近5万辆，在全球开设了10个物流中心和多达1 200个的服务点，快递服务项目也十分丰富。在我国，以顺丰、圆通为代表的快递企业也开始发展快递空陆联运业务，然而目前尚且在发展的初期，而且我国目前并没有真正意义上的卡车航班，并不能做到无缝衔接，空陆联运还得依靠中间仓储，联运的效率大打折扣。

（4）海空联运

海空联运又被称为空桥运输，是海洋运输与航空运输相结合的一种国际多式联运方式，结合了海洋运输的低成本和航空运输的高速度，具有其独特优势。在运输组织方式上，空桥运输与陆桥运输有所不同，陆桥运输在整个货运过程中使用的是同一个集装箱，不用换装，而空桥运输的货物通常要在航空港换入航空集装箱。不过，两者的目标是一致的，即以低费率提供快捷、可靠的运输服务。海空联运方式始于20世纪60年代，但到20世纪80年代才得到较大的发展。采用这种运输方式，运输时间比全程海运少，运输费用比全程空运便宜。20世纪60年代，货物在远东用船运至美国西海岸，再通过航空运至美国内陆地区或美国东海岸，从而出现了海空联运。当然，这种联运组织形式是以海运为主，只是最终交货运输区段由空运承担。

总的来讲，运输距离越远，采用海空联运的优越性就越大，因为与完全采用海运相比，其运输时间更短，与直接采用空运相比，其费率更低。因此，从远东出发将欧洲、中南美以及非洲作为海空联运的主要市场是合适的。

（5）水铁联运

水铁联运就是指将水路运输和铁路运输结合起来的多式联运模式，根据水路运输的不同可以划分为海铁联运和江铁联运。国际海铁联运是进口货物由海洋经船舶运至港口后改由铁路运至内陆，反之出口货物则经由铁路运至海港口岸再运出境。国际江铁联运是进口货物由海洋、内河经内河口岸衔接铁路运输进境内，出口货物则通过相反的流程运输出境。

（6）河海联运

河海联运是指海洋运输与内水运输联合起来的多式联运模式。实践中河海联运常不会独立存在，即便在内河口岸临时仓储，最终还是依靠陆路交通工具转运。

3. 按空间跨度分

从空间跨度的角度又可以将多式联运划分为国内多式联运和国际多式联运。其中依据《联合国国际货物多式联运公约》和我国《国际集装箱多式联运管理规则》，国际多式联运被定义为：按照国际多式联运合同，运用两种及以上的运输方式，多式联运经营人从一国境内接货地点将货物送达另一国境内指定交付地点的一种货物联合运输方式。国际多式联运通常以集装箱为基本运输单元，把不同的运输方式结合在一起，构成一体化的、连续的、综合性的货物运输模式。海关监管的涉及的多式联运大多属于国际多式联运范畴。中国海商法对于国内多式联运的规定是，必须有种运输方式是海运。

二、我国多式联运的发展概述

（一）我国多式联运的发展史

我国作为世界贸易大国，贸易的发展推动了货物多式联运的发展。我国多式联运的发展可以从时间上划分为4个阶段。

1. 计划联运阶段（1950—1970年）

该阶段引入了综合运输的理念，关注铁路与港口的衔接，形成了初具规模的多式联运体系。它是由国家下达指令性运输计划、确定运输价格，运输企业根据国家计划和运价完成运输任务，国家对联运线路、换装地点、全程运价等做出具体规定。计划经济模式下的"一单到底"是这一阶段我国多式联运发展的主要特征。

2. 国际接轨阶段（1970—1980年）

这一阶段，我国集装箱标准开始逐渐与国际接轨。1973年，天津港接卸了第一个国际集装箱，1980年，铁路开始接运20 ft国际铁路联运集装箱，1981年原铁道部颁发《铁路集装箱运输管理办法》《关于用大型集装箱装货试办国际铁路联运》等文件，开启了铁路集装箱运输序幕。1983年，交通部成立公路局"集装箱运输处"，专职管理公路集装箱运输，并建设上海、天津、广州等地的内陆国家集装箱公路中转站。1984年9月，上海-东北集装箱水陆联运线正式开通，是我国第一条经由铁路-海运-公路-铁路的集装箱多式联运线路。

3. 快速发展阶段（1980—2010年）

改革开放以来，原交通部推进政企分开，招商局集团、中外运、中国远洋等大型运输企业纷纷走向市场化，竞争性运输市场结构逐步形成。同时，国家逐步放开了公路、港口、航运等运输市场，只有铁路仍实行全国统一调度、统一运价，不同运输方式的市场意识和市场行为有了明显差别。计划经济下的多式联运"一单到底"已经终止，多式联运在经营主体、线路设置、换装地点、全程运价等方面都引入了市场竞争，各种方式之间竞争大于合作，是这一阶段我国多式联运发展的主要特征。

4. 整合规范阶段（2010 至今）

随着新时期"双向对内对外"开放战略的实施，多式联运发展逐渐从外贸多式联运转向内贸多式联运。2011 年，交通运输部和原铁道部签署《关于共同推进铁水联运发展合作协议》，并发布了《关于加快铁水联运发展的指导意见》；2012 年，《交通运输部办公厅关于开展集装箱海铁联运物联网应用示范工程建设的通知》正式下发；2015 年，交通运输部与国家发改委共同启动多式联运示范工程，遴选了 16 个示范项目，标志着我国多式联运进入关注内贸多式联运为主的新阶段。

（二）我国多式联运发展的不足

由于起步较晚，我国的货物多式联运在发展过程中还有一定局限性。目前我国多式联运发展还存在 6 个方面的不足。

1. 集装箱化低

铁路集装箱在铁路货运中占比 2.3%，集装箱卡车只是用在港口、车站的集疏运。特种货运集装箱化率几近空白，国内 80%以上的生鲜商品还在采用常温流通手段。危化品运输集装箱化率低，全国现有道路危险货物运输企业 1 万多家，运输车辆 30 多万辆，目前危险品主要是公路槽车运输，罐式集装箱运输不到 10%。

2. 多式联运业务占比低

公铁联运比例低，铁路集装箱运输长期得不到发展，最高时仅有 481 万集装箱，其中海铁联运的贡献占 42%。铁水联运比例不足 2%，远低于国际主要港口 20%～40%的水平。

3. 多式联运枢纽场站严重不足

货运枢纽型物流园区不足，"十二五"期间扶持的 100 个货运枢纽 80%是公路货运型。海铁联运转运设施不足，沿海港口具备整列铁路换装设施的 8 个，具备港口铁路的不足 15 个。有铁路集装箱场站能力有限且设施老旧，而《中长期铁路网规划》提出建设的 18 个铁路集装箱中心站如期建成者为数不多，在很大程度上制约了铁路集装箱运输发展。

4. 多式联运信息系统近乎空白

我国目前尚无跨界（跨运输方式、跨区域、跨企业、跨行政管理）的物流信息系统。多数企业都建立自己的信息系统，用于业务管理，但是与合作组织共享的信息系统或信息平台少之又少。

5. 多式联运经营人群体不发达

以传统货代企业、港口物流公司或港口铁路公司、铁路集装箱运输公司、航运企业自有货代企业以及近几年成长起来的国际班列平台公司为代表的多式联运经营人离国际水平尚有较大差距。

6. 多式联运统一单证缺失

多式联运业务没有统一单据，铁路、公路、海运、民航各自使用不同的单据，为免责货代企业或物流企业通常对货主采用一次付款,用分单结算的方式区分代理费和各段运费,方式分为"一单结""两单结"和"多单结"。

三、旅客多式联运

旅客联运本质上是多式联运的一种类型。联运系统主要由水路、铁路、公路和航空四大运输模式构成,同时,一个完整的旅客联运系统还需要一体化的行李运输系统以及可兼容的联运信息系统。

(一)旅客多式联运概述

旅客多式联运是指通过两种或两种以上的运输方式将旅客安全、快速、舒适地送达目的地,将本来由旅客自己订立的运输合同改由联运企业或联营管理机构统一管理,以提供优质、方便高效的全程运输服务。

1. 旅客多式联运的特征

根据旅客多式联运的定义,可以概括出其主要的基本特征如下:

(1)全程性。联运企业负责全部运输过程及相关的行包等服务。

(2)票务一体化。旅客只需要购买联运客票,便可直接在铁路、公路、水运、航空4种运输方式间进行换乘。

(3)代理性。旅客只需要直接和代理方签订运输合同,与四种运输方式的合同由代理方负责。代理方可以是船务公司、铁路公司、长途汽运公司、航空公司或者第三方。

(4)硬件匹配性。开展联运服务,四种运输方式的硬件设备必须建立一定的衔接,为旅客办理相关手续提供更大的便利。

(5)组织协调性。旅客多式联运服务需要各运输方式在运输组织和管理上建立一定的协调性,以便于多式联运的开展。

(6)通用性。在旅客多式联运中,各运输方式的相关合同、法规、使用的单证文件都需具有通用性,以适应各运输方式之间的衔接工作。

(7)政策性。由于联运涉及水路、铁路、公路和航空四大运输系统,具体的实施更是与城市发展、区域经济密切相关,需要获得国家和地区一定的政策支持。

2. 旅客多式联运的组织方法

旅客多式联运是通过将不同的运输方式进行衔接,为旅客提供更为便利的一体化服务。根据一体化实现程度的高低,旅客多式联运可以分为两种水平的服务(两种联运组织方式):一是四种运输方式相互衔接,使旅客可以通过一种运输方式换乘到另一种运输方式,办理票据和行李托运等各种手续都在第二种运输方式所在的企业进行办理。二是在第一种服务的基础上所谓的服务,是指在船务公司、铁路公司、长途汽运公司、航空公司或者第三方为旅客提供的联程服务,在两种运输方式之间换乘的旅客视为中转旅客,换乘之间无需再办理任何手续,而且行李自动转运。这样的一体化联运服务系统就要求船务公司、铁路公司、长途汽运公司、航空公司或者第三方提供联程票务系统、旅客信息和引导系统、火车站配备行李输送系统、以及飞机和列车航班表的协调等。

（二）旅客多式联运系统的组成

旅客多式联运系统主要由旅客行李系统和联运信息系统两个部分组成。

1. 行李系统

旅客行李可以分为托运行李、自理行李和随身携带物品，在运输过程中，关键是托运行李的处理。如何快速、高效、安全地对托运行李进行运输和管理，是决定整个运输系统效率的重要组成部分。

当旅客多式联运时，在原本单一运输方式行李流程的两端将增加与另一种运输方式行李进行衔接的环节。由于不同运输方式行李的运输标准和安全级别的要求存在差异，在构建联运行李系统时，首先需要建立一个联运的行李标准，对旅客的行李的范围、大小、重量、安全级别进行规范，以便于联运过程中行李的运输和管理。

旅客多式联运业务是一个系统集成的过程，其涉及不同的运输主体和代理商，如果仅仅将传统的各运输方式的行李系统进行简单的叠加，将无法实现真正的联运服务；但如果将行李业务外包给专业的公司运营维护，机场、铁路等部门的角色从经营型向管理型转换，将有可能为旅客提供更为优质的服务。这个专业的公司可以是汽运部门、铁路部门、航空部门或者第三方，可以是单一个体，也可以是不同公司进行分包合作。例如伦敦希思罗机场航站楼里的行李处理系统的维护由 ALSTEC 公司承担，而安装在行李系统传送带上的安全检查系统由另一家专业的安全检查公司负责。机场方通过签订维护合同，按照合同规定进行绩效考评，然后进行收益的分配。

行李系统如图 7-3 所示，联运的行李系统服务有两种：其一是旅客自携行李去机场。这要求各换乘站布置有宽敞的升降机、自动楼梯。车辆应有宽敞的车门，便于自携行李旅客进出。机场、车站站台到出发大厅的旅客行走距离应尽量短。其二是旅客不必自携行李去机场。瑞士、英、法、荷、日等国家扩展出一种在各车站实行的收费行李服务，使旅客不必自携行李去机场，而是在车站办理登记和行李托运手续。交付行李后，这个服务系统保证行李安全、快速地到达机场行李房。此系统由接收、装运传运系统，定班专用封闭行李车，到达分拣传送系统和行李房接受系统组成。此系统还可以实施送行李到家门的服务。

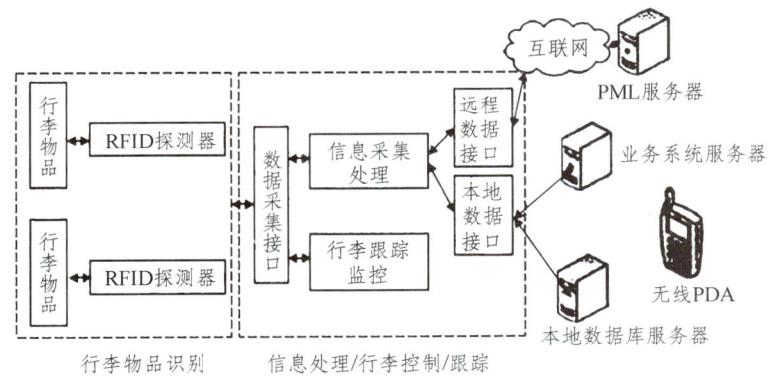

图 7-3　行李系统

2. 联运信息系统

信息共享是旅客多式联运中的核心内容，其中信息的采集、数据交换、数据挖掘等相关技术的实施都需要在各运输方式间共同实施，必须建立统一标准的数据结构、数据模式。需要共享的信息内容主要为旅客个人身份信息，包括旅客的身份证号、姓名等；旅客的旅行信息，包括出发地、座号信息、出发到达时间、换乘地；旅客在途实时信息，主要为旅客实时位置的确定；其他信息包括旅客的行李等，如图 7-4 所示。旅客多式联运中的信息应为一种半开放式信息，对于不同的对象只能获取与之权限相符的信息内容。各部门之间应建立完备的信息安全机制。

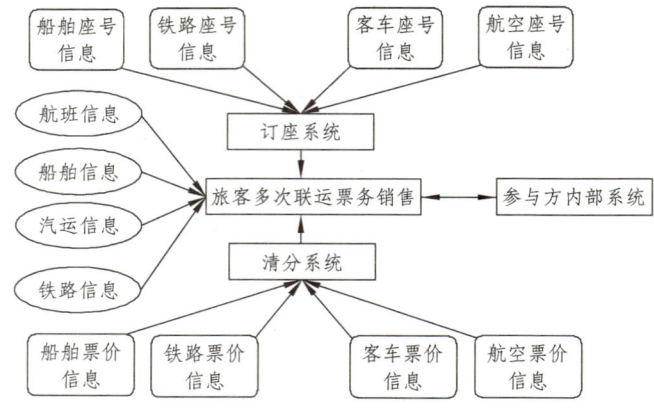

图 7-4　旅客多式联运信息平台结构

信息系统应该在各运输部门现有平台的基础上进行扩展，一方面满足各自系统所需要完成的常规业务，另一方面应开发出适用于旅客多式联运的技术管理模块。信息系统主要包括四个大模块。

（1）售票模块。主要完成联运客票的预订、销售、退票等功能，适应现行多种售票模式；实现航空与铁路的代码共享，自动选择联运方案；自动计算运价，提供给代理人全面准确的运价信息。

（2）订座系统。根据客票销售情况及联运各方现有运能情况，为旅客提供相应等级的联运座位方案。

（3）清分系统。完成客票系统财务的清分功能，生成清分方案，在各部门之间对联运的收益进行合理分配。

（4）决策支持系统。完成对客流数据的统计，对相应数据进行数据挖掘，为决策者提供有用的数据参考。

旅客多式联运系统的整合主要集中在订座信息、清分信息、客票基本信息、旅客信息的整合上。

（1）订座信息。包括现有车次及航班的基本信息、占用情况，订座方式（是否属于多式联运），剩余座位的数量、等级，订座的发起人承运人信息，订座时间有效期等。

（2）清分信息。包括清分的费率、清分方式、清分状态等。

（3）旅客信息。包括旅客的身份信息、旅客及行李现行信息等。

旅客多式联运的信息整合主要采取以下两种方式。

（1）互换式。即参与多式联运各方相互之间签订协议，相互之间提供有优先级的信息共享。订座信息、客票信息、旅客信息采取实时互换，清分信息可采取定期清算的办法，如图 7-5 所示。

清算可将客票信息发至其他承运方，返回相应

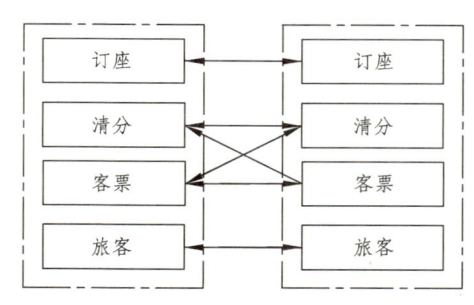

图 7-5　互换式信息交互

数据在自身清算系统中产生票价。

（2）中介式。即参与多式联运各承运方与专门中介方签订相关协议，由各方提供基本数据经中介方整合产生相关信息返回给多式联运各承运方，如图7-6所示。

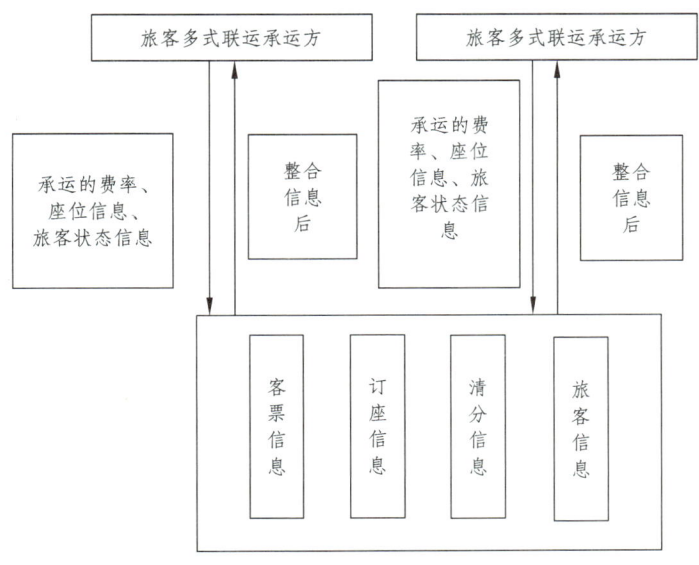

图7-6　中介式信息交互

在此种方式中，各方只需把各自所拥有的信息资源发送给中介方，中介方产生整合后信息提供给各方。

互换式信息交互不需第三方参与，在联运初期，各方技术尚不成熟时可采用，其缺点是需要提供自身数据访问权限，容易产生安全问题，且此种方式是一对一，发生在联运中容易产生混乱。中介式信息交互是在联运各方技术比较成熟，其已广泛实施数据量及参与方较多时，一对一的数据交换不能满足需求，需要第三方专业部门来完成信息共享及整合工作。

四、集装箱多式联运

集装箱多式联运是一种特殊的多式联运形式，其运输单元为集装箱，通过两种或两种以上的运输方式完成整个货物运输过程，并且在运输方式转换的过程中，不对货物本身进行操作，仅对集装箱进行操作。

（一）集装箱的定义及标准化

1. 集装箱的定义

集装箱是能装载包装或无包装货进行运输，并便于用机械设备进行装卸搬运的一种成组工具。集装箱最大的成功在于其产品的标准化以及由此建立的一整套运输体系。能够让一个载重几十吨的庞然大物实现标准化，并且以此为基础逐步实现全球范围内的船舶、港口、航线、公路、中转站、桥梁、隧道、多式联运相配套的物流系统，这的确堪称人类有史以来创造的伟大奇迹之一。

按国际标准化组织第104技术委员会的规定，集装箱应具备下列条件：

（1）能长期地反复使用，具有足够的强度。

（2）途中转运不用移动箱内货物，就可以直接换装。
（3）可以进行快速装卸，并可从一种运输工具直接方便地换装到另一种运输工具。
（4）便于货物的装满和卸空。
（5）具有1立方米（即35.32立方英尺）或以上的容积。

满足上述5个条件的大型装货容器才能称为集装箱。

2. 集装箱的优点

集装箱不仅用于海运，还可实现在海、陆、空运输中的通用互换，主要是由于集装箱具有以下特点：

（1）能长期地反复使用，具有足够的强度。
（2）途中转运不用移动箱内货物，就可以直接换装。
（3）可以进行快速装载和卸载。
（4）货物的装满和卸空很方便。
（5）容积大，装的货物多。
（6）规格标准，在港口和船上可以层叠摆放，节省大量空间。

集装箱运输方式是一种高效率的运输方式，这种高效率主要体现在两个方面：

（1）时间上的高效率。由于集装箱在结构上是高度标准化的，与之配合的装卸机具、运输工具船舶、卡车、火车等也是高度标准化的，因此在各种运输工具之间换装与紧固均极迅捷，大大节省了运输时间。

（2）经济上的高效率。集装箱运输可以在多方面节省装卸搬运费用、包装费用、理货费用、保险费用等，并大幅降低货物破损损失。

3. 集装箱标准

集装箱运输的初期，集装箱的结构和规格各不相同，影响了集装箱在国际上的流通，亟需制定集装箱的国际通用标准，以利于集装箱运输的发展。集装箱标准化，不仅能提高集装箱作为共同运输单元在海、陆、空运输中的通用性和互换性，而且能够提高集装箱运输的安全性和经济性，促进国际集装箱多式联运的发展。同时，集装箱的标准化还给集装箱的载运工具和装卸机械提供了选型、设计和制造的依据，从而使集装箱运输成为相互衔接配套、专业化和高效率的运输系统。集装箱标准按使用范围分为国际标准、国家标准、地区标准和公司标准4种。

（1）国际标准集装箱

国际标准化组织 ISO/TC104 技术委员会自 1961 年成立以来，对集装箱国际标准做过多次补充、增减和修改，现行的国际标准为第1系列共13种，其宽度均一样（2 438 mm）、长度有4种（12 192 mm、9 125 mm、6 058 mm、2 991 mm）、高度有3种（2 896 mm、2 591 mm、2 438 mm）。

（2）国家标准集装箱

各国政府参照国际标准并考虑本国的具体情况，而制定本国的集装箱标准。

我国现行国家标准《集装箱外部尺寸和额定重量》（GB1413—2023）中集装箱各种型号的外部尺寸、极限偏差及额定重量。

（3）地区标准集装箱

此类集装箱标准，是由地区组织根据该地区的特殊情况制定的，此类集装箱仅适用于该地区。如根据欧洲国际铁路联盟（VIC）所制定的集装箱标准而建造的集装箱。

（4）公司标准集装箱

某些大型集装箱船公司，根据本公司的具体情况和条件而制定的集装箱船公司标准，这类箱主要在该公司运输范围内使用。如美国海陆公司的 35 ft 集装箱。此外，世界还有不少非标准集装箱。如非标准长度集装箱有美国海陆公司的 35 ft 集装箱、总统轮船公司的 45 ft 及 48 ft 集装箱；非标准高度集装箱主要有 9 ft 和 9.5 ft 两种高度集装箱；非标准宽度集装箱有 8.2 ft 宽度集装箱等。由于经济效益的驱动，世界上 20 ft 集装箱总重达 24 ft 的越来越多，而且受到普遍欢迎。随着中国经济的不断腾飞，我国进出口贸易也越来越频繁，因此集装箱的使用在市场上也得到更广泛的应用。

（二）集装箱的类型

集装箱种类很多，分类方法多种多样，可以按以下方法进行分类。

1. 按所装货物种类分

集装箱可分为杂货集装箱、散货集装箱、液体货集装箱、冷藏集装箱（见图 7-7）以及一些特种专用集装箱，如汽车集装箱、牧畜集装箱（见图 7-8）、兽皮集装箱等。

图 7-7　冷藏集装箱

图 7-8　牲畜集装箱

2. 按制造材料分

集装箱可分为木集装箱、钢集装箱、铝合金集装箱、玻璃钢集装箱、不锈钢集装箱等。

3. 按结构分

集装箱可分为折叠式集装箱（见图 7-9）、固定式集装箱、薄壳式集装箱，固定式集装箱还可分为密闭集装箱、开顶集装箱（见图 7-10）、板架集装箱等。

图 7-9　折叠式集装箱

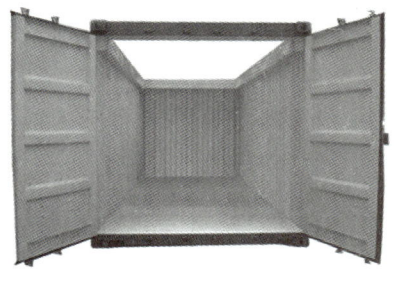

图 7-10　开顶集装箱

4. 根据集装箱货物装箱数量和方式分

集装箱根据集装箱货物装箱数量和方式可分为整箱货和拼箱货两种。

（1）整箱货（FCL）：由货方在工厂或仓库进行装箱，然后直接交集装箱堆场（CY）等待装运，货到目的地（港）后，收货人可直接从目的地集装箱堆场提走。

（2）拼箱货（LCL）：货量不足一整箱，须由承运人在集装箱货运站（CFS）负责将不同发货人的少量货物拼装在一个集装箱内，货到目的地（港）后，由承运人拆箱后分拨给各收货人。

（三）集装箱多式联运业务流程及交接方式

1. 集装箱多式联运主要业务

（1）委托并签订多式联运合同

多式联运经营人根据自身经营的国际多式联运线路和自身的运输情况，确定是否接受托运人提出的托运申请，如果接受申请，则与托运人签订多式联运合同，并根据双方就货物交接方式、时间、地点、付费方式等协议内容填写场站收据（必须是海关能接受的），并由多式联运经营人对其进行编号，多式联运经营人编号后留下货物托运联，将其他联交还给发货人或其代理人，证明多式联运经营人已接受托运申请，联运合同已经订立并开始执行。

（2）托运人提取空箱到指定地点装货

在国际多式联运中，如果托运人需要使用到集装箱，那么集装箱一般应该由多式联运经营人提供。那么，对于多式联运经营人来说，其集装箱的来源可能是：

①多式联运经营人自己购置并在实际业务中使用的集装箱；

②由多式联运经营人向专业租箱公司进行租赁，这种租箱公司一般与多式联运经营人有长期的合作关系，其租箱地一般在发货地，而还箱地一般在货运的目的地；

③由多式联运经营人与其运输线路上某一分运人订立分运合同并获得分运人集装箱的使用权，这种分运人一般自己拥有集装箱，一般为海上区段的实际承运人。

在实际操作中，如果是整箱货，合同双方协议由发货人自行装箱，则由多式联运经营人签发提箱单或者由租箱公司或分运人签发提箱单交给发货人或其代理人，由发货人或为其代理人在规定的日期到指定地点提箱，并做好装箱准备；如果是拼箱货，则由多式联运经营人将所有空箱调至接收货物的集装箱货运站，做好装箱准备。

（3）出口报关

如果多式联运是从内陆地区开始，应在附近的内陆地区海关报关，如果是从港口开始，则在相应的港口报关，出口报关事宜一般由发货人或其代理人办理，也可委托多式联运经营人代为办理（这种情况下加收报关手续费，并由发货人负责海关派员所产生的全部费用）。

（4）货物装箱并接收货物

如果协议规定由发货人自行装箱，则发货人或其代理人在办理完的海关报关后，在海关派员到装箱地点监督下进行装货，并办理相关加封事宜。如需要理货，还应请理货人员现场理货并与之共同制作装箱单。而对于这种由货主自行装箱的货物，多式联运经营人则只需要在双方协议规定的地点接收货物即可。

如果是拼装货物，发货人应负责将货物运至指定的集装箱货运站，国际多式联运经营人在指定的货运站接收货物，验收货物后，代表多式联运经营人接收货物的人应在堆场收据正本上签字并将其交给发货人或其代理人，并由货运站按照多式联运经营人的要求装箱。

在国际多式联运中，装箱工作无论由谁负责，装箱人均需要制作装箱单，并办理海关监装与加封事宜。集装箱多式联运和海运的不同之处是先报关，然后在海关人员监管下装箱。

（5）订舱并组织安排货物的运送

经营人在合同订立之后，便根据托运人的托运要求和目的地开始制定该批货物的运输线路、运输方式等运输计划内容，并确定各区段实际承运人并与选定的各区段承运人签订分运合同，分运合同的订立可以直接通过多式联运经营人的分支机构或代表人与分运承运人签订，也可以委托前一区段的实际承运人签订并向后一区段承运人订舱并安排运输，同时，多式联运经营人还必须确定各区段间运输的衔接时间和地点。

（6）办理保险

在国际多式联运中，由于采用多种运输方式共同完成运输，且运输距离比较长，风险比较大，所以应对整个运输过程及运输货物进行投保以转嫁风险。

在托运货物方面，应由发货人办理货物运输险，也可委托多式联运经营人帮助办理并承担相应的费用，对货物的运输保险投保，可以进行全程投保，也可以分段投保。而对于多式联运经营人而言，由于其对运输全程负责并提供集装箱，故应办理货物责任险及集装箱保险。办理保险的范围，可以是全程保险，也可以分段保险。

（7）签发多式联运提单

多式联运经营人在收取托运人的货物后，应该向发货人签发多式联运提单，提单上注明货物的名称、数量等相关内容，证明多式联运经营人已经接管货物，并开始对货物负责。同时根据双方订立合同的议定内容向发货人收取全部应付费用。多式联运经营人在签发提单后，及时组织和协调各区段承运人进行货物的运输衔接工作，并及时处理与货物相关的各种单据、文件等信息。

（8）办理通关结关手续

在国际多式联运的全程运输中，货物的通关手续以及结关手续非常重要。

货物的通关主要包括集装箱进口国的通关手续，进口国内陆的保税手续等内容。如果在货物的多式联运过程中还需要通过第三国，则应该要办理第三国的国家海关和内陆保税等手续，由于在运输过程中产生的各种通关保税费用均由发货人或收货人承担，一般由多式联运经营人代为办理，也可以由多式联运经营人委托各区段的实际承运人作为多式联运经营人的代表进行办理。

货物的结关手续主要在交货地办理。如果货物交货地在目的港口，则结关手续在港口所在的海关进行；如果交货地在目的国内陆地区，则货物在进入该国口岸时在当地口岸办理保税运输手续，由当地海关加封后继续运输至内陆交货地，并在内陆交货地当地海关办理结关手续。

（9）货物交付

货物在运抵目的地后，由国际多式联运经营人在当地的分支机构或其代理人向收货人发出通知，收货人在规定的时间内凭多式联运提单到指定地点提货，同时多式联运经营人按照合同收取收货人全部应付费用，并收回多式联运提单，签发提货单，提货单的签发，证明了持单人的提货权，提货人在指定堆场凭提货单提取货物。提货后负责将集装箱运回指定堆场，此时，整个多式联运合同完成。

（10）货运事故处理

如果货物在多式联运的全程运输中，发生了货差货损以及延误所造成的损失等事故时，无论造成损失的区段是何种区段，发货人或收货人均有权向国际多式联运经营人提出索赔，由多式联运承运人根据双方合同以及多式联运提单条款确定责任形式并进行处理和赔偿，如果货物已经向保险公司投保，则需要由受损人和多式联运经营人协商并向保险公司进行索赔，要求保险公司进行赔偿。

2. 集装箱的交接方式

在集装箱运输过程中，整箱货和拼箱货在船货双方之间的交接方式有以下几种：

（1）门到门：由托运人负责装载的集装箱，在其货仓或厂库交承运人验收后，负责全程运输，直到收货人的货仓或工厂仓库交箱为止。这种全程连线运输，称为"门到门"运输。

（2）门到场：由发货人货仓或工厂仓库至目的地或卸箱港的集装箱装卸区堆场。

（3）门到站：由发货人货仓或工厂仓库至目的地或卸箱港的集装箱货运站。

（4）场到门：由起运地或装箱港的集装箱装卸区堆场至收货人的货仓或工厂仓库。

（5）场到场：由起运地或装箱港的集装箱装卸区堆场至目的地或卸箱港的集装箱装卸区堆场。

（6）场到站：由起运地或装箱港的集装箱装卸区堆场至目的地或卸箱港的集装箱货运站。

（7）站到门：由起运地或装箱港的集装箱货运站至收货人的货仓或工厂仓库。

（8）站到场：由起运地或装箱港的集装箱货运站至目的地或卸箱港的集装箱装卸区堆场。

（9）站到站：由起运地或装箱港的集装箱货运站至目的地或卸箱港的集装箱货运站。

巩固测练

一、判断题

1. 运输是物流最基本、最重要的功能之一，现代物流是建立在现代发达的综合运输基础之上的。（   ）

2. 综合运输对社会经济发展的作用：促进社会化大生产、为生产效益最大化创造条件、对产业布局产生影响、促进经济社会可持续发展。（   ）

3. 现代物流是经济全球化的产物，也是推动经济全球化的重要服务业。（   ）

4. 交通枢纽是指两条或两条以上的交通运输线路的交会、衔接处形成的，具有运输组织与管理、中转换乘及换装、装卸存储、多式联运、信息流通和辅助服务六大服务功能的综合性设施。（   ）

5. 按照交通服务区域等级的不同，交通枢纽可划分为：国际性综合交通枢纽、全国性综合交通枢纽、区域性综合交通枢纽三大类。（   ）

6. 综合交通枢纽通常包括机场、港口、火车站等不同类型的交通设施。（   ）

7. 我国规划建设综合交通枢纽集群、枢纽城市及枢纽港站"三位一体"的国家综合交通枢纽系统。（   ）

8. 大型综合交通枢纽是指以一种及以上城市对外交通为主体，涵盖两种及以上城市公共交通设施，融合多种交通换乘方式的交通综合体称为综合交通枢纽。（   ）

9. 综合运输的核心是提高运输效率，降低运输成本。（   ）

10. 多式联运不需要统一的运输标准和法规。（   ）

11. 多式联运的基本特征就是在整个运输过程中要运用至少 3 种以上的运输方式。（   ）

12. 旅客联运本质上是多式联运的一种类型。（   ）

13. 旅客多式联运系统主要是由旅客行李系统组成。（   ）

14. 集装箱多式联运经营人在接收集装箱货物时，应由本人或其授权人签发集装箱多式联运单据。（   ）

15. 国际集装箱多式联运中，如果托运人需要使用到集装箱，只能由多式联运经营人自己购置。（ ）
16. 国际集装箱多式联运就是采用某种运输工具进行集装箱运输。（ ）
17. 集装箱运输是多式联运中最常见的一种形式。（ ）

二、单项选择题

1. 综合运输与物流最本质的区别在于（ ）。
   A. 服务对象　　　B. 涉及范围　　　C. 运输方式　　　D. 成本构成
2. 发展综合运输的关键（ ）。
   A. 尽可能地均衡使用各种运输方式　　　B. 尽可能地提高各种运输方式的利用效率
   C. 尽可能发挥各种运输方式的优势　　　D. 尽可能地限制成本高的运输方式发展
3. 联合运输是（ ）。
   A. 跨地区的部门内衔接运输　　　B. 跨地区、跨部门的衔接运输
   C. 跨部门的地区内衔接运输　　　D. 某一地区内两种部门以上的衔接运输
4. 综合交通枢纽衔接的原则是（ ）。
   A. 空间充分利用和经济合理
   B. 客运"零距离换乘"和货物换装"无缝衔接"
   C. 布局合理、层次分明、系统功能完善
   D. 客货流汇集、换乘/换装和疏散的承载性、顺畅性和兼容性
5. 下列不属于运输枢纽按运输对象分类的是（ ）。
   A. 旅客运输枢纽　　　B. 货物运输枢纽
   C. 混合运输枢纽　　　D. 城市对外交通枢纽
6. 以下城市不属于国际综合交通枢纽城市的是（ ）。
   A. 合肥　　　B. 北京　　　C. 武汉　　　D. 乌鲁木齐
7. 以下不属于国际性综合交通枢纽集群的是（ ）。
   A. 长江三角枢纽集群　　　B. 京津冀枢纽集群
   C. 成都经济圈枢纽集群　　　D. 粤港澳大湾区枢纽集群
8. 以下关于多式联运的论述，正确的是（ ）。
   A. 有多个多式联运合同　　　B. 使用多份全程多式联运单据
   C. 采用一种运输方式　　　D. 运输全程单一运费率
9. 下列（ ）不属于我国多式联运存在的不足。
   A. 集装箱化低　　　B. 多式联运统一单证丢失
   C. 物流园区不足　　　D. 多式联运业务占比低
10. 以下关于多式联运合同说法，不正确的是（ ）。
    A. 多式联运经营人对多式联运货物的责任期间，自接收货物时起至货物运抵卸货港为止
    B. 多式联运经营人负责履行或组织履行多式联运合同，并对全程运输负责
    C. 多式联运经营人与参加多式联运的各区段承运人，可以就各区段的运输以合同约定与法律规定不同的责任
    D. 货物的灭失发生在多式联运的某一区段，多式联运经营人的赔偿责任，应当适用调整该区段运输方式的有关规定

11. 以下哪种运输方式通常不用于多式联运？（　　）
    A. 铁路　　　　　B. 公路　　　　　C. 航空　　　　　D. 管道
12. 在多式联运中，哪种文档起到关键作用？（　　）
    A. 提单　　　　　B. 货运单　　　　C. 装箱单　　　　D. 保险单
13. 国际集装箱多式联运是集装箱运输的（　　）形式。
    A. 初级　　　　　B. 中级　　　　　C. 高级　　　　　D. 超级
14. 集装箱运输按箱型分为国际标准集装箱、国家标准集装箱和(　　)和公司标准集装箱。
    A. 20 ft 集装箱　　　　　　　　　B. 10 吨集装箱
    C. 非标准集装箱　　　　　　　　　D. 地区标准集装箱

三、多项选择题

1. 下列说法中，关于综合运输体系的说法正确的是（　　）。
    A. 在五种运输方式的基础上组建起来的
    B. 运输生产力发展到一定阶段的产物
    C. 各种运输方式仅仅是一种协作配合、优势互补的关系
    D. 各种运输方式通过运输过程本身的要求联系起来的
2. 综合运输体系一般由（　　）组成。
    A. 综合运输设施装备系统　　　　B. 综合运输服务系统
    C. 综合运输信息系统　　　　　　D. 综合运输组织管理系统
3. 下列各项中，属于国际性综合交通枢纽城市的是（　　）。
    A. 拉萨、天津、上海、南京、杭州　　B. 广州、深圳、成都、重庆、沈阳
    C. 大连、哈尔滨、青岛、厦门、郑州　　D. 武汉、海口、昆明、西安、乌鲁木齐
4. 按照枢纽的功能划分，可将综合交通枢纽划分为（　　）。
    A. 城市圈交通枢纽　　　　　　　B. 城市对外交通枢纽
    C. 城市对内交通枢纽　　　　　　D. 某一特定区域服务的枢纽
5. 以下关于多式联运的论述，正确的是（　　）。
    A. 一次托运　　　　　　　　　　B. 统一理赔
    C. 实行分段收费　　　　　　　　D. 便于实现"门到门"运输
6. 以下关于多式联运经营人的描述，正确的是（　　）。
    A. 指其本人或通过其代表订立多式联运合同的任何人
    B. 发货人的代理人或代表或参加多式联运的承运人的代理人或代表
    C. 一个独立的法律实体，也是契约承运人
    D. 一个对货主负有履行合同责任的承运人
7. 集装箱多式联运的组织形式有（　　）。
    A. 海陆联运　　　B. 陆桥运输　　　C. 一贯制运输　　　D. 海空联运
8. 以下哪些措施有助于推动旅客多式联运的发展？（　　）
    A. 建立统一的票务系统　　　　　B. 优化不同交通方式的衔接
    C. 提供实时交通信息服务　　　　D. 行李由旅客随身携带管理
9. 以下哪个不是综合交通枢纽的主要类型？（　　）
    A. 国际航空枢纽　　　　　　　　B. 国际海港枢纽
    C. 文化旅游枢纽　　　　　　　　D. 城市公交枢纽

10. 综合交通枢纽的功能包括（　　）。
    A. 转运功能
    B. 娱乐休闲功能
    C. 信息服务功能
    D. 商业服务功能

四、简答题

1. 何谓综合运输体系？
2. 简述城市客运综合交通枢纽的概念及其重要性。
3. 何为多式联运？多是联运具有什么内涵？
4. 集装箱多式联运具有哪些特点？

五、材料分析题

背景材料：中欧班列是中国与欧洲之间的一种铁路货运运输方式，自2011年首次开行以来，已经发展成为连接亚欧大陆的重要物流通道。中欧班列以其稳定、快速的运输特点，促进了沿线国家之间的贸易往来，同时也推动了综合运输和多式联运的发展。

2024年，中欧班列在中国的发展取得了显著成就。根据最新数据，2024年全年，中国26个省（自治区、直辖市）的93个城市累计开行中欧班列19 392列。其中，去程班列为10 546列，回程班列为8 846列，全年累计发送货物达到2 077 216标箱。

在各个城市中，中欧班列（成渝）累计开行4 344列，位居第一，其中成都开行2 285列，重庆开行2 059列。西安累计开行中欧班列3 849列，位居第二，而郑州累计开行2 052列，居第三位。值得注意的是，广州通过中欧班列的运行，建立了铁路、水（海）运、空运的立体化国际物流体系，其优势十分突出。

问题：

1. 【判断】中欧班列的多式联运模式可以有效降低单一运输方式的风险。（　　）
2. 【判断】中欧班列属于多式联运中的陆桥运输。（　　）
3. 【单选】中欧班列通常采用的运输模式是（　　）。
   A. 单一铁路运输
   B. 铁路-公路联运
   C. 铁路-海运联运
   D. 铁路-航空联运。
4. 【单选】以下哪个城市不是中欧班列的主要发车城市？（　　）
   A. 重庆
   B. 成都
   C. 西安
   D. 深圳
5. 【多选】中欧班列的主要货物类型包括以下哪些类型？（　　）
   A. 电子产品
   B. 汽车零部件
   C. 矿产资源
   D. 冷链食品
6. 【多选】中欧班列多式联运的优势包括（　　）。
   A. 节省运输时间
   B. 减少中转环节
   C. 提高货物安全性
   D. 降低运输成本
7. 【简答】简述多式联运的内涵包括那几个方面？

扫一扫：参考答案

附录：重点复习内容

模块一　运输基础

一、现代交通运输的方式及特点

现代交通运输的五种方式：水路、铁路、公路、航空、管道。

铁路运输的优点：
1. 成本和能耗都是比较低；
2. 运行速度高、运输能力大；
3. 通用性好、运输连续性强、安全性和客、货发的准确性好。

缺点：投资大、建设周期长；

水路运输的优点：
1. 建设投资省、运输成本低、且运输能力大；
2. 船舶货舱容量大，运费低，运距长，可达世界任何一个港口；

缺点：受自然条件限制较大，连续性差，速度慢。

公路运输的优点：
1. 投资少，机动灵活，可实现门对门运输；
2. 运输方式作集散客、货运。

缺点：能耗和运输成本高，一般不适合运输大宗且长距离货运。

航空运输的优点：
速度快，建设周期短，投资较少，灵活性较大，可跨越各种天然障碍。

缺点：机舱容积和载重都比较小，成本高，运价比地面运输高；受天气限制较多，影响运输的准确性和连续性。

管道运输的优点：
1. 油气主要运输方式；
2. 工程量小，占地少，运输量大，能耗小，运输成本低。

缺点：始建投资大，金属消耗也大、灵活性差。

二、影响交通运输的因素

1. 自然环境；
2. 自然资源；
3. 人口和城市；
4. 工业发展和布局；
5. 区域发展政策。

三、交通运输发展的趋势

1. 智能化与自动化；
2. 环保节能；
3. 综合立体化；
4. 网络化与平台化；

5. 安全与效率；
6. 区域一体化；
7. 个性化与定制化；
8. 政策法规的完善。

模块二　铁路运输

铁路运输是一种陆上的运输方式，以机车牵引列车车辆在两条平行的铁轨上行驶。

一、铁路发展史

1. 1804 年，英国人理查德·特里维西克设计制造蒸汽机车；
2. 1825 年 9 月 27 日，世界第一条行驶蒸汽机车的永久性公用运输设施，在英国斯托克顿—达灵顿的铁路正式通车；
3. 1964 年 10 月 1 日，世界第一条高速铁路——日本东海道新干线问世；
4. 1881 年清政府的第一条官办铁路——唐胥铁路；
5. 第一条完全由中国人自行设计施工的铁路——京张铁路（詹天佑主持设计建造）；
6. 我国自行设计、建造第一座双层铁路、公路两用桥——钱塘江大桥（茅以升设计建造）；
7. 中华人民共和国成立后修建的第一条铁路——成渝铁路；
8. 我国的第一条电气化铁路——宝成铁路；
9. 获得国家科学技术进步特等奖——成昆铁路；
10. 既是一条煤炭运输专线铁路，也是中国第一条重载单元铁路——大秦铁路；
11. 全长 1 956 km，世界上海拔最高，线路最长的高原铁路——青藏铁路。

二、新时代交通强国铁路先行规划纲要

到 2035 年，全国铁路将达到 20 万千米左右，高铁达 7 万千米，20 万以上人口实现铁路覆盖，50 万以上人口城市高铁通达。

三、铁路

1. 铁路与铁路工程

铁路由线路、路基、线路上部建筑三部分构成；属于铁路工程的还有桥梁、涵洞、隧道、车站设施、机务设备、电力供应等。

2. 铁路车站分类

（1）按技术作业分：中间站、区段站、编组站；
（2）按业务性质分：客运站、货运站、客货运站；
（3）按等级分：特等站、一、二、三、四、五等站；
（4）根据线路不同分为：Ⅰ级、Ⅱ级、Ⅲ级铁路。

3. 铁路路基

根据横断面形式有路堤、半路堤、路堑、半路堑、不填不挖。

4. 铁路上部建筑

（1）**铁路的上部建筑包括**：钢轨、轨枕、道床、道岔和防爬设备、附件等部件；
（2）我国钢轨的标准长度为 12.5 m 和 25.0 m 两种；
（3）我国铁路轨距以国际标准轨距 1 435 mm 为主；
（4）轨枕是钢轨的支座；

（5）轨枕按照制造材料，分为木枕、钢枕、钢筋混泥土枕和特种混凝土枕；
（6）道床是轨道的重要组成部分，通常作为钢轨或轨道框架的基础；
（7）道岔其作用是使机车车辆由一条线路转向另一条线路；
（8）常用的道岔种类有单开道岔、三开道岔、交叉道岔、交分道岔和渡线道岔等；
（9）防爬设备的作用是防止列车运行是防止轨枕产生纵向移动。

四、铁路机车车辆

1. 基本构造车体、车底架、走行部、车钩缓冲装置、制动装置五大部分组成；
2. 走行部的作用是保证车辆灵活，安全平顺的通过曲线，缓和车辆和钢轨的相互冲击，减少车辆振动，保证平稳且良好的运行质量；
3. 车钩缓冲装置由车钩、缓冲器、钩尾框、从板组成一个整体；
4. 车钩按开启方式分为上作用式和下作用式；
5. 车钩由钩头、钩身、钩尾三个部分组成；
6. 铁路机车车辆制动分为：手制动机、空气制动机、电控制动机、电磁制动机和真空制动机。

五、铁路机车分类

1. 铁路机车按运用上分：客运机车、货运机车和调动机车；
2. 按牵引动力分为：蒸汽机车、内燃机车和电力机车；
3. 动车组按动力：分为动力集中式和分散式车组两类；
4. 按动力能源类型：分为内燃动车组和电力动车组；
5. 铁路车辆按用途分为铁路客车、铁路货车两大类；
6. 铁路客车按颜色分为白色、蓝色、红色；今后分为普速客车墨绿色，动车组为白色；
7. 铁路货车按货物主要运输对象，分为通用货车和专用货车；
8. 货车车辆又分为敞车（C）、棚车（P）、平车、罐车（G）、保温车（B）又称冷藏车。

六、铁路通信信号设备

1. 定义：为了指挥列车运行，保证运输安全和提高运输效率，就必须设有完善的通信和信号设备；
2. 铁路信号按通达地区和范围分为：铁路长途通信、地区通信、区段通信和站内通信；
3. 按业务性质分为公用通信和专用通信；
4. 铁路信号设备是铁路信号、联锁、闭塞设备的总称；
5. 铁路信号的类型：按照感官接受方式分为视觉信号、听觉信号；
6. 按照时间分为：昼间信号、夜间信号、昼夜通用信号；
7. 按设置方式：固定信号、移动信号；
8. 铁路信号的颜色：红色、黄色和绿色；
红色——停车；黄色——注意或减速运行：绿色——按规定速度运行
9. 铁路信号分为：信号机、标志、表示器3大类；
10. 联锁是铁路车站联锁简称，是铁路信号设备的重要组成部分；
11. 铁路闭塞方式可分为半自动闭塞、自动闭塞和自动站间闭塞。

七、车站标记

1. 警冲标是出站道岔上警冲标用来确定站界标位置；
2. 警冲标设在两会合线路间距为4 m中间。

八、铁路运输组织

铁路运输组织为安排、组织铁路运输生产所进行的各种工作总称，包括旅客运输组织、货物运输组织和行车组织等3个方面。

1. 直达旅客列车——简称"直特"，车次以"Z"开头；特快旅客列车——全称特别快速旅客列车，简称"特快"车次以"T"开头；快速旅客列车——简称"快速列车"，车次以"K"开头；普通旅客列车——简称"普快"；临时旅客列车——简称"临客"，车次以"L"开头；旅游列车——车次以"Y"开头；动车组列车——高速铁路动车组（G），城际动车组列车（C），动车组列车（D），市郊铁路旅客列车（S）。

2. 货物运输概念：利用列车把货物从一个地方运送到另一个地方；

3. 货物运输生产过程：始发作业—运行途中作业—终到作业。

九、高速铁路的特点与作用

1. 高速铁路的特点

（1）运行速度高；（2）运输能力大；（3）安全性能好；（4）全天候运行；（5）能源消耗少；（6）占用土地少；（7）环境污染轻；（8）乘坐舒适；（9）社会效益好。

2. 高速铁路的作用

（1）有利于国家工业化和城镇化的发展；（2）有利于推动区域和城乡协调发展；（3）有利于资源节约型和环境友好型社会建设；（4）有利于促进产业结构升级；（5）有利于释放中国铁路的货运能力。

3. 高速铁路的的缺点

（1）建设成本高；（2）发展分布不均衡；（3）投融资存在问题。

十、重载运输

1. 概　念

（1）列车牵引质量不少于8 000 t；（2）列车中车辆轴重达或超过27 t；（3）线路长度不少于150 km的区段，年计费货运量不少于4 000万吨。

2. 发展重载运输铁路的意义

（1）促进运输；（2）提高客运效率；（3）促进电子电气技术的发展；（4）促进材料科学的发展。

3. 重载运输的组织形式

（1）单元式重载列车；（2）组合式重载列车；（3）整列式重载列车。

4. 重载运输对铁路车辆设备的要求

（1）提高车辆轴重；（2）降低车辆自重；（3）降低货车动力作用。

十一、城市轨道交通

1. 定义：狭义特指地铁、轻轨和单轨（独轨）。

2. 城市轨道交通发展简史

（1）世界第一条地下城市铁路——1863年1月10日在伦敦正式开通；

（2）1896年，匈牙利布佩斯修建了最早的电气化地铁；

（3）1904年，美国纽约地铁巴尔蒙线开通，被誉为"纽约地铁之父"；

（4）1906年，天津第一条有轨电车线路投入运营，成为我国第一个拥有有轨电车的城市；

（5）1969年10月1日建成通车的北京地铁（北京站—苹果园站）。

3. 公路交通控制设备组成

公路交通控制设备由交通标志、路面标线、交通信号组成。

4. 城市轨道交通类型

（1）按照线路的敷设方式分类：地下铁路、地面铁路、高架铁路；

（2）按照服务范围及列车运营方式分为：传统的城市轨道交通、区域快速铁路、市郊铁路；

（3）按运输能力：高运量、大运量、中运量、低运量；

（4）按支撑和导向方式分为：钢轮钢轨系统、胶轮导轨系统、磁浮系统。

十二、城市轨道交通的特征

优点：安全、正点、快速、舒适、节能、环保、用地省；

不足：建设成本大、周期长、一经建成就无法更改、部分灾害抵御能力弱。

城市轨道交通包括：地铁、轻轨、单轨、有轨电车、磁浮系统、自动导向轨道系统、市域快速轨道系统。

磁浮列车的优点：速度快、可靠性大、维修简便、成本低、无污染。

缺点：断电下的列车安全问题、造价高。

十三、典型城市轨道交通形式简介

1. 地铁系统：运输能力≥30 000人次/h，路权形式为全封闭，敷设方式地下或地上，设计速度最高为80~120 km/h；

2. 轻轨系统：运输能力15 000~30 000人次/h，路权形式为全封闭，敷设方式为地上为主，设计速度最高为80~120 km/h；

3. 单轨系统：运输能力10 000~30 000人次/h，路权形式为全封闭，敷设方式以高架为主，设计速度最高为80~120 km/h；

4. 现代有轨电车：运输能力5 000~12 000人次/h，路权形式为开放式或部分封闭式，敷设方式为地面为主，设计速度最高为60~70 km/h；

5. 磁浮列车：路权形式为全封闭，敷设方式以高架为主。

磁浮列车优点：速度快、可靠性大、维修简便、成本低、其能源消耗低、无污染，是一种名副其实的绿色交通工具。

6. 自动导向轨道系统：运输能力5 000~20 000人次/h，路权形式为全封闭，敷设以高架为主，设计最高速度为60~80 km/h；

7. 市域快速轨道系统：运输能力≥10 000人次/h，路权形式为全封闭，敷设方式以地上为主。设计最高速度为120~200 km/h；

8. 电子导向胶轮系统：运输能力5 000~12 000人次/h，路权形式为开放式或部分封闭，敷设方式以地面为主，设计最高速度为60~70 km/h；

9. 导轨式胶轮系统：运输能力5 000~12 000人次/h，路权形式为全封闭，敷设方式以高架为主，设计最高速度为60~80 km/h。

模块三　公路运输

定义：道路运输是指货物和旅客借助一定的交通工具沿着道路，朝着某个方向有目的的移动过程，狭义是指汽车运输。

一、道路运输分类

1. 按运输对象：分为道路旅客运输和道路货物运输；
2. 按性质：非营业性和营业性道路运输；
3. 按运输工具可分为：汽车、拖拉机、摩托车等构成的机动车运输和由人力班车、三轮车等构成的非机动车运输。

二、公路运输设施与设备

1. 道路运输系统由道路运输设施、运输设备、运输对象及劳动者构成；
2. 公路由路基、路面、桥梁与涵洞、隧道、公路渡口、防护及支撑工程、公路用土地及公路附属设施组成；
3. 路面结构一般由面层、基层、底基层与垫层组成；
4. 路基结构形式：路基、路堑、半填半挖 3 种形式；
5. 单孔跨径小于 5 m 或者多空之和小于 8 m 称为涵洞；
6. 公路隧道可分为：山岭隧道、水底隧道和城市隧道。

三、公路的分类分级

1. 汽车专用公路：高速公路、一级公路、二级公路、三级公路、四级公路。
2. 按行政等级分：G 国道、S 省道、X 县道、Y 乡道、C 村道、Z 专用公路。
3. 按照形式分：单幅双车道，双幅多车道，四车道、六车道和更多车道的公路。
4. 公路路面结构层分：面层、基层和垫层。
5. 路面按照使用材料及技术品质分：高级（高速公路、一级公路）、次高级（二、三级公路）、中级和低级（四级公路）路面 4 级。

四、高速公路设施

1. **概念**：高速公路简称高速路，是指专供汽车高速行驶的公路。
（1）高速公路路面包括主道、匝道和辅助车道三大部分；
（2）高速公路根据道路规模可分为双向四车道、六车道、八车道 3 种，设计速度分为 60 km/h（极端情况）、80 km/h、100 km/h、120 km/h。
2. **高速公路配套设施**
（1）安全设施；（2）服务设施（50km 设置 1 个）；（3）管理设施；（4）绿化设施（绿化工程不仅美化道路，还有防止夜间车辆对向车辆的眩光干扰驾驶、降噪防污染）。
3. **车辆故障**：开启危险报警闪光灯和在身后 100 m 处放置故障车警告标志牌。
4. **交通事故**：司机及时向后续车辆发出危险信号，并开启危险报警闪光灯，司机乘客必须迅速转移到紧急停车带内，并在肇事车后 100 m 处放置故障车辆警告标志牌，并报警。
5. **高速公路的优缺点**
优点：提高行车速度、增强通行效率、降低运输成本、减少交通事故、节约土地资源。
缺点：造价昂贵、影响环境、工程较长、事故严重后果、运力局限。
6. **汽车总体构造**：由发动机、底盘、车身、电气设备 4 个部分组成。

五、道路运输行政管理

1. 公路路政管理主要业务包括公路两侧建筑控制区管理，超重超限管理、公路费收及税收管理及其他路产和路权事务管理。
2. 公路建筑控制范围：国道不少于 20 m，省道不少于 15 m，县道不少于 10 m，乡道不少于 5 m，高速公路不少于 30 m。

3. 道路运政管理范围包括道路客运管理，道路货运管理，道路运输相关业务管理。

4. 严禁营运客车超载运行，在载客人数已满的情况下，允许再搭乘不超过核定载客人数的 10%的免票儿童。

5. 监督检查：县级以上的道路运输管理机构应当每年对客运车辆进行一次审验；实施监督检查时，应当有 2 名以上人员参加，并向当事人出示合法有效的交通运输行政执法证件。

6. 大型货物：外形尺寸长度 14 m 以上或宽度 3.5 m 以上或高度 3 m 以上的货物；质量 20 t 以上的单体货物或不可解体的成组货物。

7. 货运经营管理：有道路运输经营许可证。在道路货物运输中，为防止驾驶人员疲劳驾驶，连续驾驶时间不超过 4 个小时，货运经营者应按照经营许可核定的许可事项经营，不得随意改变货运站的用途和服务功能。

六、运输车辆管理

1. 机动车管理主要包括机动车的登记、牌证、标志、保险、检验、报废等内容。
2. 机动车登记证、号牌和行驶证由公安机关交通部门审查和发放。
3. 机动车驾驶人员管理主要包括：驾驶培训、驾驶规则、记分出处罚等事项。
4. 驾驶证记分周期为 12 个月，一个周期 12 分。
5. 机动车驾驶证有效期分为 6 年、10 年和长期三种。

七、城市道路交通

1. 广义的城市交通系统包括：城市道路交通系统、城市轨道交通系统、城市水运系统、城市航空运输系统，狭义仅指城市道路系统。
2. 城市道路按道路网的地位、交通等功能分为快速路、主干路、次干路、支路 4 个等级。
3. 在道路系统中由人行道、人行横道、人行天桥及地道、步行街和步行道、城区中山边、林边和水边修建的绿道组成。
4. 城市道路交叉口主要分为平面交叉和立体交叉两种类型。
5. 城市道路网布局分为：方格网式（西安）、条带式（承德）、放射式（巴黎）、环形放射式（成都）、自由式（重庆）和混合式（北京）6 种。

八、城市交通管理设施

1. 交通信号设备有指挥信号灯、车道信号灯和人行横道信号。
2. 指挥灯由红黄绿 3 色信号灯组成。
3. 道路交通标志分为主标志和辅助标志两大类。主标志分为警告标志（49 种、黄底黑边、等边三角形）、禁令标志（43 种，白底红圈、红杠黑图、圆形、八角形）、指示标志（29 种，蓝底白图，圆形长方形和正方形）、指路标志（146 种，蓝底白图，高速路绿底白图、形状长方形和正方形）、旅游区标志（17 种，棕底白字，长方形和正方形）和道路施工安全标志（26 种）6 种。

九、城市交通方式和交通工具

1. 交通工具方式分为步行、道路交通、轨道交通和其他公共交通。
2. 城市交通工具按动力分为机动车和非机动车，按经营方式分为私人交通工具和公共交通工具。

模块四　航空运输

一、航空运输分类

1. 从性质出发：分为国内航空和国际航空。
2. 对象出发：分为航空旅客运输、旅客行李运输和货物运输。

二、航空运输基本要素

实现航空运输的主要包括航空站、航空器、航线、航班和航空公司。

三、航空运输设施与设备

1. 用于航空运输的航空器主要是飞机，在地球大气层内飞行的飞行器称为航空器；
2. 飞机的分类按用途可分为：军用飞机和民用飞机两大类；
3. 客机根据发动机类型：分为活塞式飞机和喷气式飞机；
4. 客机按照所飞航线不同：分为干线客机和支线客机；
5. 飞机的主要组成部分分为机翼、机身、起落架、尾翼、动力装置、操纵系统和机载设备；
6. 民用飞机的主要性能：速度性能、爬升性能、续航性能、起降性能。

四、机场

1. 机场也称航空站或者航站，是供飞机起飞、着陆、停驻、维护、补充给养及组织飞行保障活动所用的场所；
2. 机场按照使用性质分为军用机场、民用机场和军民合用机场；
3. 按照业务范围分为国内机场和国际机场；
4. 按照航空系统的作用分为枢纽机场、干线机场和支线机场；
5. 按照所在城市的地位和性质分为Ⅰ类、Ⅱ类、Ⅲ类、Ⅳ类机场；
6. 机场主要由飞行区、候机楼区及进出场的地面交通构成；
7. 跑道分为单条跑道、两条平行跑道、两条平行跑道（错位）、多条平行跑道、两条交叉跑道、开口V形跑道；
8. 机场维护区包括飞机维修区、安全保卫设施、供油设施、救援与消防设施、空中交通管理设施、行政办公区。

五、航空运输组织管理

1. 民航飞行管制区域分为管制空域和非管制空域。管理空域分为 **ABCDE** 五类管制区域，非管制空域分为 **G、W** 类空域。

    A 类空域（高空管制空域）：**6 000 m（含）至标准气压高度 20 000 m（含）**；
    B 类空域（中低空管制空域）：**600 m（含）至标准气压高度 6 000 m（含）**；
    C 类空域（进近管制空域）：**半径 5 000 m、跑道道面至机场标高 600 m（含）的单环结构**；
    D 类空域（塔台管制空域）：**标准气压高度 20 000 m 以上**。
    E 类空域：A、B、C、G 类空域以外，可根据运行需求和安全要求选择划设。
    G 类空域：通常为 B、C 类空域以外真高 300 m 以下空域（W 类空域除外），以及平均海平面高度低于 6 000 m、对军事飞行和民航公共运输飞行无影响的空域。
    W 类空域：通常为 G 类空域内真高 120 m 以下部分空域。

2. 航班计划主要内容：航线、机型、航班号、每周班次、班期、时刻。
3. 飞行的组织与实施包括飞行预先准备、飞行直接准备、飞行实施和飞行讲评。

4. **市场销售**：本企业的销售部门、旅游代理、销售代理、航空企业之间的代理销售。
5. **航空港的主要建筑物**：航空港概念：是航空运输用飞机场及其服务设施的总称。
6. **航空港组成**：飞行区（内含跑道、滑行道、停机坪）客货运输服务区（主体是候机楼）、机场维修区。
7. **民用飞机的主要性能**：主要指标是速度、爬升、续航和起降性能指标。

六、航空计划的基本内容：

航线：民航运输企业在获得航空运输业务经营许可证之后，可以在允许的一系列站点范围内提供航空客货邮运运输服务，由这些站点形成的航空运输路线称为航线。航线分为国内和国际两种。

七、低空经济

1. 低空空域范围

通常是指真高 1 000 m 以下的飞行区域，根据不同地区特点和实际需要可延伸至 3 000 m。

2. 适用场景

（1）低空物流；（2）农业植保；（3）航测与遥感；（4）交通监控；（5）紧急救援；（6）警务安防；（7）旅游观光；（8）个人娱乐；（9）环境监测；（10）电力巡检；（11）通信中继；（12）城市管理应用。

3. 低空飞行器

按照高度可分为：载人飞行器（1 000~6 000 m）、行业级无人机（120~1 000 m）、消费级无人机（120 m 以下）。

模块五　水路运输

一、水路运输概论

中国 90% 的国际贸易货物是通过海运进行的。

二、水路运输的分类与组成

1. 根据航行水运性质分为海运和河运两种；
2. 根据航行区域分为远洋运输、近海运输、沿海运输、内河运输；
3. 水路运输主要对象为旅客和货物，主要组成的是船舶和港口；
4. 内河航道分为：一级航道、二级航道、三级航道、四级航道、五级航道、六级航道、七级航道；
5. 水系：长江水系、珠江水系、黄河水系、黑龙江水系、京杭运河水系、闽江水系、淮河水系。

三、水路运输基础设施

1. 水路运输基础设施

主要包括航道、航标、港口及其附属设施。

2. 航道分类

按形成原因：天然航道和人工航道；

按使用性质：专用航道和公用航道；

按通航船舶类别：内河船航道、海船进江航道、副航道、缓流航道和短捷航道。

3．航行条件

最小通航深度=船舶满载吃水+富余水深

航道宽度=同时交错的船队或者船舶宽度之和+富余宽度

富余宽度一般为同时交错的船队或者船舶宽度之和的 1.5~2.5 倍。

一般航道转弯半径不得小于最大航行船舶长度的 4~5 倍，若河流转弯半径过小，转弯半径不得小于船舶长度的 3 倍。

4．内河航道等级

Ⅰ级航道（通航 3 000 t 船舶的航道）Ⅱ级航道（通航 2 000 t 船舶的航道）Ⅲ级航道（通航 1 000 t 船舶的航道）Ⅳ级航道（通航 500 t 船舶的航道）Ⅴ级航道（通航 300 t 船舶的航道）Ⅵ级航道（通航 100 t 船舶的航道）Ⅶ级航道（通航 50t 船舶的航道）。

5．航标是助航标志的简称，指示航道方向、界限和碍航物的标志。

根据工作原理分为：视觉航标、音响航标和无线电航标；

根据设置地点分为：内河航标与海区航标。

四、港　口

1．港口是工农业产品和外贸进出口物资的集散地、船舶停泊、装卸货物、上下旅客、补给的场所；

2．港口由水域和陆域两大部分组成；

3．港口的作用：物流服务、信息服务、商业服务、产业功能；

4．按用途分为商港、渔港、工业港、军港、避风港 5 类；

5．按地理位置分为海港、河港、湖港和水库港；

6．按潮汐影响分为开敞港、闭合港、混合港；

7．按照航行范围分为国际港、国家性港和地区港；

8．港口水域主要包括码头前水域、进出港航道、船舶转头水域、锚地；

9．港口水工建筑物分为防波堤、码头建筑物、护岸建筑物、修船和造船水工建筑物。

五、水路运输载运工具

1．船舶种类

按用途分为货船、客船、其他船舶。

货船：杂货船、散货船、集装箱船、油船、滚装船、载驳船、冷藏船。

客船：海洋客船、旅游船、内河客船、汽车客船、小型高速客船。

其他船舶：渡船、驳船、液化气船（液化石油气 LPG、液化天然气 LNG、液化化学气 LCG 船）、液体化学品船、拖船和推船。

2．船舶的尺度和性能

船舶的基本量度：船总长 L、型宽 B、型深 H 和吃水 T。

（1）船舶的技术营运性能

船舶的航行性能、船舶的重量性能、船舶的容积性能、船舶的航速和船级[1 kn（海里）=1.852 km/h]。

（2）运输船舶由船体构造、动力装置、船舶设备及船舶系统组成。

船舶动力装置由推进装置、辅助装置、管路系统、甲板机械及自动化设备组成。

六、水路运输组织管理

1．航次：在船舶运输生产中，将船舶从从事货物和旅客运输的一个完整运输生产过程称为一个航次；

2. 航次可简单的分为简单航次和复杂航次；
3. 组织航次形成的条件主要有 3 个：运输计划的要求、满足临时运输的需求、其他情况；
4. 船舶到达港口到船舶离开港口的 8 个过程：联检、进港、待泊、靠泊、船舶装货、移泊、船舶装货、联检出港。

模块六　管道运输

一、管道运输概述

管道运输是大宗流体货物运输最有效的方式。
按输送介质分为：输油管道、输气管道、固体料浆管道三大类；
按敷设方式分为：埋地管道、架空管道、水下管道；
按生产中的作用：矿场集输管道、长距离输送干线管道、分配管道。

二、管道运输系统分类

1. 输油管道
（1）输油站（首站、中间站、末站）；（2）管线。
2. 输气管道
（1）矿场集气；（2）输气站（或压气站）；（3）干线输气；（4）城市配气。
3. 固体料浆管道
（1）煤水供应及浆液制备系统；（2）干线输送管道（网）；（3）后处理系统。

三、管道运输设备

1. 管道运输具有运量大、密闭性好、成本低和安全系数高等特点；
2. 输油管道的管材一般为钢管，使用焊接和法兰等连接装置；
3. 长距离输油管道由输油站和管线两大部分组成；
4. 输气管道的主要设备：矿场集气、输气站、干线输气、城市配气；
5. 料浆管道的主要设备：料浆制备系统、管道和中间泵站、后处理系统。

四、管道运输管理工作

1. 管道生产管理包括：管道输送计划管理、管道输送技术管理、管道输送设备管理和管道线路管理；
2. **管道运输管理的基本步骤**：分析运行资料、编制运行计划、运行调度。

模块七　联合运输

一、综合运输

1. 综合运输系统的核心是多式联合运输即"多式联运"。
2. 综合运输对社会经济发展的作用：促进社会化大生产、为生产效益最大化创造条件、对产业布局产生影响、促进经济社会可持续发展。
3. **综合运输体系**：综合运输设施装备系统、综合运输服务系统、综合运输组织管理系统。
4. 现代物流室经济全球化的产物，也是推动经济全球化的重要服务业。

二、综合交通枢纽

1. 交通枢纽是指两条或两条以上的交通运输线路的交会、衔接处形成的，具有运输组织与管理、中转换乘及换装、装卸存储、多式联运、信息流通和辅助服务六大服务功能的综合性设施。

2. 综合交通枢纽分类按照主体运输方式划分：公路场站型综合交通枢纽、铁路车站型综合交通枢纽、港口型综合交通枢纽、机场型综合交通枢纽。

按照交通服务区域等级划分：国际性综合交通枢纽、全国性综合交通枢纽、区域性综合交通枢纽、地区性综合交通枢纽四大类。

按照运输对象分为：旅客运输枢纽、货物运输枢纽、混合运输枢纽。

按照枢纽的功能划分：城市对外交通枢纽、城市对内交通枢纽、某一特定区域服务的枢纽。

3. 综合交通枢纽的社会价值：

交通一体化、衔接便利化、土地集约化、功能综合化、区域开发的发动机、促进城市经济发展、城市区域的耦合剂、提高城市门户形象。

三、多式联运

（一）多式联运的内涵

主要包括3个方面，需同时满足下述三个条件，才是严格意义上的多式联运。

1. 两种或者两种以上的方式运输。
2. 以同一标准化运载单元（可以是集装箱、半挂车或货车整车等）为操作对象，在运输方式转换过程中不对货物本身进行集拼或换装，仅对此运载工具进行换装转运。
3. 一个经营人一票负责。

（二）多式联运的类型

1. 按照联运过程的组织方式和机制的不同分：衔接式多式联运、协作式多式联运。
2. 按运输方式：海陆联运、陆桥联运、空陆联运、海空联运、水铁联运、河海联运。
3. 按空间跨度分：国内多式联运和国际多式联运。

我国多式联运的发展不足：（1）集装箱化低；（2）多式联运业务占比低；（3）多式联运枢纽场站严重不足；（4）多式联运信息系统近乎空白；（5）多式联运经营人群体不发达；（6）多式联运统一单证缺失。

（三）旅客多式联运

1. 特征：全程性、票务一体化、代理性、硬件匹配性、组织协调性、通用性、政策性。
2. 旅客多事联运系统主要由旅客行李系统和联运信息系统两个部分组成。

（四）集装箱多式联运

1. 集装箱标准按使用范围分为：国际标准、国家标准、地区标准和公司标准四种。
2. 分　类

按照装货物种类分：杂货集装箱、散货集装箱、液体集装箱、冷藏集装箱以及一些特种专用集装箱；

按制造材料分：木集装箱、钢集装箱、铝合金集装箱、玻璃钢集装箱、不锈钢集装箱；

按结构分：折叠式集装箱、固定式集装箱、薄壳式集装箱；

按装箱数和方式分：整箱货（FCL）和拼箱货（LCL）。

3. 集装箱的交通方式

门到门、门到场、门到站、场到门、场到场、场到站、站到门、站到站。

参考文献

[1] 魏庆朝. 铁道工程概论[M]. 2版. 北京：中国铁道出版社，2021.

[2] 交通运输部. 超限运输车辆行驶公路管理规定[M]. 北京：人民交通出版社，2021.

[3] 王苏林. 交通运输概论[M]. 西安：西安电子科技大学出版社，2022.

[4] 过秀成，朱震军. 交通运输工程导论[M]. 南京：东南大学出版社，2022.

[5] 雷晓锋. 通用航空概论[M]. 北京：北京航空航天大学出版社，2022.

[6] 刘丽艳，王宇楠. 集装箱运输与多式联运[M]. 北京：清华大学出版社，2022.

[7] 孙明，王学锋. 多式联运组织与管理[M]. 2版. 上海：上海交通大学出版社，2022.

[8] 中华人民共和国行业标准. GB5768.2—2022 道路交通标志和标线[S]. 北京：中国标准出版社，2022.

[9] 李强. 中国交通运输发展现状与趋势[J]. 交通运输工程学报，2022.

[10] 中华人民共和国行业标准. CJ37—2016 城市道路工程设计规范[S]. 北京：中国建筑工业出版社，2024.

[11] 万明. 交通运输概论[M]. 北京：人民交通出版社，2023.

[12] 王云鹏，赵祥模，杨晓光. 交通与运载工程学科 前沿技术发展与科学问题 第1册 道路交通·综合与新型交通系统[M]. 北京：人民交通出版社，2023.

[13] 田红旗，赵国堂. 交通与运载工程学科 前沿技术发展与科学问题 第2册 轨道交通·磁浮运载系统[M]. 北京：人民交通出版社，2023.

[14] 严新平，黄维和. 交通与运载工程学科 前沿技术发展与科学问题 第3册 水路交通·管道运输[M]. 北京：人民交通出版社，2023.

[15] 李海军，宋琦，张春民. 铁路运输设备[M]. 3版. 成都：西南交通大学出版社，2023.

[16] 顾保南，赵鸿铎. 交通运输工程导论[M]. 3版. 北京：人民交通出版社，2024.

[17] 杨晓光. 城市交通与信息化[M]. 上海：同济大学出版社，2024.

[18] 罗军. 低空经济[M]. 北京：电子工业出版社，2024.

[19] 李永平，米毅. 航空概论[M]. 北京：清华大学出版社，2024.

[20] 王国付. LNG储运基础[M]. 北京：化学工业出版社，2024.

[21] 连义平. 综合交通运输概论[M]. 5版. 成都：西南交通大学出版社，2025.

[22] 蒋红斐. 交通运输工程概论[M]. 长沙：中南大学出版社，2025.

[23] 刘继光. 交通运输概论[M]. 上海：上海交通大学出版社，2025.

[24] 张俊友. 智能交通系统及应用[M]. 哈尔滨：哈尔滨工业大学出版社，2025.

[25] 中华人民共和国交通运输部. 中国道路运输发展报告简明手册（2023）[R]. 北京：中华人民共和国交通运输部，2025.

[26] 中华人民共和国行业标准. JTG 4110—2024 公路路政管理技术标准[S]. 北京：人民交通出版社，2025.

[27] 刘浩学. 危险货物道路运输行业管理工作指南[M]. 2版. 北京：人民交通出版社，2025.

[28] 刘亚亚，杨德林，戴永. 低空经济的概念内涵、发展特征与推进策略[J]. 技术经济，2025，44（03）：29-37.

[29] 季冠仲. 我国通用航空领域低空空中交通管理问题研究[D]. 济南：山东财经大学，2025.